石 鼓 年 鉴

2017

石鼓区人民政府　主办
石鼓区史志办公室　编

方志出版社
Publishing House of Local Records

图书在版编目（CIP）数据

石鼓年鉴 . 2017/石鼓区史志办公室编 . —北京：
方志出版社，2018. 6
ISBN 978-7-5144-3084-4

Ⅰ. ①石…　Ⅱ. ①石…　Ⅲ. ①区（城市）—衡阳—
2017—年鉴　Ⅳ. ①Z526. 44

中国版本图书馆 CIP 数据核字（2018）第 104018 号

石鼓年鉴（2017）

编　　者：石鼓区史志办公室
责任编辑：顾　洁
出 版 人：冀祥德
出 版 者：方志出版社
地址　北京市朝阳区潘家园东里 9 号（国家方志馆 4 层）
邮编　100021
网址　http：//www. fzph. org
发　　行：方志出版社发行中心
电话（010）67110500
经　　销：各地新华书店
印　　刷：衡阳顺地印务有限公司
开　　本：889×1194　　1/16
印　　张：18. 375
字　　数：521 千字
版　　次：2018 年 6 月第 1 版　　2018 年 6 月第 1 次印刷
印　　数：0001～1000 册
ISBN 978-7-5144-3084-4　　**定价**：300. 00 元

《石鼓年鉴》编纂委员会

刘名辉　　石鼓区统计局局长
蔡秋云　　石鼓区角山乡党委副书记、乡长
陈　沧　　石鼓区人民街道党工委副书记、办事处主任
万倩雯　　石鼓区青山街道党工委副书记、办事处主任
钱　波　　石鼓区潇湘街道党工委副书记、办事处主任
邹　波　　石鼓区五一街道党工委副书记、办事处主任
戈　锋　　石鼓区合江街道党工委副书记、办事处主任
阳光辉　　石鼓区黄沙湾街道党工委副书记、办事处主任
刘　勋　　石鼓区金源街道党工委副书记、办事处主任

《石鼓年鉴》编辑部

《石鼓年鉴》撰稿人

（按姓氏笔画顺序排列）

编辑说明

一、《石鼓年鉴（2017）》以马克思列宁主义、毛泽东思想、邓小平理论、“三个代表”重要思想、科学发展观、习近平新时代中国特色社会主义思想为指导，坚持辩证唯物主义和历史唯物主义的立场、观点和方法。《石鼓年鉴（2017）》是由石鼓区人民政府主办，石鼓区史志办公室编辑的石鼓区首部综合性年鉴。

二、《石鼓年鉴（2017）》全面、系统、真实地记载2016年石鼓区自然、政治、经济、文化、社会等方面的情况，重点记载全区经济建设和改革开放的新情况。

三、《石鼓年鉴（2017）》采用分类法记述。全书共24个类目，依次是特载、大事记、石鼓概况、中共石鼓区委员会、石鼓区人民代表大会、石鼓区人民政府、政协石鼓区委员会、民主党派·工商联、群团组织、法治、军事、经济管理与监督、工业与信息化、农业和农村经济、商贸·旅游、城乡建设、环境保护、财政·税务·金融、科技·教育·文化·体育、社会事业、乡·街道、石鼓荣誉、统计资料、文件索引。类目下设分目、条目，以条目为主体。类目、分目用不同字号、字体区别，条目标题用黑体字加【 】表示。

四、《石鼓年鉴（2017）》所载稿件由区直机关各部门、各乡、街道和坐落单位撰写，并经单位领导审批。全区国民经济和社会发展的数据以统计公报为准，其他数据由各部门提供。

五、《石鼓年鉴（2017）》刊载的区、区直机关和坐落单位领导人名录（科级机构不含非领导职务人员），原则收录到2016年12月31日止，范围为本年度科级实职干部和副处以上领导干部。

六、《石鼓年鉴（2017）》的出版得到中共石鼓区委、区人民政府的高度重视和各部门、各乡街及有关单位的大力支持，在此，谨表谢意。由于编辑水平有限，加之时间仓促，疏漏和差错之处在所难免，敬请社会各界和广大读者批评指正。

石鼓区行政区划图

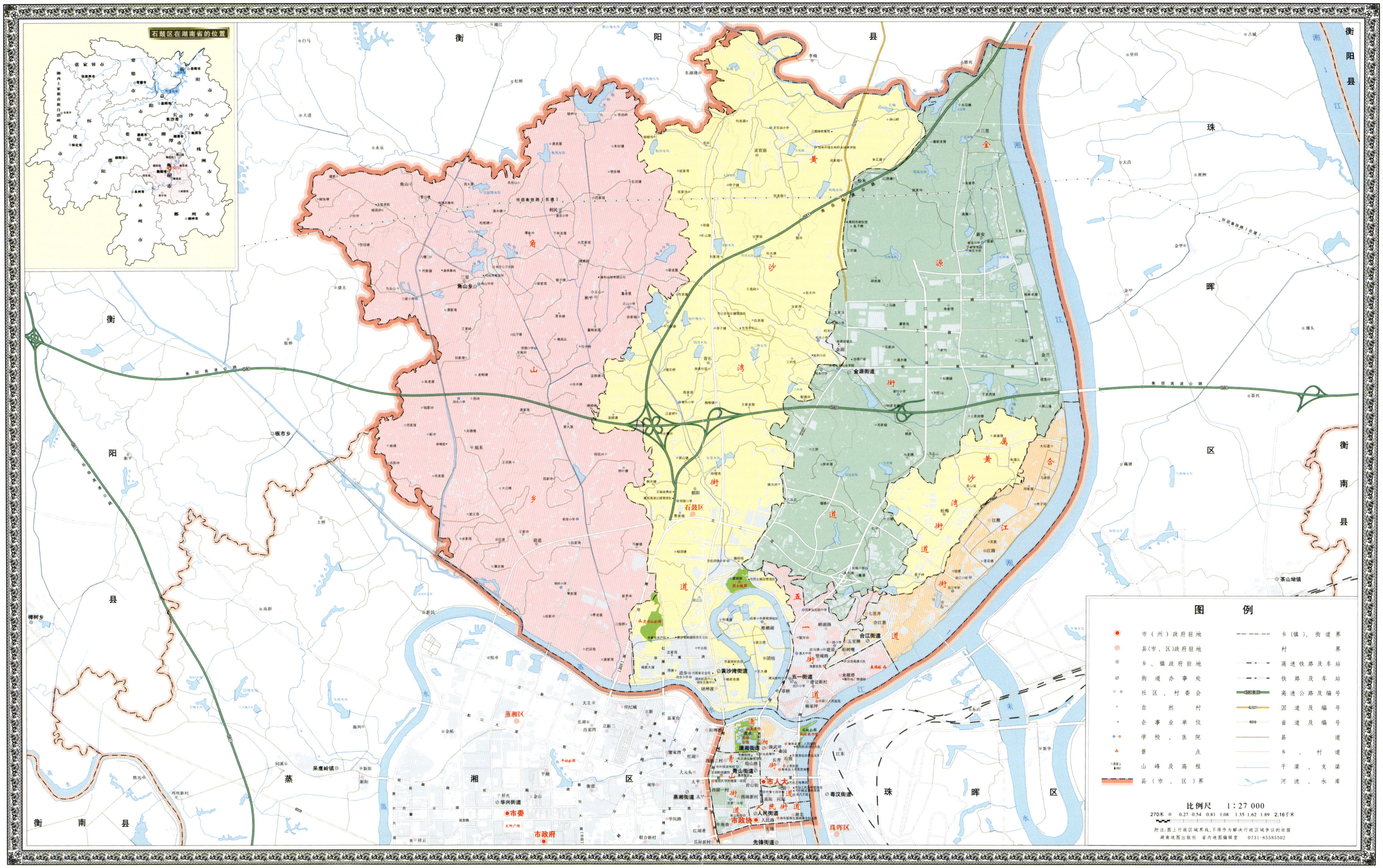

衡阳市石鼓区人民政府编制 湖南省民政厅监制 地图审图号：湘S（2017）007号 地图书号：125530·101 湖南省行政区划系列图编号：4304072017005 湖南地图出版社编制出版 二〇一七年三月

区委书记　杨龙金

区委副书记、政府区长　刘　浪

区委常委（从左至右）：龚建民、周文源、赵伟、尹腾芳、肖立建、杨龙金、刘浪、郑建芳、叶强、曾梦龙、朱鸿波

区政府班子成员（从左至右）：汪衡湘、聂文化、谢宏、刘浪、曾梦龙、朱建社、吴颖、王砺

1

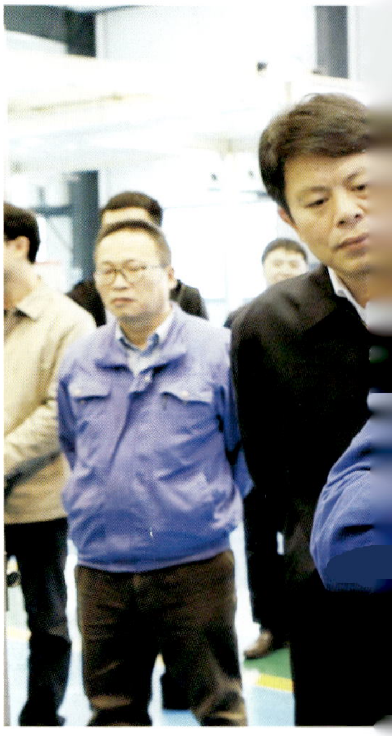

3

7

2

①2016年2月3日，省委书记徐守盛慰问潇湘街道演武坪社区居民吕春红家庭

②2016年11月2日，副省长张剑飞视察天雁公司

③2016年11月9日，市委书记周农调研农贸市场改造

④2016年12月27日，市长周海兵调研“三清三建”工作

⑤2016年12月8日，市委常委、市委秘书长张贺文深入和平村现场办公

⑥2016年5月18日，副市长陈竞调度中亿汽贸项目建设

⑦2016年6月2日，区委书记杨龙金慰问贫困学生

⑧2016年11月29日，区委书记杨龙金到角山乡调研精准扶贫

⑨2016年12月7日，区长刘浪到法院现场办公

⑩2016年12月24日，区委书记杨龙金、区长刘浪等领导现场调度圣诞节维稳安保工作

5

6

9

10

2016年2月25日，区三届人大六次会议

2016年2月25日，区政协三届五次会议

2016年8月10日，区委副书记、代理区长刘浪调研财税工作

2016年9月2日，区人大政协换届暨创建全国文明城市工作推进会

1

2

3

①2016年11月2日，石鼓区公务用车制度改革动员大会

②2016年11月4日，区纪检监察系统“岗位练兵”培训暨调研征文研讨会

③2016年11月15日，区委副书记、政府区长刘浪主持第二次城管委会议

4

5

6

④2016年12月27日，衡阳市城区“三清三建”现场推进会在石鼓区召开

⑤2016年12月29日，区委议军会

⑥2016年12月29日，乡（街道、片区）、系统党（工）委书记履行基层党建责任述职评议会

正在飞速发展中的石鼓区

1

2

3

①国家AAAA级旅游景点——石鼓书院
②晚霞中的石鼓书院与青草桥尽显古城衡阳的历史文脉
③夜幕下的石鼓

2

1

①活力、文明、特色石鼓——城市建在公园里
②绿化提质，让社区置身绿色海洋之中

3

4

③农村房屋“穿衣戴帽”工程
④农村房屋“穿衣戴帽”工程

魅力角山

香樟苑

1

2

①改造后的西湖一村

②“三清三建”改造后的西湖一村社区竹林路，文化气息浓厚，成为居民娱乐休闲的好去处

③西湖春色

④西湖莲花

3

4

1

2

3

①崇尚国际中心

②人防宣传基地湖南11·1警报试鸣日雕塑

③汽贸汽配专业市场——中亿汽贸城，让老百姓轻松实现 “一站式” 购车

④现代商贸物流航母——衡阳华耀城，项目开发建设与招商运营齐头并进

4

湖南省
祝中国共产党成立95周年
红旗颂
大型群众合唱晚会
湖南音乐厅

1

群众文化活动
石鼓区20
群众

2

街道宣传咨询处

4

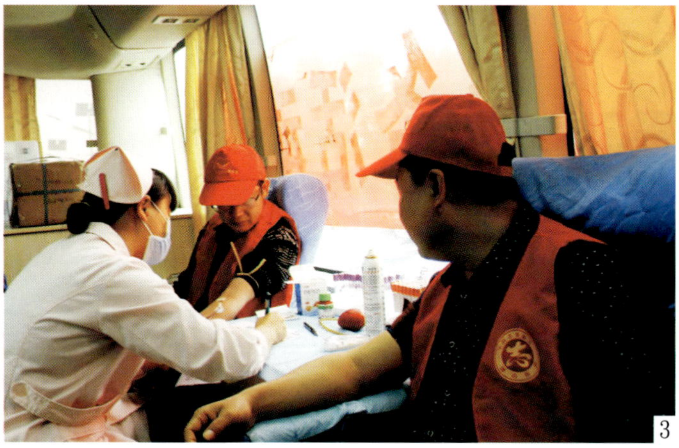

3

5

6

7

8

①参加湖南省“红旗颂”大型群众合唱比赛获金奖

②2016年7月15日，“欢乐潇湘·幸福石鼓”群众文化活动

③2016年4月21日，金源街道组织志愿者进行无偿献血活动

④2016年6月16日，安全生产月宣传活动

⑤离退休支部老党员主动要求参加“两学一做”知识测试

⑥2016年2月3-5日，书协向市民送春联

⑦疾病防控卫生应急演练

⑧2016年9月27日，董斌与荷池路小学运动员合影留念

1

2

3

4

①2016年5月19日，国学大师王立群到石鼓讲学

②2016年12月7日，公共租赁住房分配抽签仪式启动会

③2016年9月29日，演武坪社区警民座谈会

④君玲粽子深受市民喜爱

目　　录

特　　载

区委工作报告 ……………………………… （1）
努力开创石鼓发展新局面
——在区委经济工作会议上的讲话（摘要）
/杨龙金 ………………………… （1）
紧扣规范提升　狠抓任务落实　不断提高
全区基层党建工作科学化水平
——在区委三届十次全委（扩大）会议
上的报告（摘要）/杨龙金 …… （9）
务实担当　开拓进取　为全面建成小康石鼓
而努力奋斗
——在中国共产党衡阳市石鼓区第四次
代表大会上的报告（摘要）/杨龙金
………………………………… （13）
政府工作报告 ……………………………… （21）
在衡阳市石鼓区第三届人民代表大会第六次
会议上（摘要）/石鼓区人民政府 …… （21）
在衡阳市石鼓区第四届人民代表大会第一次
会议上（摘要）/刘　浪 …………… （29）
人大工作报告 ……………………………… （36）
在衡阳市石鼓区第三届人民代表大会第六次
会议上（摘要）/高鸿升 …………… （36）
在衡阳市石鼓区第四届人民代表大会第一次
会议上（摘要）/高鸿升 …………… （42）
政协工作报告 ……………………………… （47）
中国人民政治协商会议衡阳市石鼓区第三届
委员会常务委员会工作报告
——在政协衡阳市石鼓区第三届委员会
第五次全体会议上（摘要）/王仲晓
………………………………… （47）
中国人民政治协商会议衡阳市石鼓区第三届
委员会常务委员会工作报告
——在政协衡阳市石鼓区第四届委员会
第一次会议上（摘要）/王仲晓
………………………………… （53）

大 事 记

1月 ………………………………………… （59）
2月 ………………………………………… （59）
3月 ………………………………………… （60）
4月 ………………………………………… （61）
5月 ………………………………………… （62）
6月 ………………………………………… （63）
7月 ………………………………………… （64）
8月 ………………………………………… （65）
9月 ………………………………………… （66）
10月 ………………………………………… （68）
11月 ………………………………………… （70）
12月 ………………………………………… （72）

石鼓概况

概貌 …………………………………………（74）
地理位置 ……………………………………（74）
建置沿革 ……………………………………（74）
气候特征 ……………………………………（74）
自然资源 ……………………………………（74）
人口面积 ……………………………………（75）
民族 …………………………………………（75）
行政区划 ……………………………………（75）
国民经济和社会发展 ………………………（75）
概况 …………………………………………（75）
农业 …………………………………………（75）
工业和建筑业 ………………………………（75）
固定资产投资 ………………………………（76）
内外贸易 ……………………………………（76）
交通和旅游 …………………………………（76）
教育文化 ……………………………………（76）
卫生和公共服务 ……………………………（76）
人民生活和社会保障 ………………………（76）
资源、环境和安全生产 ……………………（77）
区、区直机关和坐落单位领导人名录
……………………………………………（77）

中共石鼓区委员会

综述 …………………………………………（85）
概况 …………………………………………（85）
重要会议 ……………………………………（85）
区委经济工作会议 …………………………（85）
党务工作、“两学一做”暨争先创优工作
会议 ………………………………………（85）
第2次区委常委会议 ………………………（86）
第3次区委常委会议 ………………………（87）
第4次区委常委会议 ………………………（88）
第5次区委常委会议 ………………………（89）
第7次区委常委会议 ………………………（89）
第9次区委常委会议 ………………………（90）
第11次区委常委会议 ……………………（91）
第12次区委常委会议 ……………………（93）
第17次区委常委会议 ……………………（93）
第18次区委常委会议 ……………………（95）
第19次区委常委会议 ……………………（96）
第24次区委常委会议 ……………………（96）
第25次区委常委会议 ……………………（96）
第26次区委常委会议 ……………………（96）
第29次区委常委会议 ……………………（97）
第31次区委常委会议 ……………………（98）
第32次区委常委会议 ……………………（99）
第34次区委常委会议 ……………………（99）
纪检监察 ……………………………………（100）
概况 …………………………………………（100）
党风廉政建设和反腐败工作 ………………（101）
换届风气监督 ………………………………（101）
巡视整改 ……………………………………（101）
廉政宣传教育 ………………………………（101）
党风政风监督 ………………………………（101）
案件查办 ……………………………………（101）
队伍建设 ……………………………………（101）
组织工作 ……………………………………（102）
概况 …………………………………………（102）
组织建设 ……………………………………（103）
“两学一做”专题教育 ……………………（103）
党员教育培训 ………………………………（103）
党代表联络 …………………………………（103）
区乡两级领导班子换届 ……………………（103）
干部管理与教育培训 ………………………（103）

离退休干部服务管理 …………………… (104)
宣传工作 …………………………………… (104)
概况 …………………………………… (104)
理论教育 ………………………………… (104)
新闻宣传 ………………………………… (104)
网络舆情 ………………………………… (105)
文明创建 ………………………………… (105)
文化工作 ………………………………… (106)
部门基础工作 ………………………… (106)
统战工作 …………………………………… (106)
概况 …………………………………… (106)
党外干部和民主党派工作 ……………… (107)
非公经济领域 ………………………… (107)
机构编制工作 ……………………………… (107)
概况 …………………………………… (107)
行政审批制度改革 …………………… (108)
事业单位登记制度改革 ………………… (108)
开展机关、群团统一社会信用代码赋码工作 …………………………………… (108)
机构编制日常管理 …………………… (108)
党办工作 …………………………………… (109)
推进改革 ………………………………… (109)
政策研究 ………………………………… (109)
小康社会建设 ………………………… (109)
机要保密 ………………………………… (109)
档案工作 ………………………………… (109)
督查工作 ………………………………… (110)
史志工作 ………………………………… (111)
机关事务管理 ………………………… (111)
机关党建 ………………………………… (111)

石鼓区人民代表大会

综述 ………………………………………… (112)
概况 …………………………………… (112)
助推经济发展 ………………………… (113)
依法监督 ………………………………… (113)
参与中心工作 ………………………… (113)
维护民生民利 ………………………… (113)
推进依法治区 ………………………… (113)
发挥代表作用 ………………………… (114)
强化自身建设 ………………………… (114)
区乡两级人大换届选举 ………………… (115)
重要会议 …………………………………… (116)
区三届人大六次会议 …………………… (116)
区三届人大常委会第三十一次会议 …… (116)
区三届人大常委会第三十二次会议 …… (116)
区三届人大常委会第三十三次会议 …… (116)
区三届人大常委会第三十四次会议 …… (116)
区三届人大常委会第三十五次会议 …… (116)
区三届人大常委会第三十六次会议 …… (116)
区三届人大常委会第三十七次会议 …… (117)
区四届人大一次会议 …………………… (117)
区四届人大常委会第一次会议 ………… (117)
区四届人大常委会第二次会议 ………… (117)
重要活动 …………………………………… (117)
衡阳市2016年度“三湘农民健康行”暨“农民健康教育周”活动启动仪式在石鼓区举行 …………………………… (117)

石鼓区人民政府

综述 ………………………………………… (119)
概况 …………………………………… (119)
重要会议 …………………………………… (119)
区政府第1次常务会议 ………………… (119)
区政府第2次常务会议 ………………… (120)
区政府第3次常务会议 ………………… (120)

区政府第 4 次常务会议 …………………… (120)
区政府第 5 次常务会议 …………………… (122)
区政府第 6 次常务会议 …………………… (123)
区政府第 7 次常务会议 …………………… (125)
区政府第 8 次常务会议 …………………… (125)
重点民生实事工作专题调度会 ………… (126)
区政府第 9 次常务会议 …………………… (126)
“三实”信息集中采集工作推进会 …… (128)
区政府党组“两案”反思专题民主生活会
…………………………………………… (128)
安全生产、信访维稳、计划生育工作会
…………………………………………… (128)
主要经济指标运行情况调度会 ………… (128)
人大、政协换届工作动员会暨创建全国
文明城市工作推进会 …………………… (128)
精准扶贫攻坚工作调度会 ……………… (128)
重点项目调度会 ………………………… (129)
基层党建、计划生育、“三清三建”工作推进会
…………………………………………… (129)
综治民调禁毒创建国家卫生城市工作会议
…………………………………………… (129)
民调工作调度会 ………………………… (129)
区政府党组召开“两学一做”学习教育专
题三学习讨论会 ………………………… (129)
创建全国文明城市迎测工作动员会 …… (129)
公车改革和学习贯彻六中全会精神工作部
署推进会 ………………………………… (129)
全区工业经济指标调度会 ……………… (129)
政府领导成员工作分工会暨“两学一做”
学习教育专题研讨会 …………………… (130)
创建全国文明城市迎测调度会 ………… (130)
创建全国文明城市工作迎测推进会 …… (130)
区政府第 13 次常务会议 ………………… (130)
政府办工作 ………………………………… (130)
概况 ……………………………………… (130)
综合调研 ………………………………… (131)
应急值班 ………………………………… (131)
督查督办 ………………………………… (131)
综合协调 ………………………………… (131)
信访维稳 ………………………………… (131)
驻点帮扶工作 …………………………… (131)
重点工作 …………………………………… (131)
概况 ……………………………………… (131)
省、市级重点项目申报工作 …………… (132)
工作亮点分类责任管理 ………………… (132)
激励机制 ………………………………… (132)
项目调研视察 …………………………… (132)
信访工作 …………………………………… (133)
概况 ……………………………………… (133)
党政主导，统筹推进 …………………… (133)
突出重点，全面落实 …………………… (133)
“化解信访积案，做群众贴心人” …… (133)
阳光信访 ………………………………… (134)
外事侨务 …………………………………… (134)
概况 ……………………………………… (134)
电子政务 …………………………………… (134)
概况 ……………………………………… (134)
信息公开 ………………………………… (135)
网上行政审批 …………………………… (135)
“12345”热线 …………………………… (135)
弱电井和信息化中心机房改造 ………… (135)
政务服务 …………………………………… (135)
概况 ……………………………………… (135)
“两集中、两到位” …………………… (135)
流程优化 ………………………………… (136)
强化服务功能 …………………………… (136)
延伸服务触角 …………………………… (136)

政协石鼓区委员会

综述 …… (137)
概况 …… (137)
政治协商 …… (138)
民主监督 …… (138)
参政议政 …… (138)
提案工作 …… (138)
社情民意 …… (139)
存史资政 …… (139)
服务中心工作 …… (139)
团结联谊 …… (139)
自身建设 …… (139)
三大平台建设 …… (140)
领导分工 …… (140)
重要会议 …… (140)
政协石鼓区第三届委员会第五次会议 …… (140)
政协石鼓区第四届委员会第一次会议 …… (140)
区政府工作报告和“十三五”规划征求意见会 …… (141)
区政协三届第十七次常委会议 …… (141)
区政协三届第十八次常委会议 …… (141)
区政协三届第十九次常委会议 …… (141)
区政协三届第二十次常委会议 …… (141)
区政协四届第一次常委会议 …… (141)
区政协三届第十八次主席会 …… (141)
区政协三届第十九次主席会 …… (142)
区政协三届第二十次主席会 …… (142)
区政协三届第二十一次主席会 …… (142)
区政协三届第二十二次主席会 …… (143)
区政协四届一次会议第二次主席团会议 …… (143)
区政协四届一次会议第三次主席团会议 …… (143)
区政协主席办公会 …… (143)
区政协第四届委员会常委建议人选会议 …… (143)
区政协换届风气监督工作会议 …… (143)
区政协党组会议 …… (143)
重要活动 …… (144)
“三个一”扶贫行动 …… (144)

民主党派·工商联

民盟 …… (145)
概况 …… (145)
社会爱心 …… (145)
开展活动 …… (145)
民建 …… (145)
概况 …… (145)
组织建设 …… (145)
思想建设 …… (145)
参政议政 …… (146)
社会服务 …… (146)
致公党 …… (146)
概况 …… (146)
思想建设 …… (146)
组织建设 …… (146)
社会服务 …… (146)
参政议政 …… (147)
九三学社 …… (147)
概况 …… (147)
思想建设 …… (147)
组织建设 …… (147)
参政议政 …… (147)

社会服务 …………………………… (148)
工商联 …………………………… (148)
概况 …………………………… (148)
教育引导 …………………………… (148)
组织建设 …………………………… (148)
参政议政 …………………………… (149)
会员服务 …………………………… (149)

群团组织

石鼓区总工会 …………………………… (150)
概况 …………………………… (150)
工资集体协商 …………………………… (150)
职工权益保障 …………………………… (150)
职工医疗互助 …………………………… (150)
劳模表彰大会 …………………………… (150)
共青团石鼓区委员会 …………………………… (151)
概况 …………………………… (151)
青少年思想引导 …………………………… (151)
石鼓区首届青少年农耕文化节 ………… (151)
共青团组织建设 …………………………… (151)
文明城市志愿服务 …………………………… (151)
石鼓区妇女联合会 …………………………… (151)
概况 …………………………… (151)
纪念“三八”105周年系列活动 ……… (152)
反家庭暴力法普法宣传 ………………… (152)
关爱儿童 …………………………… (152)
家庭禁毒 …………………………… (152)
婚姻家庭纠纷人民调解委员会成立 …… (152)
文明新风 …………………………… (152)
实施新一轮两个规划 …………………… (152)
妇联队伍建设 …………………………… (152)
石鼓区科学技术协会 …………………… (152)
概况 …………………………… (152)
省级农村科普示范基地建设 …………… (153)
梁阿团获省级农村科普带头人称号 …… (153)
国家级科普示范社区创建 ……………… (153)
省级科普示范社区创建 ………………… (153)
区科协获湖南省“全国科普日”活动优秀组织单位 …………………………… (153)
青少年科技创新活动 …………………… (153)
文明城市创建 …………………………… (153)

法　　治

政法委及综治 …………………………… (155)
概况 …………………………… (155)
维稳工作 …………………………… (155)
平安创建 …………………………… (155)
综合治理 …………………………… (155)
队伍建设 …………………………… (156)
法治政府建设 …………………………… (156)
概况 …………………………… (156)
成立全市首家行政法律事务服务中心 …………………………… (156)
率先建立政府法律专家库 ……………… (156)
法律人才培训基地 ……………………… (157)
法律顾问制度 …………………………… (157)
行政复议和应诉工作 …………………… (157)
规范性文件管理 ………………………… (157)
案卷评查工作 …………………………… (157)
责任清单动态调整 ……………………… (158)
“两证”换发 …………………………… (158)
市法制办调研石鼓区法治政府建设 …… (158)
公安 …………………………… (158)
概况 …………………………… (158)
反恐维稳 …………………………… (158)
侦查破案 …………………………… (158)

治安防控 …………………………………（159）
队伍建设 …………………………………（159）
改革创新 …………………………………（159）
大要案件 …………………………………（159）
检察 ……………………………………（160）
概况 ………………………………………（160）
刑事检察 …………………………………（160）
查办和预防职务犯罪 ……………………（160）
诉讼法律监督 ……………………………（161）
队伍建设 …………………………………（161）
法院 ……………………………………（161）
概况 ………………………………………（161）
刑事审判 …………………………………（161）
民商审判 …………………………………（162）
行政审判 …………………………………（162）
执行工作 …………………………………（162）
司法为民 …………………………………（162）
廉政建设 …………………………………（162）
“两学一做”专题教育 …………………（162）
接受监督 …………………………………（162）
司法行政 ………………………………（162）
概况 ………………………………………（162）
普法宣传教育 ……………………………（163）
法律服务 …………………………………（163）
人民调解 …………………………………（164）
社区矫正 …………………………………（164）

军　　事

人民武装 ………………………………（165）
概况 ………………………………………（165）
思想政治建设 ……………………………（165）
党建工作 …………………………………（165）
战备训练 …………………………………（166）
后勤建设 …………………………………（166）
安全管理 …………………………………（167）
兵役工作 …………………………………（167）
军民融合 …………………………………（167）
涉军维权 …………………………………（167）
国防教育 …………………………………（168）
消防工作 ………………………………（168）
概况 ………………………………………（168）
消防责任落实 ……………………………（168）
综合应急救援 ……………………………（168）
火灾隐患整治 ……………………………（168）
消防宣传教育 ……………………………（168）
征召消防新兵 ……………………………（168）
优化消防发展环境 ………………………（169）
人民防空 ………………………………（169）
概况 ………………………………………（169）
工程建设 …………………………………（169）
指挥通信 …………………………………（169）
宣传教育 …………………………………（169）
依法行政 …………………………………（170）
“湘防-2016”全省人民防空综合实兵演练
…………………………………………（170）

经济管理与监督

宏观经济管理 …………………………（171）
概况 ………………………………………（171）
项目投资 …………………………………（171）
改革发展 …………………………………（171）
规划编制 …………………………………（171）
统计 ……………………………………（172）
概况 ………………………………………（172）
全区主要经济指标统计 …………………（172）
第三次全国农业普查工作 ………………（173）

周期性调查 …… (173)
统计执法 …… (173)
联网直报数据监测筹备 …… (174)
审计 …… (174)
概况 …… (174)
财政预算执行审计 …… (174)
经济责任审计 …… (174)
固定资产投资审计 …… (174)
行业审计 …… (175)
财务检查 …… (175)
工商行政管理 …… (175)
概况 …… (175)
工作职责 …… (175)
深化改革 …… (176)
市场监管 …… (176)
消费维权 …… (176)
文明创建 …… (176)
服务企业 …… (177)
领导调研 …… (177)
队伍建设 …… (177)
食品药品监督管理 …… (178)
概况 …… (178)
工作职责 …… (178)
依法行政 …… (178)
分域监管 …… (179)
专项整治 …… (179)
宣传教育 …… (180)
文明创建 …… (180)
安全生产监督管理 …… (180)
概况 …… (180)
责任体系建设 …… (181)
隐患排查与治理 …… (181)
开展“安全生产监管执法年”活动 …… (181)
安全生产行政许可 …… (182)
宣传与培训 …… (182)
开展“安全生产月”活动 …… (182)
城市建设投资管理 …… (182)
概况 …… (182)
安置房建设 …… (182)
“三清三建”工程 …… (183)
棚户区改造 …… (183)

工业与信息化

概况 …… (184)
科技发展 …… (184)
企业发展 …… (184)
重点企业 …… (184)
重要产业 …… (184)
技术改造 …… (184)
安全生产 …… (185)
园区发展 …… (185)
工业信息化 …… (185)

农业和农村经济

农、林、畜牧、水产 …… (186)
概况 …… (186)
农业 …… (186)
林业 …… (186)
畜牧水产业 …… (187)
经营管理 …… (187)
农村环境卫生综合整治 …… (187)
美丽乡村建设 …… (187)
项目建设 …… (187)
水利建设 …… (188)
概况 …… (188)
横江河河口段治理工程 …… (188)

银杯水库灌排渠改造工程（二期） ……（188）
水利基础工程及其面上水利 ……（188）
冬春农田水利建设 ……（189）
防汛安保 ……（189）
水资源管理 ……（189）
移民开发 ……（189）
概况 ……（189）

商贸·旅游

商贸 ……（190）
概况 ……（190）
签约重大项目 ……（190）
履约 2015 年“港洽周”签订项目 ……（190）
特色街区建设 ……（190）
电商企业发展 ……（190）
总部经济、楼宇经济 ……（190）
石鼓品牌建设 ……（191）
老同兴农贸市场提质改造试点 ……（191）
农贸市场管理 ……（191）
旅游 ……（191）
旅游概况 ……（191）
旅游市场监管 ……（191）
旅游安全检查 ……（192）
旅游资源 ……（192）
乡村旅游发展规划（2016—2025） ……（192）

城乡建设

国土资源 ……（194）
概况 ……（194）
土地卫片执法监督检查工作 ……（194）
依法行政 ……（194）
用地保障工作 ……（194）
严守耕地红线 ……（194）
矿山安全生产工作 ……（195）
地质灾害防治 ……（195）
信访工作 ……（195）
规划管理 ……（195）
概况 ……（195）
日常工作 ……（195）
联系及协调 ……（196）
信访接待 ……（196）
组织学习 ……（196）
城市管理 ……（196）
概况 ……（196）
职能职责 ……（197）
依法行政 ……（197）
城市管理 ……（197）
数字城管 ……（198）
作风建设 ……（198）
住房和城乡建设 ……（198）
概况 ……（198）
危房改造 ……（199）
公租房补贴及实物配租 ……（199）
市政基础设施维护 ……（199）
文明创建 ……（199）
棚户改造 ……（199）
物业管理 ……（199）
安全生产 ……（200）
环境卫生 ……（200）
概况 ……（200）
精扫保洁以克论净 ……（200）
公厕提质改造 ……（200）
清洗保净作业 ……（200）
创新社区环卫作业管理模式 ……（200）
垃圾中转站提质改造 ……（201）
垃圾收集设施维护改造 ……（201）

环卫、园林、城管停车保养场建设 …… (201)
考察学习 …… (201)
园林绿化 …… (201)
概况 …… (201)
“三清三建”工作 …… (202)
区级市场化运作试点项目 …… (202)
市级市场化运作项目 …… (202)
交通与运输 …… (202)
概况 …… (202)
农村公路提质改造 …… (202)
公路养护 …… (202)
超限超载治理 …… (202)
交通运输及安全生产工作 …… (203)
校车行驶线路审查 …… (203)
拆渡工作 …… (203)

环境保护

综述 …… (204)
湘江“一号重点工程”整治 …… (204)
污染防治 …… (205)
主要污染物减排 …… (205)
环境监察 …… (205)
危废和辐射监管 …… (205)
建设项目环境监管 …… (205)
农村环境综合整治 …… (205)
环保宣传教育 …… (206)
争先创优工作 …… (206)

财政·税务·金融

财政 …… (207)
概况 …… (207)
财源培植 …… (208)
收入征管 …… (208)
财政支出 …… (208)
财政管理 …… (209)
国家税务 …… (209)
概况 …… (209)
组织税收 …… (209)
征收管理 …… (210)
营改增 …… (210)
依法治税 …… (210)
纳税服务 …… (210)
队伍建设 …… (210)
作风建设 …… (211)
地方税务 …… (211)
概况 …… (211)
组织收入 …… (211)
国地税合作 …… (211)
信息管税 …… (211)
纳税服务 …… (212)
作风建设 …… (212)
绩效管理 …… (213)
金融 …… (213)
概况 …… (213)
中国工商银行衡阳分行 …… (213)
中国建设银行衡阳分行 …… (213)
中国农业银行衡阳分行 …… (214)
中国交通银行衡阳分行 …… (214)
衡阳农商银行 …… (214)
中国光大银行股份有限公司衡阳分行 …… (214)
华融湘江银行 …… (214)
万联证券有限责任公司衡阳营业部 …… (215)
方正证券股份有限公司衡阳营业部 …… (215)

科技·教育·文化·体育

科技 …………………………………………… (216)
科技创新 ………………………………………… (216)
教育 …………………………………………… (216)
概况 …………………………………………… (216)
教育教学 ………………………………………… (216)
师资建设 ………………………………………… (216)
招生管理 ………………………………………… (217)
课题研究 ………………………………………… (217)
基层党建 ………………………………………… (217)
教育工会 ………………………………………… (217)
化解大班额项目 …………………………………… (217)
教研教改 ………………………………………… (218)
教育督导 ………………………………………… (218)
教育经费投入 ……………………………………… (218)
教育资助 ………………………………………… (218)
民办教育 ………………………………………… (218)
社区教育 ………………………………………… (218)
审计工作 ………………………………………… (219)
素质教育 ………………………………………… (219)
文明创建 ………………………………………… (219)
现代教育技术 ……………………………………… (219)
校舍维修改造 ……………………………………… (219)
校园周边环境及安全 ………………………………… (219)
文化 …………………………………………… (219)
概况 …………………………………………… (219)
群众文化 ………………………………………… (219)
文艺创作 ………………………………………… (220)
“非遗”工作 ……………………………………… (220)
文化改革 ………………………………………… (220)
文化市场监管 ……………………………………… (220)
小升规工作 ……………………………………… (220)
图书管理 ………………………………………… (220)
农家书屋 ………………………………………… (220)
校园文化 ………………………………………… (220)
文物保护 ………………………………………… (221)
体育 …………………………………………… (221)
概况 …………………………………………… (221)

社会事业

医疗卫生、人口与计划生育 ………………………… (222)
概况 …………………………………………… (222)
计划生育 ………………………………………… (222)
卫生服务 ………………………………………… (222)
医药卫生体制综合改革 ……………………………… (223)
医政 …………………………………………… (223)
中医药 ………………………………………… (223)
行政审批 ………………………………………… (223)
爱国卫生 ………………………………………… (223)
计划生育协会 ……………………………………… (223)
红十字会救助 ……………………………………… (224)
民政事业 ……………………………………… (224)
概况 …………………………………………… (224)
社会救助体系 ……………………………………… (224)
优待抚恤 ………………………………………… (225)
退役安置 ………………………………………… (225)
双拥工作 ………………………………………… (225)
社会福利及老龄事业 ………………………………… (225)
基层政权和社区建设 ………………………………… (225)
慈善爱心工作 ……………………………………… (226)
民政公共服务 ……………………………………… (226)
残疾人事业 ……………………………………… (227)
人力资源和社会保障 ……………………………… (227)
概况 …………………………………………… (227)
就业创业 ………………………………………… (228)

社会保险 …………………………（228）
劳动关系 …………………………（228）
人事人才 …………………………（229）
精准扶贫 …………………………（229）
概况 …………………………（229）
民族宗教 …………………………（229）
民族工作 …………………………（229）
宗教工作 …………………………（229）

乡·街道

角山乡 …………………………（231）
概况 …………………………（231）
经济 …………………………（231）
重点工程与项目建设 …………………………（231）
道路交通设施 …………………………（231）
生态文明建设 …………………………（231）
民生保障 …………………………（232）
人民街道 …………………………（232）
概况 …………………………（232）
党建工作 …………………………（232）
社区建设 …………………………（233）
综治维稳 …………………………（233）
安全生产 …………………………（233）
城市管理与建设 …………………………（233）
民生保障 …………………………（234）
计生服务 …………………………（234）
文明创建 …………………………（234）
青山街道 …………………………（235）
概况 …………………………（235）
经济 …………………………（235）
街道党建 …………………………（235）
教育、文化、体育 …………………………（236）
文明创建 …………………………（237）
安全生产 …………………………（237）
人民生活与社会保障 …………………………（237）
人口和计划生育 …………………………（238）
社区建设 …………………………（238）
基层民主 …………………………（238）
“平安青山”创建 …………………………（239）
潇湘街道 …………………………（239）
概况 …………………………（239）
经济 …………………………（239）
城市管理 …………………………（239）
文明创建 …………………………（240）
综治维稳与平安创建 …………………………（240）
文化体育 …………………………（240）
卫生和计划生育 …………………………（240）
武装工作 …………………………（241）
社会保障 …………………………（241）
民政优抚 …………………………（241）
党建 …………………………（241）
五一街道 …………………………（241）
概况 …………………………（241）
经济 …………………………（242）
重点项目 …………………………（242）
城市管理 …………………………（242）
环境保护与安全生产 …………………………（242）
人民生活与社会保障 …………………………（242）
人口和计划生育 …………………………（242）
综治维稳与平安创建 …………………………（243）
人民武装 …………………………（243）
人大和政协工作 …………………………（243）
党建工作 …………………………（243）
社区建设与文明创建 …………………………（243）
合江街道 …………………………（243）
概况 …………………………（243）
经济 …………………………（244）

重点工程与项目建设 …………………… (244)
人口与计划生育 ……………………… (244)
城乡建设 ……………………………… (244)
安全生产 ……………………………… (244)
人民生活与社会保障 ………………… (244)
文明创建工作 ………………………… (245)
黄沙湾街道 ………………………… (245)
概况 …………………………………… (245)
党建工作 ……………………………… (245)
深化改革 ……………………………… (246)
经济 …………………………………… (246)
财政 …………………………………… (246)
重点项目 ……………………………… (246)
民生保障 ……………………………… (247)
人口与卫计工作 ……………………… (247)
文明创建与城市管理 ………………… (248)
教育、科技、文化、体育 …………… (248)
安全生产 ……………………………… (248)
司法行政 ……………………………… (249)
基层民主 ……………………………… (249)
松木片区便民服务中心 …………… (249)
地理位置 ……………………………… (249)
行政区划 ……………………………… (249)
内设机构 ……………………………… (250)
经济 …………………………………… (250)
项目建设 ……………………………… (250)
城乡发展 ……………………………… (250)
民本民生 ……………………………… (250)
党的建设 ……………………………… (250)
金源街道 …………………………… (251)
地理位置 ……………………………… (251)
自然环境 ……………………………… (251)
政区沿革 ……………………………… (251)
行政区划 ……………………………… (251)
党建工作 ……………………………… (251)
工业 …………………………………… (252)
经济与项目建设 ……………………… (252)
建筑业 ………………………………… (252)
交通运输业 …………………………… (252)
财政与金融 …………………………… (252)
科技、教育与文化事业 ……………… (252)
卫生医疗事业 ………………………… (252)
城乡建设 ……………………………… (252)
环境与安全生产 ……………………… (252)
人民生活与社会保障 ………………… (252)
农林水利 ……………………………… (253)

石鼓荣誉

区级所获主要荣誉 ………………… (254)
各单位所获主要荣誉 ……………… (254)
街道、乡（片区）所获主要荣誉 … (256)
先进个人主要荣誉 ………………… (257)

统计资料

表 1　2016 年 1—12 月全市及各县市区主要经济指标完成情况 ……………… (260)
表 2　2016 年度石鼓区全面建成小康社会统计基础数据表 ……………… (261)
表 3　2016 年石鼓区 1—2 月主要经济指标完成情况 ……………… (265)
表 4　2016 年石鼓区 1—3 月主要经济指标完成情况 ……………… (265)
表 5　2016 年石鼓区 1—4 月主要经济指标完成情况 ……………… (265)
表 6　2016 年石鼓区 1—5 月主要经济指标完成情况 ……………… (266)

表 7　2016 年石鼓区 1—6 月主要经济指标完成情况 …… (266)
表 8　2016 年石鼓区 1—7 月主要经济指标完成情况 …… (266)
表 9　2016 年石鼓区 1—8 月主要经济指标完成情况 …… (267)
表 10　2016 年石鼓区 1—9 月主要经济指标完成情况 …… (267)
表 11　2016 年石鼓区 1—10 月主要经济指标完成情况 …… (267)
表 12　2016 年石鼓区 1—11 月主要经济指标完成情况 …… (268)
表 13　2016 年石鼓区 1—12 月主要经济指标完成情况 …… (268)
表 14　2016 年石鼓区各月固定资产投资完成情况 …… (269)
表 15　2016 年石鼓区规模工业分类型总产值、销售产值汇总表 …… (269)
表 16　2016 年石鼓区规模工业分大中类行业总产值、销售产值汇总表 …… (270)

文件索引

区委、区委办重要文件索引 …… (272)
石委 …… (272)
石发 …… (272)
石办发 …… (272)
区人大重要文件索引 …… (272)
石常发 …… (272)
石选发 …… (273)
石鼓区 2016 年规范性文件目录 …… (273)

特　　载

区委工作报告

努力开创石鼓发展新局面
——在区委经济工作会议上的讲话（摘要）

杨龙金

（2016年1月21日）

一、客观看待成绩

过去一年，面对宏观经济下行压力加大的不利形势，区委团结带领广大干部群众，上下一心、群策群力，推动经济社会平稳较快发展，为“十二五”画上了圆满句号，经济社会呈现“又稳又快，快中有优，优中有好”的特点。成绩主要体现在五个方面：

这一年，最大的成效是，经济实力整体变强。从发展态势看，主要经济指标平稳增长。预计全年实现GDP113.72亿元，同比增长9.5%；完成固定资产投资126.4亿元，同比增长21.6%；完成财政总收入19.79亿元，较2014年增收2.14亿元，同比增长12.15%；实现社会消费品零售总额97.69亿元，同比增长12.3%；规模工业增加值增速为5.8%。从发展质量看，经济结构进一步优化。三次产业结构调整为3.6∶23.8∶72.6，三产比重较2014年提高1.1个百分点，第三产业对GDP的贡献率达到83.5%，拉动GDP增长7.9个百分点。税占比达到95.23%，较2014年提高0.11个百分点。从发展布局看，我区被评为全省首批现代服务业示范集聚区，楼宇经济、总部经济、乡村旅游来势喜人，增添了发展新动力。

这一年，最大的亮点是，项目建设推进加速。实施的82个重点项目，开复工率100%，完成投资126.35亿元，同比增长51.8%，为年度计划的104.1%。列入全市考核的24个重点项目，已竣工11个，建成营运8个，超计划完成投资16个，完成投资75.9亿元，同比增长80.7%，为市考核任务的176%。来雁新城、华耀城、崇盛国际中心分别完成投资37.6亿元、20亿元、6.9亿元，分别为年度任务的143.6%、100%、114.6%。二环路、蒸湘北路延伸、长丰大道、凤凰大道、怀邵衡铁路等项目加速推进，拓城的路网基本成型。征拆安置进度加快，来雁新城累计征收集体土地4400余亩，完成房屋签约2078户计36.3万平方米；73.78万平方米安置房全面动工，中亿汽贸城、桔子山和雁栖湖四期共12.69万平方米已投入使用，杨岭安置小区23.77万平方米主体竣工。

这一年，最大的变化是，城乡面貌明显改观。文明城市创建成效显著。扎实推进“四大专项”整治行动，完成了常胜路等4条道路、牛角巷等210处背街小巷、十家村等2个农贸市场的提质改造，拆除违法建筑2.5万平方米、违规广告6300余平方米，全面清除城市“牛皮癣”，创建了船山路等6条市级文明卫生样板路。社区环卫市场化在全市率先推行。新增城市绿地4.78万平方米，城镇建成区绿化覆盖率达到40.39%。石鼓书院创建为国家AAAA级景区。美丽乡村建设扎实推进。高标准编制乡村旅游发展规划，启动乡村旅游环线建设和“三村三线一集镇”农村房屋“穿衣戴帽”提质工程，“穿衣戴帽”将完成200户。实施点亮乡村、联村建绿计划，安装太阳能路灯700余盏，完成乡村道路绿化35千米，荒山造林1100亩，全区森林覆盖率达到27.77%。成功举办了首届玫瑰花节，角山乡获评全市“最美乡村生态旅游目的地”，角山村成功创建为省级“美丽乡村”。

这一年，最大的实惠是，改革红利不断释放。经济体制领域改革深入推进。机关事业单位养老保险与工资制度、城乡养老保险制度并轨等改革稳步实施；财政国库集中支付改革全面实行。商事制度改革立竿见影，新增个体工商户2659户，新增私营企业926户，每天新增经济户口近10个。农村综合改革稳步推进。实现土地流转1.82万亩，农村土地承包经营权确权登记颁证工作基本完成，在城区率先搭建了金融服务“三农”平台。生态文明体制改革扎实推进。实施湘江保护和治理“一号重点工程”，关停淘汰企业2家、关停拆迁养殖场6家，新建农村安全饮水工程9处，解决了农村6876人饮水安全问题。行政体制改革有序推进。政府机构改革、乡镇区划调整、社区整合均按期完成；在全市率先公布政府工作部门“两清单”；行政审批流程大幅优化，压缩时限674天，压缩率达35%。此外，区检察院成为全省检察机关改革试点单位，区政府法律专家库成为全市推进依法行政的标杆。

这一年，最大的欣慰是，民生福祉稳步提升。坚持公共财政向民生倾斜，年度民生支出投入6.32亿元，增长15.5%，占财政支出的比重达71.6%。累计帮扶967个贫困人口实现精准脱贫。13项重点民生实事全部完成，并有6项超额完成。城镇就业新增5147人。城镇居民人均可支配收入达28148元，同比增长8.7%。保障性住房建设稳步推进，完成棚户区改造1226套，新增公共租赁住房66套，完成农村危房改造60户。社区“两化两体系”建设卓有成效，建成6个示范社区，15个社区面积均达到600平方米以上。教科文卫等社会事业繁荣发展，我区荣获全省县级教育“两项督导评估考核”优秀单位，评为全国义务教育发展基本均衡县市区、全国中医药工作先进单位，在市十运会上取得县市区金牌总数第一名。安全生产形势持续稳定，社会大局和谐稳定。全面小康实现程度预计达88%，较上年提高近10个百分点。

在充分肯定成绩的同时，我们也要清醒地看到不足：一是全面小康存在短板。人均GDP、高新技术产业增加值占GDP比重、城镇居民人均可支配收入、单位GDP能耗等指标与全面小康目标还有较大差距。二是发展后劲依然不足。项目储备的数量不多，支撑发展的战略性新兴产业项目少，抵御经济下行压力的基础薄弱。三是发展环境还需优化。老城区基础配套设施建设的历史欠账较多，影响项目推进的“三强”现象仍然时有发生。四是群众困难仍然不少。还有2个贫困村、2307个贫困人口没有脱贫，部分群众在就医、就学、住房、养老等方面的困难依然存在，等等。这些问题，都需要我们引起高度重视，认真加以解决。

二、冷静研判形势

2016年，是“十三五”的开局之年。我们必须在宏观环境中捕捉机遇，在自身条件中挖掘潜力，找到工作的主攻点、发力点，集中优势、全力出击，实现“开门红”。从国际看，世界整个经济在收缩，增长充满了不确定性，但已呈现缓慢复苏迹象。从国内看，尽管经济下行压力依然存在，去产能、去库存、去杠杆带来的困难和挑战增多，但经济发展长期向好的基本面没有变。总体上看，我们虽面临巨大的挑战，但依然处于大有作为的重要战略机遇期、赶超发展的关键期。对此，我们要重点把握三个方面：

第一，要领会经济结构性改革带来的新要求。当前，经济发展面对的主要矛盾正在由需求侧转向供给侧，如我区传统的商贸业受制于经营场地、环境等因素，规模难扩张、环境难提质、配套难到位，仍然停留在低效率供给状态，难以满足现代市场追求个性化、多样化、高端化的消费节奏；随着城市拓展，我们布局了华耀城、崇盛国际中心、中亿汽贸城、中油金鸿总部基地、珠江帝景酒店、市影剧艺术中心等大型现代服务业项目，涉及商贸物流、总部经济、文化会展等多个业态，但受投产达效、商圈成熟等客观规律影响，短期内难以快速产生可观效益，不能迅速填补结构转型带来的空白。这些问题需要我们矫正供需结构错配和要素配置扭曲的状况，解决供给不适应市场需求变化的问题，使供需在更高水平实现新的平衡。

第二，要看到各城区赶超发展带来的新压力。目前，兄弟城区发展呈现千帆竞发的态势，比学赶超的氛围日益浓厚。从现代服务业发展来看，高新开发区因势利导，现代服务业的发展后来居上，随着“连卡福”商业广场的正式营业，万达、银泰百货的入驻，即将成为新的商业高地。从乡村旅游发展态势来看，蒸湘区雨母山乡的百万花海艺术庄园，雁峰区斯林村的薇薇新娘摄影基地，珠晖区的茶山梨花节，各有特色。从拓城的速度来看，珠晖区滨江新区的建设进度，明显快于来雁新城；雁峰区随着蒸湘南路、衡云干线的拉通，城市空间向南拓展了 20 千米；蒸湘区随着衡州大道、解放西路的延伸和衡西干线的拉通，加快了雨母山乡和呆鹰岭镇的融城步伐。面对这种局面，我们必须要立足区情，发挥优势，实现差异化、特色化发展，才能在竞争中抢得先机，脱颖而出。

第三，要捕捉稳增长促发展政策带来的新利好。从国家宏观政策来看，积极的财政政策将加大力度，国家在实行减税政策的同时，将适度扩大财政赤字，预计超过 GDP 的 2%，对地方政府扩大投资提供了重要保障；稳健的货币政策将更加灵活适度，有利于企业进一步降低融资成本。从国家投资政策来看，国家将继续扩大有效投资，继续加大对产业升级、城市基础设施、保障性住房、棚户区改造、农村电网改造和宽带建设等领域的投资，专项建设资金发行力度将继续加大，投融资政策将更为宽松。从自身的区位优势来看，我们享有国家级服务业综合改革试点政策，享有“一带一部”的市场和动力，享有省级服务业示范集聚区的平台优势，对我区加快服务业集聚发展、集约发展，进一步推动产业结构优化升级提供了重要契机。此外，户籍、财税、金融、社保、医疗、养老、教育、扶贫等方面惠民政策的出台实施，必将释放更多的发展红利。我们一定要吃透政策，主动对接，最大限度争取政策支持，将政策红利转变为发展效益。

三、准确定位目标

目标引领未来，方向决定出路。“十三五”时期，我们的目标主要有三个：第一，要在 2019 年率先实现全面小康，即全面小康实现程度在 95%以上；第二，要建设人民满意政府，扎实推进法治政府、诚信政府、服务型政府建设；第三，要全面加强党的建设，建设凝聚力强、号召力强、战斗力强、创新力强的先进党组织。

2016 年，是全面建成小康社会决胜阶段的开局之年，也是推进结构性改革的攻坚之年。我们的工作思路是：全面贯彻落实党的十八大、十八届三中、四中、五中全会和中央、省委、市委经济工作会议精神，牢固树立和贯彻落实“五大发展理念”，主动适应新常态，坚持稳中求进总基调，以全面建成小康社会为总揽，致力于打造“活力石鼓、特色石鼓、文明石鼓”，坚定不移稳增长、调结构、促改革、惠民生、防风险，推动经济平稳健康发展和社会和谐稳定，努力实现“十三五”良好开局。

主要预期目标是：GDP 增长 9.5%，财政总收入增长 10%，固定资产投资增长 20%以上，社会消费品零售总额增长 12.5%，城镇居民人均可支配收入增长 9%以上。

目标的确定，主要基于以下考虑：一是与经济的发展规律相吻合。适当调整经济增速，是尊重经济发展规律的必然选择，有利于我们更好地适应经济发展新常态，为加快经济结构转型提供回旋的余地。二是与自身的发展潜力相匹配。我区经济发展可挖掘的潜力足，发展的韧性好，一定的压力将转化为我们跳起来摘桃子的动力。三是与全面建成小康社会的目标相适应。要在2019年全面建成小康社会，年均经济增长速度必须要保持在9%以上，今年确定9.5%的增长目标，可以为建成小康社会提供保障。

四、紧扣工作重点

为做好今年的经济工作，确保实现年度目标，全区上下要集中主要的精力、主要的人力、主要的财力、主要的政策，全力以赴，重点抓好六个方面工作。

*第一，要大力发展现代服务业。*要借力省级现代服务业示范集聚区平台，充分利用其享有在规划布局、项目申报、资金安排等方面的优惠政策，大力发展符合石鼓区区情的现代服务业。一要加快华耀城这个商贸物流航母的建设。要加快项目进度，尽快完成交易广场、精品市场建设；要加快华耀城商务中心建设，有序推进华耀城路网建设，启动仓储物流园、华耀广场等项目建设，尽快完善功能设施；要支持华耀城做好招商及全市城区一批老旧市场的迁入工作，促使其尽快投入营运、形成规模；要利用华耀城平台，建设电子商务交易中心，促进金融信息、现代物流、商务配套、会展经济等生产性服务业发展。二要加快来雁新城建设。按照建设“现代商贸核心区、文化风情展示区、旅游休闲引领区、城市开放示范区”的定位，积极、主动与来雁公司对接，对已经策划的文化风情街、金融聚集区等产业项目，切实加大招商引资力度，引进有实力的战略投资者加快建设，力争“5年基本成型、8年全面建成”。三要加快专业市场的转型升级。要重点围绕“家”文化品牌，继续举办第八届石鼓品牌推介节活动，促进建材、五金、家居、汽贸等专业市场加速转型，形成一个辐射大湘南的“市场群”。要进一步优化华源、中湘、永兴（万居）市场购物环境，制定优惠政策鼓励市场建立网络虚拟店，形成线上线下一体经营融合发展的新格局。要支持中亿汽贸城建设，切实加大商用乘用车的划行规市力度；同时，在周边引进布局“4S”店，形成集聚效应，把汽贸行业做大做强。四要加快发展楼宇经济、总部经济。进一步完善优惠政策，利用中心城区人流、信息流、资金流相对集中的优势，扶持以中建衡阳中心、西湖公寓、美达新天地为支撑的楼宇经济、总部经济，重点发展信息咨询、法律、会计、审计服务、检测认证等生产性服务业。五要加快发展工业物流。要借助松木经开区这个国家级平台，借势发展工业物流服务，促进物流业与制造业联动发展。要依托火车北站的区位交通优势，规划建设大型物流园，为园区提供配套服务，打造新的经济增长极。

*第二，要改造提质传统服务业。*要适应居民消费的新趋势，拓展商贸流通新模式，完善商业配套设施，大力发展餐饮、服装、住宿、家政等传统服务业新业态，促进消费升级，拉动经济增长。一要推进中山北路商业提质建设。加快推进中山北路及周边道路提质改造，增加绿线、休闲椅、艺术雕塑等配套设施，统一门店标识标牌，有序引导人车分流，将中山北路打造成高品质的商业一条街。要积极争取将中心城区闲置的办公用房、企业厂房改造成立体停车场，解决“停车难”问题。二要推进特色街区建设。要重点推进珠江帝景酒百家美食一条街、崇盛国际啤酒一条街、解放路电子通讯一条街、人民路服装一条街、进步巷小吃一条街等特色街区建设，引进品牌商家入驻，尽快形成集聚效应，满足居民多样化的生活需求。三要推进大型零售市场建设。继续实施农贸市场标准化改造计划，完成荷池路、潇湘街、建设新村、老同兴等7个农贸市场的提质改造，改善消费环境。跟踪引进麦德龙等类似的国际知名品牌大超市入驻，建设大型消费品零售市场，提高城市品位。四要推进社区商业和社区电商。鼓励企业运用连锁经营方式，到社区设立超市、便利店、标准化净菜店、餐饮店、洗衣店等各类便民、利民商业网点，促进生活性服务业发展；要鼓励连锁经营便利店与物流速递公司合作，实现包裹投递与自取功能，丰富物流网络体系；要鼓励优势餐饮、影视等行业企业积极采用O2O营销模式，进一步扩大市场份额。五要推进文体休闲、健康养老、家政服务。要以红旗影剧院、市群艺馆、市博物馆、广播电视大学、户外拓展俱乐部、羽毛球馆等文化健身场所为依托，引进专业运营商，开

发为市民服务的新产品、新业态，促进书画广告、教育培训、演艺娱乐、会议展览、婚庆摄影、健身娱乐、自然体验等文化休闲服务业发展，促进居民文化娱乐消费。要推进医养结合，鼓励社区医疗服务中心等公共医疗机构将养老、康复、养生等护理服务延伸到居民家庭。要引导和支持社会力量建设老年服务中心，发展老年日间照料、文化娱乐、老年旅游等产业。要依托辣妹子家政服务品牌，大力发展家政服务业。

*第三，要扶持和发展旅游业。*要按照市委提出的“南工北旅”产业布局，充分挖掘石鼓特有的地理、文化、历史和区位优势，加快发展文化旅游业、乡村旅游业和旅游配套服务业。

一要发展文化旅游业。要借助石鼓书院国家AAAA级景区品牌优势，加快蒸水北堤风光带、湘江西岸风光带、来雁塔公园、雁栖湖公园等项目建设，开发建设湘军水师、大唐工业遗址博物馆、明清文化风情街、松梅湖湿地公园等景点，积极谋划以书院文化、湘军文化、雁文化、水文化、酒文化为主题的精品一日游线路。要争取改造提质西湖公园，增加公园绿量，完善休闲椅、凉亭、游步道等配套设施，提升爱莲亭、明翰烈士纪念广场、西湖白莲等景点品质，将公园建成为本地市民休闲健身、外地游客浏览观光的星级景区。要积极引进旅游品牌企业投资，推进衡阳文化创意体验园项目。

二要发展乡村旅游业。要顺应市民崇尚“绿色、生态、环保”的消费需求，实施乡村旅游发展规划，引进战略投资者，大力发展观光农业、休闲农业、体验农业，建设“秀美村庄”，力争将角山乡创建为全国休闲农业与乡村旅游示范点。要做好“城里人”的三篇文章：城里人的“爱情故事”。做大做强潇湘和创玫瑰文化产业园，扩大花卉种植规模，完善园区及周边配套基础设施，继续举办好第二届玫瑰花节，满足都市未婚人士婚恋交友需求，打造一个集旅游休闲、花卉产业、相亲交友为一体的“玫瑰风情”小镇。城里人的“保健养生”。要加快推进香樟农业生态园、嘉昶休闲观光园、山水莲花农业园等项目建设，打造一批集休闲、餐饮、观光、健身于一体的家庭农场、生态农庄。加快推进20千米乡村旅游环线建设，同步规划修建健身绿道、休闲凉亭、水车、五人制足球场等配套设施，实施道路沿线绿化增量提质行动，加快推进横江河湿地公园建设，为市民休闲提供多样化选择。城里人的“生态菜园”。要打造三星有机蔬菜品牌，建设2000亩高标准蔬菜生产示范园；鼓励农业企业利用电商推销产品，即时为市民提供新鲜、干净的绿色食品。同时，要加强宣传推介，引导市民体验蔬菜种植、采摘活动，建立“私家菜园”。要引导君玲食品、南北特、寒梅蜂业、潇湘和创等企业，将君玲粽子、石鼓酥薄月、玫瑰花蜜、玫瑰花茶等打造成知名的特色旅游商品。

三要提高旅游配套服务能力。要对接南岳大旅游圈，承接餐饮、住宿、休闲等旅游配套服务，增加旅游消费。要发挥城市综合体的带动作用，将娱乐、休闲、文化、教育、养老、养生资源与旅游资源高度融合，实现集聚发展、联动发展。要加快崇盛国际中心、珠江·帝景酒店建设，发挥其承接南岳旅游、连接乡村旅游、融合城市旅游的节点作用，提高旅游接待能力。要顺应衡阳市及周边市民对高端商品的需求，建设好国际名品中心，满足旅游购物需求。要围绕乡村旅游服务，继续推进农村房屋的“穿衣戴帽”工程，规范村民建房行为，统一建筑风格，推进景区停车场、生态厕所、游客服务中心等设施建设，美化景区环境，提升景区品位。

*第四，要加强城市建设和管理。*要以文明城市创建为契机，进一步拓展骨架、丰富内涵、优化环境，切实增强城市的宜居性，提高城市支撑发展的能力。一要加快基础设施建设。推进二环路、北三环、长丰大道、107国道拓宽、蒸湘北路延伸、怀邵衡铁路以及来雁新城范围内的道路建设，形成更加完善的城市路网。要加大与市规划、国土、住建、城管、财政、城建投、园林、林业、农业、电力、水务等部门的合作协调，进一步强化蒸水以北城市规划，加快推进北片新区管网配套设施建设，完善城市功能。二要提质改造中心城区。尽快完成解放路、湘江北路两厢提质改造，推进中山北路、蒸湘北路、蔡伦大道北段等4条道路提质改造。力争启动城市棚户区等旧城改

造，盘活存量资源，有效降低旧城区建筑容积率，促进城市内涵式发展。推进背街小巷改造，力争年内完成演武路等230余处背街小巷改造。全面完成社区“两化两体系”建设，建成14个达标社区，力争每个街道建成1个以上文明示范社区。三要加强环境整治。深入推进“三清三建”专项整治行动，实施老城区居民楼“穿衣戴帽”工程，完善城市生活配套设施，进一步净化、绿化、美化、亮化城市环境。要利用来雁新城、华耀城等项目建设，加快雁栖湖污水治理项目建设，迅速改变“城中村”脏、乱、差的状况。要深化数字城管建设，依托网格化管理，建立长效管理机制，着力提升城市管理标准化、精细化和常态化水平。四要积极对接中心城区管理体制改革。认真做好市对区城市管理权力下放的准备工作，主动承接管理事项，同时按照合法合规、重心下移的原则，将一些与群众生活紧密联系的管理事项下放到街道，进一步理顺城市管理体制。五要深化文明创建活动。持续加大创建工作力度，广泛开展文明单位、文明村镇、文明社区、最美家庭、道德模范等评选活动，提高城市文明程度。

第五，要加快重点项目建设。2016年，全区第一批计划实施重点项目81个，年度计划投资111.96亿元，较上年分别增长22.7%、4.5%，其中：第一批市重点项目30个，计划投资62.48亿元。我们要坚持项目兴区，举全区之力，扎实开展好“项目建设年”活动，实现重大项目建设的新突破。

一要狠抓项目进度。要抓责任落实。继续推行项目建设板块负责制，采取分块绑责任，分块抓调度，分块建台账，分块安排经费，分块总结评先的推进方式，由区“四大家”主要领导牵头负责，县级领导具体联络，部门、乡街狠抓落实。要抓开工复工。组建督查专班深入建设工地，督查重点项目开复工情况，促进在建项目全面复工、新建项目加快开工。对行动迅速、及时组织项目开复工的责任单位，给予通报表扬；对暂时不能开复工的责任单位，要查明原因、分类指导。对重点项目进度，要一周一通报、一月一调度、一季一分析、半年一讲评。

二要狠抓争资跑项。要把握向上争资的重点，加大对“三农”、保障性安居工程、城市基础设施、创新和结构调整、社会事业和社会治理等领域项目的包装推介力度，力争更多的项目挤进中央、省市“十三五”计划笼子。要发挥优势，突出特色，围绕乡村旅游，策划包装特色农业项目；围绕城市建设，策划包装棚户区改造、“城中村”改造、基础设施提质项目；围绕现代服务业，重点储备包装一批现代物流、文化旅游、电子商务、特色商业街区等项目。要拓宽视野，组织招商小分队到珠三角、长三角参加各种大型招商活动，宣传推介石鼓，提高项目招引的精确度；要提高项目招商的质量，注重引进一批占地少，能就业，品牌优，税源成长性好的项目；要主动出击、跟踪推进，力争麦德龙超市、苏宁云商湘南物流中心、果蔬配送中心等项目落地开工。

三要狠抓环境优化。要优化政务环境。要进一步增强服务意识，主动协调，推行一站式服务和代办服务，帮助办理项目审批手续，加快项目落地速度。要优化政策环境。既要认真梳理、落实中央、省市稳增长促改革的优惠政策，又要加大自主政策的探索研究，对重点企业、重点产业实行财政奖励优惠政策，切实降低企业成本，帮助企业发展。要优化施工环境。加强项目周边治安环境整治，严厉打击强买强卖、强行阻工、强揽工程等违法行为。要依法依规加快征拆安置，加大货币安置力度，加快安置房建设进度。对涉及项目征拆的法律问题，区法制办要提前介入，积极对接，主动协调。

第六，要着力保障和改善民生。坚持以人为本的执政理念，进一步加大民生投入，确保民生支出占财政总支出的70%以上，切实保障群众基本生活和基本公共服务。

一要抓好精准扶贫工程。各扶贫工作队、帮扶单位和责任人要按照“一村一规划”“一户一方案”的要求，认真落实特色产业、就业扶持、低保兜底、基础设施建设等过硬的办法和措施，动员驻区单位、企业、社会组织和个人以多种形式参与扶贫开发，完成2个贫困村D级危房户和无房户的改造和建设任务，实现1500个贫困人口脱贫，确保在2017年全部实现脱贫。

二要抓好就业增收工程。要以创业带动就业，利用华耀城、中亿汽贸城、中建·衡阳中心等项目营运平台，落实支持创新创业的优惠政策，大力推进“大众创业、万众创新”，引进和发展就业吸附能力强的企业，提供更多的就业机会。要统筹做好大学生群体、城镇就业困难人员、农村转移劳动力、退役军人、残疾人等重点人群就业工作，确保“零就业家庭”动态清零。

三要抓好民生实事工程。要全面完成基本养老服务点等10项重点民生实事建设。扎实推进松木明德小学等5个化解“大班额”项目建设。加快推进华程医院建设，启动中医正骨医院搬迁，谋划建设儿童专科医院。实施好文化惠民工程，加快影视中心与青少年活动中心项目竣工营运。加快安置房建设，基本解决安置房遗留问题。稳妥推进宏益轮胎、鑫华建筑等企业改制，全面完成改制扫尾工作。要完善社会保障体系，着力做好全民参保、医保统筹、大病保险、医疗救助等工作，着力保障城乡低保、五保和弱势群体的基本生活。

四要抓好社会治理工程。要落实好全面放开二孩、户籍制度改革政策，促进人口均衡化、农民工市民化。积极稳妥完成并村改革。深入推进安全生产“四大三基”三年行动计划，重点抓好危险化学品、烟花爆竹、消防、道路交通等重点领域的安全生产工作，坚决遏制较大及以上安全事故发生。继续深化“五零”专项行动，落实领导干部包案责任，妥善解决好团购房等信访突出问题，逐步化解、减少信访积案。扎实推进社会治理网格化、信息化建设，完善治安防控体系，严厉打击黄赌毒、涉黑涉恶等各类违法犯罪行为，确保社会大局和谐稳定。

五、切实加强领导

做好今年的经济工作，关键在党，关键在人。各级党组织和广大党员干部要认清形势、更新观念，坚持想在前、干在前、走在前，狠抓工作落实，全面提升抓经济工作的能力。

第一，要坚定信心，增强定力。“精神的力量是无穷的”，越是处于困难期、攻坚期，就越需要坚定信心、保持定力。要认清经济发展的周期规律，经济下行只是阶段性的，发展的脚步是永远不会停止的。全区各级党员干部一定要坚定发展的信心和决心，始终保持清醒的政治头脑，切实增强政治意识、大局意识、责任意识、服务意识，坚定全面建成小康石鼓的决心，以思想的统一保持发展的定力、以坚定的信心保证战胜困难的勇气。一定要保持加快发展的战略定力，以等不起的危机感、慢不得的紧迫感、坐不住的责任感主动担责、踏实干事，求真务实、开拓进取，以良好的干事创业劲头保持经济稳步增长的势头。一定要卯足攻坚克难的勇气，树立闯关口、打硬仗的思想，在困难面前不退缩，在矛盾面前不回避，在急难险重的任务面前敢闯、敢拼、敢冲。一定要练就持之以恒的毅力，咬定青山不放松，坚定信心不动摇，做到心往一处想、劲往一处使、汗往一处流，一步一步地干，将目标蓝图变成现实。

第二，要加强学习，提升能力。新常态下，经济在转轨，结构在转型，党员干部特别是领导干部的思维模式和工作方式要相应转变，能力水平也要相应提高。要强化理论学习，深入钻研新常态的内涵，领会结构性改革的要求，改进工作理念、工作方法，着力解决“老办法不能用，新办法不会用”的问题。要邀请经济学专家给党员干部集中授课，帮助党员干部熟悉规律，把握形势，增长见识。要强化政策研究，加强对经济形势的研判，深入分析中央、省、市出台的稳增长促改革政策，切实加强跟踪对接，将政策机遇转化为发展优势。特别是新调任、新提拔的干部，要按照“干什么学什么、缺什么补什么”的要求，加强政策法规、业务知识学习，尽早进入状态。要强化干部培训，注重选派年轻干部到项目一线、信访一线、先进地区进行锻炼、挂职和学习，进一步开拓视野，增强实践本领。今年，要有计划地组织区直单位负责人、乡街党政负责人分批次到北京大学、昆山等先进发达地区学习借鉴经验。

第三，要狠抓落实，提高执行力。说一千，道一万，关键在落实。要以务实的作风抓落实。要把“三严三实”专题教育的成果固化拓展，把作风建设抓实抓细抓牢，着力营造和谐共事的作风、真抓实干的作风、创先争优的作风。继续推行“周一下基层”制度，建立“区级领导挂帅、机关干部驻点、乡街干部配合、村社干部参与”的四级联动机制，让作风在一线转变、问题在一线发现、矛盾在一线解决、工作在一线推进。要以正确的导向促落实。要强化“以实绩论英雄、以实干评高下”的用人导向，提拔重用敢干事、能干事、干成事的干部，充分调动党员干部干事创业的积极性；要严厉整治“为官不为”问题，让不作为、慢作为、乱作为的干部丢尽面子、失掉位子、减少票子，坚决杜绝“庸政懒政怠政”行为。要以良好的机制督落实。对重点项目建设、民生实事、全面小康、绩效考核、深化改革、文明创建、精准扶贫、信访积案等重点难点工作，全面推行问题清单制、领导干部责任包干制、定期督查通报制、奖惩兑现制，实行时间倒排、任务倒排、责任倒追，确保一项一项落到实处、见到成效。

紧扣规范提升　狠抓任务落实
不断提高全区基层党建工作科学化水平

——在区委三届十次全委（扩大）会议上的报告（摘要）

杨龙金

（2016年2月28日）

一、2015年工作回顾

一年以来，在市委、市政府的正确领导下，区委牢固树立“抓党建就是抓发展、抓发展必须抓党建”的理念，以“三个突出”为抓手，突出责任落实、突出专题教育、突出亮点创新，全区党建工作开创了新局面、取得了新成绩。

（一）突出责任落实，基层基础不断夯实。区委落实管党责任，紧扣“责任落实年”。全年召开9次区委常委会、7次推进会，部署推进党建工作。一是抓制度建设。以区委的名义，相继下发了《石鼓区党建目标管理考核实施方案》、《石鼓区履行基层党建工作责任清单》、《基层党建责任落实年任务清单》、《石鼓区党建工作督查通报制度》、《关于进一步改进干部作风切实做好群众工作的意见》、《石鼓区社区网格化管理工作考核办法》等，从制度上保障了党建工作的责任落实。二是抓书记述职。严格落实党组织书记“第一责任人”责任，坚持用好书记党建述职评议这个抓手，切实传递压力、落实责任。对各乡街（片区）、系统党组织书记抓党建工作进行述职评议，对村（社区）、系统下属党组织书记实行双述双评。2015年，区委组织了4次乡街（片区）、系统党组织书记述职会；24个村、29个社区、公安、教育、卫计、区直机关工委等系统所属党组织书记都进行了双述双评。三是抓每月督查。全区基层党建工作实施月督查、月讲评、月通报，对重点问题下发督办函。除将每月的督查情况反馈至相关单位，还报送给区委常委及县级领导。建立了党建工作问题台账，对日常督查中发现的问题及时记录在案，作为年度党建工作考核的依据。建立了约谈机制，对基层党建履责不到位、工作推进不力的，实行约谈提醒和督办落实。建立了党建工作绩效考评机制，综合考评实行“三结合”，即平时考核与集中考核、定性考核与定量考核、明查与暗访相结合。四是抓基层保障。在社区办公服务用房上，投入3400多万元，高标准建设了15个社区办公用房。社区运转经费由平均22.7万元提高到37.5万元，村运转经费由村均6万元提高到12万元。为7个软弱涣散党组织选派县级领导、“第一书记”和“五基”督导员，加强整顿。选派48名党建指导员，到非公企业指导党建工作。组织了116名党支部书记培训，带领24名村党支部书记赴郴州学习新农村建设和现代农业产业发展。发展新党员73名，改善了党员结构，壮大了党员队伍。积极探索党员积分管理，对30名不合格党员及时进行了处置。

（二）突出专题教育，各项工作全面推进。围绕“学习‘三严三实’、践行‘三严三实’”主题，重点抓好全区专题教育，推动了全区各项工作的开展。一是抓专题教育。我区专题教育紧跟上级节拍，协调有序推进。本人带头为全区600多名党员干部上党课，启动了全区专题教育。区人大、区政府、区政协主要负责同志及班子成员也都到联系的乡街（片区）或部门上了专题党课。区四大家分别围绕“三严三实”主题开展了三次专题学习研讨，对“不严不实”问题认真查找、罗列清单，边查边改。区四大家共整改“不严不实”问题38个。1月21日，邀请了市委常委、衡阳警备区政委廖茂雄全程指导区委常委班子“三严三实”专题民主生活会。区人大、区政府、区政协班子“三严三实”专题民主生活会也都按照要求及时召开。各乡街（片区）、区直机关各单位党组（党委）班子“三严三实”专题民主生活会已全部召开。二是抓作风建设。在乡街（片区）、窗口单位、村（社区）实行挂牌上岗，在区委、区政府办公大楼公示所有工作人员信息，在每个办公室门前设立去向表，在每名工作人员的桌上竖立责任牌。出台文件，为每个村（社区）安排县级领导、区直部门、乡街干部驻点，规定驻点干部每周一下午固定在驻点的村（社区）走访调研，为民办实事。同时，把这项工作列入绩效考核内容，全面改进干部作风。截止去年底，共调解纠纷900余次、帮扶群众5000余人，办实事2800余件。三是抓统筹结合。坚持把专题教育与各项工作有机地融合，坚持两手抓、两不误、两促进。结合精准扶贫，积极开展“一进二访”，实现全区2个贫困村和953户贫困人口全覆盖，为贫困对象建档立卡，制定了帮扶措施、脱贫计划，做到精准识贫、精准扶贫、精准脱贫。我带头联系1个软弱涣散党组织、1个贫困村和1个中心社区，坚持每周去帮助解决问题。结合文明城市创建，县级领导带头入户走访，发放宣传手册，提高文明创建工作的知晓率。同时，各驻点领导干部指导村（社区）加强环境综合整治、社区党建网格化管理、社区两化两体系建设等，推进文明村、文明示范社区创建。

（三）突出亮点创新，品牌影响持续扩大。区委坚持打造党建亮点，在总结提炼、挖掘培育、宣传推介上精准用力，发挥品牌示范带动作用，推动了基层党建工作整体提升。一是有了自身品牌。我区推行的社区党建网格化管理、干部周一下基层驻点、党建一乡街一特色等工作，已经成为石鼓党建工作的缩影和代表。在社区党建网格化管理工作中，形成了29个社区党总支、178个网格党支部、512个楼栋党小组的基本组织架构，大力开展以“三亮三服务”为内容的党员服务活动。全区近4000余名党员亮身份、亮承诺、亮作为。在干部驻点工作中，区委专门成立了联点工作办公室，把每周一下午定为走访时间，要求驻点干部必须到各联系点走访调研、帮困解难、服务群众。在党建一乡街一特色工作中，各乡街（片区）积极开展党建特色创建活动。如松木片区党委在党组织和党员中推行工作效率承诺制；人民街道党工委结合社区地域、人文特点，培育“一社区一特色”；青山街道党工委推出“和美青山”微信公众号；潇湘街道党工委推进“1+4”党员分类管理办法。二是有了一定影响。区委引导基层党组织创建党建品牌，实施党建案例分析制度，建立了工作台账，细化了培育措施，发挥品牌效应。通过省、市报刊新闻媒体，积极宣传我区党建品牌，提高品牌影响力。严格落实“任用干部看党建”，在干部驻点工作中，将干部驻点工作作为考察干部的重要依据，列入干部提拔考察必经程序。在上一轮的干部调整中，我们就深入26个村（社区），组织了1500余人参加测评投票。三是有了实际效果。一年来，大抓基层、大抓党建的导向鲜明，党建工作呈现了新面貌。通过高标准建设社区办公服务用房，改变社区办公服务用房落后的局面。通过区财政按全年3000元标准，为每个网格安排了党建工作经费，破解了网格党员活动开展难的问题。角山乡党委把农村基层党建和经济发展切实结合起来，充分发挥党组织在农村经济专业合作组织中的作用，现拥有农民专业合作社4家，资产总额约1.5亿元；合江街道党工委成立了由党员组成的“项目征拆督导组”，服务项目建设。

去年，全区党建工作综合考评位列全市第一，可以说是成效显著，令人鼓舞，但我们在看到成绩的同时，也要正视党建工作中存在着诸多困难和不足。一是社区办公服务用房建设还没有完全达标。到目前为止，还有14个社区办公服务用房的建设没有达到市定标准。二是村级集体经济发展未找到好的思路。全区集体经济发展缺乏统一的规划，发展后劲不强，特色不明显。三是党建工作发展还不够平衡。相对而言，对村（社区）的党建工作抓得比较紧，对非公企业、学校、卫生等行业系统的党建工作指导得偏少，对如何发挥行业系统党员的作用探索得不够，成效也不如村（社区）显著。四是任用干部看党建责任落实得还不够到位。对基层党组织有督查考核和通报，但在真正使用干部时，没有严格执行“任用干部看党建”的要求。

二、2016年工作任务

2016年是“十三五”规划全面启动的开局之年，是换届之年，任务繁重，责任重大，我们要继续发力，再接再厉，全面落实上级要求，紧扣“规范提升年”，坚持问题导向，加强薄弱环节，着力攻坚克难，推动改革创新，狠抓任务落实，为打造“三个石鼓”提供坚强组织保证。具体来说就是，要抓好“五个三”。

（一）抓实“三大创新”。一是做优干部驻点服务工作。春节后，上班的第二天，2 月 15 日（周一），区委联点办对全区驻点工作进行了节后第一次督查，从督查的情况来看，各驻点领导、单位坚持得比较好，效果比较理想。2016 年，我们要继续做优服务，进一步丰富干部驻点工作内容，将“三个石鼓”建设、并村改革、村（社区）服务场所建设、小康石鼓建设等融入干部驻点工作内容。进一步强化督查机制、考核机制、奖励机制、问责机制，坚持干部驻点工作群众满意度低于 80%不得提拔和重用，形成党员领导干部为基层、为群众服务的常态机制。进一步加大宣传力度，在国家、省、市媒体加强推介，扩大知晓率，积极争取评选全省十大基层党建创新奖。二是做实党建网格化管理工作。党建网格化管理工作已在推进文明创建、深化城市管理方面发挥了显著的作用。今年，要进一步整合资源，以全区 178 个网格党支部为统领，把在职党员到社区报到、志愿者服务和党建网格化管理统筹结合起来，发挥网格管理员、在职党员、志愿者队伍三支力量的作用，用好网格党建活动经费，将网格党支部活动开展好。要进一步加强对网格党支部书记、网格管理员的培训、指导，落实社区网格化管理矛盾问题处理机制，开展特色党建网格党支部创建活动。三是做强党建一乡街一特色工作。去年各乡街（片区）积极开展了党建品牌创建活动。2016 年，我们将把党建一乡街一特色工作列入对各乡街（片区）党建工作目标管理考核范畴，设立党建创新项目奖，制订验收方案，完善激励机制，对优秀创新项目进行奖励，对有推广价值的党建项目在全区进行推广。

（二）抓好“三个重点”。一是认真做好区、乡两级领导班子换届工作。今年是换届之年，区四大家和角山乡的领导班子都有换届任务，乡里的换届 3 月份就要开始了，区四大家换届 9 月份之前要完成，任务很重，我们要以高度的政治责任感和历史使命感，切实做好换届工作。二是全面推进社区办公服务用房和农村综合公共服务中心建设。社区办公服务用房要在 2015 年的基础上，继续加大投入，依靠市、区、街道各级及座落单位力量，力争年底前，完成剩余的 14 个社区办公用房建设任务。同时，今年还有农村综合公共服务中心建设任务，市委决定用两年时间，完成全市 750 个村级综合公共服务中心建设。市里分配我区建设 11 个任务数，其中：今年 3 个，明年 8 个。每个村大概要 200 万左右，由市里统一打包贷款、建设，资金由市、区两级财政分 20 年还清。我们的 11 个村建设资金加上利息，大概要 3300 多万，区里要负担 1600 多万。这个是好事，有利于提升党建工作服务水平。区政府常务会要尽快开会研究，报区人大常委会审议，再提交区委常委会研究。区住建局、区发改局、规划分局、国土分局，要按要求完善项目建设相关审批手续。三是扎实开展“两学一做”学习教育。为进一步巩固拓展党的群众路线教育实践活动、“三严三实”专题教育成果，省委决定今年在全体党员中，开展“两学一做”学习教育，即“学党章党规、学系列讲话、做合格党员”，区委将通过扎实开展“两学一做”活动，引导全区党员将党章党规、系列讲话以及各项规定落实到做人、干事、创业之中去，为“三个石鼓”建设注入强劲党建动力。同时，以纪念建党 95 周年为契机，评选表彰一批先进基层党组织、优秀党务工作者和优秀共产党员。

（三）抓强“三个短板”。有人把基层党建工作比作是“底板”性工作，如果桶没有底板，还装什么水，其他工作都是空谈。底板工作更容不得有短板。但是，当前，我们的党建工作却还存在三个短板。一是党员的教育管理，二是软弱涣散党组织整顿，三是非公党建，当然，这三项工作也是目前党建工作面临的三大难题，我们要借助“规范提升年”这个契机，把短板补齐、补好。抓党员教育管理，要严肃党内组织生活，严格“三会一课”制度和党员积分管理制度，扎实开展民主评议党员和处置不合格党员工作，做好流动党员的教育管理服务。严格发展党员，落实党员教育培训，抓好党组织书记、农村党员、非公有制企业党员、预备党员培训和党员创业就业技能培训。抓软弱涣散党组织整顿，要对2015年度软弱涣散党组织进行验收，并开展新一轮软弱涣散基层党组织集中排查，对摸排出来的软弱涣散党组织，实行县级领导“倒排联点”包点负责制，在区直部门、乡街（片区）选派“第一书记”、“五基”督导员，加强对软弱涣散党组织的指导，通过各级领导班子成员直接包、重点抓，推动转化提高。抓非公党建，要注重示范点建设，加大对非公党建的指导力度，在每个乡街（片区）打造1~2个非公党建示范点，在非公企业党组织中开展主题创建活动，发挥非公企业党组织和党员作用。推进街道党建联席会议制度，完善街道“大工委制”和社区党组织“兼职委员制”，整合共建资源，推进街道、社区党建工作区域化。

（四）抓紧“三个清单”。从清单入手，坚持问题导向，按照细化、量化、具体化要求，明确基层党建工作问题清单、责任清单、整改清单，让“清单”成为抓实基层党建工作的利器，助推基层党建工作有序开展。一是推行倒逼机制，落实“问题清单”。结合基层党建工作考核、责任人述职评议、上级领导点评以及群众评议结果，对基层党建和组织工作存在的问题进行收集整理，通过建立台账、归纳梳理、及时反馈、建立“问题清单”，作为整改的重点任务。二是防止为官不为，落实“责任清单”。进一步细化区、乡街（片区）、村（社区）党组织抓基层党建工作责任。针对每个整改项目建立一套班子、一位负责人、一个方案、一套措施，一抓到底，通过台账管理、盘点销号，明确整改目标、完成时限等抓好整改落实。三是实施公开承诺，落实“整改清单”。针对基层党建存在的问题，如村（社区）级后备干部队伍建设、基层干部教育培训、村级集体经济发展、基层服务型党组织建设、软弱涣散党组织整顿等，要分别制定出台实施意见和办法，对清单内容、整改责任、整改措施、整改时间等进行承诺，在一定范围内进行公示，接受上级党组织和党员群众监督。年底考核的时候，要对照清单进行逐项考核验收。

（五）抓严“三项考核”。落实党建工作责任，重在考核。发挥好党建考核“指挥棒”作用，真正把从严从实管党治党落到实处，使党建工作由“软指标”变为“硬任务”，由“空对空”变为“实打实”，强化基层党组织书记守好主业，种好责任田的意识。一是抓严对“第一责任人”的考核。书记是抓基层党建工作的第一责任人，也是落实基层党建工作的带头人。要严格落实《石鼓区党建目标管理考核实施方案》，针对每个对象、每个责任、每项内容从严把关，从严考核。同时，要进一步落实书记抓党建工作述职评议。今年争取每季度召开一次述职会。去年，市委组织部就免去了两名抓党建工作不力的乡镇党委书记，处分了一批领导干部。今年正月初八，市委组织部就召开了一个党建工作恳谈会，参会人员除了各县市区的组织部长外，就是各县市区去年党建工作排名靠后的乡镇（街道）党（工）委书记。由此可以看出，市委对抓好党建工作的坚强决心。今年，区委对抓党建工作不力的党组织书记，不仅组织部长要约谈，对特别严重的党组织书记，我将亲自约谈，对问题整改不及时、敷衍了事的，还要按照相关程序和规定进行问责。二是抓严对“一月一督查”的考核。党建工作就是要抓在平时，不能等到省、市来考核了，再临时抱佛脚。所以，今年的党建工作“一月一督查”的考核，还是要坚持下去。不光要坚持，还要更加细致严格，不仅要看搞了没有，还要看搞的好不好。对于党员教育管理、村级集体经济建设、软弱涣散党组织整顿、党代表联络工作等常规性工作，要做到按时督查、及时反馈；对于并村换届、农村综合公共服务中心建设、“两学一做”等工作，要做到重点督查、积极指导；对于打造“一乡街一特色，一社区一品牌”、干部驻点、党建网格化管理等特色工作，要做到督促激励、持续提高。三是抓严对“一票否决”的考核。今年要在全区实行党建工作“一票否决”制度，乡街（片区）、区直单位党组织书记抓党建工作不过关的，绩效考核将“一票否决”，不能评优评先。在这一点上，区委是下了很大决心的，一旦有抓党建工作不力，或在省市党建工作督查中给石鼓区拉后腿的，坚决按“一票否决”制度实行，让党建工作成为任用干部的“硬指标”，真正做到“考核干部考党建、任用干部看党建”，推动管党治党责任真正落实到位。

务实担当　开拓进取
为全面建成小康石鼓而努力奋斗

——在中国共产党衡阳市石鼓区第四次代表大会上的报告（摘要）

杨龙金

（2016年8月29日）

一、过去五年的工作和主要经验

过去五年，是石鼓区发展史上极不平凡的五年，也是石鼓区奋力赶超、加快发展的五年。在省委和市委的坚强领导下，区委团结带领全区广大党员干部群众，攻坚克难，务实进取，各项事业取得了显著成就。

这五年，是经济稳中有进、实力不断提升的五年。2015年，地区生产总值、财政总收入、固定资产投资、社会消费品零售总额分别是2010年的1.86、2.18、2.95、2.41倍，年均分别增长13.21%、16.91%、24.16%、19.23%。三次产业结构调整为2015年的3.3：21.1：75.6，第三产业占比提升14.3个百分点，对地区生产总值贡献率达81%。累计实施重点项目247个，完成房屋拆迁150多万平方米，建成中建·衡阳中心、三星蔬菜基地等项目167个，开工建设了总投资达120亿元的华耀城、总投资超400亿元的来雁新城，增强了发展后劲。

这五年，是改革稳步推进、活力不断迸发的五年。商事登记制度改革全面实施，行政审批事项取消和下放43项，压缩审批时限35%，提高了办事效率。国库集中支付制度改革全面实行，严格执行公务卡强制结算，提高了财政资金使用效益。农村土地确权登记颁证工作基本完成。农村信用社产权制度改革全面完成，成功组建农村商业银行。率先在全市建立政府法律专家库、在城区推行环卫清扫保洁市场化，完成了政府机构改革、合村并乡、社区整合等改革工作。

这五年，是城乡协调并进、环境不断美化的五年。城市北拓的步伐明显加快，蒸阳北路延伸、蒸湘北路延伸、107国道城市化道路改造、怀邵衡铁路基本成型，耀江花园、雅士林欣城、帝景山庄成为高端生态宜居新区。城市配套设施不断完善，提质改造7个农贸市场、15条主次干道、470多处背街小巷，建成蒸水北堤（蒸水桥—杨岭）风光带、虎形山公园、人民广场等文化娱乐休闲场所。城乡环境同治扎实推进，完成湘江流域保护和治理第一个“三年行动计划”和“十二五”减排目标任务；建成了一批社区“两化两体系”“三清三建”“美丽乡村”示范点。

这五年，是人民福祉增进、生活不断改善的五年。民生投入持续加大，累计投入达23.03亿元，占财政总支出的70%，年均增长19.61%。累计完成89项重点民生实事，建成保障性住房10617套，新增城镇就业26525人，解决农村12900人安全饮水问题，精准帮扶1477人脱贫。教科文卫等社会事业取得全面进步，各项社会保障力度不断加大，全面小康总体实现程度达86.5%，人民群众生活水平显著提高。

这五年，是作风持续改进、党建不断加强的五年。严格落实中央八项规定、省委九项规定和市委十条规定精神，出台转作风二十条规定，推行领导干部“五联”、驻点走访、挂牌上岗等工作制度，密切了党群干群关系。扎实开展党的群众路线教育实践活动、“三严三实”专题教育、“两学一做”学习教育，大力整治超标准使用办公用房、“三公经费”以及公车私用、文山会海、“为官不为”、收送红包礼金等“四风”突出问题，有力推动了干部作风的持续好转。狠抓基层党建工作责任落实，整顿12个软弱涣散党支部，推行社区党建网格化管理，大幅提高村、社区运转经费保障标准，形成了党组织书记抓党建工作常态化机制，夯实了基层基础工作。严格落实干部选拔工作条例，从严整治“三超两乱”问题，优化了干部队伍。老干部管理服务进一步规范完善，老干部作用得到充分发挥。坚持党要管党，从严治党，累计查处违纪案件82件、处分82人；扎实抓好巡视整改工作，正风肃纪收到实效。

过去五年，区委坚持按照总揽全局、协调各方的原则，认真贯彻执行民主集中制，充分发挥了领导核心作用。坚决拥护、积极配合省委、市委做好了衡阳破坏选举案的相关处理工作，确保了社会政治大局的和谐稳定；依法依规支持区人大、区政府、区政协开展工作，支持区人武部抓好党管武装工作，做好了工青妇、科协、残联、工商联等群团工作，组织统一战线实施“四同创建”活动，在全区上下形成了心往一处想、劲往一处使的团结干事局面。先后被评为全国计划生育优质服务先进单位、全国基层中医药工作先进单位、全国义务教育均衡发展基本均衡区、全省发展非公有制经济先进区、全省首批现代服务业示范集聚区、全省安全生产先进单位、全省政法综治工作先进单位等。

成绩的取得，离不开省委、市委的正确领导，离不开历届区委打下的良好基础，离不开“四大家”班子的和衷共济，离不开社会各界的关心支持，更离不开全区党员干部群众的共同努力。在此，我代表中共石鼓区第三届委员会向全区广大工人、农民、知识分子和党员干部，向驻区部队全体官兵和公安干警，向所有关心支持石鼓区发展的各界人士，致以衷心的感谢和崇高的敬意！

回顾五年来的工作，我们既有成功的喜悦，也有深刻的教训，同时积累了一些宝贵经验。主要体会有：

第一，只有加强党的领导，才能取得胜利。五年来，我们牢固树立“抓好党建是最大政绩”的理念，不断强化从严管党治党责任，成功战胜了发展中遇到的阻力和困难。衡阳破坏选举案的惨痛教训告诉我们：如果党的领导缺失了，党员理想信念滑坡了，党组织就软了、散了，就会失去战斗力、凝聚力、号召力。实践证明，坚持党的领导，是根本所在、命脉所在。只有坚持党要管党、从严治党，时刻保持党的先进性和纯洁性，才能保持定力、辨清方向，高举旗帜，不忘初心，继续前进。

第二，只有坚持狠抓项目，才能加快发展。五年来，我们始终把项目建设作为加快发展的主战场，加快建设二环路、长丰大道等城市基础设施项目，开工建设华耀城、中亿汽贸城、崇盛国际中心等现代服务业项目，扎实推进香樟苑、玫瑰园、山水莲花等特色农业项目，形成了加快发展的持续动力。实践证明，发展是第一要务，是解决所有问题的关键。只有紧紧抓住项目建设这个“牛鼻子”，才能扩大投资、带动消费、拉动经济增长，推动经济社会又好又快发展。

第三，只有坚持改善民生，才能赢得民心。五年来，我们始终把维护广大群众的根本利益，作为加快发展的出发点和落脚点，积极稳妥地解决了建设新村112栋、商业新村22栋等群众反映强烈的安全隐患，化解了一大批信访积案，提升了群众的幸福感和获得感。实践证明，民生连着民心，民心是最大的政治。只有顺应人民群众对美好生活的向往，使改革发展的成果惠及全区人民，才能得到群众的拥护和支持，实现政通人和的发展局面。

第四，只有坚持改革创新，才能抢得先机。五年来，我们坚持不断解放思想、破解发展瓶颈，走出了一条创新创特的发展路径。建设现代服务业示范集聚区，发展乡村旅游、总部经济、楼宇经济，推进“小升规”“个转企”，推行城市环卫市场化、党建网格化、养老社会化，实行安置房拆建分离模式等等，催生了发展动力，彰显了发展活力。实践证明，只要有勇于自我革命的气魄、坚韧不拔的毅力，推进改革创新，就一定能够适应新形势，抢抓新机遇，开创新局面，实现新发展。

这些基本经验，是广大干部群众智慧的结晶，是继续前进的不竭动力，一定要倍加珍惜、坚持运用和不断完善。

我们在看到成绩的同时，必须清醒地认识到，工作中还存在诸多不足，与群众期盼还有较大差距。一是经济总量偏低，传统商贸服务业优势减弱，现代农业特色有待进一步凸显。二是企业自主创新能力不强，高新技术产业增加值占地区生产总值的比重不高。三是因征地拆迁、环境污染、企业改制、违法建设、商业合同等引发的矛盾纠纷较多，化解信访积案、维护安全稳定的压力较大。四是基层党建存在薄弱环节，个别村级党组织软弱涣散，流动党员、空挂党员管理缺乏有效办法，极个别的党员干部破坏经济发展环境的现象时有发生。五是干部作风有待进一步转变，一些“四风”问题还存在惯性，改作风、纠“四风”必须持续发力、久久为功。这些困难和问题，必须高度重视，进一步认真加以解决。

二、面临的形势与主要任务

今天，我们石鼓区已经站在了一个新的起点上，展现出更加美好的发展前景。未来五年，是全面深化改革的攻坚期，是全面建成小康社会的决胜期，也是大有可为的战略机遇期。当前，从宏观经济形势来看，经济发展处于“新常态”，下行压力较大，面临转型的“阵痛”在所难免，但新的经济增长点正在孕育兴起。从自身发展态势来看，经济发展的“短板”比较突出，但正在加快推进的华耀城、来雁新城，集聚发展的现代服务业，潜力很大，来势看好。从支撑发展要素来看，用地指标少、融资难、基础设施欠账多等依然是制约发展的“瓶颈”，但可利用的交通、区位、历史文化优势资源比较丰富。从干事创业劲头来看，党员干部主流是好的，整体状态是好的，不在状态的是极少数，“想干事、会干事、能成事”的是绝大多数，干事创业的劲头很足、氛围很浓。这些表明，我们既面临严峻的挑战，更面临难得的历史机遇，我们必须立足区情、把握形势，顺势而为、主动作为，努力在新一轮发展中赢得主动、赢得优势、赢得未来。

今后一段时期，全区工作的指导思想是：高举中国特色社会主义伟大旗帜，全面贯彻落实党的十八大和十八届三中、四中、五中全会精神，以马列主义、毛泽东思想、邓小平理论、“三个代表”重要思想、科学发展观为指导，深入学习贯彻习近平总书记系列重要讲话精神，按照“四个全面”战略布局，坚持“五大发展理念”，紧扣发展第一要务，加快建设“活力石鼓、特色石鼓、文明石鼓”，统筹推进经济、政治、文化、社会和生态文明建设，全面加强党的建设，努力打造湘南地区最具活力的商贸文化新区，力争在2017年全面建成小康社会。

主要奋斗目标是：地区生产总值年均增长9%左右，2020年经济总量达到220亿元，人均地区生产总值达到8万元；固定资产投资年均增长20%；社会消费品零售总额年均增长12%；财政总收入年均增长10%以上。

为实现以上目标，我们要重点推进“三个石鼓”建设：

第一，建设活力石鼓。依托优势资源、发展平台、优惠政策，拓宽产业发展空间，转变经济发展方式，形成产城融合、城乡联动、充满活力的发展格局。加快推进经济结构性改革，实施服务业倍增计划，大力发展现代服务业、文化旅游业，打造新的经济增长点。借助现代服务业示范集聚区平台，以城聚商、以商建城，建设一批辐射力强的城市商业综合体。注重规划引领，强化功能配套，深化行政审批等重点领域改革，打造高效便捷的政务环境，让支撑发展的要素自由流动，让市场主体的活力充分迸发。

第二，建设特色石鼓。大力实施创新创特计划，重点打造一批特色产业、特色街区、特色产品。加快来雁新城、华耀城、中亿汽贸城等重点项目建设，打造辐射大湘南的电子商务中心、商贸物流中心、现代金融服务中心。积极融入南岳大旅游圈，发挥石鼓书院4A级景区优势，大力发展文化旅游；优化乡村旅游规划，开发精品旅游线路，研发特色旅游产品，提高旅游配套服务能力。借助传统商贸优势资源，建设一批特色街区，满足人们多样化、个性化的消费需求。

第三，建设文明石鼓。以创建全国文明城市为契机，扎实开展文明单位、志愿服务等主题活动，推进社会主义核心价值体系建设，不断提高市民文明素质和城市文明程度。深入推进“两型”社会建设，坚持开发与保护、节能与减排相结合，大力发展循环经济、低碳经济、生态经济、绿色经济。切实加强生态文明建设，大力实施环境整治、生态修复、城市改造提质工程，打造宜居城市。坚持富民优先，开展扶贫攻坚，实现充分就业，增加群众收入。发展社会事业，完善社会保障体系，强化社会治安、信访维稳和安全生产，确保社会大局和谐稳定。

三、今后五年的主要工作

（一）强力推进全面从严治党。事业的兴衰成败，关键在党。要坚持党要管党，推进从严治党，全面加强党的建设。

1. 加强思想政治建设，筑牢理想信念的思想根基。要把理想信念教育，作为加强思想政治建设的战略任务，引导党员干部筑牢信仰之基、补足精神之钙、把稳思想之舵。要利用党委（党组）中心理论组、“三会一课”等，深入学习、深刻领会习近平总书记系列重要讲话精神，不断提高党员思想觉悟和理论水平。要把“两学一做”学习教育，作为推进思想政治建设常态化、长效化的重要举措，切实增强政治意识、大局意识、核心意识、看齐意识，做到对党忠诚、为党分忧、为党担责、为党尽责，争当“四讲四有”的合格党员。要牢牢把握正确的舆论导向，加强正面舆论宣传，坚定道路自信、理论自信、制度自信、文化自信，自觉践行核心价值观，为实现中国梦凝聚正能量。

2. 加强基层组织建设，构筑坚强有力的战斗堡垒。要重视基层、关心基层、支持基层，树立起抓基层强基础的鲜明导向。坚持和完善党建述职评议制度，全面落实党建工作责任。大力整顿软弱涣散党组织，加强基层党组织带头人队伍建设，切实提高基层党组织服务发展、服务民生、服务党员的能力。严格党员教育管理，严把党员入口关，及时处置不合格党员，提高党员队伍的纯洁性。坚持分类指导、动态管理原则，抓好流动党员、困难党员的教育、管理、服务工作。要巩固党建网格化管理成果，完善党员积分管理制度，引导党员立足岗位做贡献，服务群众当先锋。要加强和规范党内政治生活，增强党内政治生活的政治性、时代性、原则性、战斗性。加快农村综合服务平台建设，完成社区“两化两体系”建设，夯实为民服务阵地。进一步提高村、社区运转经费保障标准，大力发展村级集体经济，确保基层组织有资源、有能力为群众服务。要逐步提高村、社区干部工作待遇，特别要健全养老保险保障机制，进一步激发他们的工作积极性。切实抓好非公党建示范点建设，提升非公经济组织、社会组织党建工作覆盖面。

3. 加强干部作风建设，彰显执政为民的价值追求。要坚守“三严三实”，旗帜鲜明地持续反“四风”、转作风，坚决做到心中有党、心中有民、心中有责、心中有戒。要大力弘扬为民之风。切实强化宗旨意识，践行党的群众路线，始终把群众放在心中最高的位置；落实驻点走访制度，引导党员干部多进群众之门，多解百姓之难，多办利民之事，以党员干部的“辛苦指数”提升群众的“幸福指数”。要大力弘扬实干之风。要弘扬“马上就办、真抓实干”新风，察实情、谋实策，讲实话、干实事，狠抓工作落实；要发扬“钉钉子”精神，以抓铁有痕、踏石留印的干劲，对决定的事项、部署的任务，一抓到底、务求实效。要大力弘扬担当之风。坚持在其位、任其职、谋其政，做到守土有责、守土负责、守土尽责；要建立科学的绩效考核机制，激励实干者、鞭挞空谈者，让“吃苦的人吃香、实干的人实惠、有为的人有位”。要坚持在基层一线锻炼干部，在急难险重中考验干部，在干事创业中激励干部，大力培养选拔优秀年轻干部、女干部和党外干部，构建结构优化、梯次合理、充满活力的干部队伍。要做好老干部工作，关心老干部生活，支持老干部发挥余热。要破除论资排辈、求全责备等观念，探索建立纠错容错机制，形成激励干部成长的良好环境。

4. 加强党的制度建设，形成民主团结的政治局面。要强化问题导向，针对存在的突出问题，建立一套简明扼要、实用管用的制度，扎紧扎密制度“笼子”。要切实增强制度执行力，坚持用制度管权管事管人，做到制度面前人人平等、执行制度没有例外，使制度成为硬约束。要严格执行民主集中制，落实“三重一大”事项集体决策制度，不断提升领导水平和执政能力。要支持政府依法行政。要加强党管武装工作和人防工程建设，促进军地融合发展。要完善党建带群建机制，进一步加强工青妇、科协、残联、红十字会等群团工作。要抓好统一战线工作，充分调动各民主党派、工商联、非公经济人士、无党派人士、宗教界人士的积极性，不断巩固和发展民主团结、生动活泼、安定和谐的政治局面。

5. 加强反腐倡廉建设，营造风清气正的政治生态。要全面落实“两个责任”。各级党组织要把管党治党主体责任扛起来，党组织负责人要把全面从严治党作为份内之事、应尽之责，各级班子成员要自觉履行“一岗双责”，严格落实党风廉政建设责任制。党员干部要始终把纪律和规矩挺在前面，带头遵守、严格执行，自觉做政治上的明白人、廉政上的清白人；要以案为镜，举一反三，深刻反思，做到心有所畏、言有所戒、行有所止；要牢固树立正确权力观，做到公正用权、依法用权、为民用权、廉洁用权，永葆共产党人的政治本色。纪检监察组织要落实监督责任，切实加强廉政警示教育，加大谈话函询力度，做到惩前毖后、治病救人；坚持零容忍的态度，做到有案必查，有腐必惩，巩固和扩大巡视整改成果，净化政治生态。

（二）大力推进全面深化改革。按照中央、省委、市委确立的改革目标，坚决落实改革举措，推进改革创新，释放改革红利。

1. 着力深化经济体制改革。加快推进现代服务业示范集聚区综合改革，将培育新兴现代服务业与改造传统商贸服务业相结合，适应消费市场的新趋势，拓展商贸流通的新模式，发展现代服务业新业态。加快财税管理体制改革，完善公共预算体系，构建事权与财权相匹配的财政体制，提升财政资金使用的绩效。深化商事登记制度改革，推进“大众创业、万众创新”，进一步激发市场主体活力。

2. 着力深化农村综合改革。加快推进农村集体土地产权制度改革，全面完成农村土地承包经营权确权登记颁证工作。积极稳妥地推进农村集体经营性用地入市改革，构建城乡统一的建设用地市场。加快和规范农村土地流转，支持发展农民合作社、家庭农场、农业企业，构建层次多样、功能互补的新型农业经营体系。

3. 着力深化社会体制改革。实行城乡一体的居民户口统一登记管理制度，使在城镇稳定就业和长期居住人员有序转变为城镇居民。积极探索社区社会化管理模式，制定社区事务准入清单，优化就业、养老等社区公共服务，提高基层自治能力。大力引进和培育社会组织，加大政府向社会组织购买服务的力度。落实全面两孩政策，推进人口均衡化发展。

4. 着力深化行政体制改革。进一步精简行政审批事项，推行行政审批“两集中、两到位”改革，为群众提供“一站式”便民服务。进一步深化政府机构改革，实现职能与职权、机构与人员的合理配置。全面推进政务公开，完善政府部门权力清单、责任清单，努力建设服务政府、责任政府、法治政府、廉洁政府，不断增强政府公信力。

（三）加力推进产业转型升级。坚持创新发展、绿色发展，注重发展“占地少、效益好、无污染、低能耗”的新业态，实现区域经济的健康、协调、可持续发展。

1. 集聚发展现代服务业。发挥省级现代服务业示范集聚区平台优势，引进一批高端商贸、电子商务、文化会展、现代金融等服务业业态，将华耀城打造成湘中南地区最大的国际商贸物流中心，将来雁新城打造成集多种功能于一体的金融商务服务中心，将崇盛国际中心打造成湘南地区唯一的全龄化新生活体验中心，将中亿汽贸城打造成湘南地区服务最全的商用乘用车市场中心。

要提质发展现代商贸业。以“互联网+商贸”为方向，提质改造五一、华源、中湘等大市场，建设服装、美食、酒吧、电子通讯、家居、建材等特色街区，推动传统商贸业向现代商贸业转型。要积极化解房地产库存，严厉打击违法建设，促进房地产市场健康发展。要利用城市综合体的写字楼，以商招商，吸引更多的国内外企业来我区设立区域总部、研发中心、营销中心、物流中心，进一步做大做强楼宇经济、总部经济。

要大力发展文化旅游业。树立“全域旅游”的理念，将旅游业作为刺激居民消费、拉动经济增长的主攻方向。深度挖掘古衡阳八景石鼓四景的历史文化内涵，整合一院（石鼓书院）一塔（来雁塔）、两江（蒸水、湘江）两湖（西湖、雁栖湖）等文化旅游资源，建设历史文化街区，力争将石鼓书院创建为5A景区。

要发展壮大现代物流业。依托火车北站、松木千吨级码头以及南岳、衡邵、衡大高速等交通优势，加快发展以华耀城为中心的商贸物流、以火车北站为中心的仓储物流、以电子商务平台为中心的电商配送物流，打造区域性物流中心，争取2020年全区物流业产值占地区生产总值的比重提高到8%左右。

2. 积极推进新型工业化。淘汰落后产能，盘活存量工业，加快发展汽车零配件、新能源、医疗器械等优质产业。重点支持天雁机械实施增压器“柴转汽”生产计划，帮助企业实现“二次腾飞”。做优石鼓科技创业园平台，加快江霞建筑材料产业园建设，支持天然气公司、君玲食品等成长性好的企业稳步发展。

3. 高效发展都市农业。要守住耕地红线，加快土地流转，发展农村电商，促进农业集约、高效、安全、持续发展。围绕“城里人的爱情故事、城里人的保健养生、城里人的生态菜园”功能定位，加快香樟苑、三星蔬菜基地、玫瑰园、山水莲花等特色农业项目建设，丰富城里人的“菜篮子”“花钵子”“果盘子”，促进一产与二、三产业融合发展。

（四）奋力推进城乡协调发展。围绕“骨骼强、血脉畅、气质美、活力足”下功夫，走集约节约可持续的城市发展道路，努力建设人民满意的现代化新城区。

1. 完善城市基础设施。加快推进二环西路、二环北路、北三环、怀邵衡铁路、湘环路、华耀城路网、来雁新城路网以及107国道改造延伸工程的建设，构建互联互通的城市快速通道。加快旧城区提质改造，统筹推进城市危房、棚户区改造，提质改造老商业街区，配套建设大型智能、立体化停车场。加快推进社区“三清三建”工作，完成背街小巷改造，建好社区公园，促进绿化大提质。坚持高标准规划、高效率推进雁栖湖污水治理和蒸水北堤风光带（草桥—蒸水桥）建设，迅速启动黄沙湾街道团结村四、五组和原船厂地段的开发与建设。

2. 提升城市精细化管理水平。重点实施智慧城市建设工程，促进大数据、物联网、云计算与城市管理服务融合，实现城市管理的科学化、精细化、常态化。继续推进和完善环卫、园林市场化改革，加快环卫、园林、城管停车保养场建设。大力整治摊担外摆行为，引导“五小门店”集中经营、实现规范管理，完成易赖街、后宰门等农贸市场提质改造，建设社区蔬菜直销店，下大力气取缔马路市场。深入开展文明社区、文明村镇、文明家庭、文明单位、道德模范评选活动，树立先进典型，革除陈规陋习，树立新风正气。

3. 加快美丽乡村建设。坚持规划先行，建设美丽乡村、文明村镇，创建文化旅游特色小镇，打造衡阳最美乡村旅游目的地。继续巩固农村环境综合整治成果，推进农村环卫市场化改革，全面实现“三清五改三化”总目标。实施环境保护提升工程，扎实推进湘江流域保护与治理第二个“三年行动计划”、大气污染防治计划，让水更清、天更蓝、空气更新鲜。大力推进植树造林与公路、铁路沿线绿化增量提质工程，大幅提高森林覆盖率。加大对绿地、林地、湿地等自然景观的保护力度，加快横江河湿地公园建设。扎实推进角山旅游环线建设，加强衡邵高速公路以北基本农田水利建设，全面完成乡村道路拓宽提质改造、中小河流治理工程。实施农村房屋“穿衣戴帽”二期工程，规范村民建房行为，做到统一规划，统一建设，集中连片，形成亮点特色。

（五）聚力推进民生改善。坚持共享发展理念，围绕全面小康目标，切实保障和改善民生，努力提高人民群众的获得感、幸福感。

1. 加快发展社会事业。坚持优先发展教育事业，进一步优化中小学、幼儿园布局，大力推进标准化学校建设，完成化解“大班额”新校项目建设，积极引进优质教育品牌，促进教育均衡发展。加快卫生医疗事业发展，实施城市公立医院改革，重点推进中医正骨医院异地搬迁、基层医疗基础设施建设，完善医疗卫生服务网络，提高医疗卫生服务水平。积极发展文化体育事业，着力推进市影剧艺术中心和青少年活动中心建设，完善公共服务配套功能，开展经常性群众文化活动、全民健身活动。鼓励文艺工作者深入基层、深入群众，创作出一批鲜活的有影响的文艺作品。

2. 完善社会保障体系。贯彻“全覆盖、保基本、多层次、可持续”的方针，落实各项社会保险制度，完成城乡居民医保整合工作。继续做好被征地农民社会养老保险工作，保障失地农民基本生活。要健全社会救助体系，提高特困人员供养标准，对困难群众实现“应保尽保”。大力发展社会福利和慈善事业，加大对特殊群体的帮扶力度。

3. 办好民生实事。进一步加大民生投入，重点解决群众最需要最紧迫最现实的问题。扎实推进精准扶贫，采取“低保政策兜底一批，发展产业带动一批，危房改造安置一批，医疗救助扶持一批”等措施，确保2个贫困村、2304名贫困人口在今年底全部实现脱贫。想方设法促进就业，帮扶青年创业，以创业带动就业，加强对城市弱势群体、失地农民、大中专毕业生的就业援助，不断提高城乡居民收入水平。加快社区养老服务点建设，构建以居家养老为基础、社区养老为依托、机构养老为补充的养老服务体系。加快杨岭、茅茶亭以及来雁新城五一、江霞等安置房项目建设，彻底解决安置房遗留问题。继续实施农村危房改造，着力抓好保障性住房建设与分配，努力改善群众居住条件和生活环境。

（六）全力推进社会治理创新。进一步推进治理体系和治理能力现代化，确保社会大局和谐稳定、人民群众安居乐业。

1. 扎实推进依法治区。全面推行“谁执法、谁普法”机制，深入开展法治宣传教育，切实增强全民法治观念，形成全民守法的浓厚氛围。加强律师人才和法律服务队伍建设，完善法律援助制度，健全司法救助体系，逐步推进公共服务法律体系建设。完善重大决策和规范性文件合法性审查机制，积极推进政府法律顾问制度，加强行政执法监督，做到依法执政、依法行政、司法公正。各级党员干部要强化法治思维，带头依法办事，模范遵守法律，努力形成办事依法、遇事找法、解决问题用法、化解矛盾靠法的良好法治环境。

2. 依法化解信访积案。坚持区级领导轮流坐班接访制、信访积案包案化解制度，主动接访约访，积极稳妥化解机关干部职工团购房等信访突出问题。充分发挥党代表工作站、人大代表联系群众工作站、政协委员工作室的作用，畅通群众反映诉求的渠道，及时倾听群众呼声，引导群众依法表达诉求。落实重大决策社会稳定风险评估机制，切实从源头上预防和化解社会矛盾。规范信访秩序，依法打击闹访、缠访等非法上访行为。

3. 强化社会综合治理。抓好抓实“实有人口、实有房屋、实有单位”的信息采集工作，加快社会综合治理网格信息服务平台建设，夯实社会管理和服务基础。加强社会治安立体式防控体系建设，实现社会治安监控高清摄像头全覆盖。要定期排查矛盾纠纷，确保问题不上交、矛盾不升级，化解在萌芽状态。做好社区矫正、刑满释放等特殊人群的帮教管控转化工作。重点打击强供地材、强揽工程、强行阻工、漫天要价、索拿卡要等违法违规行为，进一步优化项目建设环境。要严格落实“党政同责、一岗双责、齐抓共管”的责任体系，抓严抓实安全生产工作，坚决遏制较大及以上安全生产事故发生，确保群众生命财产安全。切实加强民间融资机构的监管，严厉打击非法集资行为，守住不发生系统性区域性金融风险的底线。严厉打击危害社会安全稳定的违法犯罪行为，全面提高群众安全感。

名词解释

1. 三年行动计划：指省政府于2013年11月决定将湘江污染防治作为“一号重点工程”，从2013年—2021年连续实施三个“三年行动计划”。

2. 社区“两化两体系”：即社区服务场所标准化、社区服务规范化，组织管理体系、服务体系。

3. 三清三建：即清违建、清垃圾、清管线，建路、建园、建绿。

4. 五联：即联系重点项目、联系重点企业、联系村（管理处）、联系社区、联系重点信访问题。

5. 三超两乱：指超职数配备干部、超机构规格提拔干部、超审批权限设置机构，擅自提高干部职级待遇、擅自设置职务名称。

6. 四同创建：是全省统一战线实施的“同心园区”“同心项目”“同心社区”“同心乡村”创建工作。

7. “小升规”“个转企”：指从税费减免、财政扶持、金融支持等方面促进个体工商户转为企业和小型微型企业升级为规模以上企业。

8. 新常态：指我国经济领域，已进入一个与过去三十多年高速增长期不同的新阶段，主要体现在从高速增长转为中高速增长，经济结构优化升级，从要素驱动、投资驱动转向创新驱动。

9. 三重一大：指重大问题决策、重要干部任免、重大项目投资决策和大额资金使用。

10. 行政审批“两集中、两到位”改革：指一个行政机关的审批事项向一个处室集中、行政审批处室向行政审批服务中心集中，保障进驻行政审批服务中心的审批事项到位、审批权限到位。

11. 全域旅游：指以旅游业为优势产业，实现区域资源有机整合、产业融合发展、社会共建共享，以旅游业带动和促进经济社会协调发展的模式。

12. “五小”门店：指小餐馆，小美容美发店，小旅店、招待所，小洗浴、桑拿浴、淋浴、足浴场所，小歌厅、舞厅。

13. 物联网：指通过各种信息传感设备，实时采集任何需要监控、连接、互动的物体或过程等各种需要的信息，与互联网结合形成的一个巨大网络。

14. 三清五改三化：即清垃圾、清杂草杂物和菜地、清除空心房和废弃房，改水、改厕、改栏、改厨、改浴室，屋前禾坪硬化、房前屋后绿化、特色景观差异化。

政府工作报告

在衡阳市石鼓区第三届人民代表大会第六次会议上（摘要）

石鼓区人民政府

（2016年2月25日）

一、“十二五”时期及2015年工作回顾

五年来，在市委、市政府和区委的坚强领导下，在区人大、区政协的监督支持下，全区上下紧紧围绕“打造雁城商都，建设石鼓新城”发展战略，牢牢把握稳中求进总基调，主动适应经济发展新常态，突出稳增长、促改革、调结构、惠民生、防风险，总体完成“十二五”目标任务，为全面建成小康社会奠定了坚实基础。

五年来，我们致力于科学发展，综合实力跨上新台阶。2015年，地区生产总值、财政总收入、固定资产投资、社会消费品零售总额分别达到127.08、19.79、126.02、97.61亿元，分别是2010年的1.86、2.18、2.95、2.41倍，年均分别增长13.21%、16.91%、24.16%、19.23%，经济总量实现翻番。城镇居民人均可支配收入达到28149元，是2010年的1.71倍，年均增长11.33%。全面小康稳步推进，总体实现程度达到86.5%，提升幅度居全省一类县第3位。

五年来，我们致力于结构调整，产业转型迈出新步伐。三次产业结构由2010年的4.4：34.3：61.3优化为去年的3.3：21.1：75.6，第三产业占比提升14.3个百分点，实现增加值96.07亿元。传统产业升级步伐加快，现代服务业蓬勃发展，总部经济、楼宇经济、电商经济等新兴产业发展迅速。特色农业初具规模，三星蔬菜基地获评省蔬菜生产示范基地，香樟苑、乐富等龙头企业不断壮大。新型工业化稳步推进，石鼓科技创业园建设步伐加快，天雁机械成功上市。

五年来，我们致力于项目建设，发展后劲增添新动力。项目数量和投资规模连创新高，实施重点项目247个，完成投资324亿元，分别是“十一五”时期的1.22、7.27倍，其中，投资100亿元以上项目2个。城市基础设施、工业和安置房、棚户区和旧城改造、社会民生、服务业及农业板块齐头并进，项目推进机制逐步健全，项目库不断充实。

五年来，我们致力于统筹协调，城乡环境呈现新面貌。城区主次干道两厢提质改造有序推进，蒸水以北城市规划日趋完善，交通道路网基本成形，合江套片区改造、雁栖湖综合开发稳步推进，石鼓新城建设步伐加快。“八城同创”有序开展，控违拆违、社区环卫市场化、背街小巷改造、殡葬改革、“规电”行动等工作扎实有效。湘江流域保护和治理第一个“三年行动计划”圆满完成。新农村建设和城乡环境同治取得明显成效。黄沙湾街道松木片区成功创建省级文明村镇，松木村、三星村和角山村成功创建省级新农村示范村。

五年来，我们致力于民生改善，生活水平实现新提高。民生投入累计达23.03亿元，年均增长19.61%，占财政支出的比重达70.39%。89项重点民生实事全面或超额完成。教育事业加快发展，新建学校4所、改扩建学校32所，新增学位2040个。新增城镇就业2.65万人、农村劳动力转移就业1.08万人，“零就业”家庭动态清零。农村饮水安全问题全部解决。企业退休人员养老金和被征地农民社保待遇分别实现“十一连调”“五连调”。城乡低保应保尽

保。成功创建全国计划生育优质服务先进区。安全生产考核连续四年获评全市先进。

刚刚过去的2015年，通过全区上下共同努力，我们总体完成了区三届人大四次会议确定的主要目标任务，经济社会持续健康发展。一年来，我们主要抓好了以下工作：

一是抓项目，发展后劲持续增强。坚持把项目建设作为总抓手，以项目推动发展。项目建设推进有力。实施重点项目82个，完成投资126.35亿元，其中，省市重点项目24个，完成投资75.9亿元，排名全市第一。来雁新城完成投资37.6亿元，累计征地4436亩、拆迁房屋33.84万平方米，源湘路、五一北路、来雁西路等7条道路全面动工。华耀城完成投资20亿元，3号、5号、M5、M6精品区交易中心主体竣工，即将投入运营，纵1路、纵2路、凤凰路、望城路即将通车。崇盛国际中心、怀邵衡铁路石鼓段、中亿汽贸城、市影剧艺术中心、珠江·帝景等50个项目超额完成年度投资计划。项目招商成果丰硕。积极开展上门招商、以商招商、政策招商和小分队招商，成功签约金泰星级酒店、果蔬电商中心等4个项目。引进顺丰速运、香之玺等70余家电商企业。北京师范大学基础教育衡阳实验学校基本完成前期手续办理。上海麦德龙、华创动漫等客商已考察选址。全年内联引资19.8亿元，外资到位3906万美元。项目包装成效明显。包装商贸物流、旅游文化、电子商务、现代服务等重大项目61个，总投资180亿元，其中，深度开发项目19个，超额完成年度计划。

二是抓产业，转型升级明显加快。加快调结构、转方式，产业结构进一步优化。三产日益繁荣。第三产业对地区生产总值的贡献率达81%，拉动地区生产总值增长7.7个百分点，税收占财政总收入比重达95.22%。成功举办第七届品牌推介节暨第五届君玲粽子文化节、首届玫瑰花浪漫文化节。蔡伦大道及蒸湘北路两厢获评省首批服务业示范集聚区。华源市场被评为全国诚信示范市场。林隐酒店、南北特、鸿业特变等8家企业获评省著名商标。中环餐饮获评湖南餐饮百强企业。石鼓书院被评为国家AAAA级旅游景区。农业特色彰显。种植蔬菜1.88万亩，出园蔬菜6.89万吨，同比增长13%以上。寒梅蜂业荣获省农博会金奖。乡村旅游、休闲农业来势喜人，成为新的经济增长点。工业平稳运行。天雁机械成功突破高铁风冷机关键技术，有望纳入高铁采购目录；高档数控机床与基础制造装备研究获得“国家科技重大专项”支持。江霞建材产业园建成投产。

三是抓统筹，城乡面貌大为改善。着力提升人居环境，统筹推进城乡发展。城市扩容提质扎实推进。蒸湘北路延伸、长丰大道、二环路、107国道城市化改造等项目加快建设。完成常胜路等4条主次干道、牛角巷等230处背街小巷、易赖街等2个农贸市场提质改造。全面启动社区绿化提质，新增绿地4.78万平方米，建成区绿化覆盖率达40.39%。社区“两化两体系”建设成效显著，建成6个示范社区，15个社区办公服务用房面积超过600平方米。城市管理水平不断提升。以创建全国文明城市为总揽，统筹推进“八城同创”。强化城市环境综合整治，加强市容市貌、交通秩序等常态化管理。扎实开展社区“三清三建”，获评全市清除城市“牛皮癣”优秀单位，雁栖湖、江雁2个社区获评全国综合减灾示范社区，西湖新村、演武坪、雁栖湖3个社区被评为全市城市管理样板社区。创建船山路、蒸阳北路等6条市文明卫生样板路。在全市率先全面推行社区环卫和部分路段绿化管护市场化。有序推进中心城区烟花爆竹限放工作。殡葬改革力度持续加大，经验在全市推介。美丽乡村建设亮点频现。科学编制乡村旅游发展规划，启动乡村旅游环线和农村房屋“穿衣戴帽”提质工程。严格控违拆违，规范村民建房流程，拆除违章建筑2.5万平方米、违规广告6300平方米。实施点亮乡村、联村建绿计划，安装太阳能路灯700盏，完成乡村道路绿化35千米，荒山造林1100亩。角山乡获评全市最美乡村生态旅游目的地，角山村成功创建省级美丽乡村。

四是抓民生，社会事业全面进步。全年民生支出6.14亿元，同比增长12.25%，占财政支出的比重达71.6%。民生实事得到大落实。全面完成13项重点民生实事项目，其中6项超额完成，办理法律援助案件184件，新增城镇就业5147人，新增社会治安视频监控摄像头103个。民生保障实现广覆盖。成功实现“拆建分离”，73.78万平方米安置房全面动工，中亿汽贸城、桔子山和雁栖湖四期共12.69万平方米安置房投入使用，杨岭安置小区23.77万平方米主体竣工，安置房建设进度位居城区第一。完成棚户区改造60户、农村危房改造66户，新增公共租赁住房1226套，发放廉租房补贴526万元。发放城乡低保资金4029.8万元、城乡医疗救助资金398.65万元。精准帮扶976人脱贫。解决农村6876人饮水安全问题。金融服务“三农”全面铺开。民生事业取得新发展。五一路小学、前进小学等化解“大班额”项目稳步推进。教育城域网建成使用。校园监控实现全覆盖。顺利通过全国义务教育均衡发展基本均衡县市区评估，荣获全省县级教育两项督导评估考核优秀单位。“三馆一站”免费开放。5处文物入选市第五批文物保护单位。荣获市十运会县市区金牌总数第一名。公立医院综合改革深入推进，成功创建全国基层中医药工作先进单位，完成省级预防接种规范化门诊建设，在全市首创基层医院引进数字化远程诊疗服务。流动人口“四个均等化”经验在全省推介。深入开展食品药品安全专项整治，切实保障群众饮食、用药安全。积极推进军地融合式发展，民兵预备役、双拥工作、国防教育、国防动员和人防建设全面加强，年度征兵任务和“湘江-2015”演习圆满完成。

五是抓稳定，平安创建卓有成效。坚持底线思维，着力打造“平安石鼓”，社会大局和谐稳定。安全生产形势向好。“九打九治”等专项整治行动成效明显，危化企业“入园归市”有序推进，未发生较大以上安全生产事故。信访工作扎实有效。深入开展信访“五零”专项行动，化解信访积案32个；大力推进网上信访案件办理，实现网上流转。“12345”政府服务热线高效运行。生态保护全面加强。湘江流域保护和治理“一号重点工程”24项考核任务全部完成。全面整治中心城区非法砂场，有序推进规范化砂场生产经营。社会治理深入推进。严厉打击非法集资，在全市作经验介绍。扎实开展社会治安综合整治，对“两抢一盗”、黄赌毒、重点项目周边环境乱象等开展严打风暴，未发生重大刑事案件和重大群体性事件。

六是抓效能，自身建设不断增强。坚持改革创新、提升效能，政务环境明显改善。重点改革不断深化。全面完成政府机构改革、乡镇区划调整、社区整合工作。深入实施机关事业单位养老保险与工资制度、城乡养老保险制度、财政国库集中支付和商事制度等改革。积极承接省市取消、下放、继续实施的行政许可事项，加快行政审批“两集中、两到位”改革，优化审批流程，精简率、压缩率分别达45%、35%。公布政府工作部门“两清单”，在全市率先完成人力资源市场改革。稳步推进农村综合改革。民主法治不断夯实。自觉接受人大法律监督和工作监督、政协民主监督、社会各界监督，办理人大代表建议45件，政协委员提案118件，办复率、满意率均达100%。加快推进法治石鼓建设，“六五”普法全面完成。全国首创在律师事务所建立政府法律人才培养基地，在全省县市区首创建立政府法律专家库，依法行政考核名列全市第一。强化行政监察，审计工作获评全市目标管理考核先进单位。作风建设不断加强。深入开展党的群众路线教育实践活动和“三严三实”专题教育。认真落实《中国共产党廉洁自律准则》、《中国共产党纪律处分条例》，重拳整治“四风”，扎实开展“四检查一整治”，廉政建设和反腐败斗争取得积极成效。

成绩的取得，是市委、市政府坚强领导和区委总揽全局的结果，是区人大、区政协监督支持的结果，是全区上下团结拼搏、社会各界关心支持的结果！在此，我代表区人民政府，向全区人民，向奋战在各条战线的人大代表、政协委员，向各民主党派、工商联、无党派人士、各人民团体，向各坐落单位、驻区部队官兵，向来区创业的投资者、建设者，向所有关心、支持石鼓建设和发展的各界人士，表示衷心的感谢！

在肯定成绩的同时，我们也清醒地看到，经济社会发展仍然存在一些困难和不足：一是全面小康仍有短板。人均地区生产总值、城镇居民人均可支配收入、空气质量达标率等指标与全面小康目标值还有一定差距。二是发展后劲依然不足。项目储备质量不优，策划包装项目数量不多，支撑发展的大项目和新兴产业项目较少，经济下行压力较大。三是发展环境还需优化。老城区基础配套设施建设历史欠账较多，城市建设和管理需要进一步加强，项目施工环境仍需改善。四是服务效能有待提升。社会管理和公共服务职能还需强化，干部担当意识、执行力和开拓创新能力亟需加强，等等。对此，我们要高度重视，坚持问题导向，努力加以解决。

二、“十三五”时期总体思路及目标任务

准确研判经济形势，对于做好未来五年工作十分重要。当前，全国经济发展长期向好的基本面没有变，依然处于大有可为的重要战略机遇期；全省经济持续增长具备良好的基础和条件，发展空间和潜力巨大；全市正处于全面建成小康社会的决胜阶段，将为我区发展创造良好环境，提供难得机遇。全区经过“十二五”时期的快速发展，实力显著提升，后劲明显增强，基础不断夯实，空间大幅拓展，环境持续优化，为实现跨越发展夯实了坚实基础。我们要准确把握新要求，主动适应新常态，着力在优化结构、增强动力、补齐短板上取得突破。

“十三五”时期，全区经济社会发展的指导思想是：高举中国特色社会主义伟大旗帜，全面贯彻落实党的十八大和十八届三中、四中、五中全会精神，以邓小平理论、“三个代表”重要思想、科学发展观为指导，深入贯彻习近平总书记系列重要讲话精神，以“四个全面”战略布局为统领，坚持发展第一要务，贯彻创新、协调、绿色、开放、共享发展理念，深入实施“打造雁城商都，建设石鼓新城”发展战略，围绕建设“活力石鼓、特色石鼓、文明石鼓”目标，突出商贸服务品牌化、城区品质生态化、城乡建设一体化、公共服务均等化，大力推进产业驱动、项目拉动、城乡互动、富民带动，确保提前全面建成小康社会。

“十三五”时期，全区要努力实现以下目标：

*一是经济保持中高速增长。*地区生产总值年均增长9%左右，2020年总量达到220亿元（按2015年可比价计算），人均地区生产总值达到8万元左右。财政总收入年均增长10%，2020年总量达到31.87亿元。固定资产投资、社会消费品零售总额年均分别增长20%、12%，高新技术产值占工业总产值比重达到20%。

*二是产业结构不断优化。*产业结构转型升级取得突破性进展，到2020年，三次产业结构调整为3：20：77。传统商贸业全面升级，商业活力更加凸显。省服务业示范集聚区加快建设，总部经济、现代物流、现代金融、电子商务、文化旅游、服务外包等新业态形成规模，新兴产业占经济总量的比重达到40%。创新驱动能力显著增强，到2020年，科技进步对经济增长的贡献率达到40%。

*三是城乡一体统筹推进。*交通、产业等基础设施不断完善，城乡差距持续缩小，城乡协调、空间优化、产城融合发展格局逐步形成。棚户区改造任务全面完成，旧城改造、传统商业街区提质扎实推进。城区承载能力与资源吸纳力稳步提升，来雁新城、华耀城基本建成。

*四是生态环境明显改善。*严格落实主体功能区制度和最严格的水资源管理制度，全面加强生态保护与环境治理。城乡环境同治成效明显，城乡面貌更加精美。节能减排目标任务全面完成，万元GDP能耗累计下降10%，建成区绿化覆盖率达到42%，饮用水源水质达标率、城市生活垃圾无害化处理率均达100%。

*五是民生福祉全面增进。*收入差距不断缩小，中等收入人口比重不断上升，城镇居民人均可支配收入年均增长9%以上。农村危房改造覆盖面达100%。2017年实现农村贫困人口全部脱贫。小学、初中入学率达100%，九年义务教育完成率超过98%。养老保险覆盖率巩固在95%以上，基本医疗保险覆盖率达到98%。文化遗产得到有效保护，文化产业增加值占地区生产总值比重超过5%。

三、2016年工作安排

2016年是全面建成小康社会的关键之年，是“十三五”开局之年，也是推进结构性改革的攻坚之年，做好今年各项工作，意义重大，影响深远。

今年全区经济社会发展的主要预期目标是：地区

生产总值增长9.5%，财政总收入增长10%，固定资产投资增长20%以上，社会消费品零售总额增长12.5%，城镇居民人均可支配收入增长9%以上，全面完成市下达的节能减排、安全生产等约束性指标任务。

实现上述目标，要突出抓好以下七个方面的工作：

（一）强化产业支撑，着力提升经济实力

提质发展传统商贸业。积极筹备第八届石鼓品牌推介月活动，策划开展读书节、啤酒节等主题活动。围绕“家”文化品牌，引导华源、中湘、万居等专业市场创新服务业态，鼓励建立网络虚拟店，打造线上线下一体经营融合发展新格局。重点建设解放路电子通讯街、人民路片区服装街、进步巷片区特色小吃街、崇盛国际中心啤酒街、珠江·帝景美食街等特色街区。制定农贸市场转、改、建实施方案，提升农贸市场建设、管理和服务水平。加大“小升规”工作力度，确保限额以上商贸企业增加20家以上。继续做好“个转企”工作，助推非公经济转型升级。

加快发展现代服务业。发挥省服务业示范集聚区带动效应，组建专班支持华耀城招商，推动其尽快运营。以中亿汽贸城为核心，在周边布局引进汽车4S店。以火车北站仓储物流区、华耀城物流中心建设为平台，发展第三方物流和智能物流。以崇盛国际中心、中建衡阳中心、西湖公寓、美达新天地、CC城市中心为依托，加快发展总部经济、楼宇经济、电子商务等新型商业业态，重点发展信息咨询、法律、会计、审计服务、检测认证等生产性服务业。制定出台商业网点落户、连锁经营、社区商业、电商销售等奖励政策，积极发展住宿餐饮、教育文化、健康养老、家政服务等生活性服务业。

大力发展现代农业。加快转变农业发展方式，着力发展“四个农业”。加快小型农田水利、水库等基础设施建设，夯实农业发展基础。发展多种形式的适度规模经营，积极培育新型农业经营主体和职业农民，扶持农业专业合作社发展。不断壮大香樟苑、玫瑰文化园、富农科技、嘉昶等特色农产品基地，提高农业生产附加值。加快三星蔬菜基地建设，打造有机蔬菜品牌，努力实现农业增效、农民增收。

扶持发展旅游业。加快发展文化旅游，支持石鼓书院创建AAAAA级旅游景区。对接大南岳衡山旅游经济圈，主动承接餐饮住宿、购物休闲等旅游配套服务，建成运营珠江·帝景酒店。提质改造西湖公园，加快湘江西岸风光带、石鼓书院生态停车场等项目建设。配合建设湘军水师船厂、来雁塔公园等景点，积极策划精品一日游线路。加快发展乡村旅游，按照“一心一环三区”的功能布局，推进乡村旅游环线公路建设，建好一个“玫瑰风情”小镇，建设一批生态农庄，开发一套特色旅游产品，打造全市近郊休闲新高地。

盘活升级存量工业。探索以PPP模式加快石鼓科技创业园建设，充分发挥园区平台作用和集聚效应，鼓励和吸引区内外工业向园区集中。扶持天雁机械发展壮大，重点支持汽油涡轮增压技术创新。提升江霞建材产业园产能，筹建3条混凝土生产线。大力发展战略性新兴产业，力争在电子产品、新材料生产等方面取得突破，推动工业转型发展。

（二）加快项目建设，着力增强发展后劲

大力推进项目。继续开展“项目建设年”活动，实施第一批81个重点项目，总投资769.58亿元，年度计划投资111.96亿元。严格落实“五个一”工作机制和分板块负责制，建立区领导、服务部门、项目业主“三级联动”协调机制和项目综合评估机制。加快来雁新城范围内建设路、来雁西路、合江套路等道路建设，推进文化风情街、金融聚集区等项目招商引资。抓紧华耀城路网、仓储物流园、华耀广场、华耀商务中心等项目建设，建成运营交易广场、精品市场。完成崇盛国际中心二期商业设施装修及星级酒店主体工程。加快怀邵衡铁路石鼓段、市影剧艺术中心、二环路、北三环等项目建设。

全力引进项目。抢抓产业转移机遇，主动承接长三角、珠三角地区产业转移。充分发挥商会、节会、行业协会作用，拓宽招商信息渠道。增强招商引资的针对性，大力开展产业链招商、以商招商、专题招商和小分队招商。抓紧对接麦德龙仓储超市、电商湘南物流中心、文化创意园等项目，不断提高招商引资的签约率和落地率。

精心包装项目。结合区“十三五”产业发展布局专项规划，瞄准国家专项债券基金申报，深度开发及包装项目。加快项目库建设，提前储备一批品牌优、税源成长性好的重大项目。积极盘活原中级人民法院、衡南县工程公司、市商务局等闲置楼宇资源。在蒸水以南区域，重点包装商业综合体、商务楼宇等10个以上项目；在蒸水以北区域，重点包装文化创意、科技创新、电商物流等10个以上项目；在农村，重点包装旅游农业、体验式农业等10个以上项目。

优质服务项目。强化服务意识，坚持土地优先保障、资金优先统筹、力量优先选派，切实解决项目建设中的不作为、慢作为和乱作为现象。强化建成项目服务，做好项目后续管理，确保项目早见成效。强化周边环境整治，严厉打击强买强卖、强行阻工、强揽工程等违法犯罪行为。强化奖惩考核，制定重点项目财政奖励政策，落实项目建设与干部绩效考核挂钩制度，营造谋项目、抓项目、促项目的浓厚氛围。

（三）深化重点改革，着力激发发展活力

深化财税体制改革。全面推进预算公开，完善政府预算体系，实行中期财政规划管理。推进预算绩效管理，完善预算评价机制。优化国库集中支付系统，提高公务卡使用率。加强财源建设，强化税收征管，深化国税、地税征管体制改革，积极推进“营改增”工作，降低企业成本。加快财政评审工作转型，注重评审结果运用。

深化农村综合改革。加快户籍和居住证制度改革，推进农民工市民化。认真做好第三次全国农业普查工作。完成农村土地承包经营权确权登记颁证工作，加快推进“一流转五服务”。全面完成乡换届、建制村合并工作。创新推进农民宅基地、农村房屋资产、农机具等打包抵押贷款模式，健全农村金融服务体系。

深化其他重点领域改革。建立并公示行政审批项目目录和服务指南，积极承接市下放的行政审批事项。全面推进事业单位年度报告公开，建立各类事业单位统一登记管理制度，开展事业单位法人治理机构建设试点工作。稳步推进商事制度改革，放宽市场准入机制，激发市场活力。

（四）突出城市建管，着力统筹城乡发展

大手笔建设城区。完善城市发展规划，推进蒸水以北片区管网配套设施建设。拓展城市发展空间，加快推进蒸阳北路、蒸湘北路、蔡伦大道、长丰大道北延等道路建设，完成107国道城市化改造，建成蒸水北堤风光带、人民广场。改善城市人居环境，加快雁栖湖综合改造治理、横江湿地公园建设，完善立体停车场、环卫园林作业车辆停保场等配套设施。开展文明卫生样板路创建，完成中山北路等主次干道提质改造。加快社区“两化两体系”建设，建设14个达标社区。全面推进中心城区社区“三清三建”行动，完成社区绿化提质改造，打造一批样板社区。

高标准管理城市。加快推进全国文明城市创建，完善城市治理体系，提高城市治理能力。承接好市对区城市管理权力下放事项，建设数字城管指挥中心，严格落实网格化管理、定岗定责、“门前三包”，强力整治流动摊贩、占道经营和马路市场，健全长效管理机制。严厉查处违法用地、违法建设行为。加强环卫作业、园林绿化、“牛皮癣”清除保净市场化运作监管，推行道路清扫保洁“以克论净”。巩固殡葬改革成果。加大烟花爆竹限放力度。严格落实省、市征拆和棚改货币化安置政策，化解房地产库存，促进房地产业健康发展。

全方位美化乡村。积极创建文明村镇和秀美村庄，加强新农村示范片、小城镇示范点和通道绿化建设。深化农村环境综合整治，落实“四位一体”工作机制，完善奖惩机制。推进农村房屋“穿衣戴帽”工程，规范村民建房，统一建筑风格，抓好绿化、美化、亮化。

（五）倾力民生改善，着力增加群众获得感

办好民生实事。坚持财政收入用于改善民生的主导向，确保民生支出占财政总支出70%以上。全面完成基本养老服务点建设、农村危房改造、“两供两治”等重点民生实事。每个乡街建好1个含养老服务在内的综合性居家便民服务中心，每个街道建好1个以上社区养老服务中心示范点。加快老年福利服务中心养护楼建设。抓好安置房建设，力争杨岭安置小区一期、虎形山安置小区一期多层等6个项目、33.39万平方米安置房建成投入使用，确保茅茶亭安置小区一期、胡壁塘一期等5个项目、25.06万平方米安置房主体竣工，基本解决安置房建设遗留问题。启动团结村四组、五组棚户区改造。推动大众创业、万众创新，推进大学生创业引领计划和农村人力资源开发三年行动，全年新增城镇就业4300人以上，培训农民能工巧匠、营销能手2000人以上。实施精准扶贫工程，推进驻村、联村和结对帮扶全覆盖，完成2个贫困村D级危房户和无房户的改造建设任务，脱贫1500人以上。

完善社会保障。落实城乡居民大病保险制度，完成全民参保登记，推进事业单位、城乡居民养老保险改革和被征地农民社会保障工作，加强医疗保险城乡统筹。健全社会救助体系，全面开展重特大疾病医疗救助，加快推进最低生活保障制度城乡统筹。加大以廉租房为重点的保障性住房建设力度。

抓牢底线工作。启动湘江流域保护和治理第二个“三年行动计划”。扎实开展安全生产“四大三基”三年行动计划和专项整治，确保不发生较大以上安全生产事故。深化信访“五零”专项行动，推进信访工作法治化改革，畅通网上信访渠道，切实化解信访积案。规范各类融资行为，确保不发生区域性、系统性金融风险。深入推进“平安石鼓”建设，健全立体化社会治安防控体系，严厉打击吸贩毒、涉黑涉恶等各类违法犯罪活动，切实保护好人民群众的生命财产安全。

发展社会事业。大力实施松木明德小学、华耀城一小等5个化解“大班额”项目，推进义务教育标准化学校建设，实施第二轮学前教育“三年行动计划”，全面提升教育事业发展水平。加快城乡卫生服务一体化进程，推进公共卫生服务均等化，抓好华程医院建设，启动中医正骨医院异地重建。坚持计划生育基本国策，落实“全面二孩”政策。实施文化惠民工程，完成文化馆维修改造，加大文化遗产保护力度。大力发展体育事业，精心组织参加省十三届运动会、省十届残运会。完善困境儿童福利制度，构建农村留守儿童关爱服务体系，促进妇女儿童事业全面发展。提升残疾人服务保障水平，加快慈善事业发展。健全食品药品质量安全治理、保障体系，建立食品药品安全诚信“黑名单”，让人民群众吃得放心、喝得安全。坚决支持深化国防和军队改革，积极开展“双拥”活动，扎实做好国防动员、兵员征集、民兵预备役、退役军人安置和人防工作，抓好民兵基层建设，规划建设人防宣传广场，推动经济建设和国防建设深度融合发展。

（六）推进依法治区，着力提升法治水平

提高法治意识。积极创建法治石鼓，弘扬法治精神和法治文化，全面实施公民道德建设工程，深化群众性精神文明创建活动。依法管理民族、宗教事务和场所。启动“七五”普法，落实“谁执法、谁普法”责任制。推进法治教育全覆盖，不断提升群众法治思维和法治意识。

发展民主政治。健全民主制度，丰富民主形式。自觉接受人大及其常委会监督，执行人大及其常委会的决议决定，接受政协民主监督，支持政协参政议政，认真办理人大代表议案、建议及政协委员提案，确保办复率达100%。高度重视舆论监督、群众监督，让权力在阳光下运行。

创新社会治理。加快建设覆盖城乡的法律服务体系，创新基层民主管理载体，提升基层社会治理水平。建立流浪乞讨流动人员救助管理信息平台，创建未成年人保护救助机制，加强社区矫正、刑满释放等特殊人群帮教管控。深入开展社会稳定风险评估，及时排查化解矛盾纠纷，提高应对各种风险的能力。

（七）加强自身建设，着力打造人民满意政府

坚持依法行政。深化行政执法体制改革，大力推进跨部门跨行业综合执法、联合执法，加强行政执法监督。完善政府法律专家库、政府法律人才培训基地建设。建立重大决策终身责任追究及责任倒查制度，健全重大决策和规范性文件合法性审查机制，努力建设法治政府。

优化政务服务。进一步转变政府职能，深化行政审批“两集中、两到位”改革，确保行政审批权力规范高效运行。推进“12345”政府服务热线、区党政门户网站、无纸化办公系统建设。深化政务公开，

加强政务服务，提高办事效率，营造一流的亲商环境，努力建设服务型政府。

恪守政府信用。加强政府工作人员诚信教育和管理，增强诚信意识、信用观念，以诚信办事、诚信服务取信于民。坚持遵纪守法，有权必有责，用权受监督，侵权要赔偿，做到公开公平，自觉接受监督。严厉打击弄虚作假、欺上瞒下行为，努力建设诚信政府。

强化廉政建设。进一步巩固党的群众路线教育实践活动和“三严三实”专题教育成果。认真落实党风廉政建设主体责任和监督责任，落实“一岗双责”，始终保持惩治腐败高压态势。强化廉政风险防控，定期研究、部署、检查党风廉政建设工作。强化政府绩效评估、行政问责，支持监察、审计、财政、法制等部门开展监督，严厉查处违法违纪行为，努力建设廉洁政府。

在衡阳市石鼓区第四届人民代表大会第一次会议上（摘要）

刘　浪

（2016 年 11 月 23 日）

一、本届政府工作回顾

2012 年以来，面对错综复杂的宏观经济环境和艰巨繁重的改革发展稳定任务，在市委、市政府和区委的正确领导下，在区人大、区政协的监督支持下，区政府团结带领全区广大干部群众，真抓实干，攻坚克难，开拓创新，总体完成了区三届人大一次会议确定的各项目标任务。

（一）聚精会神谋发展，经济实力大为提升。2016 年，实现地区生产总值 138.89 亿元（预计数，下同），是 2012 年的 1.51 倍，年均增长 10.8%；实现财政总收入 21.77 亿元，是 2012 年的 1.59 倍，年均增长 12.3%；完成固定资产投资 151.22 亿元，是 2012 年的 2.54 倍，年均增长 26.3%；完成社会消费品零售总额 109.81 亿元，是 2012 年的 1.79 倍，年均增长 15.7%；城乡居民人均可支配收入分别达 30682 元、17323 元，分别是 2012 年的 1.42 倍、1.53 倍，年均分别增长 9.2%、11.1%；全面小康总体实现程度达 91.5%，人民群众生活更加殷实、更加幸福。

（二）全力以赴攻项目，发展后劲不断增强。项目数量和投资规模连创新高，累计实施重点项目 385 个，完成投资 485 亿元。年开复工率均在 95%以上，较上个周期提高 32.6%。开工建设了衡阳市最大的商贸物流项目华耀城、最大的城建项目来雁新城，建成了中亿汽贸城、中建・衡阳中心等 41 个项目。项目招商成果丰硕，成功引进商贸物流、电子商务、文化旅游等产业项目 88 个。项目推进机制逐步健全，发展环境持续优化，项目库不断充实。

（三）坚定不移促转型，产业结构加快调整。积极转变发展方式，三次产业结构由 2012 年的 3.7∶35.3∶61 调整为 2016 年的 3.7∶18.2∶78.1，第三产业占比提升 17.1 个百分点。特色农业加速发展，三星蔬菜基地获评全省蔬菜生产示范基地，角山村、旭东村被列入全国乡村旅游扶贫重点村。新型工业化提质增效，天雁机械成功上市。总部经济、楼宇经济、电商经济等现代服务业蓬勃发展，获评全省首批现代服务业示范集聚区，石鼓书院获批国家 AAAA 级旅游景区。

（四）凝心聚力抓统筹，城乡面貌持续改善。南岳高速、雅士林大桥建成通车，107 国道城市化改造、蒸湘北路延伸、蒸阳北路延伸、长丰大道北延、红湘北路、北二环、怀邵衡铁路石鼓段基本成型，雁栖湖综合开发、合江套片区改造稳步推进。深入开展“八城同创”，社区“三清三建”“两化两体系”、环卫市场化等工作扎实有效，安置房建设、控违拆违、殡葬改革等工作经验在省市推介，提质改造农贸市场 7 个、主次干道 15 条、背街小巷 510 处、院落 110 处。湘江保护和治理第一个“三年行动计划”圆满完成，关闭及搬迁化工冶炼企业 103 家，关停及拆除湘江干流两岸 500 米范围内规模养殖场 55 户。城乡环境同治和新农村建设成效明显，松木片区成功创建省级文明村镇，松木村、三星村和角山村成功创建省级新农村示范村。

（五）持之以恒惠民生，社会事业稳步发展。民生投入累计达 26.76 亿元，占财政总支出的 71.1%，年均增长 15.2%。累计完成重点民生实事 62 项，建成保障性住房 10617 套，新增城镇就业 2.56 万人，农村人口饮水不安全问题有效解决，现行标准下农村建档立卡贫困人口全部实现脱贫。社会保障体系更加健全，城乡低保应保尽保。科教文卫等社会事业全面发展，成功创建全国义务教育发展基本均衡区、全国计划生育优质服务先进区和全国基层中医药工作先进单位。竞技体育水平稳步提升，荣获市十运会县市区金牌总数第一，毕业于荷池路小学的运动健儿董斌勇夺里约奥运会三级跳远铜牌。安全生产、信访维稳、食品药品监管、金融打非、统计、审计等工作荣获全市先进，获评全省社会治安综合治理先进单位，社会大局和谐稳定。国防后备力量建设、国防教育和“双拥”工作全面加强，人民防空工作荣获全市先进。民族宗教、文物保护、老龄、区志、档案等各项事业取得新进展。

（六）改革创新提效能，自身建设有效加强。全面完成政府机构改革、合村并乡和社区整合工作。深入实施行政审批、医疗卫生体制、商事登记、财政国库集中支付和公务用车等改革。创新推进法治政府建设，在律师事务所建立政府法律人才培训基地，在全省县市区首创建立政府法律专家库。全面落实党风廉政建设“两个责任”，加大腐败案件查处力度，累计查处政纪案件27件，处分27人。扎实开展党的群众路线教育实践活动、“三严三实”专题教育和“两学一做”学习教育，大力开展办公用房清理、拒收拒送红包礼金、“雁过拔毛”式腐败问题和“纠‘四风’、治陋习”等专项整治活动，认真抓好巡视整改工作，干部作风明显好转。

这些成绩的取得，得益于市委、市政府的坚强领导和区委的总揽全局，得益于区人大、区政协的和衷共济，得益于全区人民的团结奋斗，得益于社会各界的关心支持。在此，我代表区人民政府，向全区广大干部群众，向奋战在各条战线的人大代表、政协委员，向各民主党派、工商联和无党派人士，向各人民团体、坐落单位、政法干警和驻区部队官兵，向来我区创业的投资者、建设者，向所有关心、支持石鼓建设和发展的同志们、朋友们，表示衷心的感谢并致以崇高的敬意！

2012年以来，我们办成了一批多年想办却未办成的大事，办好了一批群众期盼已久的实事，办结了一批制约发展的难事，理清了思路，战胜了困难，更积累了宝贵的经验。

（一）必须始终坚持党的领导。我们在思想上政治上行动上始终同党中央和省委、市委保持高度一致，自觉把政府工作置于区委统一领导下，做到思想同心、目标同向、工作同步。我们坚决落实区委决策部署，紧扣区位特点，跳出条框束缚，打破思维定势，坚定实施“活力石鼓、特色石鼓、文明石鼓”发展战略，并使之成为全区共识，石鼓发展前景更加广阔，发展路径更加清晰。

（二）必须始终坚持科学发展。我们坚定不移以经济建设为中心，主动适应和引领经济发展新常态，一心一意促发展，千方百计稳增长，主要经济指标增速均高于全市平均水平，经济总量更大，人均均量更高，运行质量更优。

（三）必须始终坚持项目建设。我们把项目建设作为稳增长的“主引擎”，对接政策争项目，想方设法引项目，集中精力建项目，重点实施来雁新城、华耀城等推动发展的大项目、好项目，加快推进蒸水北堤风光带、蒸湘北路延伸等基础设施项目，发展活力充分彰显。

（四）必须始终坚持改善民生。我们把保障和改善民生作为工作的出发点和落脚点，及时回应民生关切，持续加大民生投入，解决了“九如斋”、建设新村第112栋等重点、难点及历史遗留问题，化解了合江新村棚户区改造安置房建设等一大批信访积案，人民群众就业、就学、就医、社保、住房等条件不断改善。

（五）必须始终坚持接受监督。我们自觉接受人大法律监督和工作监督、政协民主监督、社会各界监督，严格执行区人大及其常委会决议和决定。坚持重大事项报告制度，认真听取各民主党派、工商联、无党派人士和人民团体意见，累计办理人大代表建议163件、政协委员提案353件，沟通率、办复率、满意和基本满意率均达100%。

与此同时，我们也清醒地认识到，全区经济社会发展中仍然存在不少困难和问题，突出表现在：一是经济总量不大，传统商贸服务业优势面临挑战，现代农业特色有待进一步凸显；二是项目储备不多、质量不优，项目落地周期长，部分项目推进较慢；三是征地拆迁、控违拆违、信访维稳、房地产遗留问题处理等工作任务艰巨；四是少数干部思想不够解放，谋事创业积极性不高，担当执行、开拓创新能力亟需提升；五是管理体制机制有待完善，行政效能有待进一步提高等等。对此，我们务必高度重视，坚持问题导向，采取有效措施，努力加以解决。

二、今后五年工作安排

成绩代表过去，未来任重道远。站在新的起点上，我们既面临诸多挑战，更拥有前所未有的机遇。从外部发展环境来看，中央坚定实施“四个全面”战略布局，坚持创新、协调、绿色、开放、共享发展，推进供给侧结构性改革，将有利于我区在更高层面、更广领域争取政策、项目和资金支持；全省正立足打造东部沿海地区和中西部地区过渡带、长江开放经济带和沿海开放经济带结合部的战略定位，大力实施创新引领、开放崛起战略，建设富饶美丽幸福新湖南，将为我区发展提供巨大潜力和发展空间；全市正努力建设经济繁荣、百姓富裕、生态优美、社会和谐、政治清明的新衡阳，着力补齐“县域经济、工业经济、旅游经济”三大短板，打造更具影响力的全国重要节点城市、更具竞争力的全省第二大城市、更具辐射力的区域性中心城市，将为我区发展创造良好环境，提供难得机遇。从自身发展优势来看，随着怀邵衡铁路石鼓段、蒸湘北路延伸、二环路、长丰大道北延等基础设施相继建成通车，城市北拓的道路骨架基本形成，蒸水以北城区的承载力极大提升，衡阳“北大门”的区位优势将进一步彰显；来雁新城、华耀城加快推进，中亿汽贸城、崇盛国际中心、香樟苑农业生态园等产业项目持续发力，中建·衡阳中心、西湖公寓、美达新天地等总部经济集聚发展，新的经济增长点正在形成；湖南环境生物职业技术学院、湖南工商职业学院等丰富的人力资源，有待充分挖掘的历史文化资源优势，将为我区发展提供强劲动力。

今后五年，政府工作的指导思想是：高举中国特色社会主义伟大旗帜，全面贯彻落实党的十八大和十八届三中、四中、五中、六中全会精神，以马列主义、毛泽东思想、邓小平理论、“三个代表”重要思想、科学发展观为指导，深入学习贯彻习近平总书记系列重要讲话精神，按照“四个全面”战略布局，贯彻五大发展理念，紧扣发展第一要务，统筹推进经济、政治、文化、社会和生态文明建设，加快建设“活力石鼓、特色石鼓、文明石鼓”，努力打造湘南地区最具活力的商贸文化新区，确保在2020年前全面建成小康社会，力争在2017年提前实现这个目标！

根据上述指导思想，今后五年的主要奋斗目标是：地区生产总值年均增长9%左右，2020年经济总量达到220亿元，人均地区生产总值达到8万元，财政总收入年均增长10%以上，固定资产投资年均增长20%，社会消费品零售总额年均增长11%以上。

目标引领前进方向，目标凝聚奋斗力量。我们坚信，只要全区上下凝心聚力，奋发有为，就一定能够在现有基础上实现新的更高、更快、更可持续的发展，就一定能够建成高质量的小康社会，就一定能够书写壮丽的“石鼓梦”。展望未来，石鼓发展将进入新的历史时期。

今后五年，将是深化改革的攻坚期。以加快现代服务业示范集聚区建设为契机，扎实推进经济结构性改革。不断完善政府预算体系，逐步构建事权与财权相匹配的财政体制。持续加大简政放权力度，全面提高政务服务水平，成功建立规范有序、公开透明、便民高效的行政管理体制。“大众创业、万众创新”蓬勃开展，市场活力充分释放。

今后五年，将是产业升级的加速期。产业结构转型升级将取得突破性进展，成功构建以现代服务业为主导、现代农业为基础、新型工业为补充的具有较强竞争力的现代产业体系，到2020年第三产业占比提高到80%。创新驱动能力显著增强，到2020年科技进步对经济增长的贡献率达到40%以上。

今后五年，将是城乡面貌的巨变期。交通、旅游等基础设施条件将实现历史性改善，城乡统筹发展质量和水平不断提升，来雁新城、华耀城全面建成。棚户区改造任务全面完成，旧城改造、传统商业街区提质取得重大突破。城乡环境同治全面深化，城乡面貌焕然一新。

今后五年，将是人居环境的提升期。节能减排目标任务全面完成，建成区绿化覆盖率达到42%以上，低碳绿色生产生活方式基本形成。严格生态保护与环境治理，生态修复和环境整治工程全面实施，环境质量持续改善，宜居城市建设成效显著。

今后五年，将是民生事业的普惠期。收入差距将不断缩小，中等收入人口比重不断上升，城乡居民人均可支配收入年均增长9%以上。教育、科技、文化、卫计、体育等社会事业大力发展，统筹城乡、覆盖全民的基本养老保险和基本医疗保险制度更加完善，公共服务体系更加健全。

为实现上述目标，要重点抓好以下五个方面的工作：

（一）突出项目建设，培育增长新动能。强化重点项目建设对经济发展的推动作用，迅速掀起新一轮抓项目扩投资热潮，确保全区经济平稳较快增长。

积极引进项目。密切跟踪国家产业政策、资金投向和扶持重点，全力争取国、省资金、专项建设基金以及一批重大引领性项目落户。实施以“三轴”为纽带，推进“双核”驱动，打造“五区”联动的精准招商、专业招商和产业链招商。更加精准高效地对接引进一批行业领军企业，大力推动果蔬电商配送中心、霓裳电商城等项目早日签约，确保快递湘南物流中心、文化创意园、动漫创业城、创客基地中心等项目尽快落户。全面落实项目服务全程代理制，畅通项目审批“绿色通道”，成功引进一批投资大、占地少、效益高的产业项目。

全力推进项目。加快来雁新城建设步伐，建成规划区内的五一路、滨江路、来雁路等路网，重点打造文化风情街、金融商务区，擦亮衡阳“城市名片”。完成华耀城交易广场、精品市场、仓储物流园、华耀广场等建设，推动国际会展中心、商务金融中心等八大中心投入使用，确保华耀城全面建成并投入运营。大力推进怀邵衡铁路石鼓段、北三环、衡岳公路等基础设施项目建设，打造衡阳北部综合交通枢纽。启动北京师范大学基础教育衡阳实验学校、角山特色养生小镇、河景新城等项目建设，完成崇盛国际中心、市影剧艺术中心和青少年活动中心等项目建设。

主动服务项目。强化服务意识，多渠道抓资金筹集，多手段抓土地供应，多协调抓手续办理，统筹解决项目建设难题，努力营造亲商、安商、富商的发展环境。强化环境整治，持续开展集中整治行动，依法从严、从快、从重打击干扰项目建设的强买强卖、强揽工程、强行阻工等违法犯罪行为。强化项目管理，严格执行“六个一律免职”规定，继续推行和完善重点项目110、项目推进员制度，让项目真正进得来、留得住、发展好，使石鼓成为项目发展的沃土、投资兴业的热土。

（二）突出产业支撑，厚植发展新优势。坚持以创新驱动引领产业结构升级，以消费拉动推进发展转型，抢抓机遇，厚植优势，补齐短板，努力培育新的经济增长点。

做强现代服务业。充分发挥省级现代服务业示范集聚区平台优势，大力发展高端商贸、现代金融、文化会展等服务业业态，打造全市现代服务业发展新高地。做大做强楼宇经济、总部经济，整合利用新开发楼宇，盘活改造老旧楼宇，加快引进国内外大型公司、知名企业的区域总部或分部、研发中心、销售中心，力争到2020年楼宇经济占地区生产总值比重达到15%以上。壮大发展现代物流业，依托火车北站、松木千吨级码头以及南岳、衡邵、衡大高速等交通优势，加快发展以华耀城为中心的商贸物流、以火车北站为中心的仓储物流、以电子商务平台为载体的电商配送物流，打造区域性物流中心，力争到2020年物流业产值占地区生产总值的比重达到8%以上。提质发展传统商贸业，加快改造华源、中湘等专业市场，建成服装、美食、电子通讯、家居、建材等特色街区。积极发展全域旅游，主动融入大南岳旅游圈，突出抓好青草桥风情休闲街等重点景区建设，提质建设石鼓书院，成功创建AAAAA级景区。大力化解房地产库存，加快蒸水以北开发，支持和引导房地产市场健康发展。

做活存量工业。转变工业发展方式，发挥石鼓科技创业园平台作用和集聚效应，拓展与松木经济开发区的深度合作，健全共建共享机制，实现互利共赢。重点支持天雁机械实施增压器“柴转汽”生产计划，帮助企业加快转型升级。支持天然气、鸿业变压器、君玲食品等成长性好的企业稳步发展。

做优现代都市农业。坚持以城市为依托，以市场为导向，以产业为基础，以科技为支撑，以效益为中心，加快现代都市农业建设，推动农村一、二、三产业高度融合。紧扣城市爱情故事、保健养生、生态菜园等乡村旅游发展定位，强力推进乡村旅游开发，提升旅游配套服务能力，加快形成“一心一环三区”的旅游布局，打造全市近郊休闲新高地。全面实施“十百千万”现代农业发展工程，加快发展龙头企业、家庭农场、专业合作社等新型农业经营主体，扶持“现代农庄+乡村旅游”，力争到2020年培育和引进农业产业化龙头企业省级3家、市级12家以上，打造农业全产业链。切实加强基地建设，建成香樟苑农业生态园、旭东村农业体验园，加快三星蔬菜基地发展，壮大乐富农业、云飞科技、望夫湖等特色农产品基地。突出农业品牌培育，不断提升农产品附加值。全面完成农村公路提质改造，扎实推进杉旭河综合整治，尽快建成16个农村综合公共服务中心。全面改善农村生产生活条件，完成农村房屋“穿衣戴帽”工程，重点推进横江湿地公园新农村示范片建设，全力创建“五美”乡村。

（三）突出城市建管，提升城市新品质。坚持“城市让生活更美好”发展理念，全力做大城市规模，美化城市环境，集聚城市人气，努力打造宜居城市。

提升城市文明度。以创建全国文明城市为总揽，持续开展“八城同创”，大力弘扬社会主义核心价值观，积极开展“社区周周乐”文艺汇演、“国学讲座”等群众喜闻乐见的文化活动，广泛开展志愿者服务，全面提升市民素质。扎实开展市容环境集中整治行动，加大对马路市场、占道经营和流动摊点等专项整治，维护交通管理秩序。加快智慧城市建设，促进大数据、物联网、云计算等新一代信息技术与城市管理深度融合，逐步实现城市管理、公共安全、应急管理、交通运行的管理智能化。

提升城市舒适度。全面提速二环路、湘环路等城市道路建设，促进城市东西联动、南北互通、内外畅通，加快形成“井字+环形”路网框架。加快和平北路、人民路、常胜路、司前街等老商业街区改造步伐，全面完成中心城区主次干道两厢提质改造，配套建设大型智能、立体化停车场，提升城市交通承载能力。全面完成农贸市场提质改造，在蒸水以北布局新建一批农贸市场。积极推进海绵城市建设，配合实施地下综合管廊工程，完善城市给排水系统。深入推进和完善环卫、园林市场化运作改革，不断扩大园林绿化覆盖面。保持控违拆违高压态势，全面推行城区规划区内统规统建，坚决遏制违法建设，实现城市管理全覆盖。

提升城市满意度。加快发展养老服务，努力构建以居家养老为基础、社区养老为依托、机构养老为补充的养老服务体系。全面完成社区“三清三建”“两化两体系”建设，显著改善社区办公服务条件，不断提高社区服务水平。高标准完成雁栖湖污水治理和蒸水北堤风光带建设。统筹推进棚户区改造，完成黄沙湾街道团结村四、五组及五一街道船厂的开发与建设。推动合江套老工业地区与中心城区互补互助，加快城郊结合村与城区融合发展。

（四）突出民生改善，增进人民新福祉。实实在在帮群众解难题、为群众增福祉、让群众享公平，集中力量做好普惠性、基础性、兜底性民生实事，不断提高公共服务能力。

努力办好民生实事。坚持财政收入主要用于改善民生的导向，确保民生支出占财政总支出70%以上。全面完成法律援助、新增城镇就业等重点民生实事。大力推行货币化安置，加快安置房建设，完善配套设施，打造精品安居工程，有效解决安置房建设遗留问题。巩固农村扶贫成果，确保脱贫不返贫。全面完成城乡危房改造，着力抓好保障性住房建设和分配，改善群众居住条件。推进就业创业工程，扶持中小企业发展，帮扶青年创业，以创业带动就业，不断提高城乡居民收入水平。

完善社会保障体系。坚持全民覆盖、适度保障、权责清晰、运行高效，建立更加公平、更可持续的社会保障制度。整合城乡居民养老保险制度，全面实施城乡居民大病保险。全面落实机关事业单位工资制度，积极推进机关事业单位养老保险制度改革。配合完善医疗、工伤、生育保险市级统筹。继续做好被征地农民社会养老保险工作，做到征地、补偿、保险三同步。健全残疾人服务保障和社会救助体系，落实老年人优惠政策，提高城乡低保户、特困户、优抚对象等困难群体补助水平。大力发展慈善和福利事业，加大特殊群体帮扶力度。

统筹发展各项事业。坚持教育优先发展，推进义务教育标准化学校建设和化解“大班额”工作，继续实施第二轮学前教育“三年行动计划”，大力发展民办教育，扎实开展中小学教师职称制度改革，全面解决中小学学生安全饮水问题。积极发展医疗卫生事业，加强基层医疗卫生服务体系建设，加快公立医院改革，切实推进公立医院药品零差率销售，完成中医正骨医院搬迁。大力发展文化体育事业，开展全民健身运动，丰富群众文化生活，做好文化遗产保护与传承工作。统筹人口和计生工作，落实“全面二孩”政策，开展出生缺陷干预，提高出生人口素质。充分保障妇女儿童合法权益。加大食品药品和农产品安全监管力度，确保“舌尖上的安全”。扎实做好国防动员、人民防空、兵员征集、民兵预备役和退役军人安置工作，积极开展“双拥”活动，推动经济建设和国防建设深度融合发展。大力支持工会、共青团、科协、工商联等群团组织开展工作，统筹抓好民族宗教、统计、区志、档案等工作。

（五）突出社会治理，建设平安新石鼓。不断深化社会治理规律认识，以理念思路、体制机制、方法手段创新为动力，以现代科学技术为引领，以基层基础建设为支撑，不断提高社会治理现代化水平。

强化社会公共安全。创新社会治安立体式防控体系建设，实现社会治安监控高清摄像头全覆盖。完善社会综合治理网格信息服务平台，防范、化解和管控各类公共安全风险。强化流动人口服务管理，做好社区矫正、刑满释放等特殊人群的帮教管控工作。依法坚决打击吸贩毒、盗抢等各类违法犯罪行为，保障人民群众生命财产安全。

筑牢安全生产防线。严格落实“党政同责、一岗双责、失职追责”，继续推进“三级五覆盖”和“五落实五到位”责任体系。加大隐患排查治理力度，建立全过程、动态化、重预防的安全隐患排查治理体系。加强消防基础设施建设，提高全民消防安全意识。扎实开展安全生产专项整治行动，坚决遏制较大及以上安全生产事故发生。

创新信访工作机制。深化信访“五零”专项行动，实行诉访分类处理。严格信访积案包案化解制度，积极稳妥化解各类信访突出问题。推进信访工作法治化改革，规范信访秩序，依法打击缠访、闹访等非法上访行为。建立健全网上信访事项办理机制和网上回访、网上督查制度，及时倾听群众呼声，引导群众多上网、少走访，让“数据多跑腿、群众少跑路”。

着力防范金融风险。坚持疏堵并举，加大金融服务实体经济力度，规范民间投融资发展，加强风险监测预警和防范排查，从源头防范风险。坚持全方位、多角度，创新宣传形式，提高人民群众风险防范意识。坚持从严监管，依法打击非法集资、金融诈骗等违法犯罪行为，坚决守住不发生系统性、区域性金融风险的底线。

严格生态环境保护。坚决完成上级下达的节能减排任务，以最严厉的措施治理环境污染。加强城乡环境监测和执法监管，全面排查环境安全隐患，妥善处理各类环境投诉纠纷。实施环境保护提升工程，扎实开展湘江保护和治理第二个“三年行动计划”，加强雁栖湖、松木、合江套等重点区域污染治理，让石鼓的天更蓝、水更清、空气更清新。

三、切实加强政府自身建设

全面完成今后五年的目标任务，必须进一步加强政府自身建设，以提高政府公信力和执行力为目标，加快转变政府职能，创新行政管理，努力建设为民、务实、清廉、高效的人民满意政府。

（一）牢固树立为民执政理念。坚持以人民为中心，倍加珍惜人民赋予的权力，不断巩固党的群众路线教育实践活动、“三严三实”专题教育和“两学一做”学习教育成果，全心全意为人民服务，对人民群众做出的各项承诺，必须不折不扣、如实兑现，做到言必行、行必果，让人民群众更多、更好地共享发展成果。切实解决发生在群众身边的腐败问题，坚决纠正损害群众利益的不正之风，严肃查处损害群众利益的违纪违法案件，全力维护人民群众根本利益。

（二）牢固树立依法行政理念。自觉维护区委统一领导，更加主动地接受人大法律监督、工作监督和政协民主监督，坚持重大事项向人大报告、向政协通报、征求党外人士意见制度。依法全面履行政府职能，支持司法机关依法独立行使职权，维护司法权威。完善政府法律专家库，加强政府法律人才培训基地建设。深入开展“七五”普法，带头尊法、学法、守法、用法，严格规范公正文明执法，全面落实行政执法责任制，不断提高依法治区水平。

（三）牢固树立高效勤政理念。狠抓政府执行力建设，加大对政府部门履行职责的督办与考核力度，对重要决策、重大部署、重点项目的落实情况全程跟踪问效，着力解决怠政、懒政和庸政行为。大力倡导雷厉风行的工作作风，对已经确定的目标任务，必须一以贯之、一抓到底。强化干事创业的用人导向，更加重视基层、关心基层，逐步提高村、社区干部工作待遇，健全养老保险保障机制，充分调动广大干部的工作主动性、积极性和创造性。

（四）牢固树立改革创新理念。坚持以改革为动力，积极承接市下放的行政审批事项，推行行政审批“两集中、两到位”改革，进一步完善12345政府服务热线平台，为群众提供“一站式”便民服务。稳步推进农村土地所有权、承包权、经营权“三权分置”。有序开展角山乡撤乡建镇，全面完成设立农村社区工作。坚决克服安于现状、不思进取的思想，发扬争先创优、舍我其谁的拼搏精神，在项目建设、招商引资、城市管理等方面迎难而上，创新作为。

（五）牢固树立廉洁从政理念。严格执行中央八项规定、省委九项规定、市委十条规定和区委二十项规定精神，认真履行党风廉洁建设主体责任和监督责任，全面落实“一岗双责”，始终保持惩治腐败高压态势。强化廉洁风险防控，定期研究、部署、检查党风廉洁建设工作。加强和支持监察工作，发挥审计监督作用。全面推进预算公开，提升财政资金使用绩效。规范政府采购行为，严控“三公”经费支出，以风清气正的良好形象取信于民。

人大工作报告

在衡阳市石鼓区第三届人民代表大会第六次会议上（摘要）

高鸿升

（2016年2月26日）

2015年主要工作

2015年，区人大常委会在中共石鼓区委的正确领导下，深入贯彻党的十八大及十八届三中、四中、五中全会精神，围绕中心，服务大局，坚持党的领导、人民当家作主和依法治国的有机统一，认真履行宪法和法律赋予的职责，全力促进依法行政，着力增强工作实效，积极推动小康建设，充分发挥人大常委会作为地方国家权力机关的积极作用，为促进全区经济社会发展和民主法制建设做出了贡献。一年来，共召开常委会议11次，主任会议14次，研究、审议议题86个，作出决定、决议11个，听取和审议“一府两院”专项工作报告11个，提交审议意见5件，依法任免国家机关工作人员78人次。

一、服务工作大局，保障经济社会平稳发展

一是坚持重大事项决定。依法对区人民政府《关于提请审议〈关于松木经开区扩园调规工作方案〉的议案》、《关于提请审议〈石鼓区乡镇区划调整改革工作实施方案〉的议案》等涉及全区大局及群众利益的重大事项进行审议，及时作出决议决定，有力地推进全区经济社会科学发展。

二是开展专项视察调研。常委会坚持把服务发展作为工作重心，积极发挥地方国家权力机关职能作用，助推区委重大决策的实施和全区重点工作的落实。一年来，对全区养老机构建设情况、城市管理综合行政执法工作、三星蔬菜基地建设情况、全区背街小巷改造情况进行了专题调研，提请人大常委会主任会议、常委会议进行审议，并将审议意见及时交政府办理。特别是区人大常委会组织部分市、区人大代表专题调研五一街道长湖堤1~3号地段危房安全隐患情况，要求街道深入了解该地段所有居民住房情况，要求国土、规划、住建等部门拿出初步解决措施，并形成调研报告报市人大常委会，督促市政府启动蒸水北堤项目建设，使这项拖了多年的工作终于得到落实。

三是依法行使人事任免权。坚持党管干部和民主集中制相结合，对提请常委会任命的人员，认真酝酿，充分发扬民主，广泛征求意见；实行任前法律考试、任前表态发言和现场询问制度，进一步强化拟任人员的法治意识和责任意识，不断推进人事任免工作的民主化、法制化和规范化。为了规范人事任免工作，常委会修订了人事任免办法，增加由人民代表大会和人大常委会选举、决定任命或任命人员须向宪法宣誓的内容，区三届人大常委会第二十四次会议首次对决定任命或任命的“一府两院”工作人员举行庄严宣誓仪式，推动形成尊崇宪法、学习宪法、宣传宪法、贯彻宪法的良好风气，强化国家机关工作人员的宪法意识、公仆意识。

四是积极参与区委中心工作。常委会领导成员积极参与全区重点项目建设，全力推进解放路和湘江北路“两路”提质改造，稳步推进雅士林综合开发项目、虎形山项目、红湘北路项目、演武坪水厂提质改造项目、桔子山安置小区等重点项目建设，为全区经济发展添砖加瓦。区人大常委会领导班子成员分别联系一个社区、一个村（管理处），积极主动指导和参与社区“两化两体系”建设和文明创建工作，积极参与村（管理处）党

建、城乡环境同治、基础设施建设、民生实事及帮扶救助工作，切实为基层排忧解难、办实事、办好事，为基层单位各项工作的开展出谋划策、筹资出力，区人大常委会机关联点的石鼓社区被树为全省示范社区。

二、强化监督职能，促进“一府两院”依法行政

区人大常委会紧紧抓住事关全区改革、发展、稳定的重大问题和社会热点、难点、焦点问题，加强工作监督和法律监督，进一步突出监督实效。

一是加强对计划财政工作的监督。常委会坚持把发展作为第一要务，紧紧围绕区委关于经济社会发展的重大决策开展工作，切实加强工作监督，促进全区经济社会全面协调发展。为加强对财政工作的监督，常委会密切关注经济形势变化，多次就全区经济运行情况进行调研。为科学编制好“十三五”规划，常委会由分管副主任带队多次深入有关部门，邀请各级代表座谈共商良策，提出了许多可行性建议。常委会先后听取和审议区人民政府国民经济和社会发展“十三五”规划纲要草案的报告，2014年国民经济和社会发展执行情况及2015年国民经济和社会发展计划草案的报告。听取和审议区人民政府2014年财政预算执行情况和2015年财政预算草案的报告，关于石鼓区2014年度财政决算（草案）的报告，审查批准了2015年财政预算方案和2014年财政决算。听取和审查了区人民政府提出的2015年财政预算支出调整方案，并批准了2015年财政预算支出调整方案。听取和审议了区人民政府关于2014年度区本级财政预算执行及其他财政收支情况的审计工作报告，督促相关单位落实审计中发现问题的整改。成立专项检查领导小组，组织监察、财政、审计等单位的业务骨干，对区民政局、区人社局、区教文体局、区水利局等4个单位的专项资金管理使用情况进行专门检查，在检查中一丝不苟，严肃认真，逐项目审核，围绕存在的问题，提请人大常委会议进行审议，并将审议的意见及时交政府办理。

二是强化法律法规的监督。为推进全区教育均衡发展，常委会对《义务教育法》的贯彻实施情况开展专项执法检查，对区政府及职能部门贯彻落实《义务教育法》所做的大量工作和取得的成绩给予了充分肯定，并提出了进一步加大政府财政投入、优化配置教育资源、加强教师队伍建设、优化教育发展环境的建议。开展《水污染防治法》贯彻实施情况视察调研，为更深入持久地贯彻《水污染防治法》寻找治本良策。为了不断提高监督工作的针对性和实效性，开展了《食品安全法》和《药品管理法》执法检查审议意见的跟踪办理，通过跟踪督办，督促区政府认真研究和安排部署办理，审议意见中提出的诸多问题基本整改落实，切实提高了监督实效。为加强司法监督，区人大常委会组织人大代表参与以查办和预防职务犯罪为主题的“检察开放日”活动，“零距离”接触检察工作。组织部分市区人大代表对检察机关贯彻落实新《刑事诉讼法》的情况开展专题调研，督促检察机关加大执法监督力度，充分保障公民合法权益。组织人大代表旁听案件庭审，督促法院落实人民陪审员制度，人民陪审员参与法院庭审率达90%。

三是创新代表建议办理工作的监督。区三届人大四、五次会议期间，共收到代表建议、批评和意见43件。常委会加强与承办部门沟通和协调，督促建议意见按时序进度办理，办理情况及时与代表见面并征求意见。为了确保建议意见办理质量，常委会选定《关于缓解在市区繁华路段停车难的建议》《关于改善七里井公路通行状况的建议》《关于将石鼓区潇湘街道社区卫生服务中心另择新址独立运营的建议》《关于解决外来民工子女就学的问题的建议》《关于加强对农村土地流转管理和规范的建议》等五个代表建议的承办、协办单位，由常委会班子成员一对一联系跟踪督促办理。区三届人大常委会第二十七次会议，对区农办承办的《关于加强对农村土地流转管理和规范的建议》、区住建局承办的《关于改善七里井公路通行状况的建议》两个单位的代表建议办理工作及日常工作进行专题评议，常委会组成人员进行现场测评，两个单位都被评为优秀单位。评议后形成审议意见提交两个单位及时整改，在区三届人大常委会第三十次会议上，听取和审议了两个单位关于代表建议办理工作评议整改情况的报告。通过对代表建议办理

工作评议来评议单位全面工作，起到“察微知著，窥斑见豹”作用，进一步强化和巩固了代表建议办理工作成效。

四是突出社会民生的监督。围绕资源节约和环境友好型社会建设，以“守护碧水蓝天，建设美丽衡阳”为主题，以“节能减排，改善生态环境”为重点，继续深入开展环保世纪行活动。加强城乡环境综合整治，督促相关部门加大对城区内扬尘、化工污染、餐饮油烟污染的治理。努力关注民生，推进“三湘农产品质量安全行”，围绕“开展宣传”“督促执法”和“组织评估”三大活动主题，营造农产品生产经营消费的良好社会环境，进一步提升食品安全水平，保障农产品质量安全。围绕继续推动村卫生室建设，提高农村卫生服务能力这一主题，开展专题视察调研。深入开展“三湘农民健康行”，开展乡村医生签约活动，开展免费孕前优生健康检查。持续推进“民族团结进步行动”，积极推进民族团结工作，人民路小学与新疆吐鲁番地区鄯善县台台尔中心小学结成友好帮扶学校，成为全市民族团结的典范。

五是加强规范性文件备案审查和信访工作的监督。参与省、市人大常委会开展规范性文件备案审查工作调研，并对以常委会出台的司法监督方面的规范性文件进行专项清理。全年受理区人民政府规范性文件备案审查文件10件，经审查，没有发现同现行法律法规相抵触和超越法律权限的情况。坚持拓宽信访工作渠道，注重信访矛盾排查化解，依法受理群众来信来访，对于重大信访件，全程跟踪，督查督办。常委会正副主任坚持公开接待群众来信来访，一年来，公开接待群众来访70天（次）124批（次），收到群众来信来访21件（次），已全部转交有关部门办理完毕。对重要涉法涉诉及群众关注的信访件，人大常委会主任和分管副主任牵头带队督办，务求件件有回音、事事见效果。

三、拓宽履职渠道，充分发挥代表作用

区人大常委会非常重视代表主体作用，畅通代表知政渠道，创新代表活动载体，丰富代表活动内容，支持和保障代表依法履职。

一是加强代表学习培训。在区三届人大五次会议期间，组织全体区人大代表学习代表法，就如何当一名称职的人大代表，进行了学习讨论，并提出了一系列意见和要求，在此基础上出台了《代表管理办法》，进一步统一思想，规范行为，激发了代表工作热情，提高了代表履职能力。

二是开展市、区人大代表述职活动。区人大常委会成立代表述职评议活动工作领导小组，出台《关于开展市、区人大代表述职评议活动方案》，详细规定述职活动步骤，驻区市代表向区人大常委会述职并开展测评，区代表的述职，由各乡（街）人大主席团（联工委）牵头，分别向代表各自选区的选民或选民代表述职，全区有100余名区人大代表通过多种形式向选民进行述职。区三届人大常委会第二十八次会议，听取2名驻石鼓区市十四届人大代表向区人大常委会报告履职情况，其余28名市代表进行书面报告，这是区人大常委会本届以来的首次，被省人大《人民之友》杂志以《代表履职的‘大考’》为题进行了宣传推介。

三是组织开展人大代表集中视察活动。2015年，区人大常委会组织部分省、市人大代表及全体区人大代表集中视察了全区重点项目；组织驻区市人大代表30余人视察调研农业产业结构调整情况；组织驻区省人大代表，就石鼓区禁毒工作开展专题视察。通过集中视察调研，详细了解重点项目建设情况，农业产业结构调整工作情况，禁毒工作开展情况，代表们就企业生产发展中用地难、融资难、用工难等方面存在的困难和问题积极建言献策，并建议政府要高度重视禁毒工作，加大对禁毒工作的支持力度，加大对毒品犯罪的打击力度，在全社会加大对毒品危害的宣传力度。

四是开展“心系群众，为民履职”主题实践活动。为进一步改进干部作风，密切干群关系，区人大常委会按照区委的部署安排，积极开展“心系群众，为民履职”主题实践活动。各乡街通过人大代表工作站，积极听取群众诉求，了解社情民意，搭建便民服务台。潇湘街道人大联组组织代表认真履职，为居民送温暖，为社区办实事。人民街道人大联组组织人大

代表对贫困学子进行帮扶活动。常委会班子成员深入各自联系的乡、街、村、社区，开展“一进二访”活动，结对帮扶，精准扶贫。全区各级人大代表积极参与文明创建工作，积极主动为街道排忧解难。区代表邓中洋为支持解决街道、社区办公用房难题，把自己经营的门面、办公楼低价卖给潇湘街道和演武坪社区，支持社区“两化两体系”建设。

*五是创新代表工作平台。*为有效发挥人大代表作用，使人大代表能及时掌握社情民意，反映群众呼声，黄沙湾街道人大联工委创新工作方式，率先在辖区高翔4S店建立了“殷高卫代表工作室”，首开省内人大代表开设个人工作室先河。在该工作室，群众可以通过QQ群、微信群、电话等方式与“殷高卫代表工作室”或黄沙湾街道人大联工委取得联系，搭上社情民意直通车。工作室将每月的15号、25号定为接待群众日。各乡街通过代表工作站这个平台，切实使人大工作接地气，连民心，促进人大干部改进作风，促进人大代表提升能力，促进石鼓社会和谐稳定。

四、强化自身建设，开创人大工作新局面

区人大常委会高度重视自身建设，以“三严三实”主题教育为契机，抓好机关作风建设和制度建设。

*一是扎实开展“三严三实”专题教育活动。*紧紧围绕协调推进“四个全面”战略布局，对照“严以修身、严以用权、严以律己，谋事要实、创业要实、做人要实”要求，聚焦对党忠诚、个人干净、敢于担当，深入开展“三严三实”专题教育，加强思想政治和作风建设，严肃党内政治生活，深入推进人大常委会机关作风建设。区人大党组书记、党组班子成员带头讲“三严三实”专题党课，听取“三严三实”专题讲座，举行三次专题学习研讨，召开了党组专题民主生活会，结合个人思想、学习和工作实际，坚持以问题为导向，逐一进行剖析检查，提出了今后工作的努力方向和改进措施。

*二是加强政治理论和法律知识学习。*常委会班子成员带头每周自学法律法规，每月组织集体学习，主要学习《中华人民共和国宪法》《中华人民共和国全国人民代表大会和地方各级人民代表大会代表法》《中华人民共和国各级人民代表大会常务委员会监督法》等法律法规、代表大会制度和人大工作规程及市场经济管理知识。为开展《中华人民共和国义务教育法》专项执法检查，常委会举办《中华人民共和国义务教育法》专题讲座，邀请衡阳师范学院法学院院长谭和平主讲。在学习中理论与实践相结合、研究问题与推进工作相结合，使机关干部的自身素质得到提高。

*三是加强理论研究和新闻宣传。*围绕基层人大工作创新，制度建设创新，强化监督效果等课题，组织乡街人大积极开展理论研讨，提升新形势下抓好人大工作的能力。进一步加大人大工作宣传力度，一年来，共在省人大刊物人民之友杂志、网站上稿5篇，并有2篇稿件入围2015年度《人民之友》优稿评选，市级主流媒体上稿20余篇。特别注重在新网络媒体如人民之声、今日头条、华声在线、红网、衡阳新闻网等的宣传，深化民主法制工作效果。

*四是强化机关干部作风和队伍建设。*常委会机关干部坚持改进作风，深入基层，调查研究，努力使常委会的工作决定决议符合客观实际，维护最广大人民群众的利益。为适应新常态，区人大常委会把机关干部队伍建设作为一项重要工作来抓，进一步增强监督力量。在区委的重视和支持下，一年来，常委会机关新调入5人，增加1名常委会班子成员，两名法律专业人员，一名财务审计专业人员，一名文字综合人员，使人大常委会机关干部结构进一步优化，工作能力进一步提升。

过去一年常委会所取得的各项工作成绩，是在区委的坚强领导下，全区各级人大代表、人大工作者辛勤付出的结果，是“一府两院”协同工作的结果，是全区人民和社会各界鼎力支持的结果。在此，我代表区人大常委会，向全区各级各部门、向全区人民表示崇高的敬意和衷心的感谢！

在肯定成绩的同时，我们也清醒地认识到，常委会工作还存在不少需要加强和改进的地方。主要是：面对人大工作的新要求，履职理念、履职方式需要进一步创新；监督工作力度还需要进一步加大；常委会

机关能力建设、为代表服务工作的水平还需要进一步提升。我们将认真研究，加强和改进工作，不断提高工作水平。

2016年工作任务

2016年是实施“十三五”规划的第一年，也是加快建设小康石鼓的攻坚之年。做好今年的工作，对“十三五”期间全面实现各项目标开好局、起好步，具有十分重要的意义。在新的一年里，常委会工作的指导思想是：全面贯彻党的十八大和十八届三中、四中、五中全会精神及习近平总书记系列重要讲话精神，坚持党的领导、人民当家作主、依法治国有机统一，按照“五位一体”总体布局和“四个全面”战略布局要求，依法履职，积极作为，突出重点，突出特色，突出实效，为全面建成小康石鼓做出新的贡献。为此，我们要重点做好以下五个方面工作：

一、围绕中心，推动经济社会发展

人大工作要以“扩大人民民主，保证人民当家作主”为出发点，以十八大、十八届三中、四中、五中全会精神为统领，把坚持党的领导、人民当家作主和依法治国有机统一起来。紧密围绕全区的工作大局、围绕群众最关心的问题、围绕人民代表大会的决议决定，准确定位，精准发力。把区委的发展意图和指导思想通过法律途径变成全区人民的共同意愿，凝聚起强大的发展合力。按照区委的总体部署，努力发挥自身的职能作用，带领全区各级人大代表，积极履行法律赋予的职责，通过审议、视察、调研、执法检查、代表专题活动等多种形式，全力破解事关发展全局的重大问题，以重点工作的突破推动全局工作，通过会议交办、联合督办、通报督促、专题审议、跟踪问效等一系列措施，使人民代表大会的决议决定得到贯彻落实，使群众关注的“热点”“焦点”问题得到解决，从而有效推进区委的中心工作，为全区各项工作走在全市前列提供坚实的法律保障。

二、把握重点，切实做好三级人大换届工作

人大换届选举是人民群众直接参与民主政治建设，实现人民当家作主政治权利的具体体现。人大换届选举必须坚持党的领导、充分发扬民主、严格依法办事有机结合，要在各级党委的领导下，切实做到充分发扬民主，尊重和维护选民、代表的民主权利；切实做到严格依法办事，保证选举工作在法律的轨道上运行。在换届选举工作中，要把坚持党的领导充分发扬民主贯穿于全过程，要依照宪法和法律以及政策的规定做好换届选举的各项工作，在各个环节上绝不能出现违法违规违纪行为。要深刻领会中央、省委、市委、区委精神，增强做好换届选举工作的政治自觉；认真学习宪法、地方组织法和修改后的选举法，认真研究解决选举工作中的新情况、新问题，增强做好换届选举工作的主动性；站在战略和全局的高度，增强做好换届选举工作的责任心和使命感，既坚持发扬社会主义民主，又充分确保党委意图的实现，更要保证换届过程风清气正，心齐气顺，圆满成功。

三、突出实效，依法开展监督工作

要认真履行宪法和法律赋予的职责，深入贯彻实施《中华人民共和国各级人民代表大会常务委员会监督法》，依法加强对“一府两院”的法律监督和工作监督，不断提高监督实效，促进“一府两院”依法行政，公正司法，扎实有效地开展工作。要突出监督重点，丰富创新监督方式，选准几个监督工作重点，集中力量、精心组织、突出实效，提升权威。对群众高度关注而破解不了的热点、焦点问题和一些推进不力的工作开展专题询问。强化对经济工作的监督，依法加强新常态下的经济工作、社会事业、民生实事、司法实践等的监督。开展对《中华人民共和国民办教育促进法》贯彻落实情况调研，跟踪督办《中华人民共和国义务教育法》执法检查审议意见办理，对区人民法院贯彻实施新《中华人民共和国行政诉讼法》情况进行调研，对农业水利设施和水资源建设情况进行调研，对《基本农田保护条例》执行情况进行调

研，对政府投资的重点民生项目进行跟踪监督和专项评议，对审计意见整改情况进行重点监督和专项评议，对政府工作部门落实政府工作报告的情况开展履责评议。

四、创新方式，充分发挥代表作用

做好代表工作，充分发挥代表作用，是坚持和完善人民代表大会制度的重要内容。我们要按照中央关于充分发挥人大代表作用的要求，不断加强和改进代表工作。进一步加强和规范闭会期间的代表活动，丰富代表活动内容，不断完善代表履职保障机制，增强代表活动实效；建立健全联系代表制度，密切常委会同人大代表、人大代表同原选举单位和选民的联系，继续开展以“三联三帮三评”为主要内容的“心系群众、为民履职”主题活动，努力拓宽代表知情知政渠道，加强代表培训，提高代表“依法履职、行权为民、服务大局、促进发展”的能力；切实加强代表议案及建议、批评和意见的督办工作，促使代表反映的问题及时得到解决；积极创造条件，为代表依法履职提供必要的时间、经费和组织等方面的服务和保障。组织开展好各项视察调研活动，互联互动区乡街人大工作，提升人大工作整体水平。抓好人大代表联系服务群众工作站规范化运行，探索创新新形势下基层人大代表工作新思路，建立健全人大代表联系服务群众工作站、“代表接待日”等制度，促进代表工作站常态化高效运行。切实把代表工作站建成代表服务群众的桥梁，联系选民的枢纽和解决问题的平台，使代表工作站真正成为代表联系和服务选民、发挥代表作用、服务经济社会发展大局的新阵地。

五、夯实基础，加强常委会自身建设

切实加强学习，提高自身素质。坚持运用集中培训、专题讲座、以会代训等形式，深入系统地加强政治理论、法律法规和业务学习。按照新形势、新任务对人大工作的新要求，在政治学习、政策理解上下工夫，在学法、用法上下工夫，在执法检查、全方位监督上下工夫。积极参加全国和省、市人大系统组织的培训和交流活动，提高常委会组成人员及人大干部的政治素质、法律素养和履职能力。加强人大机关党风廉政建设，坚决执行中央“八项规定”，进一步践行“三严三实”，强化机关各项规章制度执行力度，努力形成以制度规范行为，严格按程序操作，用制度管人管事的长效机制。坚持从人大机关的实际出发，学习借鉴兄弟县市区人大工作好的经验作法，取长补短。利用各种平台，对人大工作开展广泛交流和深入探讨，分析新情况，研究新问题，总结新经验。进一步提升队伍素质，进一步提升履职能力，进一步提升工作绩效，进一步提升机关形象，不断开创人大工作新局面，为石鼓经济社会健康快速发展奠定坚实的基础。

在衡阳市石鼓区第四届人民代表大会第一次会议上（摘要）

高鸿升

（2016年11月24日）

本届以来工作回顾

在区委的正确领导下，区三届人大常委会始终坚持党的领导、人民当家作主、依法治区有机统一，全面履行宪法和法律赋予的职责，全力加强和改进人大工作，为推进社会主义民主法制建设、促进全区经济社会发展做出了积极贡献。

一、突出服务大局，助推发展实现了新作为

常委会坚持围绕发展大局，紧扣中心工作，积极发挥自身职能作用，助推全区经济社会平稳健康发展。

（一）适时决定重大事项。常委会始终坚持在贯彻落实区委决策部署上聚焦发力，依法行使重大事项决定权，把党的主张、意图通过法定程序转变为全区人民的共同意志。本届以来，先后依法对松木经开区扩园调规工作、乡镇区划调整改革工作、农村综合公共服务中心建设及虎形山棚户区改造项目由政府购买服务纳入本级财政预算等涉及全区大局及群众利益的重大事项进行了审议，及时作出了决议决定，为全区经济社会发展提供了有力保障。

（二）着力推进经济健康发展。常委会高度重视国民经济和社会发展，每年组织人大代表认真听取和审议国民经济和社会发展计划、财政预算及执行情况报告，督促区政府调结构、转方式，积极培育新的经济增长点，着力提升经济增长质量和效益。高度重视审计监督作用，每年组织专题听取和审议审计工作及整改情况报告，及时发现问题，并督促整改落实。高度重视“十三五”规划编制，常委会班子成员带队多次深入有关部门调研，邀请各级代表座谈，共谋发展大计，共商发展良策，提出了许多可行性建议。

（三）积极参与区委中心工作。常委会班子成员积极参与全区各项中心工作，全力推进解放路、湘江北路及明翰路两厢提质改造，稳步推进雅士林欣城综合开发、虎形山项目区、红湘北路延伸、演武坪水厂提质改造、桔子山安置小区等重点项目建设，为全区经济发展添砖加瓦。积极指导联点村（社区）“两化两体系”建设、“三清三建”、城乡环境同治、基础设施建设、民生实事、文明创建、精准扶贫等工作，切实为基层排忧解难，办成了一批实事、好事。2015年，区人大常委会机关联点的石鼓社区被评为“全省示范社区”。

（四）认真落实省市人大工作会议精神。2016年下半年来，按照省、市、区委的统一部署，常委会认真贯彻落实省委、市委人大工作会议精神，不断加强和改进人大工作，特别是在今年区乡人大代表换届选举中，坚持在区委的统一领导下开展各项工作，坚持宣传发动做在前、法定程序走在前、党纪国法挺在前，圆满完成了各项任务，百分之百实现了组织意图，确保了换届选举平稳顺利、合法合规、风清气正。全区共依法选出区人大代表162名、乡人大代表55名，其中基层一线代表、妇女代表和非中共党员代表比例均高于往届。

二、突出问题导向，依法监督取得了新成效

常委会紧紧抓住区内经济社会发展的热点难点问题，加大监督力度，突出监督实效，促进“一府两院”依法行政、公正司法。

（一）加强对法律法规贯彻实施情况的监督。先后组织开展了《中华人民共和国环境保护法》《中华人民共和国残疾人保障法》《中华人民共和国人民防空法》《中华人民共和国食品安全法》《中华人民共和国药品管理法》《中华人民共和国义务教育法》《中华人民共和国民办教育促进法》等法律法规执法检查，在现场

视察、组织座谈、听取汇报、发放调查问卷的基础上，创新运用明察暗访、跟踪督办、法律讲座、整改“销号”等监督方式，增强了监督的刚性和效力，解决了一批社会普遍关注的问题。如督促加快中心城区学校“大班额”化解，义务教育均衡发展走在全市前列。督促规范湘江北路“矮子王”等夜市，经营环境明显改善。特别就群众反映的重点项目征拆补偿纠纷问题，组织人大代表对华耀城、来雁新城等重大项目进行专门调研，解剖问题，协调沟通，化解矛盾，维护稳定。

（二）加强对社会民生工作的监督。以“守护碧水蓝天，建设美丽衡阳”为主题，深入开展“环保世纪行”活动，着重加强城乡环境综合整治，努力营造良好生活环境。以“关注农产品质量”为主题，深入开展“三湘农产品质量安全行”活动，着重营造农产品生产经营消费的良好社会环境。以“推动村卫生室建设，提高农村卫生服务能力”为主题，深入开展“三湘农民健康行”活动，着重改善农村基层医疗条件，为农民提供更好更方便的医疗服务。以“促进团结、共同发展”为主题，深入开展“民族团结进步行”活动，促成人民路小学与新疆鄯善县台台尔中心小学结成友好帮扶学校，成为全市促进民族团结进步的典范。

（三）加强对司法、信访工作和规范性文件制定的监督。组织人大代表对区人民法院审判、执行工作进行专题调研，督促法院依法落实人民陪审员制度，选任人民陪审员49人，人民陪审员参与法院庭审率达99%。组织人大代表对区人民检察院贯彻落实新《中华人民共和国刑事诉讼法》实施情况进行专题调研，参与以查办和预防职务犯罪为主题的“检察开放日”活动，督促检察院加大执法监督和信息公开力度。坚持拓宽信访工作渠道，依法受理群众来信来访71件（次），已全部办理完毕。坚持“有件必备、有备必审、有错必纠”，累计受理规范性文件备案审查43件，促进政府提高依法行政水平。

三、突出程序严谨，人事任免落实了新要求

常委会始终坚持党管干部和人大依法任免干部相统一，不断完善和规范任免工作程序，大力推进人事任免工作民主化、法制化、规范化。

（一）严把法律考试关。严格坚持“凡任必考”的原则，所有拟任人员必须通过任前法律考试。常委会明确规定了考试的范围、方式和纪律，从命题、组织到阅卷，实行一个口子归总、专业人员负责。本届以来，111名提请任命人员全部按要求参加了任前法律考试，考试成绩在常委会会议上通报，增强了国家机关工作人员的法律意识。

（二）严把任前审查关。常委会及时组织人员到拟任人员所在单位开展谈话交流，发放民主测评表，广泛征求意见和建议，督促搞好任期经济责任审计；所有拟任人员均到会议现场作任前表态发言，并接受现场询问。2016年，常委会还首次组织人大代表对拟任审判员开展听取庭审活动，从形象仪表、庭审驾驭能力、语言表达能力等方面进行综合考察，严格把关。

（三）严把宪法宣誓关。常委会根据全国人大和省人大常委会相关规定要求，适时修订完善《人事任免办法》，增加了由人民代表大会和人大常委会选举、决定任命或任命人员须向宪法宣誓的内容。从区三届人大常委会第二十四次会议起，44名新任命人员均举行了庄严宣誓仪式，增强了国家机关工作人员的宪法意识、责任意识和公仆意识。

四、突出主体地位，代表履职探索了新举措

常委会积极创新代表活动载体，丰富代表活动内容，督促代表建议办理，支持代表依法履职，较好地发挥了人大代表的主体作用。

（一）加强培训，提升代表履职能力。研究制定了《关于加强人大代表学习培训工作的意见》，着重抓好市、区人大代表的初任培训和履职培训，强化了代表“为民”观念，增强了代表责任意识。就如何当一名称职的人大代表，组织代表集中学习《中华人民共和国全国人民代表大会和地方各级人民代表大会代表法》《中华人民共和国选举法》《中华人民共和国各级人民代表大会常务委员会监督法》，在深入讨论交流、广泛征求意见的基础上，出台《石鼓区人大代表管理办法》，对代表提出严格的要求，规范了代

表履职行为，提升了代表履职能力。

（二）精心组织，保障代表依法履职。常委会高度重视闭会期间的代表活动，本届内先后组织三级人大代表集中视察了支撑全区经济社会发展的重点工程项目、农业产业项目和民生项目，提出了不少针对性强的意见和有价值的建议。先后组织人大代表对全区企业安全生产、新农村建设、农业水利设施和水资源建设、养老机构建设、城市管理综合行政执法、背街小巷改造等工作进行了专题调研，特别还就五一街道长湖堤危房安全隐患、雁栖湖污水治理等形成了专门调研报告递交市人大常委会，得到了市委、市政府的高度重视。先后组织人大代表对全区财政、农业专项资金进行了为期2个月的专项检查，督促区政府加大专项资金监管和统筹力度，提高资金使用效率，集中财力办大事、办实事、办好事。

（三）搭建平台，动员代表为民服务。挂牌成立了区、乡（街）人大代表联系群众工作站，高标准建立了代表活动室，首次印发了《乡街人大工作目标管理考核办法》。各乡街通过人大代表工作站这个平台，积极听取群众诉求，积极开展“为民服务”主题活动。如人民街道人大联组的帮扶贫困学子活动，青山街道人大联组的“一对一”助残活动，黄沙湾街道人大联组首创的“殷高卫代表工作室”，让代表真情接地气、服务连民心。潇湘街道人大代表邓中洋低价售卖门面和办公楼，支持社区“两化两体系”建设。2015年，常委会专门组织市、区人大代表进行述职评议，30名市人大代表集中向常委会报告履职情况，140余名区人大代表通过各种形式向选区选民述职，切实增强了人大代表“为民代言、为民服务”的积极性和主动性。本届以来，常委会先后表彰了18名优秀人大代表和一批先进人大联工委、先进代表工作站。

（四）加大力度，增强建议办理实效。在加强与承办部门沟通协调的基础上，常委会积极创新代表建议办理工作机制，每年精心选定5个代表建议，由常委会班子成员一对一联系进行重点督办。区三届人大常委会第二十七次会议，还专门对区农办、区住建局的建议办理工作及日常工作进行专题评议、现场测评，切实提高代表建议办理质量，取得了实实在在的效果。本届以来，共收到代表建议、批评和意见166件，现已全部办理完毕，代表建议办理的沟通率、办复率、满意率均为100%。

五、突出建章立制，自身建设呈现了新面貌

常委会以专题教育活动为契机，强化机关制度建设和机关工作规范化建设，狠抓机关干部队伍作风建设，推动人大工作迈上新台阶。

（一）扎实开展专题教育活动。坚持党要管党、从严治党，区人大常委会党组扎实开展群众路线教育实践活动、“三严三实”专题教育、“两学一做”学习教育，建立和完善《人大常委会议事规则》等10余个规章制度，大力开展“纠四风、治陋习”等专项整治活动，持续推进党风廉政建设和作风建设，塑造“为民、务实、清廉”的机关形象。通过加强学习教育，人大机关党员干部理想信念进一步坚定，政治意识、大局意识、核心意识、看齐意识进一步增强，政治鉴别力和政治敏感性进一步提高。

（二）狠抓区乡人大队伍建设。在区委的重视和支持下，区人大常委会机关告别了“委室少、一人委”的尴尬局面，新增了法制委、财经委2个专门委员会，新增了研究室、信访室2个内设机构，调优配强了工作人员，机关干部结构进一步优化，工作合力显著增强。各乡街人大机构负责人由兼职变为专职，配备了人大工作联络员，角山乡还配备了人大主席团专职副主席，区财政拨付了专项工作经费，初步实现了有机构管事、有人员办事、有经费做事。

（三）加强理论研究和新闻宣传。常委会机关每年定期组织开展政治理论和业务知识学习，加大人大工作研究和宣传力度，紧紧围绕人大工作思路创新、工作内容创新、工作方法创新，深入开展政治理论研讨、政策法律研究，认真撰写新闻稿件，及时反映人大工作新动态。本届以来，共在省级刊物网站上稿20余篇，在市级主流媒体上稿40余篇，其中《代表履职的“大考”》《加强街道人大工作的思考与探索》被省人大《人民之友》杂志宣传推介，并被《中国人大年鉴》全文收录。

本届常委会取得的成绩来之不易，离不开区委的坚强领导、高度重视，离不开“一府两院”的密切配合、充分理解和全力支持，更离不开各级人大代表和广大人民群众的积极参与、大力支持。在此，我谨代表区三届人大常委会，向关心、支持石鼓区人大工作的各级各部门和社会各界人士，向各级人大代表，表示崇高的敬意和衷心的感谢！

回顾本届以来的工作实践和不断探索，我们深深地体会到：

第一，必须坚持党的领导，始终把党委的领导和重视作为人大工作的根本保证。衡阳破坏选举案深刻地告诉我们，什么时候放弃或放松了党的领导，人大工作就会偏离正确方向，就会出问题甚至是大问题。本届以来，特别是衡阳破坏选举案发生后，常委会党组积极主动向区委报告班子建设情况及重大工作部署安排，自觉把党的领导贯彻于人大工作各方面、全过程，善于把区委意图转化为全区人民的共同意志，为凝聚力量、推动发展提供了有力支撑和可靠保障。实践证明，做好人大工作，必须毫不动摇地坚持党的领导。只有坚持党的领导，人民当家作主才能得到保证，人大工作才能保持正确的政治方向。

第二，必须坚持依法依规，始终把正确处理监督与支持的关系作为人大工作的行为准则。对“一府两院”开展监督，促进“一府两院”依法行政、公正司法，是宪法和法律赋予人大的神圣职责。本届以来，常委会既严格按照法律规定，加强对“一府两院”的工作监督和法律监督，又始终坚持寓支持于监督之中，切实做到真监督、真支持、真促进，维护了法律的权威和尊严。实践证明，只有坚持依法依规，善于正确处理监督与支持的关系，区人大及“一府两院”才能团结务实、开拓进取、奋发有为，在各项工作中向党和人民交出满意的答卷。

第三，必须坚持为民履职，始终把密切联系群众作为人大工作的重要基础。人大的基础在代表，血脉在人民，根基在群众。本届以来，常委会始终牢记权利属于人民，权力来自人民，紧紧依靠全体人大代表，保持同人民群众的血肉联系，在依法开展监督、作出决议决定及其他各项工作中，力求深入了解民情，广泛集中民智，充分反映民意，凝聚起全区人民的智慧和力量。实践证明，只有坚持人民主体地位，真心实意地为群众办实事、解难题、谋利益，人大工作才能赢得群众的信赖、人民的支持，始终保持旺盛的生机与活力。

第四，必须坚持提升能力，始终把加强干部队伍建设作为人大工作的关键环节。人大是国家权力机关，地位重要，责任重大，能不能担起宪法法律赋予的重任，关键在于建设一支高素质的人大干部队伍。本届以来，常委会狠抓干部队伍建设，通过选派干部到外地学习、到项目一线锻炼等方式，不断提升理论素养和业务能力，不断创新工作思路和工作方式，不断改进工作作风和工作方法，打造了一支对党忠诚、严守法纪、为民尽责、乐于奉献的人大干部队伍。实践证明，只有素质高、能力强、作风实，才能理直气壮地履行监督职能，才能不断开创人大工作新局面。

在充分肯定成绩的同时，我们也必须清醒地认识到，常委会的工作离党和人民群众的要求还存在一定差距，还有亟需克服的困难和应当正视的问题。一是面对经济社会发展新常态，依法监督的方式方法还有待进一步创新；二是面对人民群众的新期望，代表为民履职尽责作用还有待进一步发挥；三是面对新形势新任务新要求，常委会自身建设还有待进一步加强。对此，我们要始终坚持问题导向，深入查找问题原因，找准问题解决办法，努力实现新的突破。

今后五年工作打算

今年8月召开的区第四次党代会绘就了未来五年石鼓发展的宏伟蓝图，确定了未来五年石鼓发展的奋斗目标。站在新的起点，踏上新的征程，任务非常繁重，意义十分重大。今后五年，常委会工作的指导思想是：全面贯彻党的十八大和十八届三中、四中、五中、六中全会精神，认真贯彻落实习近平总书记系列重要讲话精神和治国理政新理念新思想新战略，始终坚持党的领导、人民当家作主、依法治区有机统一，紧紧围绕“活力石鼓、特色石鼓、文明石鼓”发展战略，依法履职，主动作为，为全面建成小康石鼓、打造湘南地区最具活力的商贸文化新区而努力奋斗。为做好今后五年的人大工作，必须突出把握四个方面的重点：

第一，要围绕中心、服务大局，持续推进科学发展。要围绕区委中心工作，始终着眼于全区发展大局，抓大事、谋全局，着力推动各项重大决策部署的落实。一是督促“十三五”规划要力求落地生根。紧紧围绕“十三五”规划确定的工作目标，督促区政府贯彻落实创新、协调、绿色、开放、共享发展理念，倒排年度工作任务，层层分解工作指标，力求重点突破、整体推进，切实将蓝图变为行动，将愿景化为现实。二是决定重大事项要做到适时科学。修订和完善重大事项决定办法，进一步明确讨论、决定重大事项的范围，进一步规范重大事项决策机制和程序，紧紧围绕区委重大决策部署，主动、适时、科学作出决议决定。三是服务重点项目建设要加大支持力度。紧紧围绕重点项目的规划、建设、推进等关键环节，专题听取情况汇报，组织代表视察调研，帮助解决有关法律纠纷、信访维稳等实际困难，切实为重点项目建设保驾护航。

第二，要完善机制、创新方式，切实增强监督实效。要加强和改进监督工作，发挥常委会的监督主体作用，确保依法监督落到实处、见到实效。一是完善监督机制。探索和建立区人大司法监督和检察院法律监督相衔接的工作制度，建立完善法官、检察官执法信息平台，促进严格执法、公正司法；建立预算审查前听取人大代表和社会各界人士意见的机制，完善全口径预算体系；建立健全政府审计监督和人大审查监督的工作衔接机制，加强对审计发现问题的督促整改；完善任前法律考试、任前考察、任前公示、任前发言、宪法宣誓等人事任免制度，着重加强任后监督，力争届内“一府两院”被人大选举、任命人员至少向人大或人大常委会报告履职情况一次。二是精选监督课题。每年选择若干事关全区改革发展稳定全局的重大问题、人民群众普遍关注的热点难点问题，有计划、有重点、有针对性地进行监督。三是创新监督方式。适时开展专项工作评议、专项调研、专题视察、专题询问，完善对工作评议整改情况、审议意见落实情况、建议办理情况的测评办法，探索开展人大会议听取专项工作报告、政府工作报告落实情况的监督，加大督促落实和跟踪问效力度，切实推动“一府两院”改进工作、解决问题。

第三，要强化管理、优化服务，更好发挥代表作用。要坚持管理与服务并重，寓管理于服务之中，充分发挥代表主体作用，增强代表活力。一是密切联系人民群众。加强人大代表工作站建设，建立和完善常委会组成人员联系人大代表、人大代表联系群众制度，通过走访联系选民、代表接待日、主题实践活动等方式，畅通社情民意表达和反映渠道。二是加强代表履职监督。探索建立代表履职激励机制，完善代表履职档案，逐步向社会公开代表履职情况。建立健全人大代表述职制度，积极推进区乡人大代表定期向原选区选民报告履职情况，回答选民提问，接受选民监督。三是拓宽代表知情知政渠道。邀请代表列席常委会会议和参加执法检查、工作评议、建议督办、专题调研等活动，督促“一府两院”定期向代表通报工作情况、邀请代表列席会议和参加活动，为代表依法履职创造条件。健全常委会班子成员重点督办代表建议办理机制，不断提高代表建议办理质量，激发代表履职热情。

第四，要锤炼队伍、提升素质，不断加强自身建设。要以党建为引领，全面加强人大机关各项建设，始终保持奋发有为、积极进取、清正廉洁的精神状态。一是加强党风廉政建设和作风建设。巩固和拓展群众路线教育实践活动、“三严三实”专题教育成果，深入开展“两学一做”学习教育，严格遵守中央八项规定、省委九项规定、市委十条规定和区委二十条规定，全面落实管党治党“两个责任”和“一岗双责”，持之以恒加强党风廉政建设，不断改进人大机关干部工作作风。二是狠抓人大干部队伍建设。认真贯彻落实中央18号文件和省委26号文件精神，着重加强专门委员会建设，充分发挥其提高常委会审议质量、增强监督效果方面的作用；着重加强对乡街人大工作的指导，提升全区人大工作整体水平；积极探索推进常委会内设委室干部之间的轮岗交流，推进人大干部同党政部门、司法部门干部之间的合理交流。三是加大人大工作宣传力度。建立以区人大常委会网站为主，QQ群、微信公众号为辅的信息宣传平台，积极向上级刊物和网站推荐有质量的理论研究文章和新闻宣传作品，提升石鼓人大工作的影响力和美誉度。

政协工作报告

中国人民政治协商会议
衡阳市石鼓区第三届委员会常务委员会
工作报告

——在政协衡阳市石鼓区第三届委员会第五次全体会议上（摘要）

王仲晓

（2016年2月24日）

2015年工作回顾

过去一年，区政协深入贯彻落实党的十八大和十八届三中、四中、五中全会及习近平总书记系列重要讲话精神，在中共石鼓区委的坚强领导下，牢牢把握团结和民主两大主题，认真履行三大职能，充分发挥协商民主重要渠道作用，以开展“履职能力建设年”活动为契机，凝心聚力，扎实工作，为促进我区经济社会又好又快发展作出了积极贡献。

一、围绕政治协商，谋大计，献良策，为促进科学发展激活力

“谋事先谋势、势盈大道成”。充分发挥政协的智力优势、组织优势和渠道优势，紧扣区委、区政府工作重点履行政治协商职能，激发全区发展活力。

一是精心组织全会协商，提升协商高度。区政协三届四次全会期间，委员们对政府工作报告及其他工作报告进行了充分协商，并就我区重点项目建设、环保节能、城市规划建设、中小企业发展、失地农民就业等议题展开热烈讨论，提出具体协商意见，为区委、区政府科学决策、民主决策、依法决策提供参考。

二是认真开展专题协商，力求协商深度。区政协成立专题调研组，就增加县市区政协机关编制、理顺政协各委室职能、黄沙湾片区水环境综合治理等问题进行专题调研，并召集编办、环保、住建等部门召开专题协商会，汇集针对性、操作性强的意见建议，形成高质量提案，由区政协牵头向市政协提出，被列为市政协年度重点提案，得到了市委、市政府主要领导的批办，市编办进行了认真办理，对各县市区政协的内设机构、人员编制、领导职数进行了明确与规范，黄沙湾片区水环境综合治理也取得了重大进展。

三是积极探索界别协商，扩大协商广度。推行政协全会期间按界别分组讨论制度，充分听取各界别协商讨论的意见建议。各界别主动从委员提案和行业热点中选取协商议题，与职能部门分别开展协商。如区政协农业科技界别组织委员对我区“四个农业”发展情况进行调研，重点考察了旭东村香樟苑、角山村潇湘合创等农业企业，形成调研报告，客观真实地反映我区“四个农业”发展的实情，提出了科学有价值的建议。医卫界别通过协商，递交了《关于加强对餐饮用具集中消毒单位监管的建议》，作为社情民意上报市政协，得到了市相关部门的回复。

二、围绕民主监督，出亮点，抓重点，为转型跨越发展增效力

围绕发展的关键问题和群众关注的热点问题，本着监督就是支持的基本思想，努力做好民主监督这篇

文章。

一是以民主评议为依托，深化民主监督。根据《政协章程》有关规定以及《政协石鼓区委员会2015年工作要点》安排，区政协组织委员对区民政工作进行了民主评议，通过深入调查走访，广泛听取和征求意见，认真开展了民主评议和民主测评，并向区民政局交办了《对区民政局工作民主评议的整改意见》。区民政局通过扎实整改，取得明显成效。在民主评议测评会上，区民政局以100%的满意率通过了民主测评，有力促进了我区民政工作。

二是以社情民意为平台，扩大民主监督。反映社情民意是履行民主监督职能的一个重要形式。一年来，我们通过社情民意电子邮箱、政协各类会议、委员工作室、政协提案、专题调研报告及特约信息收集社情民意信息50余条，向市政协报送社情民意信息20余篇，为党政决策提供有价值的决策参考。其中《商品房示范文本中的付款方式条款应修改》被省政协采用，有10篇信息被市政协采用，我区上稿率在城区中名列前茅。

三是以政风行风为重点，推进民主监督。区政协改革民主监督员委派方式，实行统一委派，向石鼓公安分局等单位委派了15个民主监督小组，推动了民主监督工作由被动向主动转变，委员管理由自发向规范转变，把委员的个人监督上升为政协的组织监督。各民主监督小组按照“突出重点，完善制度，讲求形式，提高成效”的思路，通过参与重大活动、列席有关会议、跟踪重大项目、围绕老百姓关注的焦点、热点问题扎实有效开展监督工作，推进民主监督工作上水平、达实效。如区教文体局监督小组确定校车安全、学校收费问题为监督重点，区城管执法局监督小组确定执法人员的作风纪律、执法程序、执法效率为重点，区民政局监督小组以社区综合环境提质和社会救助金发放为重点，促进了部门积极改进工作、提高行政效能。

三、围绕参政议政，提建议，建诤言，为构建和谐社会献智力

一年来，我们充分发挥政协联系面广、包容性大、渠道畅通的优势，更新工作“套路”，打好“组合拳”，谋好“攻坚战”，以大量卓有成效的工作促进和谐石鼓建设。

一是发挥了“智囊库”作用。紧紧围绕全区经济社会发展中的突出问题，积极撰写精品提案，充分发挥了“智囊库”作用。区政协三届四次会议期间，共收到提案原件128件，立案120件。这些提案选题准确、情况真实、建议具体，具有较高的资政价值。在提案办理过程中，区政协分管主席挂帅督办，提案委协同问效，对提案实行编号销号管理，改进委员满意度反馈方式，使提案办理“满意率”更真实。区委、区政府主要领导各签阅了5件提案，政协主席签批了3件提案。《关于加快推进安置房建设，圆拆迁户安居梦的建议》《规范涉农企业有序发展，遏制新的抛荒现象》等提案的办理，取得了良好经济效益和社会效益，发挥了提案工作反映民意、集中民智、实现民愿的独特作用。

二是发挥了“晴雨表”作用。2015年，我们成功创建三个委员工作室，并以委员工作室为平台，不断推进政协工作向基层延伸，公开向社会征集提案线索，及时反映群众诉求，协助区委、区政府问政于民、问需于民、问计于民，在社会和谐稳定中发挥了“晴雨表”作用。伍建华委员工作室发挥工商、法律专业特长和界别的团体优势，服务广大工商业主和居民群众。桂杨工作室为市民群众提供综合性的服务。区政协创新性地以人民街道便民服务中心为载体，成立人民街道委员工作室，为我市首个以街道命名的工作室。工作室全年共接待群众210人次，书面反映情况材料7件，收集社情民意信息120余条，及时解决群众反映的问题33件，召开“民情恳谈会”1次，得到了市政协领导的高度肯定，并被省、市多家新闻媒体宣传报道。

三是发挥了“助推器”作用。区政协机关和广大政协委员立足岗位尽职尽责，牢记责任献计献策，融入石鼓区发展大局，全面完成了区委交办的各项工作任务。区政协主席牵头负责我区重点项目六大版块之一的社会民生板块，其他副主席、办委主任也具体负责或参与了来雁新城等重点项目建设，积极协调解

决项目建设中存在的问题，主动推进工作，促进了项目早开工、快建设，做到了日常工作与重点项目工作两不误，为项目建设顺利实施、推动石鼓经济发展发挥了“助推器”作用。

四、围绕团结联谊，搭平台，建舞台，为社会全面发展聚合力

一年来，我们坚持团结民主两大主题，认真做好团结各方、凝聚人心、协调关系、汇聚力量的工作，充分显示了政协组织大团结大联合的独特优势。

一是加强团结合作。重视发挥各民主党派、工商联、无党派人士及其他社会各界精英人士的作用，邀请他们参加各种调研、考察、座谈会等活动，认真听取他们的意见和建议，使政协成为社会各界合作共事的舞台。去年区政协推行了“一二三”工作计划，开展了一次民主评议活动、两次视察活动、三次调研活动，统筹安排委员参加，激发了委员参政热情。

二是扩大宣传交流。全年在省、市政协网站、《湘声报》《衡阳晚报》等媒体发布信息共计40余次，位居全市政协系统前列。开展了《衡阳市行政区划变迁史话》石鼓境内的资料征集工作，收集整理资料10万余字，较好地发挥了文史资料“存史、资政、团结、育人”的作用。同时，整理出石鼓区政协档案60余本，为起草《石鼓政协志》做准备。

三是注重扶贫帮困。以“一进二访”活动为契机，积极开展“扶贫帮困”活动，组织机关干部、政协委员深入驻点村、社区，走访慰问困难群众，为基层群众解决实际困难。一年来，为驻点社区筹集帮扶资金40余万元，慰问困难家庭40户，为困难党员送去慰问金2万元。实施“春蕾计划”和开展“爱心成就梦想”慈善助学活动，为贫困生捐资4万余元，帮助67名贫困女童及女大学生完成学业，树立了政协委员亲民、爱民、为民的良好社会形象。

五、围绕自身建设，强素质，树形象，为提升工作水平添动力

“静源水自清、固本木方荣”。根据中央、省委、市委、区委的统一部署，区政协扎实开展了“三严三实”专题教育，内强素质，外树形象，推动履职能力建设。

一是强化学习培训，提高综合素质。坚持把学习培训作为提升综合素质的重要途径。通过政治理论学习，筑牢共同的思想政治基础，自觉把思想行动统一到中央的决策部署上来。继续加大培训力度，有计划、分批次地安排部分政协委员到全国政协培训中心学习，并组织开展了多次社情民意专题讲座、提案知识讲座等培训活动，不断提高委员和机关干部的履职能力和水平。

二是突出问题导向，提升调研能力。我们结合全区改革发展大局和区委经济工作会议精神，精心选择一批党政关注、群众期盼、政协所能的课题进行调研，增强了选题的针对性。我们积极改进调研方式，坚持问题导向，突出界别特色，深入调查研究，以“严”和“实”的标准深入开展调研活动，使形成的调研成果既有高度，又有深度。如区政协文教卫群团委和医卫界别牵头针对全区基层医疗卫生服务体系和服务能力建设开展专题调研，通过外出考察、实地调研获得大量有价值的资料，提出了完善编制、加强专业技术人才队伍建设，强化监管、完善考核评价机制等建议。文教卫群团委针对群众关心的廉租房分配使用管理问题进行了调研，就当前我区廉租房建设管理中存在的问题提出了切实可行的建议。

三是完善工作机构，提升整体水平。针对区政协机构不健全、工作力量薄弱等情况，我们积极争取区委、区政府的支持，对政协的内设机构、人员编制、领导职数进行了明确与规范，新设立了政协研究室、委员联络室等。增强工作力量，推荐一位同志到政府机关部门任正职，提拔了三位年富力强的年轻干部到政协任职，使政协机关干部的年龄结构、学历层次配备更为合理，工作更添活力。

过去的一年，我们牢固树立“有为”意识，始终坚持“有为履职”，积极打造“有为”政协，取得了新成绩，赢得了新进步，实现了新突破，我们为之感到欣慰和自豪！我们深知，这些成绩的取得，是中共石鼓区委坚强领导的结果，是区人大、区政府和社会各界大力支持的结果，是全区政协各级组织、各参

加单位和广大政协委员共同努力的结果。在此，我谨代表区政协常委会向所有关心、支持政协工作，为石鼓政协事业发展作出贡献的同志们、朋友们表示最衷心的感谢并致以最崇高的敬意！

在看到成绩的同时，我们也清醒地认识到，区政协的工作与形势发展的要求相比，与区委、区政府和人民群众的期望相比，还存在不少的差距，主要是：如何更好地创新形式、提高履职效能，需要我们进一步探索；如何突出界别特色，激发委员的履职热情，发挥专委会基础性作用，需要我们进一步加强；如何充分发挥人民政协作为协商民主重要渠道和专门机构作用，深入开展好各项协商活动，还有待我们进一步深化落实等等。对于这些问题，我们真诚希望各位委员对常委会工作提出意见和建议，常委会将高度重视，认真研究，切实加以改进。

2016 年主要工作

2016 年是实施“十三五”规划的开局之年，是全面深化改革的重要之年。新的一年，区政协工作的总体要求是：深入学习贯彻中共十八大和十八届三中、四中、五中全会及习近平总书记系列重要讲话精神，以中国特色社会主义理论体系为指导，全力聚焦“四个全面”战略布局和“五个发展”理念，认真落实中共石鼓区委的各项决策部署，牢牢把握团结民主两大主题，充分发挥好专委会的基础性作用，全面提升履职能力，不断夯实履职平台，着力增强履职实效，充分发挥人民政协协商民主重要渠道作用，为建设“活力石鼓、特色石鼓、文明石鼓”，全面建成小康社会作出新的贡献。

一、以改革发展为要，服务全区大局

“谋后而为，功必有成”。我们要准确认识和主动适应经济发展新常态下我区经济社会发展的新任务、新特点，始终把服务发展、推动改革作为政协履行职能的第一要务，顺势而谋，因势而动，助推改革发展。

一是紧扣发展建言。要认真贯彻落实中共中央关于加强协商民主的一系列文件精神，引导广大政协委员围绕全区重大改革，共议发展之道、共谋改革之计、共献创新之策。今年，我们将以“十三五”规划的重点为主题，就“项目建设”“城乡发展”和“乡村旅游”等议题开展专题协商议政活动。要在提案督办的基础上，选择一些党委、政府十分关注、人民群众热切期盼和职能部门必须办好的议题，认真开展提案办理协商活动。各专委会、各界别要积极组织委员与相关职能部门开展以对口协商、界别协商为主要形式的面对面协商议政活动，不断增加协商密度，提高协商质量。要不断探索、完善相关机制，积极营造既畅所欲言、各抒己见，又理性有度、合法依章的良好协商氛围，确保协商议政活动有序开展。要积极推进协商与调研视察、提案办理、民主评议、社情民意信息工作有机结合、相互衔接，切实将协商民主贯穿于政协履职的各个环节，落实到政协工作的各个方面，体现在政协服务大局、服务群众的各个领域。

二是突出重点献策。围绕区委经济工作会议提出的目标任务和人民群众普遍关注的热点难点问题，探索上下级政协联合调研、跨界别联合调研、邀请专家参加调研等方式，精心选题，潜心调研，用心思考，开展多层次、多形式、多领域的调研视察活动。就全面建成小康、发展现代服务业、创建文明城市、推进项目建设、打造“活力石鼓、特色石鼓、文明石鼓”等课题，充分发挥政协人才荟萃、智力密集的优势，深入调查研究，积极建言献策，真正做到区委、区政府的工作中心在哪里，区政协的履职重点就在哪里。要准确把握事实，科学分析数据，充分比较利弊，做到“言之有据、言之有理、言之有度、言之有物”，使之更好地契合党委、政府决策的需要。要特别注重将我们的调研成果转化为提案、建议案、大会发言、社情民意信息等，进一步增强调研工作实效。

三是联系项目出力。坚持把服务经济发展、推进重点项目建设作为重点工作，按照区委统一部署，完成好区政协班子成员承担的联系重点项目和重点工作任务，认真履职，积极协调，献睿智之策，尽助推之力。充分发挥政协委员联系广泛、人脉众多的优势，积极为招商引资铺路搭桥，促进更多的项目落户我区。

二、以改善民生为本，履行为民之责

“求木之长者，必固其根本。”人民政协来自人民，根基在人民，血脉在人民，力量更在人民，必须践行好“协商于民、协商为民”的基本要求。

一是倾情惠民生。围绕区委、区政府的重大民生决策、民生实事，综合运用视察、提案等方式，多献惠民之策。加大对各类民生提案的督办力度，增强提案办理实效，促进民生事业发展。继续以“一进二访”活动为载体，引导政协委员进社区、进农村、进企业，参加捐资助学、科技下乡、扶贫济困、爱心救助等社会公益活动，承担更多的社会责任，力所能及地为群众办实事、解难事，以实际行动为政协组织增光添彩。

二是切实护民利。民主监督，重在维护民利。要加强和改进政协民主监督，在已有的监督小组基础上，进一步完善和深化统一委派民主监督小组工作，进一步拓宽监督领域，规范监督程序，完善监督方式，提高监督实效，切实将民主监督贯穿政协履职的全过程，努力增强民主监督的科学性和实效性。今年，我们要以民利为先，开展好一年一度的委派民主监督小组工作，不断健全考核激励机制，确保民主监督小组的各项任务落到实处。要认真组织开展好对1~2个政府部门民主评议活动，我们要用帮忙的心态、超脱的眼光、负责的精神，既鼓劲加油“点赞”，又发现问题“点穴”，更献计献策“点拨”，协助区委、区政府推动部门工作的持续改善，使人民群众在共建共享发展中有更多获得感。

三是努力畅民意。今年，要致力坚持“高标准”，创办委员工作室，抓好工作室的建设、管理和服务工作。引导各级政协委员，带着对人民群众的深厚感情，深入基层，直面群众，认真听取他们的诉求，真实反映他们的意愿，拓宽规范的“建言”场所、合法的“诉求”途径、有效的“顺气”通道，拓展公民有序政治参与，多做释疑解惑、理顺情绪、化解矛盾的工作，促进社会和谐稳定。

三、以凝心聚力为源，推进团结民主

“天地之气，莫大于和。”要充分发挥人民政协联系面广、包容性强的优势，聚合发展之力，激发人和之气，成就奋发之势。

一是团结联合，凝心聚力。我们要团结一切可以团结的力量，凝聚一切可以凝聚的智慧，激发一切可以激发的活力，共同致力于推动“活力石鼓、特色石鼓、文明石鼓”战略目标的实现。要重视发挥各民主党派、工商联、无党派人士和各人民团体的积极作用，支持他们与区政协各专委会联合开展履职活动，鼓励他们在政协各种会议上发表意见建议，努力为他们在政协履行职责、合作共事创造条件，促进政党关系、民族关系、宗教关系、阶层关系的和谐，千方百计营造众志成城、和衷共济、共谋发展的良好局面。

二是整合资源，系统联动。积极争取市政协的指导和支持，对接市政协的工作安排，听取乡、街道政协的意见建议，确保工作更加契合党政所需、群众所盼、政协所能。进一步密切与乡、街道政协的联系，提高政协工作的整合度，实现工作上的互动、资源上的共享和力量上的融合。就推进乡村旅游、社区建设、农民增收等课题与乡、街道政协联合开展调研，形成多层面重视、多方位建言、多层级推动的格局。

三是交流联络，多方参与。以乡情、亲情、友情为纽带，广泛开展联络联谊，在更广的范围、更高的层次宣传石鼓。要注重活跃民主氛围、丰富民主形式，利用政协组织的渠道和途径，认真组织协商议政、联谊恳谈、调研座谈等活动，密切与群众的对话交流，进一步扩大公民的有序政治参与。要认真做好民族宗教界人士、新社会阶层代表及各界群众的团结联络工作，引导全区各界群众正确对待和深刻理解新常态、新形势带来的利益格局新调整、新变化，努力维护和谐稳定的良好局面，为推动石鼓改革创新发展不断唱响好声音、汇聚正能量。

四、以加强自身建设为重，提升履职能力

“打铁还需自身硬。”要把强基固本作为一项常抓常新的重要工作，主动适应新形势新常态的要求，

在加强自身建设上下功夫，在提升履职水平上出实招，在增强工作实效上做文章。

一是切实加强专委会建设。俞正声主席指出："专委会是政协工作的重要基础。只有专委会工作活跃了，整个政协工作才会活跃；只有专委会工作搞好了，整个政协的履职水平才会提高"。专委会应始终围绕区委、区政府的中心工作和区政协的工作大局，认真履行职能，积极开展活动。要做好协商议政工作。各专委会要坚持"突出重点、注重精品、量力而行"的原则，每年选择2~3个党委、政府高度重视、人民群众普遍关心、自身又有条件做好的课题，深入开展调查研究，进而优选好协商议题，精心组织好协商活动，确保协商议政富有实效。对于暂不具备进行协商议政条件的，要将其转化为调研报告、社情民意信息、提案、建议案或大会发言，向区委、区政府及其有关部门提出意见建议。要做好民主监督工作。各专委会要认真做好民主监督小组工作，既要帮助民主监督小组制订好年度监督计划，也要认真组织好监督工作的开展；既要全面了解民主监督小组的工作情况，也要定期听取党政部门对民主监督小组监督意见采纳落实情况的反馈，确保民主监督小组工作取得实效。要做好政协提案工作。各专委会要引导和组织政协委员积极撰写好议题重要、分析透彻、建议具体，并且针对性、操作性强的提案；同时，各专委会作为提案督办活动的组织者，要精心组织，创新方式，促使提案办理落到实处、见到实效。

二是切实加强委员队伍建设。加强委员学习培训，完善委员联络机制，健全委员履职考核、激励机制，促进委员提高素质、有效履职。有计划、有组织地举办培训班、学习会，引导和鼓励委员走基层接地气，在加强学习和丰富履职实践中增强履职能力。加强对委员的全过程管理，完善委员进退机制。全体政协委员要把责任落实在具体行动上，把社会期望与自身责任紧密结合起来，争当"忠实履职、奉献石鼓"的责任型、有为型委员。

三是切实加强界别建设。建立和完善界别工作的指导机制、协作机制、保障机制，使界别活动更加规范、更加有效。发挥专委会的联系指导作用，以界别为纽带，以活动为载体，开展形式多样的界别调研、界别视察、界别协商，让更多的界别履职成果以界别提案、调研报告、大会发言等形式得以转化，实现界别委员组织化、界别活动常态化。

四是切实加强政协机关建设。坚持注重业绩、崇尚实干的用人导向，加强政协机关干部的培训、选用和交流，不断优化结构、增强活力。固化拓展"三严三实"专题教育的成果，抓细抓实抓牢党风廉政建设和作风建设，着力营造和谐共事的作风、真抓实干的作风、创先争优的作风。扎实开展"学习型、服务型"机关创建活动，落实综合协调、信息沟通、绩效评估、督查落实等工作机制，提高机关服务效能。

中国人民政治协商会议衡阳市石鼓区第三届委员会常务委员会工作报告

——在政协衡阳市石鼓区第四届委员会第一次会议上（摘要）

王仲晓

（2016年11月22日）

过去四年工作回顾

三届区政协任期的四年，是全区综合实力大幅提升、城乡面貌深刻变化、人民群众得到更多实惠的四年，也是我区政协事业在继承中发展、在开拓中前进、在实践中提高，各项工作取得丰硕成果的四年。四年来，政协石鼓区第三届委员会常务委员会在中共石鼓区委的坚强领导下，牢牢把握团结和民主两大主题，认真履行政治协商、民主监督、参政议政三大职能，积极谋事、主动干事、努力成事，充分发挥人民政协协调关系、汇聚力量、建言献策、服务大局的重要作用，为推动石鼓改革发展稳定作出了积极贡献。

一、这四年，是政治协商显成效、服务经济有作为，全力推动活力石鼓建设的四年

“为者常成，行者常至。”三届区政协紧紧围绕区委、区政府重大决策部署和中心工作开展多层面、全方位的政治协商。四年来，共召开政协全体会议5次、常委会议20次、主席会议22次、专委会对口协商60余次，为加快全区经济社会发展建言献策。

一是商发展、议大事，整体协商上水平。改进全会协商方式，邀请区委、区政府主要领导参加委员小组讨论活动，与委员零距离交流，共商发展大计，共谋发展良策。委员们发扬民主、集思广益，围绕“一府两院”工作报告、计划、财政等报告，广泛深入地进行协商讨论，直言发展对策、坦陈意见建议。四年来，先后就完善“十三五”发展规划、加大招商引资力度以及新农村建设等事关全区发展大局的问题，提出了许多具有针对性和可操作性的意见建议，不断提升履职为民水平。

二是抓焦点、精选题，专题协商扣中心。组织委员对事关石鼓经济社会科学发展的重大问题，进行专题协商，提出有见地、有份量的意见和建议，为区委、区政府科学决策提供参考。如在区政协三届四次、五次会议期间，我们精心组织委员就“湘江流域黄沙湾片区水污染治理”、“中山北路提质改造”等8个方面问题进行议政发言。委员们的发言立意高、观点新、内容实、论断透、建议好，得到区委、区政府领导肯定，要求区委、区政府督查室列入重点督办件予以办理，并作为优秀提案上报给市政协，得到了市委、市政府主要领导的亲自批示，进一步加大了协商力度，提高了议政效果。

三是重细节、常衔接，对口协商显成效。三届一次会议后，我们就委室联部门、界别建设、专委会建设等下发了专门文件，为对口协商工作的开展提供了保障。进一步加强了各专委会与党政部门的对口联系，通过专委会参加部门重要工作会议、开展调研视察活动和召开协商座谈会等方式，同有关部门就基础教育、食品安全、廉租房管理等群众关心的民生问题进行了深入协商，使代表民意的协商意见和解决问题的好建议、好办法、好方案不断纳入决策程序，得到充分利用和落实。

二、这四年，是民主监督惠民生、履职为民见实效，全力推动特色石鼓建设的四年

“悠悠万事，唯民为大。”我们始终坚持把履职为民、关注民生、维护民利作为民主监督的出发点和落脚点，做关注民生的有心人、保障民生的知心人、

改善民生的热心人。

一是提案督办惠民生。三届区政协共征集提案443件，经审查立案386件，立案率87.1%；办复386件，办复率100%，委员反馈意见满意率99%。四年来，一大批涉及经济社会发展和群众切身利益的问题，通过提案形式得到了有效解决落实，产生了较好的社会效果和影响。如《关于加大对失独家庭帮扶力度的建议》等关注社会突出问题的提案，区委进行了专题研究，出台了措施，提案反映的大部分问题得到了解决；《关于加大足球进校园的建议》提案，区政府高度重视，拨付专项资金185万元用于足球设施建设，并公开招考2名足球专业教师，有力促进了我区青少年足球事业的发展。

二是监督评议为民利。2014年，区政协首次民主评议政府部门工作，先后对原区计生局、民政局开展民主评议，并对区民政局进行民主评议"回头看"，进一步巩固民主评议效果。三届三次会议后，常委会创新工作方式，将54名政协委员以小组形式委派到公安石鼓分局等15个单位担任"民主监督员"，改自行聘请为统一委派，推动了民主监督工作由被动向主动转变，委员管理由自发向规范转变，并把委员的个人监督上升为政协的组织监督，为端正政风行风、促进部门工作发挥了积极作用，得到了省政协网站、《衡阳日报》、衡阳电视台等省、市媒体广泛关注报道。

三是民情反馈畅民意。我们将社情民意作为委员、政协、群众沟通的绿色通道。四年来，累计向省、市政协报送社情民意信息205条，其中5篇信息被省政协采用，65条信息被市政协采用，7人次被评为市政协社情民意先进个人，6人次被评为市政协优秀信息员，9篇稿件获得市政协优秀社情民意信息稿件奖。连续几年在市政协社情民意工作考核中名列前茅，部分社情民意信息得到了省、市、区领导的高度重视，促使一批民生问题得到满意解决。

三、这四年，是参政议政促发展、服务大局出成果，全力推动文明石鼓建设的四年

"功崇惟志，业广惟勤。"四年来，我们始终紧扣区委、区政府中心工作，围绕事关全区发展的重大问题和重要工作，卓有成效地开展参政议政活动，为我区科学发展献计出力。

一是选准角度，在把握大局中谋发展之策。"不谋全局者，不足谋一域。"三届区政协坚持以全局视野看问题、想办法，在把握大局中谋发展，寻良策，为全面深化改革助力献策。四年来，共组织三级委员大型视察活动7次，就我区重点项目、民生工程、休闲农业、国土用地和城乡规划、廉租房建设与管理、农村土地流转以及农贸市场建设等经济社会发展重大问题，开展视察并提出建议。委员们围绕相关工作共提出建议30余条，在委员意见建议的基础上形成视察报告，为区委、区政府科学决策提供重要依据。

二是发挥优势，在服务大局中献发展之计。调研工作是政协参政议政的重要手段及履行职能的重要载体。三届区政协始终坚持把工作的着力点放在调查研究出成果上，组织委员开展了"四个农业"发展、基层医疗卫生服务、精准扶贫、教育托管、餐具消毒等专题调研，形成了调研报告15篇，其中《关于石鼓区基层医疗卫生服务工作情况的调研报告》等5篇调研报告被省政协评为优秀调研报告。这些履职成果在全市乃至全省政协系统都产生了积极影响。

三是参与中心，在融入大局中助发展之力。坚持服从和服务于全区经济社会发展大局，充分发挥自身优势，努力把各方面的积极性、创造性引导到加快发展上来。按照区委、区政府的统一安排，区政协领导班子成员分别牵头或负责了重点项目建设，率先垂范，身体力行，深入基层做好群众工作，及时化解矛盾，检查施工质量，提出合理建议，确保重点项目顺利推进。组织广大政协委员主动作为，积极投身经济社会发展主战场，立足岗位尽职尽责贡献力量，为石鼓发展大局献计出力。

四、这四年，是凝聚人心促和谐、团结民主聚合力，全力推动和谐石鼓建设的四年

"名必有实，事必有功。"牢牢把握团结民主两大主题，调动一切积极因素，不断巩固发展最广泛的爱国统一战线，自觉地为构建和谐石鼓服务。

一是坚持团结联谊，凝聚力量。认真贯彻落实中

国共产党领导的多党合作和政治协商制度，不断加强与工商联、无党派人士的联系，主动邀请他们参与调研视察等活动，为他们知情出力创造条件，提供平台。加强与各界代表人士的联系，积极反映他们的呼声和诉求，推动社会各界的大团结、大联合。加强与上级政协及兄弟单位的联系、联谊，配合市政协开展多项调研，做好外地政协来访考察工作。四年来，共选派12人次赴全国政协北戴河、青岛培训中心、北京大学、江苏昆山等地学习培训，接待兄弟政协考察学习120人次，拓展视野，交流经验，互相学习。

二是坚持宣传引领，传承文史。四年来，在《中国政协理论与实践汇编》发表理论文章7篇，在《湘声报》《衡阳日报》发表理论文章19篇，在省、市政协网站等媒体发表信息330余篇，在全市政协系统信息报送量化评比中位居前列，扩大了石鼓区政协的影响。认真开展文史资料征集、研究、编辑、出版工作。通过多方走访，实地考察，到图书馆查阅资料，获取了大量有价值的史料。自三届一次会议以来，共收集并整理了湖南农耕文化遗产、石鼓地名、行政区划变迁等史料近50万字，报送省、市政协。2015年出版的《石鼓地名文化》一书，进一步宣传了石鼓的风土人情，传承了石鼓文化，得到了各级领导和委员的好评。

三是坚持主动作为，扶贫帮困。积极开展“三个一”扶贫行动，组织机关干部、政协委员深入村、社区走访，为基层群众解决实际问题。四年来，为驻点社区、驻点村筹得帮扶资金40多万元。为解决角山乡旭东村村民“出行难”问题，筹集60万元将原村内主干道整修一新。慰问困难家庭100余户，为困难党员、贫困家庭、退伍军人、五保户等送去慰问金7万多元。实施“春蕾计划”，帮助77名贫困女童及女大学生完成学业。开展“爱心成就梦想”慈善助学活动，为贫困生捐资8万余元，圆了60余名贫困学生的“大学梦”，以实际行动树立了政协委员亲民、爱民、为民的良好社会形象。

五、这四年，是提升能力强基础、自身建设上水平，全力推动有为政协建设的四年

“打铁还需自身硬。”三届区政协始终坚持把加强自身建设作为政协履行职责、提高效能的重要工作来抓，内强素质，外树形象，不断为政协事业发展增添活力、增加动力、增强实力。

一是发挥主体作用，释放政协活力。我们始终把发挥委员的主体作用作为打造“有为政协”的前提，不断拓展和夯实委员的履职平台。四年来，共举办各种形式的委员培训18次，参与人数达1200人次，有效提升了委员履职能力。创建了委员工作室3个，其中人民街道委员工作室是我市首个以街道命名的工作室。工作室接待群众230人次，收集到群众反映的涉及民生保障、经济发展、城市管理等方面问题56条，及时解决群众反映的问题21件，得到了市政协领导的高度赞扬，并被省、市多家新闻媒体宣传报道。

二是重视基层优势，形成整体合力。三届一次会议以来，各乡、街政协联工委积极参加区政协组织的相关活动，并结合工作实际，积极组织委员开展履职实践活动，提升委员参政议政实效。如角山乡、松木片区政协联工委积极组织委员参与重点工程项目建设，多名委员成为项目建设的中坚力量。合江街道政协联工委以组织委员学习、撰写高质量提案为工作重心，多篇委员提案被评为区政协优秀提案。潇湘街道政协联工委组织委员撰写高质量社情民意信息，多次获得市政协表彰。其他街道政协联工委均根据自身特色，积极组织委员参与各种履职活动，扩大了政协组织的社会影响。

三是加强机关建设，提高服务能力。围绕建设“学习型、服务型、创新型”政协机关的目标，进一步加强机关自身建设，提升工作水平和工作效率。完善了机关公务接待、财务管理、内部考核等各项工作制度，着力加强机关思想、业务、作风、廉政等建设。加强机关队伍和组织建设，机关增设了研究室、委员联络室等，拓宽干部交流任用渠道，干部队伍结构得到优化，形成了政协机关能进能出、合理交流的良好局面。

四年来的工作体会

这四年，是区政协积极进取、开拓创新的四年，是围绕中心、团结奋斗的四年，是工作活跃、成绩明

显的四年。回顾三届区政协的工作实践，我们的主要体会是：

一、坚持党的领导，是做好政协工作的根本保证

人民政协工作要开拓创新，充分发挥职能作用，就要坚定不移地坚持中国共产党的领导。四年来，我们始终坚持政协重要工作、重大事情及时向区委请示报告，坚决贯彻执行党的方针政策和区委、区政府的重大决策部署，做到与区委、区政府始终保持同心同向同行，合心合力合拍，推动全区政协工作始终沿着正确的政治方向前进。

二、坚持服务大局，是做好政协工作的第一要务

坚持以经济建设为中心，推进改革开放和现代化建设，维护安定团结的政治局面，服务石鼓发展，始终是政协履行职能的第一要务。四年来，我们自觉围绕中心转，聚焦职能干，牢牢把握发展这个主题，把推动我区科学发展作为履职尽责的着力点，努力使政协每一次会议、每一次调研视察活动，都能聚各界之力，建兴区之言，献发展之策。

三、坚持履职为民，是做好政协工作的基本要求

党的根本宗旨确立了人民政协履职为民的价值取向。四年来，我们牢固树立履职为民、奉献石鼓的工作理念，坚持情为民所系、言为民所建、利为民所谋，努力使区政协成为区委、区政府联系各界群众的重要渠道，倾力推动民生事业健康发展。

四、坚持团结民主，是做好政协工作的关键所在

团结和民主是人民政协两大主题，也是人民政协继往开来的方向和使命。四年来，我们充分发挥政协组织联系各方、包容各界的优势，切实把团结和民主两大主题贯穿于履职活动的全过程，使全区各界代表人士在政协组织这个大家庭里，相互学习、彼此包容、凝聚共识、团结合作，努力营造聚精会神搞建设、一心一意谋发展的良好政治生态。

五、坚持开拓创新，是做好政协工作的不竭动力

我们始终坚持科学发展的理念，努力把握人民政协服务科学发展和实现自身科学发展的规律，积极探索创新履职的新形式，丰富政协工作的新内容，拓展政协活动的新领域，努力使全区政协工作始终体现时代性、把握规律性、富有创造性，永葆政协工作的生机和活力！

三届区政协的四年，是不负重托、不辱使命的四年，是各项工作取得显著成效的四年。这些成绩的取得，是中共石鼓区委坚强领导的结果，是区人大、区政府大力支持的结果，是各民主党派、工商联、人民团体、各职能部门和社会各界积极参与配合的结果，是各专委会、广大政协委员齐心协力共同奋斗的结果。在此，我谨代表三届区政协常务委员会，对长期以来关心、支持、重视政协工作的各位领导、各位委员和各界朋友表示最衷心的感谢，并致以最崇高的敬意！

回顾四年的工作，我们也清醒地看到，对照新形势下人民政协承担的使命和责任，常委会工作还存在一些不足，比如，如何加强制度建设，使政协履行职能更加规范有序；如何加强民主监督职能，使民主监督更加富有成效；如何充分调动委员的积极性、主动性、创造性，使委员的主体作用更加充分发挥等。这些都需要在今后的实践中积极探索、认真研究、切实解决。

今后五年的工作

中共十八届六中全会确定了习近平同志的核心地位，对全面从严治党作出新部署，学习贯彻好中共十八届六中全会精神是当前的一项重大政治任务。我们要更加自觉地按照全会的精神和要求，自觉地维护好以习近平同志为核心的中共中央的权威，进一步强化“四个意识”，共同保证政协正确的政治方向。今后五年，区政协工作的指导思想是：深入学习贯彻中共

十八大和十八届三中、四中、五中、六中全会及习近平总书记系列重要讲话精神，以中国特色社会主义理论体系为指导，按照“五位一体”总体布局和“四个全面”战略布局，全面贯彻五大发展理念，认真落实中共石鼓区委的各项决策部署，精准协商、精准监督、精准建言，为建设“活力石鼓、特色石鼓、文明石鼓”，全面建成小康社会作出新的贡献。

一、善谋强区之策，在推进活力石鼓建设上立新功

“思深方益远，谋定而后动。”要充分发挥人才荟萃、智力密集的优势，谋大势、建诤言、献良策，真正做到区委、区政府的工作中心在哪里，区政协的履职重点就在哪里。

一要精准协商聚力发展。要懂政协、会协商、善议政，找准协商的切入点，深入开展专题协商，灵活开展对口协商，广泛开展界别协商，有效开展提案办理协商。要着眼发展，胸怀全局，把履行职能的着力点放在对实现全面、协调、可持续发展的思考上，把政协的各项工作与区委、区政府的中心工作紧密联系起来，精心组织好经济社会发展重大问题的协商讨论，努力做到协之有方、商之有效。

二要精准监督助推发展。要围绕改善民生和促进政府职能部门工作作风转变，认真探索民主监督的形式，进一步完善民主监督机制，切实提高民主监督实效。以提案督办、社情民意、大会发言、委员视察和民主评议等方式开展民主监督活动，有效推动民生问题的解决和区委、区政府各项重大决策的贯彻落实。要着力拓展渠道、创新载体、优化方式，以肝胆相照的精神，提升民主监督实效。

三要精准建言善谋发展。要精准选题，以问题为导向，围绕经济社会发展的重点问题，在工作推进过程中的难点问题，涉及老百姓生产、生活急需解决的问题，认真组织多角度的调研视察活动。要树立精品意识，深入一线，沉到基层，深度调研、集中攻关，用事实说话，用数据说话，真正把问题找准、把原因理清、把建议提实，力求所建之言都是可信之言，所立之论都是可取之论，所献之策都是可用之策。

二、大行利民之举，在推进特色石鼓建设上创新业

“民为邦本，本固邦宁。”民生是人民幸福之基、社会和谐之本。关注民生、履职为民，是发挥人民政协在构建和谐社会中重要作用的关键所在，要深怀爱民之心，恪守为民之责，善谋富民之策，多办利民之事。

一是以提案工作为抓手，访民情集民智。加强提案撰写指导，引导委员以关注发展为重点，以改善民生为目标，提交表达群众诉求、维护群众利益的提案，进一步提升提案质量，着力打造精品提案。健全重点提案遴选机制，筛选一批事关全局、关系民生、建议可行的提案，作为促进改善民生的重点。全力推进重点提案办理，提高提案办理实效。完善提案办理民主评议方法，建立提案工作有效评价机制，推动提案成果转化落实。

二是以社情民意为平台，问民计惠民生。把听取民声、获取民意作为委员履职的重要内容，深入实际，深入基层，深入群众，畅通和拓宽各界群众利益诉求表达渠道，认真收集并及时反映社情民意信息，及时掌握人民群众的愿望、意见和需求。注重加强信息的编报和成果转化工作，及时传达关乎民生、关乎发展的意见建议，切实把党政所需、群众所盼的问题反映好，督促解决好、落实好。

三是以精准扶贫为载体，暖民心解民忧。按照省、市、区关于扶贫开发的决策部署和精准扶贫的工作要求，紧紧围绕精准扶贫、全面建成小康社会工作重点，结合委员参与“三个一”扶贫行动，充分发挥广大委员的资源优势，调动一切积极因素，根据各自专长，立足本职岗位，积极参与扶贫攻坚行动。组织委员深入贫困村、贫困户了解情况，帮助贫困村、贫困户研究制定精准脱贫发展规划、年度工作计划和贫困户脱贫方案，解决具体问题，助力脱贫攻坚。

三、高举团结之旗，在推进文明石鼓建设上出新力

“以天下之目视则无不见也，以天下之耳听则无

不闻也。”要充分发挥人民政协联系面广、包容性强的优势，聚合发展之力，激发人和之气，成就奋发之势，在推进文明石鼓建设上出新力。

一是建“大舞台”，团结各界聚合力。坚持以团结谋求和谐、整合力量、凝聚人心。要进一步发挥各民主党派参政议政的作用。在政协大会发言、重点提案以及各种专题调研等方面，提高民主党派和无党派人士代表参与的比例，努力为他们在政协履行职责、合作共事创造条件，千方百计营造心往一处想、劲向一处使，共奏发展曲，同唱和谐歌的浓厚氛围。

二是织“联络网”，系统联动添活力。积极争取市政协的指导和支持，对接市政协的工作安排，听取乡、街道政协的意见建议，确保工作更加契合党政中心、更加体现民生民心、更加彰显政协价值。进一步密切与乡、街道政协的联系，提高政协工作的整合度，实现工作上的互动、资源上的共享和力量上的融合。就加快推进全面深化改革、产业转型升级、城乡协调发展等课题与乡、街道政协联合开展调研，形成多层面重视、多方位建言、多层级推动的格局。

三是架“连心桥”，密切关系求和谐。要利用政协组织的渠道和途径，认真组织协商议政、联谊恳谈、调研座谈等活动，密切与群众的对话交流，进一步扩大公民的有序政治参与。要认真做好民族宗教界人士、新社会阶层代表及各界群众的团结联络工作，引导全区各界群众正确对待和深刻理解新常态、新形势带来的利益格局新调整、新变化，努力维护和谐稳定的良好局面，为推动石鼓改革创新发展不断唱响好声音、汇聚正能量。

四、筑牢固本之基，在加强政协自身建设上迈新步

孔子曰：“君子务本，本立而道生。”省、市第十一次和区第四次党代会已经召开，合力推进党代会确定的发展目标和部署，需要政协委员更好地把握全局，了解中共中央、省、市、区委的发展战略、重大部署和重要举措，深入开展调研，广泛进行协商，有效实施民主监督，在履职尽责中了解好、把握好大局，更好地发挥作用。

一要发挥委员主体作用。政协委员要更好地围绕中心、服务大局，了解政协工作的基本原则；要心系群众，为民生出实招办实事；要多了解界别所代表群众的需求，走出界别，走进社会，了解人民群众的期盼和关切，真实、准确地反映社情民意，更好地为民代言；要更加主动地运用新搭建的平台，使用新的工作方式方法，更加主动地参加调研协商和监督等履职活动；更广泛地联系界别群众，凝聚界别和各界群众的力量，在石鼓的发展中体现政协委员的作为和担当。

二要发挥专委会基础作用。建立完善专委会与政府有关部门对口联系和协商制度。专委会要充分调动兼职副主任、委员的积极性，充分发挥联系部门多、接触委员多的优势，围绕常委会工作部署，进一步团结委员、服务委员、引领委员，扎实做好调研、视察、反映社情民意、提案督办等工作，确保各项工作落到实处、见到实效。

三要发挥界别纽带作用。要进一步规范、完善界别履职，突出界别在政协的地位和作用，提高民主监督的组织化程度，开展不可行性研究和调研。要以政协会议为平台，让界别委员充分表达心声、反映意见。要以调研视察为纽带，让界别委员充分发挥专业优势，提出意见和建议。要以提案和社情民意为载体，让界别委员充分了解民情，反映民意。

四要发挥政协机关服务作用。要继续加强政协机关的思想、组织、作风建设，全面提高机关干部的整体素质，力争打造一支讲政治、懂政协、守纪律、有品行、善交友、会创新的政协机关干部队伍。加大对政协机关干部的培养、选拔和交流力度，使政协机关始终保持生机和活力。按照一流作风、一流服务的要求，切实提高组织、管理、协调和服务水平，建设学习型、服务型、创新型机关。

大　事　记

1月

1月1日，石鼓区教文体局组织全区中小学生和干部职工中体育爱好者参加市“体彩杯”元旦环城赛跑比赛，获团体总分第二名。

1月6日，区人民政府召开全区中小学安全工作会议。

1月7日，区人大常委会主任高鸿升到区政务中心调研，了解深化行政审批制度改革、推进政府职能转变、提高服务效能等方面工作推进情况。

1月12日，石鼓区召开法治政府建设法律专家咨询会。

1月27日，石鼓区委副书记、区长黄辉率教文体局、财政局等相关单位现场察看湘军水师造船厂营遗址、十方塘大护国寺、杨梅桥等坐落在辖区内的6个文物保护单位。

是月，区委、区纪委印发《关于严肃全区合村改革工作有关纪律的通知》，对全区正在进行的合村改革工作各项政策规定执行情况进行监督检查，为合村改革提供纪律保障。

2月

2月1日，区委、区政府领导率领区教文体局负责人对全区教育系统18户特困党员家庭进行走访慰问，为每户送上800元的慰问金和诚挚的节日祝福。

2月2日，农历小年，区人大常委会党组书记、主任高鸿升到潇湘街道4个社区走访慰问困难老党员、优抚对象和困难群众，为他们送去新春问候和祝福。

2月3日，省委书记徐守盛到石鼓区看望慰问潇湘街道演武坪社区下岗困难职工吕春红家庭。市、区主要领导和有关部门领导陪同看望。

2月3日，区人大常委会党组召开“三严三实”专题民主生活会。

2月15日，区人大常委会主任高鸿升率区人大办、区民政局及潇湘街道联点领导和工作人员到石鼓社区指导联点工作，与社区工作人员共同谋划2016年工作。

2月15日，“‘我们的中国梦’——文化进万家三湘行”暨2016年衡阳市文化志愿服务春节送文化下乡活动在角山乡举行。市文体广新局领导蒋勋伟，区领导周文源、陈坚参加活动。

2月16日，“我们的中国梦”2016年石鼓区春节文艺汇演在莲湖广场举行，《开门红》《黄梅飘雪》《鸿雁》《共圆中国梦》等12个歌舞、戏剧类节目轮番上阵，吸引万余名观众驻足观看。市委宣传部领导刘晓军，区领导周文源、陈坚等参加。

2月17日，由石鼓区委、区政府主办，区委宣传部、区教文体局承办的“雅韵石鼓”石鼓区机关干部迎新春书画摄影展在石鼓区美术馆举行，市委常委、宣传部部长刘丽华亲临现场观摩指导。本次书画摄影展共收到全区干部群众书法、绘画作品100余幅，摄影作品30余幅。展出作品主题突出，贴近群众，服务群众，格调高雅，富有感染力和表现力，展示了全区广大干部职工饱满的创作热情和扎实的艺术功底。

2月19日，区三届人大常委会第三十一次会议召开，审议通过区人大常委会2016年工作要点，决定接受刘策富、王元军、吴颖、李会能、王容易等辞去区三届人大代表职务，接受邓初中辞去区三届人大常委会委员职务，听取和审议代表资格审查报告，决定表彰2015年度优秀建议、建议承办先进单位及先进代表工作站，决定2月24—27日召开区三届人大六次会议。

2月23日，中共衡阳市石鼓区第三届纪委第六次全体会议召开。会议由区委副书记肖立建宣读表彰决定，区委常委、区纪委书记陈平阳代表区纪委常委会作工作报告，区委书记杨龙金作重要讲话。

2月24—27日，区三届人大六次会议召开，审查和批准石鼓区国民经济和社会发展第十三个五年规划纲要，通过政府、计划、财政、人大、法院、检察院工作报告决议，选举彭爱民为区人民代表大会常务委员会副主任，胡志英（女）、李在定为区三届人大常委会委员。

2月25日，石鼓区松木明德学校小学部建设项目正式破土动工。2月25日，石鼓区成功通过“省级社区教育实验区”的验收，获得“优秀省级社区教育实验区”称号。

2月28日，贯通二环东路隧道建设合江段顺利进场施工，开启了2016年来雁新城建设合江片区的工作新局面。

2月28日，区委三届十次全委（扩大）会议召开，会议回顾总结了2015年工作，对2016年全区基层党建工作进行了安排部署。会议还对省委巡视组反馈意见的整改、重大项目建设、安全生产、信访维稳、计划生育、文明创建、区乡换届、招商引资等工作进行了安排部署。

3月

3月1日，石鼓区分别获湖南省教育强县（市、区）和县级人民政府教育工作优秀单位，衡阳市2015年度教育督导工作优秀单位、2015年度教育行政部门工作优秀单位。

3月2日，市委常委、市警备区政委廖茂雄一行到人民街道检查指导武装工作。

3月2日，区委组织部微信公众号“石鼓党建”正式上线，党建信息新媒体宣传平台成功向全区党员和群众开放。

3月4日，区委宣传部、团区委、区文明办、潇湘街道联合举办“3·5”学雷锋志愿服务活动启动仪式暨“爱心手拉手，成长心连心”主题活动。32名留守儿童、贫困学生与32名志愿者进行“一对一”结对，一起开展爱的抱抱、移动呼啦圈等互动游戏，参加启动仪式暨主题活动的区领导为小朋友们发放书包、羽毛球拍、四大名著、衣服等“微心愿”礼物。区委常委、宣传部部长周文源讲话。

3月9日，市人大常委会副主任、秘书长伍清明带领市人大常委会办公室、市委组织部和市编办到石鼓区专题调研区、乡（街道）人大机构设置和人员编制情况。

3月11日，区人大常委会主任高鸿升到华桂现代农业科技园调研角山乡农业农村工作，邓新文、彭爱民参加。

3月14日，区商务局与深圳顺丰速运有限公司领导就顺丰电商产业园项目进行对接洽谈，并现场察看项目选址地点。

3月16日，区人大常委会主任高鸿升、副主任陈国春、正县级干部邓新文率领区人大办公室一行赴雁峰区人大交流学习人大工作。

3月16日，区人大组织部分市、区人大代表对石鼓区《基本农田保护条例》贯彻执行情况进行调研。

3月16日，2016年全区公安工作会议召开，表彰了17个工作先进单位、5个专项行动先进单位、10起精品案件和18位工作标兵。

3月17日，省卫生计生委计划生育服务管理改革调研衡阳座谈会在石鼓区召开。

3月17日，区人大常委会召开三届人大六次会议代表建议、批评和意见交办会。会上区人大向“一府两院”（政府、法院、检察院）交办代表建议40件，其中涉及政府及相关部门38件，涉及区法院2件。

3月18日，华耀城第一小学举行建设开工仪式。

3月18日，区中小学教育教学管理工作会议在人民路小学多媒体会议室召开。会后举办了优秀教师教案、学生作业、班务日志、班主任手册展览活动。

3月19日，区政府举行与湖南建工集团战略合作（PPP项目）签约仪式。

3月22日，石鼓区副区长陈坚到角山乡前进小学、松木明德学校等学校实地调研化解“大班额”项目建设和校舍维修改造工程情况。

3月23日，市人大常委会副主任苏营一行调研石鼓区城区规划年度计划与实施情况，详细了解石鼓区2015年城市规划编制及实施情况和2016年城市规划安排情况。

3月25日，区人大内司工委组织部分人大代表，对《全区养老机构建设情况报告》审议意见的落实情况进行督查调研。

3月28日，全区中小学校、幼儿园学校食堂食品安全管理暨食品安全培训工作会议在区政府大楼会议室召开。

3月29日，市政协副主席马俭平带队对石鼓区基层公共文化服务体系建设情况进行专题调研考察。

3月29日，石鼓区召开全面小康第一次领导小组会议。

3月31日，石鼓区召开PPP实际操作及征地拆迁政策讲座会议。

3月31日，石鼓区2016年教育工作暨党风廉政建设工作会议在政府楼336会议室召开。

是月，区委制定《关于贯彻落实省委巡视第三组反馈意见中有关党风廉政建设方面问题的整改方案》，组织开展对“为官不为”、违规经商办企业、重点项目建设指挥部财务检查、村级财务检查、小金库治理等专项整治。

4月

4月6日，石鼓区2016年民办教育、学前教育工作暨民办教育协会第三届换届会议在区政府大楼336会议室召开。

4月7日，石鼓区召开2016年度第一期民兵训练开训动员大会。

4月11日，区人大常委会主任高鸿升到松木管理处学院路，现场调研该路段房屋“穿衣戴帽”前期工程。

4月12日，区人大常委会主任高鸿升率区人大财经农业工委一行到区财政局调研。

4月13日，区人大常委会主任高鸿升调研石鼓区2016年教育工作。

4月15—19日，全区校园足球工作会议暨教练员培训班在成章小学雁栖湖校区举行，为期4天。

4月22日，石鼓区教文体局举行全区中小学生“老师您好，我的好老师”主题演讲比赛活动。

4月22日，区慈善会联合市慈善总会和黑龙江完达山股份有限公司走进石鼓区敬老院，举办“敬老、爱老”爱心捐赠活动。

4月25日，市委书记周农到石鼓区调研经济社会发展情况，实地调研崇盛国际中心、华耀城、中亿汽贸城等重点项目。

4月26日，市委书记周农到石鼓区调研市影剧艺术中心、青少年活动中心项目建设情况。

4月26日，区三届人大常委会第三十二次会议召开，决定任命廖明明为区人民防空办公室主任，决定接受周宏生辞去区三届人大代表职务，决定对区三届人大六次会议选定的5个代表建议的办理工作进行重点督办，对区政府5个工作部门履行《政府工作报告》职责情况进行评议，对全区乡街人大机构工作实行年度目标管理考核。

4月27日，石鼓区召开2016年“三湘农民健康行”暨“民族团结进步行动”动员会。

4月27日，石鼓区2016年“欢乐潇湘·幸福石鼓”群众文化活动在黄沙湾街道启动。活动秉承“原创”“草根”和“艺术繁荣”的原则，当晚参加汇演的12个节目全部来自黄沙湾街道各社区（村、管理处）及坐落单位，由艺术团体和艺术爱好者自编自排自荐，节目形式多样。启动仪式由区委常委、宣传部部长周文源主持，副区长陈坚致辞，市委宣传部文艺科领导肖东林、市文体广新局领导李新祥等参加。

4月29日，公安部法制局局长孙茂利率调研组一行到石鼓区公安分局调研刑事案件“三统一”（统一入口、统一审核、统一出口）工作。

是月，组织全区在职在岗党员开展《中国共产党廉洁自律准则》《中国共产党纪律处分条例》知识测试，全区900余名党员干部在人民路小学参加考试。“纠‘四风’、治陋习”专项整治工作在全区同步开展。

5月

5月3日，市委副书记、市长周海兵到石鼓区来雁新城项目现场，考察项目建设推进情况。

5月4日，区人大常委会组织区人大机关全体干部、各乡街人大主席团（工委）负责人进行集中学习，观看《镜鉴——衡阳、南充违反换届纪律案件警示录》专题教育片，传达学习中组部关于加强换届纪律教育、市委办关于开展“两学一做”学习教育、区纪委关于“纠‘四风’、治陋习”专项整治工作等文件精神。

5月5日，区人大常委会主任高鸿升到联点企业衡阳市天然气公司走访看望人大代表，调研企业经营发展状况。

5月6日，市委书记周农到石鼓区调研重点城建项目建设。

5月11日，衡阳“六五”环境宣传月活动启动仪式在石鼓广场隆重举行。

5月12日，省委常委、常务副省长陈向群一行到衡阳调研，视察石鼓区华耀城项目，现场查看了华耀城M5厂房等。

5月12日，石鼓书院举行“国家AAAA级旅游景区”揭牌仪式，成为石鼓区内唯一的国家AAAA级旅游景点。

5月13日，石鼓区举行2016年“欢乐潇湘之歌颂祖国·唱响石鼓”合唱比赛，22支队伍、千余干部职工参赛，人大、纪委、宣传部、政法委、农林局联合队的《忆秦娥·娄山关》和教文体局队的《在灿烂的阳光下》获得比赛一等奖。比赛活动由区委、区政府主办，区委宣传部、石鼓区教文体局承办。活动开始前，区委书记杨龙金致辞，市委宣传部常务副部长王郦君、市文广新局领导刘晓文，全区在职在家的副县级以上领导干部及全体干部职工观看比赛。

5月16日，石鼓区召开2016年党务工作、“两学一做”暨争先创优工作会议。区委杨龙金书记讲话。“两学一做”学习教育随即在全区展开。

5月17日，区人大组织部分市、区人大代表对《中华人民共和国义务教育法》执法检查审议意见落实情况进行跟踪督办。

5月17日，区政协主席王仲晓在区政协二楼会议室主持召开第二十次主席会议。会议研究讨论区政协第三届委员会2016年度工作要点，审议通过《关于报送社情民意、理论文章及调研报告工作评比办法（试行）》，并就相关工作进行安排部署。会后，全体机关工作人员集中观看《镜鉴——衡阳、南充违反换届纪律案件警示录》。

5月17日，石鼓区首届中小学辩论赛在人民路小学举行。

5月18日，副市长陈竞率领市直相关部门负责人，到石鼓区调度崇盛国际中心和中亿汽贸城项目。

5月20日，由市委宣传部主办、石鼓区承办的衡阳市“石鼓书院大讲坛·国学讲座”在广电中心一楼演播厅举行，国学名家、中央电视台《百家讲坛》学术主讲人、河南大学文学院博士生导师王立群教授以《屈原与端午文化》为题，用独特视角、丰富史料、生动语言，讲述了屈原不朽的一生和端午悠久文化，给现场观众上了一堂精彩的国学课。这场活动是石鼓区“船山故里·国学飘香——石鼓书院大讲坛·国学讲座”暨第六届“君玲粽子文化节”系列活动的一部分。

5月24日，市人大常委会副主任晏华衡一行到石鼓区调研指导区乡两级人大换届选举工作。

5月24日，市委宣传部督查石鼓区2016年文化事业专项资金绩效自评和计生综治工作情况，在听取石鼓区工作汇报、现场查看台账资料、查询系统后台后，对石鼓区的工作给予了“公共文化服务体系建设有成效、群众文化活动有新意、文艺精品创作有希望”和计生工作“制度多、亮点多、活动开展早”的评价。市委宣传部副部长刘晓军、文艺科科长肖东林等，区委常委、宣传部部长周文源参加。

5月24日，市人大常委会副主任晏华衡一行到石鼓区调研指导人大换届选举工作。高鸿升、陈国春、邓新文、冯春娥、祝家元、宁华梁、彭爱民等参加座谈。

5月24日，区法制办牵头召开撤销柴埠门码头听证会。

5月25日，湖南省调查总队

工业处处长王立凯一行到石鼓区调研规模以下工业企业发展情况。

5月26日，由区创建办打造的“相约文明”之“网络文明”宣讲活动先后走进潇湘街道演武坪、桑园、司前社区和人民街道蒸阳、湘北社区。区网管办干部以《不信谣、不传谣、不造谣，做中国好网民》为题，从典型案例分析入手，分别为5个社区的党员和群众讲解谣言的危害以及如何识别谣言等知识，引导广大群众文明上网。

5月30日，区人大常委会主任高鸿升到潇湘街道石鼓社区调研社区居家养老服务中心建设情况。

5月31日，区委书记杨龙金主持召开区委常委班子“两学一做”学习教育第一次专题讨论会。

5月31日，由石鼓区关工委、团区委、区教文体局联合举办的石鼓区“阳光宝贝·快乐成长”庆“六一”文艺汇演暨关爱残疾特困学生慰问活动在区机关会议中心举行。

5月31日，由石鼓区委宣传部、石鼓区教文体局主办，石鼓区文化馆、朵朵少儿艺术团承办的“小手牵大手·文明在我心”文艺晚会在莲湖广场举行。

是月，组织参加衡阳市纪检监察系统“学党章党规、树清廉新风”知识竞赛，石鼓区获竞赛三等奖。

6月

6月1日，市委副书记、市长周海兵赴石鼓区专题调研社区“两化两体系”“三清三建”和养老服务工作。

6月2日，石鼓区委书记杨龙金到松木片区和角山乡中小学慰问农村特困学生。

6月2日，石鼓区召开化解大班额项目建设和校舍维修改造调度会。

6月2—3日，石鼓区中小学生羽毛球比赛在演武坪小学羽毛球馆举行，人民路小学蝉联六连冠。

6月6日，市委副书记、市长周海兵专题调度107国道城市化改造项目。

6月6日，省发改委服务业处处长刘振晓一行调研石鼓区现代服务业示范集聚区建设工作。

6月7日，石鼓区荣盛生态农业基地和角山乡梁阿团分别作为农村科普示范基地和农村科普带头人被选入2016年省奖补项目。

6月7日，由石鼓区委宣传部、区文明办、区教文体局主办的“童心向党”成建制班级合唱比赛在区机关会议中心举行。来自全区17所中小学800多名学生参加比赛，都司街小学、人民路小学、荷池路小学获得小学甲组的一等奖，角山中心校、松木中心校获得小学乙组的一等奖，角山中学获得中学组的一等奖。

6月8日，市委副书记、市长周海兵在石鼓区专题调度“三馆两中心”项目建设。

6月8日，石鼓区“环保世纪行”活动2015年总结表彰暨2016年启动仪式举行。

6月14日，区人大常委会组织召开换届选举工作座谈会。区人大常委会党组副书记、副主任陈国春出席会议并讲话，各乡街人大负责人及联络员参加会议。

6月14日，衡阳市委宣传部副部长谭崇恩一行在石鼓区委宣传部副部长李祚藩陪同下到黄沙湾街道雁栖湖社区进行思想政治工作调研。谭崇恩一行认真察看社区思想政治工作台账资料，现场听取社区工作汇报，查看社区道德讲堂。谭崇恩肯定了社区工作，强调要高度重视社区思想政治工作，充分认识思想政治工作统领全局的基础性作用，进一步细化社区管理，把党的思想政治工作细化为社区管理规章制度，促进社区思想政治工作健康发展。

6月16日，区人大常委会代表建议办理工作重点督办小组，采取现场察看、问卷调查、召开座谈会等形式，对区教文体局承办的《关于在老城区增加体育健身场地和设施的建议》办理工作进行重点督办。区领导陈国春、祝家元、陈坚参加。

6月18日，区人大常委会党组书记、主任高鸿升到联系点青石管理处，以《铭记党员身份，尽心服务群众》为题给管理处党支部全体党员上党课。

6月21日，来自新疆吐鲁番

地区鄯善县台台尔小学的师生们与石鼓区人民路小学师生们在莲湖广场同台表演，用他们精心准备的节目，尽情演绎“相约文明手拉手——民族团结一家亲”文艺活动内涵。区领导周文源、陈国春、祝家元、陈坚等观看演出。

6月23日，衡阳市纪念中国共产党成立95周年“红旗颂”大型群众合唱比赛在市体育中心举行。石鼓区代表队从全市12支代表队中脱颖而出，以9.87分勇摘桂冠。

6月23日，区教文体局在局会议室召开2016年深化教育综合改革推进会。

6月26日，2016年衡阳市小学数学教学联组活动——“数学广角”有效教学策略研讨活动，在石鼓区人民路小学举行。

6月29日，市委副书记邓群策到石鼓区慰问青山街道西湖二村社区党总支第二网格党支部书记刘双兴。

6月29日，湖南庆祝中国共产党成立95周年“红旗颂”大型群众合唱比赛决赛在省文化馆音乐厅举行。全省14个市州的群众合唱队伍共同唱响歌颂党歌颂祖国的主旋律，石鼓区奥运年华合唱队以昂扬的精神风貌、充满情感的歌曲表达，凭借歌曲《布谷鸟唱了》《在灿烂阳光下》夺得大赛金奖。

6月29日，长沙市芙蓉区史志档案局、党史联络组一行14人在长沙市委党史研究室副主任蒋志飞、芙蓉区党史联络组组长李学山带领下，到石鼓区考察交流党史联络和史志工作。受到衡阳市委党史研究室副主任蒋金鑫，石鼓区委副书记肖立建，区委常委、区委办主任郑建芳热情接待，区史志办负责人和党史联络组老同志与他们进行座谈。

6月30日，石鼓区召开中共第四次党代会代表选举工作会议。

6月30日，区三届人大常委会第三十三次会议召开，听取和审议区人民政府关于2015年度区本级财政预算执行和其他财政收支情况的审计报告，审议批准区人民政府关于2015年度财政决算报告。

是月，转发市纪委相关文件，进一步规范党内称呼，开展严禁党员干部认“干亲”专项整治。

是月，经石鼓区科协申报的五一街道建设新村社区获全国500个科普示范社区奖补，成为石鼓区唯一获得奖补的社区（全市仅2个社区获得奖补）。

7月

7月1日，区人大常委会党组书记、主任高鸿升到潇湘街道看望慰问老党员和困难党员。

7月1日，石鼓区委常委、宣传部部长周文源、区教文体局党委成员对区教育系统特困党员家庭进行走访慰问。

7月2日，石鼓区教文体系统召开区第四次党代表选举工作动员会。

7月4日，区政协召开“两学一做”专题党组会。会议围绕“两学一做”学习教育规定的“讲规矩，有纪律”专题开展讨论。

7月4日，石鼓区政府副区长陈坚率教文体局局长李长刚等一行到石鼓区教育系统重点建设项目督查安全生产工作。

7月4日，石鼓区成章小学雁栖湖校区足球队队员汪研入选第五批万达“中国足球希望之星”，将赴西班牙马德里竞技俱乐部留学训练。

7月5日，区财政局被省人力资源和社会保障厅、省财政厅授予“湖南省财政工作先进集体”荣誉称号。

7月6日，副市长陈竞带领市民政局和市消防支队一行到石鼓区福利院检查消防安全工作。

7月7日，青山街道牛角巷社区党总支被评为“湖南省先进基层党组织”。

7月8日，市委副书记、市长周海兵到石鼓区视察两厢提质改造工作。

7月8日，市委副书记邓群策到石鼓区调研换届选举风气监督工作。

7月8日，石鼓区教文体系统在演武坪小学举行“两学一做”学习教育知识竞赛决赛。

7月12日，市文明办副主任刘海英一行到石鼓区督查区工商分局、人民街道、区审计局、区法院4个省、市级文明单位贯彻落实2016年全市精神文明建设表彰暨网络文明传播工作会议情况，对网络文明传播志愿者队伍组建情况、订阅“文明雁城”微信公众号情况、“我推荐、我评议身边好人”活动开展情况、志愿者注册登记情况、文明创建氛围5个具体的方面进行指导，并对石鼓区工作给予肯定。

7月12日，石鼓区教文体局召开2016年暑假校舍维修改造工作布置会。

7月13日，石鼓区教文体局在建设新村小学多媒体教室举办校车安全管理工作培训班。

7月13日，石鼓区召开全面推进社区“三清三建”工作动员大会。

7月14日，衡阳市委常委、市警备区政委廖茂雄以“严守政治纪律、政治规矩，自觉做一名讲规矩、有纪律的合格党员”为主题，到石鼓区讲授党课。

7月14日，由市委副秘书长、市委宣传部副部长吕正平带队的市第十一次党代会报告起草调研组到石鼓区调研，先后查看区美术馆、香樟苑生态农业休闲园项目现场，组织区委宣传部、区教文体局、区旅游外侨民宗局、区文化馆等部门进行座谈，了解宣传思想文化工作情况和石鼓区对市第十一次党代会报告的建议。座谈会上，区委书记杨龙金认为宣传思想文化工作要接地气、树正气，深度挖掘、抓好整合，培育产业发展，要加大投入，加强人才培养；对市第十一次党代会报告的起草，杨龙金建议在报告中必须明确本市的发展思路定位、发展战略应该是“五个新衡阳”，发展路径是深化改革、聚力创新、产业兴市、开放带路。区委常委、宣传部部长周文源作宣传思想文化工作汇报，区领导郑建芳、陈坚等参加。

7月16日，石鼓区“一张纸、一件衣、献爱心”慈善公益活动启动仪式，在省慈善总会爱心传递服务中心隆重举行。

7月19日，区委书记杨龙金主持召开区委常委班子“两学一做”学习教育专题二研讨会。

7月22日，区委书记杨龙金主持开展区委中心组（扩大）理论专题学习，区委常委、组织部部长、统战部部长叶强解读《中国共产党地方委员会条例》，省卫计委法制处处长曹跃斌做《人口形势与计划生育》专题讲座，区委副书记肖立建解读卫生和计生理论知识。会上下发了《中国共产党地方委员会条例》和卫计局、计生协会相关工作的政策法规学习辅导材料。区委学习中心组全体成员、区人口和计划生育领导小组全体成员、正科实职干部参加。

7月24日，区政协主席王仲晓在区政协二楼会议室主持召开区政协换届风气监督工作会议。会议传达区委2016年4月19日、6月30日会议精神，系统学习《关于进一步严明换届工作纪律的通知》《关于加强换届风气监督的工作方案》以及《中国共产党问责条例》；王仲晓组织全体参会人员学习《党委会工作方法》及习近平总书记在安徽调研时的讲话精神。

7月25日，区人大常委会在机关会议中心召开换届风气监督工作会，学习相关文件精神，观看《镜鉴》《不可触碰的底线》警示教育片。机关全体党员干部参加。

7月26日，区人大常委会主任高鸿升到潇湘街道，区人大常委会副主任陈国春到黄沙湾街道督查换届风气监督工作。

7月28日，市委常委、市委秘书长张贺文率市直有关部门负责人到湖南天雁机械有限责任公司现场办公。

是月，石鼓区纪委组织开展违规收送红包礼金专项整治，各单位组织党员干部签订拒收拒送红包礼金承诺书2000余份。

8月

8月1—11日，石鼓区以雁栖湖小学足球队为班底组建小学生男子足球队代表衡阳市参加在株洲举办的湖南省青少年足球夏令营，获得小学男子组冠军，并获体育道德风尚奖。

8月9日，省司法厅基层工作处副处长张智武率督查组到石鼓区督查调研基层司法行政工作。

8月9日，区人大组织驻区国、省人大代表开展企业发展情况专题调研活动，通过现场考察和座谈会方式，为经济发展共商对策。

8月11日，在全省举行的“湘防-2016”人民防空综合实兵演习中，区人防办承办并圆满完成医疗救护实兵演习任务。

8月15日，区三届人大常委会第三十四次会议召开，听取和审议有关人事任免议案，决定任命刘浪为区人民政府副区长、代理区长，同时接受黄辉辞去区人民政府区长职务。

8月15日，中共衡阳市委任命龚建民为中共衡阳市石鼓区委委员、常委、纪律检查委员会书记。

8月16日，市文物局局长吴建波带队，联合市消防支队到石鼓区督促指导各文物保护点开展消防安全整治工作。

8月17日，市政协主席廖炎秋到人民路社区检查指导工作。8月18日，省卫计委法制处处长曹跃斌带领检查组一行到石鼓区验收卫生计生“依法办事示范窗口”创建工作。

8月24日，区三届人大常委会第三十五次会议召开，听取和审议有关人事任免议案，任命谷敏为区人民法院审判委员会委员、副院长，宋顺武为区人民检察院检察委员会委员、副检察长，决定谷敏代理区人民法院院长，宋顺武代理区人民检察院检察长；免去李立志的区人民法院审判委员会委员、院长职务，贺晓斌的区人民检察院检察委员会委员、检察长职务。会议决定接受王敏、陈坚、贺水源辞去区人民政府副区长职务，决定设立石鼓区选举委员会，决定批准成立角山乡选举委员会，确定角山乡第十五届人民代表大会的代表名额为55名。

8月25日，区政协主席王仲晓在区政协二楼会议室主持召开第二十一次主席会议。会议听取和审议2016年度工作要点落实情况，审议并通过三个调研报告，对区民政局民主评议回头看情况、2016年度提案办理考核情况等进行审议，研究区政协第三届委员履职评价考核工作。会上，王仲晓强调，要按照省市区委换届要求，做好相关工作；第四届委员数量共158名，要以石协〔2016〕8号文件作为评价依据，提出建议名单报区委常委会，并在网上通报。

8月25日，区教文体局出席石鼓区第四次党代会代表选举大会在人民路小学多媒体教室进行。至此，石鼓区第四次党代会代表选举工作全面启动以来，16个选举单位均圆满完成代表选举工作，共选举产生出席区第四次党代会代表171名。

8月25日，副市长陈竞率市委组织部、市民政局、市财政局等单位对石鼓区社区“两化两体系”建设工作进行现场办公。

8月29—30日，中共衡阳市石鼓区第四次代表大会在区机关会议中心举行。参加大会的代表170名。大会选举产生中共衡阳市石鼓区第四届委员会，委员31人，候补委员6人；选举产生中共衡阳市石鼓区纪律检查委员会，委员17人。大会同时选举出席中共衡阳市第十一次代表大会代表11名。

8月30日，国家信访局副局长李皋一行到石鼓区调研依法逐级走访和网上信访事项处理工作。

8月31日，区委召开四届一次全会，选举产生第四届区委常务委员和书记、副书记，杨龙金满票当选为区委书记，刘浪、肖立建当选为区委副书记，选出区委常委11人。同日，区纪委召开四届一次全会，会议选举龚建民为区纪委书记，曾广彪、李友良为区纪委副书记，选出区纪委常委7人。市委换届风气现场督查指导组莅临指导。

8月31日，区人大常委会党组班子召开“两案”反思专题民主生活会，对衡阳破坏选举案进行“再认识、再反思、再提高”，对李亿龙严重违纪案进行深刻反思。

是月，市政务中心和市重点办到石鼓区就项目“一站式保姆”服务工作进行专题调研，先后到华耀城、崇盛国际中心、来雁新城等重点项目现场。

9月

9月1日，副市长王洪斌到石鼓区调研社区“两化两体系”建设和农贸市场提质改造工作。

9月1日，区委副书记、代理区长刘浪到松木明德学校、角山乡前进小学、华耀城一小、人民路小学、都司街小学和演武坪小学等学校进行调研，详细了解石鼓教育的发展情况。

9月2日，石鼓区召开人大、

政协换届工作动员会暨创建全国文明城市工作推进会，会议由区委副书记、代区长刘浪主持，区政协主席王仲晓作政协换届工作动员报告，区人大常委会主任高鸿升作人大换届工作动员报告，区委副书记肖立建作创建文明城市推进工作报告。会上，区委书记杨龙金要求确保人大、政协换届选举圆满成功，确保文明创建迎国检顺利通过。同日下午，区人大常委会举办区、乡（街）人大换届选举工作培训班。

9月2日，长沙市天心区卫计系统一行到石鼓区学习中医创建经验，参观了角山卫生院以及该院的针灸理疗室和文化墙等，听取该院的基本情况介绍，并就创建过程中具体工作落实和资料等方面的问题进行了详细咨询。

9月2日，石鼓区召开行政执法资格考试和“两证”换发工作会议。区法制办主任孙宁参加。

9月3日，区教文体局在旭升小学七楼会议室组织召开2016年秋季校车交通安全管理培训会议。

9月6日，省公安厅党委委员、副厅长谭和平一行到石鼓区调研警务机制改革工作。

9月6日，石鼓区召开了2016年教师节座谈会。区教文体局、财政局、人社局、编办、城管执法局、国土分局、公安分局、规划分局等相关职能部门负责人、教文体局班子成员及相关股室负责人、学校校长、书记以及教师代表、教育系统的市人大代表、政协委员代表等参加座谈。区委书记杨龙金出席会议并作重要讲话。会议由区委副书记、代区长刘浪主持。

9月7日，市人大常委会副主任苏营率领调研组一行到石鼓区调研区乡人大换届选举工作。

9月8日，石鼓区召开精准扶贫攻坚工作调度会，区委副书记、代区长刘浪要求，要带着感情、责任和良心扶贫，进一步提高认识，明确目标，精准发力，夯实基础，落实责任，明确2304名现有农村贫困人口在年底前要全部脱贫，和平村、利民村退出贫困村行列，确保贫困群众脱贫后不再返贫，在此基础上帮助他们致富，帮助贫困村发展集体经济。区领导郑建芳、冯春娥、曹平阳参加。

9月9日，石鼓区召开重点项目调度会，听取重点项目六大板块办公室和各项目指挥部关于全区重点项目建设的情况汇报。区委书记杨龙金要求，要撸起腕、尽其力，用心尽责，全力以赴实现年度重点项目建设目标。区委副书记、代区长刘浪主持调度会，区四大家分管项目建设的领导、8个乡街（片区）书记、相关职能部门主要负责人、重点项目六大板块办公室和各项目指挥部办公室主任参加会议。

9月12日，区人大常委会主任高鸿升率区人大换届选举工作督查指导组、区纪委纪律监督组、区检察院风气监督组成员到潇湘街道督查人大换届选举工作。

9月12日，区国地税联合办税服务大厅正式投入使用，标志石鼓区国地税合作进入了一个新的里程碑。

9月13日，省人社厅人才开发和人力资源市场管理处处长马一文一行到石鼓区督查区人社局计生综治工作。

9月18日，石鼓区召开基层党建、计划生育、“三清三建”工作推进会。区委书记杨龙金要求，要扣紧目标，争创一流；要盯紧重点，突出实效；要攥紧拳头，压实责任；要抓紧时间，只争朝夕，努力完成年内工作目标。区委副书记、代区长刘浪主持会议，区领导赵伟、曾梦龙、朱建社参加。

9月18日，石鼓区下发《关于调整区纪委监察局领导班子成员分工的通知》，对常委分工进行了明确。

9月19日，区人大常委会主任高鸿升到角山乡调研区乡人大换届选举工作。区人大常委会副主任祝家元参加。

9月20日，王仲晓主持召开区政协党组扩大会议。区委统战部、区工商联、区委组织部、区各乡街政协负责人和联络员参加会议；区政协原秘书长廖明明应邀列席会议，区政协办公室工作人员、周伟、雷玉保列席会议。会议听取各乡街政协联络工委关于推荐区政协第四届委员建议名单情况的汇报，讨论并通过区政协换届工作方案。会议还就政协办公室工作人员安排事宜、迎接区财政局检查及党费收缴等工作进行研究和布置。

9月20日下午，区人大常委会主任高鸿升率区人大城建环保工委、教文体局、住建局、商务局、安监局、城管执法局及潇湘街道等部门和单位负责人赴荷池路小学就危房改造和拆除工作进行现场办公。区人大常委会副主任彭爱民参加。

9月20日，区人大评议调研政府法律专家库、政府法律人才培训基地建设工作，视察法律人才培训基地。

9月21日，石鼓区教文体局组织区交警、安监、交通等部门对角山、松木、合江3个乡、街、片区的校车开展集中整治行动。

9月23—26日，区人大常委会主任高鸿升率队分赴角山乡、人民街道、青山街道、潇湘街道、五一街道、合江街道、黄沙湾街道、金源街道及松木片区等单位督促指导区乡人大换届选举工作，区人大常委会副主任陈国春、冯春娥、祝家元、宁华梁、彭爱民等分别参加。

9月26日，石鼓区召开出席衡阳市第十一次党代会代表培训会，石鼓区委副书记、代区长刘浪就提升代表履职能力作专题辅导报告，组织与会人员观看专题警示教育片《镜鉴》，下发了《中国共产党衡阳市代表大会代表履职积分管理办法（试行）》，与会代表签订了严守换届纪律承诺书。

9月27日，区委副书记肖立建主持召开创建全国文明城市迎检工作紧急调度会，传达全市文明创建工作调度会精神，部署下阶段全区文明创建工作。肖立建要求，要增强迎检的责任感和紧迫感，以问题为导向，加快问题整改；以宣传为重点，营造更浓厚的创建氛围；以资料申报为关键，加强测评体系的研究特别是未成年人思想道德建设的测评标准的研究，确保资料申报的质量；以专项整治为抓手，加快推进“八城同创”，确保迎检工作达标。区领导周文源参加。

9月28日，市文明创建工作联合督查组督查石鼓区创建工作，通过听汇报、查台账的方式，重点查核石鼓区《衡阳市2016年度创建全国文明城市工作任务书》落实情况、市创建办下发的督查通报中的问题整改情况、网上资料申报情况，听取石鼓区的工作汇报及下步工作打算。区委常委、宣传部部长周文源参加。

9月29日，南北特食品有限公司生产的石鼓牌酥薄月被评为“湖南老字号”。

是月，区委常委、区纪委书记龚建民带队对全区8个乡街（片区）和29家区直单位开展《问责条例》等党内法规学习情况调研督查，开展领导班子“一对一”谈心谈话180余人次，抽查干部学习220余人次。组织全区副科以上干部参加“清风衡阳”在线知识测试。

10月

10月1日，“走近金秋·翰墨铸情”第二届书画展暨中国书画函授大学湖南衡阳分校建校30周年校庆师生作品展在市美术馆举行，石鼓区选出的代表、区美术馆馆长方国平老师的8幅作品以其清丽脱俗的山水水墨画赢得数千名书画爱好者和专家的一致认可。此次书画展由中国书画函授大学衡阳分校校友会主办，衡阳市美术馆、衡阳市书画院承办，区委宣传部协办，展出持续到10月7日，是衡阳市“幸福衡阳·我们的节日”——中秋国庆期间群众文化体育活动的一部分。

10月8日，曹平阳主持召开区政协党组会议。会议同意推荐区政协主席王仲晓为衡阳市政协委员初步人选。会议还就“讲道德，有品行”“两学一做”内容开展专题讨论，并对辽宁省贿选案进行警示教育学习，要求大家统一思想、提高认识、筑牢防线，以“零容忍”态度正风肃纪，确保选举风清气正。

10月9日，石鼓区灭蚊灭蝇C级达标工作全面达标，在四城区考核中排名第一。

10月9日，市委常委、副市长陈竞到区福利院、青山街道和潇湘街道，看望慰问福利院老人，走访慰问百岁老人。

10月10日，省农委巡视员谢国华到石鼓区调研现代农业特色产业园建设情况。

10月11日，副省长蔡振红到石鼓区基层工商所调研。

10月11日，为石鼓区区、乡两级人大换届选举公布初步代表候选人的法定日。区人大常委会主任高鸿升、副主任陈国春、正县级干部邓新文、副主任冯春娥、祝家元、宁华梁、彭爱民分别带队到各乡街（片区）、选区进行督查指导。

10月12日，区委书记杨龙金率农林局、旅游外侨民宗局负责人到角山乡调研农业体验园选址工作，确定农业体验园选址于角山乡旭东村香樟苑对面近800亩的地块。

10月12日，人民街道蒸阳社区省级养老服务示范点举行揭牌仪式。

10月13日，区纪委书记龚建民带队调研区法制办开展《中国共产党问责条例》学习情况。

10月17日，省防灾减灾验收小组到石鼓区人民街道人民路社区检查验收防灾减灾示范社区创建工作。

10月17日，市城管办主任阳冬发带领城市管理工作督查组到合江街道督查“三清三建”工作。

10月18日，石鼓区举办第四届人大代表投票选举工作培训会，区人大常委会副主任陈国春作培训辅导报告。区换届选举工作即将进入投票选举人大代表关键阶段。

10月18日下午，衡阳市人大常委会党组书记、常务副主任谢宏治，副主任苏营、伍清明一行督查石鼓区人大换届选举工作。督查组到松木管理处实地查看人大换届选举相关工作，听取区人大常委会工作情况汇报，在松木经开区召开专题座谈会。区委书记杨龙金，区人大常委会党组书记、主任高鸿升，区委常委、区纪委书记龚建民，区人大常委会党组成员、副主任彭爱民等参加。

10月18日，区委常委会议一致通过《石鼓区农村公共区域环境卫生市场化运作方案》。

10月18—20日，在衡阳市首届校园足球联赛中，石鼓区小学男队以全胜的战绩获得小学男子组桂冠，女队获得第四名。

10月19日，石鼓区区乡人大换届选举工作联席会议举行第二次会议，安排部署投票选举阶段各项工作。区委副书记肖立建出席会议并作讲话，区人大常委会党组书记、主任高鸿升，区委常委、组织部部长叶强，区人大常委会党组副书记、副主任陈国春，区人大常委会党组成员、副主任彭爱民及区人大换届选举工作联席会议成员单位负责人参加会议。

10月19日，市档案局局长谭春兰率领调研小组一行调研石鼓区档案工作。

10月20日，石鼓区召开2016年创建全国文明城市迎测工作动员会。

10月20日，石鼓区推荐申报的市望夫湖农业发展有限公司被评为“农业部水产健康养殖示范场”。

10月20日，石鼓区政府党组成员吴颖带领角山中心校、松木中心校、下横街小学、合江小学校长及体卫艺股、计财股等相关人员，到已经安装直饮水设备并正常使用的祝融小学、文英学校、高兴小学现场调研。

10月20—22日，衡州经济发展论坛活动期间，石鼓区与泛华集团（央企）签订合作意向协议，拟投资30亿元在角山打造健康养生小镇项目，与香港瑞士资本、天津洗了么、深圳云飞农业科技等3公司签订3个投资协议，拟投资10亿元促进石鼓区发展。

10月20—25日，全区118个区人大代表选区、21个乡人大代表选区，分别召开正式代表候选人与选民见面会，356名区乡人大代表正式候选人全部与选民见面。区领导杨龙金、刘浪、肖立建、高鸿升、叶强、龚建民等均以新一届区人大代表正式候选人的身份，到各自选区与选民见面。

10月21日，市畜牧水产局督查组对石鼓区畜禽水产品质量安全监管工作进行专项督查。

10月25日，衡阳市道德模范巡讲和现场交流互动活动石鼓专场在石鼓区举行。“全国学习雷锋志愿服务先进个人”“全国百优志愿者”的衡阳铁路工人唐备战，入选“中国好人榜”的诚实守信典型曾存粮，孝老爱亲的省级道德模范周延华以及助人为乐帮扶弱势群体的义工黄慧芳等4名市级道德模范，为大家讲述他们的感人故事。市文明办、区委宣传部、区文明办、区创建办相关领导参加。

10月26日，是石鼓区区乡人大换届选举法定日。市委常委、衡阳警备区司令员贺小坤，市人大常委会副主任苏营分别到石鼓区青山、人民、潇湘街道相关选区，现场指导人大投票选举工作，区领导杨龙金、高鸿升、尹腾芳、周文源、龚建民、陈国春、彭爱民等参加。

10月26—28日，石鼓区进行区乡人大代表投票选举。全区118个选区，依法选举产生区人大代表162人；21个乡人大代表投票选举选区，依法选举产生乡人大代表55人，实现“三个确保”（确保合法参选率100%、确保组织意图人选100%和确保选举风清气正100%不出问题）的工作目标，圆满完成了投票选举工作任务。

10月26日，石鼓区人民街道被授予“湖南省创新创业带动就业示范街道”荣誉，街道劳动保障服务站负责人作典型发言。

10月27日，由衡阳都市频道为衡阳华耀城量身打造的《崛起华耀城》栏目开机。《崛起华耀城》是一档经济服务类栏目，主要关注商户、投资者、行业热点话题，为投资商户搭建一个展示平台，每周播出42次。在双方合作签约暨栏目启动仪式上，石鼓区区委常委、宣传部部长周文源与衡阳电视台副台长张文彪、衡阳华耀城公司总经理周楚政一起揭幕。

10月28日，省人民政府办公室副主任罗建军、省公安厅禁毒总队政委刘湘奇一行到石鼓区调研督查禁毒工作。

10月28日，王仲晓主持召开区政协党组会议。会议要求选择有号召力和组织能力的委员担任界别组长；建议提名组织能力强、活动能力强、时间充足的委员担任常委，中共党员在政协常委中提名不超过9名；委员联络室要将界别委员数和乡街组委员数搭配合理，以便于开展工作和活动。

10月29日，石鼓区举行湖南晨丰生物科技有限公司入驻石鼓区科技创业园签约仪式。

10月29日，“国培计划”（2016）石鼓区小学语数外“送培到县”示范性项目启动仪式在石鼓区机关礼堂隆重举行。

10月31日，石鼓区五一街道畔湖路社区主任许莉在“中国——我心中最美社区”全国演讲大赛衡阳赛区比赛中获一等奖。

是月，石鼓区在衡阳市率先开通县级纪检监察官方微信公众号“廉洁石鼓”，使廉洁教育宣传进入“微时代”，关注人数逐日攀升，每期阅读量在1000人次以上。

是月，青山街道牛角巷社区、潇湘街道石鼓社区及黄沙湾街道雁栖湖社区被评为2016年度衡阳市科普示范社区。

是月，2016年全国大众创业万众创新活动周湖南分会场启动仪式在省展览馆隆重举行。石鼓区人民街道人民路社区作为省创新创业带动就业示范社区应邀参展，同时也是全市唯一参展社区。

11月

11月2日，省人民政府副省长张剑飞带领考察组一行到天雁公司调研。

11月2日，石鼓区部署推进公车改革和学习贯彻六中全会精神工作。区委副书记、代区长刘浪作公车改革动员报告。强调要统一思想，严格政策，明确要求，加强领导，确保新旧制度平稳过渡、有效衔接，推动车改工作落到实处。

11月2日，角山乡的香樟苑生态农业发展科技有限公司被市残联授予“衡阳市残疾人扶贫示范基地”称号，有效期两年。

11月3日，市委副书记、市长周海兵到石鼓区调研建筑产业化试点项目，现场查看来雁新城和顺家园一期建筑产业化试点项目建设情况。

11月3日，省农委休闲农业处处长文山彪一行4人，到石鼓区考察指导休闲农业体验园建设工作。

11月8日，区三届人大常委会举行第三十六次会议，决定区四届人大一次会议于11月22—25日在区机关会议中心举行。区人大常委会党组书记、主任高鸿升主持会议并讲话。是日，区政协党组副书记、副主席曹平阳主持召开区政协第四届换届筹备工作（方案）布置会。区政协全体机关工作人员参加会议。

11月9日，市委书记、市人大常委会主任周农到石鼓区视察易赖街农贸市场。

11月9日，黄沙湾街道进步管理处综合公共服务中心举行开工典礼，该中心是石鼓区第一个破土动工的农村综合服务中心。

11月11日，石鼓区召开区第四次党代会代表提案交办会议。

11月11日，区换届领导小组在区委常委会议室召开区政协换届工作会议。肖立建、周文源、朱鸿波、龚建民、叶强、曾梦龙、赵伟、尹腾芳、高鸿升、王仲晓、曹平阳参加会议。会上，区政协秘书长曾素波向换届领导小组汇报了区政协四届一次会议相关人选建议名单（草案）。会议一致通过所有事项。

11月12—13日，石鼓区五一街道畔湖路社区主任许莉在“中国梦——我心中最美社区”第二届“李燕杰杯”演讲艺术大赛暨全国首届“响语杯”演讲辞征文大赛中，获成人组演讲比赛二等奖、社区主任贡献奖、最美生态和谐社区奖等三项荣誉。

11月15日，石鼓区委常委、宣传部部长周文源以《从严治党、从心开始、从行实践》为题，带头宣讲十八届六中全会精神，为广大党员干部和党员教师讲专题党课。

11月15日，衡阳市教育督导办评估组专家一行6人，对石鼓区2016年合格学校自建项目开展评估验收。

11月16日，市委常委、统战部部长、副市长罗东海到石鼓区，视察社区“三清三建”工作。

11月17日，区三届人大常委会第三十七次会议召开，听取和审议《石鼓区人民政府将区虎形山棚户区改造项目（城中村）政府购买服务资金列入财政预算的议案》并作出决议，批准将该项目政府购买服务资金约65372万元列入财政预算。会议决定设立衡阳市石鼓区第四届人民代表大会第一次会议议案审查委员会（草案），提请区四届人大一次会议预备会议审议。

11月18日，黄沙湾街道雁栖湖社区获得“湖南省雷锋志愿服务百强社团”称号。

11月21日，市法制办副主任彭峥嵘带队调研石鼓区法治政府建设。

11月22日，衡阳市教育工会主席宋腾飞一行4人到石鼓区开展中小学校章程建设专项调研。石鼓区教文体局工会主席肖锋陪同调查组成员到旭升小学、五一路小学现场调研。

11月22日，区人大四届一次会议举行主席团第一次会议。

11月22—24日，区政协第四届一次会议顺利召开，大会听取王仲晓代表政协石鼓区第三届委员会所作的工作报告。全体政协委员列席了随后召开的区第四届人民代表大会第一次会议。会议结束时，通过了相关重大事项的政治决议。

11月23—25日，区第四届人民代表大会第一次会议召开。会议表决通过关于政府、人大、法院、检察院工作报告决议；表决通过关于设立石鼓区第四届人民代表大会财政经济委员会、法制委员会及其主任委员、委员名单。会议选举高鸿升为区人民代表大会常务委员会主任，刘浪为区人民政府区长，谷敏为区人民法院院长，宋顺武为区人民检察院检察长，陈国春、冯春娥、宁华梁、彭爱民、刘卫国为区第四届人民代表大会常务委员会副主任，曾梦龙、谢宏、朱建社、聂文化、吴颖、汪衡湘、王砺为区人民政府副区长，阳平剑等20名同志为区第四届人民代表大会常务委员会委员。大会选举30名同志为出席衡阳市第十五届人民代表大会代表。大会组织新当选的区人大常委会主任、副主任、委员，区人民政府区长、副区长，区人民法院院长集体向宪法宣誓。

11月26—27日，由湖南省衡阳市文体广电新闻出版局主办、衡阳市少儿图书馆承办的全市儿童“光荣与梦想——纪念建党95周年暨红军长征胜利80周年”知识抢答赛在衡阳市图书馆六楼会议室举行，石鼓区代表队夺冠。

11月27日，市委常委、统战部部长、副市长罗东海到石鼓区检查建筑领域安全生产工作。

11月28日，区委书记杨龙金在区委常委、区委办主任郑建芳陪同下，到区青少年校外活动中心和图书馆检查指导。

11月30日，市政府副秘书长李育全一行到石鼓区人民街道实地调研指导“三清三建”工作。

11月30日，市农委副主任肖章平带队到石鼓区角山乡督查精准扶贫工作。

11月30日，区委副书记、区长刘浪主持召开新一届区政府领导成员工作分工会暨“两学一做”学习教育专题研讨会，围绕领导成员工作分工及“讲奉献、有作为”开展讨论交流。在听取区政府领导成员工作分工相关情况说明后，区委副书记、区长刘浪强调，新一届区政府领导成员要顾大局、谋大事、抓落实、当表率，坦坦荡荡做人，踏踏实实做事，清清白白为官。

是月，区纪委组织全区纪检干部进行集中业务培训，并组织纪检监察干部开展“政治清明新衡阳（石鼓）”大讨论征文研讨活动，共征集文章42篇，经专家评审，21名纪检干部分别获得一、二、三等奖，市纪委和区委领导到场颁奖。

是月，由区妇联、区民政局、区司法局联合组成的婚姻家庭纠纷人民调解委员会（简称婚调委）正式揭牌运行。

12月

12月1日，市委常委、副市长陈竞一行对石鼓区2016年度市级水利建设基金项目——旭东河治理工程进行实地考察。

12月1日，区委常委班子成员举行“讲奉献、有作为”和六中全会精神专题学习讨论。

12月1日，新华网、《湖南日报》、湖南教育电视台、湖南教育新闻网、《科教新报》等五家媒体对石鼓区成章小学雁栖湖校区的校园足球工作进行专题采访。

12月2日，市政协主席廖炎秋一行到联点社区——人民街道人民路社区，检查指导社区的“三清三建”工作。

12月2日，省民宗委副主任赵仁秀率督查组到石鼓区潇湘街道演武坪社区，督查指导民族团结进步示范社区创建工作。

12月5日下午，区人大常委会党组书记、主任高鸿升带领区人大办、区民政局、角山乡等相关人员到角山乡前进村开展精准扶贫工作，走访慰问精准扶贫对象家庭。

12月5日，副区长谢宏在区政协副主席、教文体局党委书记、局长李长刚的陪同下，到松木明德学校、华耀城一小、角山乡前进小学、角山中学、角山乡莲花小学等学校调研化解大班额项目建设和校舍维修改造工程。

12月5日，2016年石鼓区校园足球联赛在演武坪小学开幕，区委常委、宣传部部长周文源出席会议并讲话。

12月6日，潇湘街道石鼓社区养老服务中心开始试营业，这是目前石鼓区面积最大、服务功能最全、服务理念最新的居家式养老服务中心。

12月6日，区教文体局文化产业发展办公室组织辖区内各文化娱乐企业的老板及乡、街管理人员，在区教文体局539会议室举办“做文明经营者，共创石鼓美好明天”的文明创建知识讲座。

12月8日，区四届人大常委会第一次会议召开，审议和通过有关人事任免事项，任命范云龙为区人大常委会内务司法工作委员会主任、李科为区人大常委会城乡建设环境资源保护与农业农村工作委员会主任、李会能为区人大常委会预算工作委员会主任、胡志英为区人大常委会法制工作委员会主任、朱福华为区人大常委会研究室主任、曾广彪为区监察局局长。会议组织相关任命人员向宪法宣誓。区人大常委会党组书记、主任高鸿升主持会议并讲话。

12月8日，市委常委、市委秘书长张贺文率市委办、组织部、农委、旅游、发改、财政、民政、供销社等市直相关部门到石鼓区角山乡和平村，就该村精准扶贫工作进行调研并召开现场办公会。

12月10日，石鼓区召开2016年创建全国文明城市迎测调度会，对全区迎接中央文明委实地测评工作进行再动员再部署，区委常委、宣传部部长周文源作工作安排，区委副书记、区长刘浪要求，要认清形势，突出重点，精心组织，统筹兼顾，迎检期间做到集中精力、集中人力、集中时间抓好创建迎检，确保文明创建工作有好的效果。

12月11日，区政协副主席、教文体局党委书记、局长李长刚带领体卫股和文化股到陕西巷幼儿园实地督查石鼓区未成年人心理健康辅导站建设工作。

12月13日，市委常委、副市长陈竞率市农委、市湘江水利投资公司到松木片区云飞农业、横江河及松木管理处调研。12月13日，市政协副秘书长王平一行到人民街道人民路社区，督查指导文明创建迎测工作及市政协花园改造项目“三清三建”工作。

12月14日，石鼓区国地税2017年度联合定税工作动员会召开，这是全市四城区中首次由政府牵头，区财政局、国税局、地税局三方共同组织的国地税联合定税机制的启动仪式。

12月16日，市经信委领导彭振霖一行到石鼓区工业企业督查安全生产工作。

12月21日，石鼓区人大常委会举办驻区市第十五届人大代表履职培训班，驻区30名市人大代表参加培训。区人大常委会党组书记、主任高鸿升主持培训班，区委副书记、区长刘浪以市代表身份参加培训，区人大常委会党组副书记、副主任陈国春作代表履职培训辅导讲课。区委书记杨龙金参加培训并作讲话。

12月21日，黄沙湾街道进步管理处村级综合服务中心竣工，成为石鼓区首个竣工的村级综合服务中心。

12月22日，市政协主席廖炎秋一行到人民街道人民路社区，现场督查指导市政协花园改造项目“三清三建”工作。

12月27日，市委副书记、市长周海兵率四城区、“两区一园”、市直相关单位主要负责人到石鼓区，走访了牛角巷社区、蒸阳社区、石鼓社区、演武坪社区及老同兴农贸市场，察看了社区“三清三建”及农贸市场改造工作成果。

12月27日，区四届人大常委会第二次会议召开，对区政府5个工作部门履行《政府工作报告》职责情况进行专项评议和满意度测评，决定批准区2016年财政预算收支调整方案。区人大常委会党组书记、主任高鸿升出席会议并讲话。区委常委、常务副区长曾梦龙，区人民政府分管副区长谢宏、吴颖、王砺等列席会议。

12月28日，衡阳华程医院开业庆典隆重举行，标志着落户石鼓区的衡阳城区最大二级综合性医院正式投入使用。

12月29日，石鼓区委召开2016年度议军会。会议回顾总结全区2016年武装工作和国防后备力量建设工作情况，要求进一步加强和落实党管武装工作制度保障，研究解决武装工作面临的困难和问题，进一步提升国防动员和后备力量建设水平。区委书记杨龙金强调，要深化思想认识，强化党管武装意识，加大经费保障力度，抓好基层基础，压实维稳责任，切实增强国防安全的责任感和紧迫感。

12月30日，石鼓区在全省县（市）区中率先建立党委法律顾问制度。

是月，市纪委对石鼓区2016年度党风廉政建设进行考核，区纪委编写的《纪律审查程序及文书》，对办案程序和文书进行规范，被市纪委评为特色工作。启动区级巡察机构建设试点，打通党内监督“最后一公里”。

（刘　珺　唐金辉　谷琼峰　李兴华）

石 鼓 概 况

概　　貌

【地理位置】　石鼓区因境内“石鼓书院”而得名。位于北纬26°54′00″~27°01′13″，东经112°31′40″~112°38′59″。地处衡阳市城区西北部，东临湘江与珠晖区隔江相望，南以解放路为界与雁峰区毗邻，西沿蒸湘北路蒸水桥并沿蒸水河而上先后与蒸湘区和衡阳县接壤，北依107国道前行与衡阳县樟木乡和集兵镇相邻。

（谷琼峰　胡雪峰）

【建置沿革】　1942年1月1日，析衡阳县城区和环城地域置衡阳市，为省辖市，设8个区，境内为第三区。1948年1月28日，境内属衡阳市第二区。1949年8月，省国民政府下令撤销衡阳市，并入衡阳县，境内属西湖镇。1949年10月8日，衡阳解放。该辖区为衡阳市人民政府第三区。1950年1月1日，境内称第三区人民政府。6月，第三区人民政府又改称第三区公所。属衡阳市。1951年11月1日，全市调整行政区划，将原8个区调整为6个区。衡阳市第三区公所改为衡阳市第二区人民政府。1955年5月19日，以驻地命名，衡阳市第二区改称衡阳市城北区，第二区人民政府改称城北区人民委员会。1958年3月16日，市人民委员会决定撤销衡阳市水上区，将水上区人民委员会的管辖范围及其工作全部交城北区人民委员会管理。11月4日，城北区人民委员会与新成立的福星人民公社实行政社合一的管理体制。1968年9月成立城北区革命委员会。1969年12月18日，衡阳市革命委员会党的核心小组032号文件批准成立中共城北区革命委员会核心小组。1980年2月，经湖南省委批准，衡阳市升为地级市，由省直辖。城北区属市辖县级区，属衡阳地区。9月，城北区革命委员会改称城北区人民政府。1983年5月，衡阳地市机构合并，属衡阳市。2001年5月，衡阳市城区行政区划调整，撤销城北区，调整设立石鼓区。城北区析出蒸湘街道，划归蒸湘区，同时将郊区的黄沙湾街道、松木乡、西湖乡的五一、建设、友爱、江霞4个村和衡阳县的角山乡及集兵镇的灵官庙村划入，城北区更名为石鼓区。

（李兴华）

【气候特征】　境域地处湘中“衡阳盆地”和湘、蒸、耒水的中下游谷地，东、南为平原，西、北边缘穿插岗地，海拔均在50米以下，属河谷平原西高东低的地势。全境属中亚热带季风湿润气候，具有气候温和、四季分明、春温多变、寒潮频繁、雨季明显、夏秋多旱、冬寒期短、夏暑期长的特点。年均气温17.8℃，日照时数为1663.5小时，无霜雪期293天，年均降水量1333.8毫米。

（李兴华）

【自然资源】　石鼓区物产资源丰富。由于地处南北要冲，湘、蒸、耒三水汇聚，交通十分便利。除丰富的水资源外，地下矿产有岩盐、钠长石、芒硝等10余种，储量丰富。境内以丘岗山地为主，属丘陵地形，土壤主要为紫色页岩风化黏土、第四纪红壤黏土，黏性较重，酸性较强，沿河主要以河潮泥为主，属砂性土。全区土地总面积112平方千米，耕地3.55万亩，旱地0.98万亩，林地3.2万亩，森林覆盖率43.5%。境内有野羊、野猪、白鹭、山鸡、鸟雀等生物资源。全区城镇建成区绿化覆盖率40.4%，2016年度活立木总蓄积量61696立方米。

（李兴华）

【人口面积】 全区常住人口22.40万人，出生人口2576人，死亡人口1015人，符合政策生育率97.36%，人口出生率11.49‰，人口自然增长率6.97‰，出生人口男女性别比107.24。其中，流动人口5.85万人，流动人口电子健康建档率86.2%，办理生育证及再生证2168个，被评为“全省计划生育工作优秀单位”。辖区面积112平方千米（含市松木经开区）。人口密度为每平方千米2127人。 （谷琼峰 胡雪峰）

【民族】 境内人口以汉族为主，汉族占总人口的99.45%；少数民族有土家族、苗族、瑶族等24个，共1265人，占总人口的0.55%。 （李兴华）

【行政区划】 2016年年底，辖角山乡、人民街道、青山街道、潇湘街道、五一街道、合江街道、黄沙湾街道、金源街道（由石鼓区和市松木经济开发区共同管理）以及松木片区便民服务中心（属黄沙湾街道派驻机构），10个村，9个管理处，31个社区居民委员会（其中2个为社区筹备委员会）。 （谷琼峰 胡雪峰）

国民经济和社会发展

【概况】 2016年，全区实现地区生产总值（不含松木经济开发区，下同）141.65亿元，增长9.0%。其中，第一产业增加值4.59亿元，增长3.4%；第二产业增加值27.48亿元，增长2.7%；第三产业增加值109.58亿元，增长11%。全区三次产业比为3.2∶19.4∶77.4，其中，一、二产业较上年分别下降0.1和1.7个百分点，三产较上年提高1.8个百分点。一、二、三产业对全区经济增长贡献率分别为1.3%、6.3%、92.4%。

（谷琼峰 胡雪峰）

【农业】 全年粮食总产量为2.3万吨，增长0.88%；蔬菜总产量为5.62万吨，增长-18.4%；瓜果总产量为1100吨，增长-17.3%。畜牧水产业方面，出栏肉猪9.8万头；出栏牛360头；出笼家禽96万羽；水产品2530吨。全区粮食种植面积完成3.3万亩；种植商品蔬菜面积完成0.2万亩；病虫草鼠害综合防治0.2万亩；测土配方施肥完成0.2万亩；争取农业专项资金1064.9万元。全区新增农业企业5个，共有各类农业企业27家，其中市级以上龙头农业加工企业8家；建成农产品基地5个，建成蔬菜基地6422亩，建成无公害种植面积1414亩；建成标准化生猪养殖场11个；全年新增农民专业合作社4个，共有农民专业合作社43个，农民专业合作社成员4630人。修建水渠4千米，维修塘坝15口。 （谷琼峰 胡雪峰）

【工业和建筑业】 2016年，全区工业增加值16.34亿元，增长3.6%，规模以上工业增加值增长3.7%，年末规模以上工业企业37家，新增规模工业企业2家。其中，规模以上工业总产值达39.75亿元（平台数据），轻工业实现总产值8.93亿元，增长-24.8%；重工业实现总产值30.82亿元，增长5.2%。按注册类型分，国有企业实现总产值2.76亿元，增长18.0%；股份制企业实现总产值35.40亿元，增长-2.4%；外商和港澳台商投资企业实现总产值1.59亿元，增长-38.0%。全区实现高新技术产业增加值15.47亿元，增长25.1%，高新技术产业增加值占GDP比重为10.9%；新增高新技术企业2家；完成专利申请量226件，授权专利量93件，其中有效发明专利申请56件。全区建筑业总产值28.06亿元，增长0.78%；房屋建筑施工面积282.06万平方米，增长-3.6%。年末，建筑业企业合计20家，按资质类别分，施工总承包企业15家，专业承包企业1家，劳务分包公司4家；按资质等级分，一级单位3家，二级单位10家，三级单位7家。

（谷琼峰 胡雪峰）

【固定资产投资】 全区完成固定资产投资141.94亿元，增长22.5%。其中，城镇固定资产投资118.73亿元，增长19.7%；5000万元以上项目51个，完成投资97.7亿元，占城镇固定资产投资总额82.3%，亿元以上项目42个，新开工亿元项目26个，投资92.2亿元。全年房地产开发投资23.21亿元，增长38.7%；房地产销售面积71.90万平方米，增长68.7%；年末房地产企业有47家，按资质等级分，二级单位3家，三级单位20家，四级单位9家，暂定资质14家，其他1家。

（谷琼峰　胡雪峰）

【内外贸易】 全年社会消费品零售总额109.28亿元，增长12.0%。限额以上商品零售额，零售业综合零售类增长7.2%；食品、饮料及烟草类增长20.4%；服装及日用品类21.0%；文体用品类增长15.8%；医药及医疗器材类增长23.7%；汽车类增长14.0%；家用电器类增长24.8%；五金材料类增长18.6%。全年进出口总额1462万美元，其中出口1449万美元，进口13万美元。进出口额同比负增长33.5%。全年实际利用外商直接投资4467万美元，增长14.36%。实际利用内资到位资金20亿元，增长14.95%。

（谷琼峰　胡雪峰）

【交通和旅游】 全年建设完成农村公路提质改造13千米。专项整治超限超载并联合执法6次，超限检测站点车辆超限超载率控制在0.3%以内。全区共接待游客478.52万人次，完成旅游总收入28.49亿元。制定了《石鼓区乡村旅游发展规划（2015—2025）》，并开通“衡阳石鼓旅游”微信公众号，以“生态农业小镇——角山”为主题向省旅游外侨民宗局申报第二批“湖湘文化风情旅游小镇”，被列入备选笼子。 （谷琼峰　胡雪峰）

【教育文化】 全区有小学35所，中学6所，在校学生17772人；幼儿园44所，在园幼儿7037人。有在职教师856人，96.3%以上小学教师拥有专科以上学历，83.3%以上中学教师拥有本科以上学历。全区教师在各级各类竞赛评比活动中，获国家级28人次，省级137人次，市级228人次。9个学校的课题获得省级教育科研优秀成果奖。1所学校获湖南省小学数学课例点评与分析活动的优秀组织奖。全区实施义务教育阶段免费发放教科书工作，惠及辖区30056人次，合计201.51万元；资助幼儿园孩子1136名，发放学前教育入园补助金56.80万元；资助农村义务教育贫困寄宿生280名，发放助学资金17.5万元；为区内37名家庭经济贫困学生办理了助学贷款，共计贷款31.34万元；发放中职助学金1794人，合计206.5万元；投入1665万元化解5个“大班额”建设项目；投入1229万元用于《2016年石鼓区中小学维修改造计划》，预计改造面积47045.2平方米，进度达85.8%。全区现有省级以上文物保护单位3个，即来雁塔、摩崖石刻（含石鼓书院）、市博物馆；省级非物质文化遗产（简称“非遗”）项目1个，市级“非遗”项目3个，区级“非遗”项目19个，囊括民间文学、传统音乐、传统美术、传统民俗、传统技艺、传统医药6个方面。

（谷琼峰　胡雪峰）

【卫生和公共服务】 全区有卫生医疗机构183个，医疗床位3201张；执业（助理）医师384人，护理人员3086人；共建居民健康档案规范档案化人数18.9万份，建档率86.85%；活产数2172人，住院分娩率100%，孕产妇系统管理率95.2%，孕产妇死亡率0，5岁以下儿童死亡率5.06‰，7岁以下儿童系统管理率93.41%。全区完成社区“三清三建”工作，投入资金5000余万元，新增铺设沥青5.7万平方米，硬化路面2.6万平方米，人行道火烧板1.2万平方米，安装路缘石0.9万平方米；完成农村危房改造任务23户，其中低保、五保等困难户占比35%，资金补助户均11956元。（谷琼峰　胡雪峰）

【人民生活和社会保障】 全区新增城镇就业人数4561人，其中失业人员再就业人数2977人，占比65.3%；新增创业主体1163个，带动城乡就业人数2353人；零就业家庭动态就业援助率达100%；新增农村劳动力转移就业1728

人；登记失业率为3.7%；完成扶贫开发工作90件；新发放小额担保贷款630万元；完成职业鉴定272人，职业培训4758人。城镇人均可支配收入30908元，增长9.8%，增速排名全市第二；农村居民人均可支配收入17466元，增长9.9%，增速排名全市第一。年度民生支出7.56亿元，增长23.13%，占财政支出的比重达72.02%。新增养老床位、法律援助、农村自来水建设等10项重点民生实事全面或超额完成。城市低保月保障标准420元/人，农村低保月保障标准220元/人，困难残疾人生活补贴月保障标准60元/人，重度残疾人护理补贴月保障标准50元/人。低保、五保等困难群众实现应保尽保。精准帮扶985户、2229人脱贫，全区扶贫工作顺利通过省扶贫办核查。58.45万平方米安置房主体工程竣工，分配公共租赁住房2268户。新增城镇就业4561人。建成全市首个家庭式养老机构——石鼓社区居家养老服务中心，打造全市首个标准化改造试点市场——老同兴农贸市场。基本社会保险覆盖率达99.2%。全年发放养老金12057.91万元，征缴养老金14539.07万元，其中，企业养老保险发放10638.73万元，征缴10864.67万元；机关事业单位养老保险发放468.98万元，征缴3500万元；城乡居民养老保险发放950.2万元，征缴174.4万元。城镇职工医疗保险征缴2936.39万元，城镇居民医疗保险征缴3405.72万元，新农合征缴2135.58万元；生育保险征缴基金86.84万元；失业保险累计征缴基金75.65万元；全区基本医疗保险覆盖率达100%。

（谷琼峰　胡雪峰）

【资源、环境和安全生产】　全区城镇建成区绿化覆盖率40.4%，本年度活立木总蓄积量61696立方米，增长4.2%。全年空气质量达标率90.6%（三项监测指标），地表水质量达标率97.5%，城镇污水处理率达到84%，单位GDP能耗下降到0.804吨标准煤/万元。全区全年共开展社会调查48例，接收社区矫正250人，解矫189人，办理法律援助案件180件，调解组织共排查各类矛盾纠纷865件，调解率达100%；调处成功857件，调处成功率99%。全区共发生各类安全生产事故7起（均为生产经营性道路交通事故），死亡3人，受伤7人，直接经济损失13.71万元，其中，工矿商贸生产安全事故0起，亿元生产总值生产安全事故死亡人数为0.049人。

（谷琼峰　胡雪峰）

区、区直机关和坐落单位领导人名录

（截至2016年12月31日）

中共石鼓区委员会

书　　记　杨龙金

副 书 记　刘　浪　肖立建

常　　委　郑建芳　尹腾芳　赵　伟　叶　强　周文源　龚建民　曾梦龙　朱鸿波

正县级干部　李新华

副县级干部　邹金芝　齐素媛　曹华友

石鼓区人大常委会

党组书记
主　　任　高鸿升

党组副书记
副 主 任　陈国春

副 主 任　冯春娥(兼)

党组成员
副 主 任　宁华梁　彭爱民　刘卫国

副县级干部　祝家元

石鼓区人民政府

区　　长　刘　浪

副 区 长　曾梦龙(常务)　谢　宏　朱建社　聂文化　吴　颖　汪衡湘　王　砺

副调研员　龙平省

副县级干部　李开伟　彭召吉　刘启发　凌伟衡　黄　辉

政协石鼓区委员会

党组书记 主席 王仲晓
党组副书记 副主席 李长刚
副主席 刘振湘(兼)
卢行(兼)
党组成员 副主席 李在定
副县级干部 曹平阳

区人武部

部长 尹腾芳
政治委员 屈会荣
副部长 军事科长 李先交
政工科科长 赵刚
后勤科科长 贺训锋

中共石鼓区纪律检查委员会

书记 龚建民
副书记 曾广彪 李友良
常委 王小果
常委 审理室主任 蒋贝
常委 信访室主任 唐贞
常委 郭伟
财务监察所主任 周颖飞

中共石鼓区委办公室

主任 郑建芳
常务副主任 华喜容
副主任 接待处主任 洪云辉
接待处副主任 刘旭云
督查室主任 蔡秋云
机要局局长 肖云根
机要局副局长 刘丽娜
档案局局长 周英
档案局副局长 林莹
保密局局长 周朝晖
深改办副主任(正科) 邓群芳
史志办主任 刘珺
政策研究室副主任 唐金辉
总值班室主任 李超

中共石鼓区委组织部

部长 叶强
常务副部长 谢炜
副部长 李妍莛(兼)
刘卫国(兼)
副部长 区委非公有制经济组织和社会组织工作委员会书记 王益波
纪检组长 邹育容
区委非公有制经济组织委员会办公室主任 周宏亮
区委非公有制经济组织和社会组织工作委员会副书记 李滔

区委老干部局

局长 李妍莛
副局长 陈翻番

区委宣传部

部长 周文源
常务副部长 李祚蕎
纪检组长 王朝顺
新闻办主任 罗飞虎
网管办主任 罗虎
文明办主任 谢君

区委统战部

部长 朱鸿波
常务副部长 李谦
纪检组长 王一澍

区委政法委

书记 赵伟
常务副书记 刘名才
副书记 罗友迪

区编办

主任 彭清海
副主任 王宁波
事业单位法人登记管理办公室主任 王小青

区工商联

主席 冯春娥
党组书记 李谦
副主席 党组成员 华连玉

区总工会

主席 龙平省
副主席 主任科员 龙潇

团区委

书记 万倩雯
副书记 刘坚

区妇联

主席 张传翠

副主席　吴慕君

区科协
主　　席　旷春桃
副主席　周铁军

区残联
理事长　屈光明
副理事长　万素英

区红十字会
会　　长　刘名辉

区人大各办委

办公室
主　　任　阳平剑
副主任　刘　昕

财政经济委员会
主任委员　李会能

法制委员会
主任委员　胡志英

内务司法工作委员会
主　　任　范云龙
副主任　陆英俊

规范性文件备案审查办公室
主　　任　陆英俊

教科文卫工委
主　　任　杨　蓉
副主任　吴瑞景

城建环保与农业农村工委
主　　任　李　科
副主任　雷　理

选举任免联络工委
主　　任　李在定
副主任　赵小年

财经农业工委
副主任　邹天明

预算工作委员会
主　　任　李会能

法制工作委员会
主　　任　胡志英

研究室
主　　任　朱福华

区政府各办、局、中心

区政府办
党组书记
主　　任　李亚晖
副主任　何祚刚
党组成员
副主任　刘　勇　谷琼峰　邹　敏
禁毒办主任　伍洪波

区监察局
局　　长　曾广彪
副局长　蒋益霞

区信访局
副局长　唐胜利　余小军

区重点项目工作办公室
党组书记
主　　任　蒋夏林
党组成员
副主任　贺程杰　曹　姣
党组成员
纪检组长　陆瑜萍

区公共资源交易中心
党组书记
主　　任　郭金国
党组成员
副主任　彭江武
副主任　夏子棋
党组成员
纪检组长　刘智玲

区城市建设投资管理办公室
党组书记
主　　任　欧阳浩男
副主任　周灿阳　唐伟哲

区电子政务管理办公室
党组书记
主　　任　梁惠清
党组成员
副主任　孙　健　刘芳核

区政务服务中心
党组书记
主　　任　旷仁秋
党组成员
副主任　颜志荣　尹祝亚
党组成员
纪检组长　刘柳江

区金融工作办公室
主　　任　张小平

区发展改革和科学技术局
党组书记
局　　长　肖　军
党组副书记
副局长　蒋宗辰
党组成员
副局长　冯祁梅　任晓军

区科技创业园
主　　任　蒋宗辰
副主任　祝　杰　刘子朝

区教育文化体育局

党委书记 局长 李长刚

政府教育督导室主任 党委委员 副局长 魏宏志

党委委员 纪委书记 张东亚

党委委员 工会主席 肖锋

党委委员 副局长 张超群

文化产业发展办公室主任 谢宏伟

全民健身中心主任 李朝晖

区民政局

党组书记 局长 汪衡湘

党组成员 副局长 朱剑 刘雪梅

党组成员 纪检组长 刘芯君

老龄委员会办公室主任 刘建涛

婚姻登记管理中心主任 訾慧艳

城乡社会服务中心主任 吴清

民间组织服务中心主任 胡成

区司法局

党组书记 局长 邓琳

党组成员 副局长 张亚平

党组成员 纪检组长 肖飞

社区矫正服务中心主任 王志嘉

区财政局

党组书记 局长 成志辉

党组成员 副局长 张晓玲 尹磊

非税收入征收中心主任 钟鸣

乡镇财政管理中心主任 张云

区农业综合开发办公室

党组书记 主任 沈建辉

党组成员 副主任 胡振华 胡小平

党组成员 纪检组长 张文辉

区人力资源和社会保障局

党组书记 局长 刘卫国

党组副书记 副局长 张品

副局长 卢行

党组成员 就业局局长 匡安平

就业局书记 刘光琼

公务员办主任 王元

城乡居民养老保险管理中心主任 王谦

社会保险管理中心主任 彭朝晖

医保中心主任 李桂珍

人力资源服务中心主任 李文海

劳动保障监察大队主任 胡晓芳

劳动保障监察大队书记 刘妍彤

区住房和城乡建设局

党组书记 局长 钱波

党组成员 副局长 王双吉 周涛 范李娜

党组成员 纪检组长 尹迎春

区农林局

党组书记 局长 曾宏辉

党组成员 副局长 蒋建华

副局长 王素纯

党组成员 副局长 郎晓文

党组成员 纪检组长 廖朝辉

党组成员 区委农办副主任 王金平

农林综合执法大队队长 肖家潜

林业站站长 邹睿

农村能源办公室主任 董晓萍

区水利局

党组书记 局长 颜国清

副局长 刘平福

党组成员 纪检组长 刘磊

防汛抗旱办公室主任 蒋向平

区移民安置办

党组书记 主任 刘运国

党组成员 副主任 李玲 唐小红

党组成员 纪检组长 唐亚莉

区商务局

党组书记 局长　阳长辉

副局长　罗惠之

党组成员 副局长　王莉

党组成员 纪检组长　雷鹏

区投资事务促进中心主任　颜明

区卫生和计划生育局

党委书记 局长　何一流

党委副书记 副局长 计生协会常务副会长　刘国华

副局长　肖泳文

党委委员 副局长　雷萍

党委委员 纪委书记　刘建国

市中医正骨医院院长　杨文峰

社会抚养费征收服务中心主任　唐俊

爱国卫生服务中心主任　曹亚辉

疾病预防控制中心主任　谢红辉

区妇幼保健计划生育服务中心主任　廖文

区审计局

党组书记 局长　颜福元

党组成员 副局长　阳冰　曾艺平　黄曦

党组成员 纪检组长　陈荣利

领导干部经济责任审计中心主任　谢佳强

区统计局

局长　陈炜伟

党组书记 副局长　谭华

党组成员 副局长　闵衡清

区安全生产监督管理局

党组书记 局长　朱永忠

党组成员 副局长　何拥军　李志刚

党组成员 纪检组长　王艳玲

安全生产执法大队队长　高敏

区城市管理行政综合执法局

党组书记 局长　曾鸿

党组成员 副局长　郑小兵

党组成员 纪检组长　余苗

城管执法大队队长　李培明

区园林局

党组书记 局长　姚礼来

党组成员 副局长　陈万里　盘尚东

党组成员 纪检组长　唐小红

区环境卫生管理局

党委书记 局长　蒋传汉

党委委员 副局长　王立新

党委委员 纪委书记　屈湘辉

区旅游外侨民宗局

党组成员 副局长　邓忠慧　戴静

区法制办公室

主任　孙宁

区人民防空办公室

主任　廖明明

副主任　周建萍　唐柏生

区政协各办委

提案和委员联络工作委员会

主任　雷玉保

财政经济委员会

主任　李建宁

副主任 主任科员　蒋桂荣

人口资源环境和法制委员会

主任　曹美丽

教科文卫体委员会

主任　伍世梅

文史学习委员会

主任　伍世梅

研究室

主任　周伟

市公安局石鼓分局

党委书记 局长　朱建社

党委副书记 政委　肖鸿元

党委委员 副局长 曹平
党委委员 纪委书记 王大平
党委委员 副局长 王德智
党委委员 政工室主任 高宇
警令办主任 段卫东
监察室主任 王敏
法制大队大队长 刘一民
法制大队教导员 范健
国保大队大队长 谢茂芳
国保大队教导员 李江南
刑侦大队大队长 袁伟
治安大队大队长 彭国清
治安大队教导员 杨萍
经侦大队大队长 肖志刚
经侦大队教导员 于乾贵
禁毒大队大队长 王建华
禁毒大队教导员 胡靳
人口与出入境大队大队长 刘衡锋
人口与出入境大队教导员 全静
网安大队负责人 肖文
巡逻警察大队大队长 侯迎光
巡逻警察大队教导员 肖启健
青山派出所所长 陈凯辉
青山派出所教导员 周向锋
人民路派出所所长 熊利水
人民路派出所教导员 刘强
潇湘派出所所长 滕树生
潇湘派出所教导员 王勇
五一派出所所长 周青海
五一派出所教导员 罗智
合江派出所所长 王海兵
合江派出所教导员 胡振华
黄沙湾派出所所长 何阳文
黄沙湾派出所教导员 刘长征
松木派出所所长 韦文革
角山派出所所长 肖远平
金源派出所负责人 文国生
来雁派出所负责人 颜利成

区法院

党组书记 院长 审判委员会委员 谷敏
副县级审判员 王小长
党组副书记 副院长 审判委员会委员 主任科员 段琼璋
党组成员 纪检组长 审判委员会委员 主任科员 黄山平
党组成员 副院长 审判委员会委员 主任科员 凌立新
副院长 审判委员会委员 审判员（挂职两年） 雷玲
审判委员会专职委员 主任科员 廖义峰
党组成员 政工科科长 王勇
审判委员会专职委员 秦林
法警大队大队长 周建国
法警大队教导员 杨剑
执行局局长 廖建明
执行局教导员 董晓军
立案信访局局长 王禹

区检察院

党组书记 检察长 检察委员会委员 宋顺武
副检察长（副县级） 徐琼
党组副书记 副检察长 检察委员会委员 主任科员 陈喆
党组成员 纪检组长 检察委员会委员 主任科员 唐雪莉
党组成员 副检察长 检察委员会委员 主任科员 刘振兴 陈灿云
党组成员 政工科长 检察委员会委员 肖衡生
检察委员会专职委员 吴红
反贪局局长 赵奇
反渎局局长 刘奇平

反渎局教导员 陈粤强

角山乡

党委书记 石海燕

党委副书记、乡长 曾恕安

党委副书记（挂职一年） 万倩雯

党委委员、人大主席 张隆军

政协联络工委主任 曾朝霞

党委副书记 苏醒世

党委委员、纪委书记 徐海斌

党委委员、武装部长 陈振华

党委委员、副乡长 贺仕栋

党委委员 肖天桂

副乡长 李丹

人大副主席 唐驰

人民街道

党工委书记 王志勇

党工委副书记、办事处主任 陈沧

人大联络工委主任 杨震

政协联络工委主任 伍红卫

党工委副书记 杨黎

党工委委员、纪工委书记 陈红智

党工委委员、武装部长 谷敏寰

办事处副主任 李小红

青山街道

党工委书记 王磊

办事处主任 罗轶达

人大联络工委主任 梁璞

政协联络工委主任 尹勍

党工委副书记、纪工委书记 谢海德

党工委委员、武装部长 汤峰

党工委委员 邓文林

办事处副主任 李文明

潇湘街道

党工委书记 朱华兰

党工委副书记、办事处主任 肖建军

人大联络工委主任 彭昭醒

政协联络工委主任、纪工委书记 钟捷

党工委副书记 陈克锋

党工委委员 周慧

党工委委员、武装部长 邹太平

办事处副主任 贺鹏

五一街道

党工委书记 李阳武

党工委副书记、办事处主任 刘礼美

人大联络工委主任 刘志鹰

政协联络工委主任、纪工委书记 邹波

党工委副书记、武装部长 周卓霖

党工委委员 刘启生 肖韬 肖敏敏（挂职两年）

办事处副主任 屈中林 余波

合江街道

党工委书记 王砺

党工委副书记、办事处主任 王容易

人大联络工委主任、工会主席 胡庭权

政协联络工委主任 陈柏春

党工委副书记、纪工委书记 李玲

党工委委员 许志飞

党工委委员、武装部长 李元平

党工委委员 谢筱军

办事处副主任 李毅

黄沙湾街道

党工委书记 文鸣

党工委副书记、办事处主任 徐崇斌

党工委委员、人大联络工委主任 戈锋

政协联络工委主任、纪工委书记 苏文波

党工委副书记 廖红波

党工委委员 曾庆森

党工委委员、武装部长 肖志龙

办事处副主任 罗湘勇 全昌艳

金源街道

党工委书记 陈宏华

党工委副书记、办事处主任 刘勋

党工委副书记 黎和平
人大联工委主任兼武装部长 尹向前
政协联工委主任 麻安富
党工委委员办事处副主任 梁春林
党工委委员纪工委书记办事处副主任 廖科任
办事处副主任 朱其周

黄沙湾街道松木片区

黄沙湾街道党工委副书记负责松木片区党务工作 曾利荣
黄沙湾街道党工委副书记负责松木片区政务工作 戴 胜
黄沙湾街道党工委委员负责松木片区人大工作 阳光辉
黄沙湾街道党工委委员 肖兰艳 欧阳建华 胡文东
黄沙湾街道办事处副主任 肖大庆

市工商行政管理局石鼓分局

党委书记局长 罗剑波
党委副书记副局长 肖文章
党委委员副局长 何迟文翔
党委委员纪委书记 李细根
党委委员副局长 罗卫民

市国土资源局石鼓分局

党组书记局长 曾文杰
党组成员副局长 钟登仁 王智勇 阳 波
党组成员执法大队大队长 谭明智
党组成员工会主席 邓姗姗

市城乡规划局石鼓分局

党支部书记局长 蒋春阳
党支部委员副局长 邹三洋 唐 勇 胡电林

区消防大队

大队长 王长飞
教导员 邹江波

市环境保护局石鼓分局

党支部书记局长 胡 敏
党支部副书记副局长 张春晖
党支部委员副局长 贺兴宝
党支部委员工会主席 刘亚林
党支部委员纪检组长 黄海鹰
党支部委员副局长 刘 芳

市食品药品监督管理局石鼓分局

党组书记局长 罗春武
党组成员副局长 刘 畅 刘志华
党组成员副局长兼工会主席 胡 剑
党组成员纪检组长 万文君

区地税局

党组书记局长 欧阳志刚
党组成员副局长 何 龙 薛素华 伍 勐
党组成员纪检组长 罗小明
工会主席 罗伟南

区国税局

党组书记局长 曹麒麟
党组成员副局长 周财源 刘小平 任晶晶
党组成员纪检组长 朱剑锋

中共石鼓区委员会

综　述

【概况】　2016年，石鼓区委辖基层党委15个，党组29个，党支部154个，共有党员6962人，新发展党员73人。2016年，区委认真贯彻落实中共十八大和十八届三中、四中、五中、六中全会和习近平总书记系列重要讲话精神，紧紧围绕“打造湘南地区最具活力的商贸文化新区”目标，以建设“活力石鼓、特色石鼓、文明石鼓”为抓手，扎实推进供给侧结构性改革，攻坚克难，务实进取，实现了“十三五”良好开局。　（唐金辉　贺海军）

重要会议

【区委经济工作会议】　1月21日，在区机关会议中心召开。会议明确2016年全区经济工作的总体要求是：全面贯彻落实中共十八大、十八届三中、四中、五中全会和中央、省委、市委经济工作会议精神，牢固树立和贯彻落实“五大发展理念”，主动适应新常态，坚持稳中求进总基调，以全面建成小康社会为总揽，致力于打造“活力石鼓、特色石鼓、文明石鼓”，坚定不移稳增长、调结构、促改革、惠民生、防风险，推动经济平稳健康发展和社会和谐稳定，努力实现“十三五”良好开局。2016年经济工作主要预期目标是：GDP增长9.5%，财政总收入增长10%，固定资产投资增长20%以上，社会消费品零售总额增长12.5%，城镇居民人均可支配收入增长9%以上。会议要求，为做好2016年的经济工作，确保实现年度目标，全区上下要集中主要的精力、主要的人力、主要的财力、主要的政策，全力以赴，重点抓好六个方面工作。要大力发展现代服务业。要改造提质传统服务业。要扶持和发展旅游业。要加强城市建设和管理。要加快重点项目建设。要着力保障和改善民生。会议强调，全区各级党组织和广大党员干部要认清形势、更新观念，坚持想在前、干在前、走在前，狠抓工作落实，全面提升抓经济工作的能力；要坚定信心，增强定力；要加强学习，提升能力；要狠抓落实，提高执行力，努力实现新发展，再创新辉煌。　（李　超　贺海军）

【党务工作、“两学一做”暨争先创优工作会议】　5月16日，在区机关会议中心召开。会议强调“两学一做”学习教育，要深化认识，统一思想。开展“两学一做”学习教育，是落实党要管党、推进从严治党向基层延伸的重要举措，是加强党员教育管理、推进思想政治建设常态化的重要实践，是提振党员干部精气神、加快实现全面小康目标任务的重要保证。要把握要求，明确任务。要学得“深入”。要深入学而不泛学，做到学而懂；要聚焦学而不偏题学，做到学而信；要实学而不虚学，做到学而新。把思想建设放在首位，以尊崇党章、遵守党规为基本要求，以用习近平总书记系列讲话精神武装全党为根本任务，切实增强政治意识、大局意识、核心意识、看齐意识，自觉按照党员标准规范言行，把合格的标尺立起来，把做人做事的底线划出来，把党员的先锋形象树起来。要做得“扎实”。要讲政治、有信念，讲规矩、有纪律，讲道德、有品行，讲奉献、有作为，做政治上的明白人、发展的开路人、群众的贴心人、班子的带头人。要改得“彻底”。着力解决信仰缺乏，信心缺乏，精神空虚，崇洋媚外，迷信八卦等理想信念模糊动摇的问题；着力解决看齐意识不强，不守纪律规矩，组织纪律散漫，不按党的组织原则办事等党的意识淡化的问题；着力解决漠视群众疾苦、与民争利、执法不公、吃拿卡要、假公济私等宗旨观念淡薄的问题；着力解决不作为、不会为、不善为、不起先锋模范作用等精神不振的问题；着力解决违反公序良俗，贪图享受、奢侈浪费等道德行为不端的问题。要获得"实效"。要把学习教育与抓项目建设、抓招商引资、抓民生实事紧密结合起来，用干事的劲头检验党员是否合格，用发展的势头检验学习教育的成效；要引导党员干部立足岗位、建功立业、争先创优，为建设特色石鼓、活力石鼓、文明石鼓（以下简称"三个石鼓"），全面建成小康社会做出积极贡献。要强化措施，扎实推进。要坚持以上率下，抓住"关键的少数"，各级领导班子和领导干部要走在前面、当好表率。要从严压实责任，各级党组织都要建立任务清单、责任清单，画出路线图、列出时间表、明确责任人。要精心分类指导，要结合不同层级、不同领域、不同行业、不同类型的党员的实际，把学习教育任务具体化、精准化、差异化，使每个党员都受教育、都有提高。要着力营造氛围，综合运用微信、微博等多种宣传手段和党员群众喜闻乐见的形式，针对党员多样化学习需求，宣传学习教育的重要意义和做法成效，要突出抓先进典型的带动示范作用，为"两学一做"营造良好的社会氛围。党务工作要围绕区委区政府中心和大局，做到定位要"准"、工作要"实"、标准要"高"，为建设和打造"三个石鼓"、加快建成全面小康石鼓提供坚强保障。办公室系统要扎实开展"五比五做"（比党性，始终做坚守忠诚的表率；比学习，始终做知行统一的表率；比担当，始终做主动作为的表率；比服务，始终做追求卓越的表率；比自律，始终做清正廉洁的表率。）主题活动，全面提升"三服务"（服务发展、服务决策、服务落实）工作的规范化、精细化、科学化水平；组织部门要重点抓好抓实"两学一做"学习教育、换届选举、基层党建工作，为加快石鼓发展提供坚强组织保证；宣传部门要践行习近平总书记提出的新闻舆论48字方针，把握主动权、占领主阵地、弘扬主旋律、传播正能量，为加快石鼓发展鼓劲造势；统一战线要把"统一思想、凝聚共识"作为永恒的主题，高举大团结、大联合的旗帜，团结一切可以团结的力量，调动一切可以调动的因素，为加快石鼓发展凝心聚力；群团组织要着力保持和增强政治性、先进性、群众性，不断改进联系各界人士的方法和方式，在服务石鼓发展中体现新作为。争先创优，关系到党委政府形象，关系到干部职工的切身利益，也是检验"两学一做"学习教育成效的重要手段。全区各级各部门和领导干部一定要紧盯绩效考核"保二争一"（确保第二，力争第一。）和全面小康通过省达标认定的目标不放松，做到抓重点、抓关键、抓落实，确保各项工作取得成效，确保圆满完成全年目标任务。

（李　超　贺海军）

【第2次区委常委会议】 2月15日上午，杨龙金主持召开2016年第2次区委常委会议。会议传达学习了中央、省、市纪委全会会议精神，研究了2016年全区党风廉政建设和反腐败工作，审议通过区纪委提交的中共石鼓区第三届纪委第六次全会暨全区反腐败工作会议方案、工作报告和全区"2015年度党风廉政建设先进单位"名单。会议认为，全区2015年党风廉政建设和反腐败工作成绩突出，主要体现有"三新"，在落实"两个责任"（党委主体责任、纪委监督责任）有新突破，在抓作风建设有新成效，在抓宣传预防有新进步。会议强调，2016年工作要做到"五个到位"，上级精神要贯彻到位。要把2016年定为"学习贯彻《中国共产党廉洁自律准则》《中国共产党纪律处分条例》年"，要组织全区党员干部职工原汁原味学、带着问题学、联系实际学。通过深入学习和一以贯之的教育，实现从严治党管党和加强党风廉政建设的目标。"两个责任"要落实到位。要创新特色、创新举措，区纪委和区委组织部要共同抓实抓细，真正把纪委权威树立起来。作风建设要抓实到位。要坚持以问题为导向，特别是去年省委巡视组发现交办的问题，以及其他苗头性、倾向性问题，要坚决整改到位，要坚持久久为功，切实纠正“四风”，真正把作风建设抓出实实在在的成效。今年要把村级组织作为纪委监督的重点领域，春节后，区纪委要组织审计、财政、经管等部门，对各村财务特别是“三资”（集体资金、集体资产、集体资源）管理情况进行监督检查，今后要形成常态化监督机制。纪检队伍要加强到位。要配齐配强各级纪检班子，可从各县市区纪检队伍中选调工作人员，特别是办案能手，一定要充实纪检队伍力量。制度建设要执行到位。各项制度要简要、实用、管用，区纪委要加强监督检查，确保制度执行到位。会议要求，政府工作报告要注重“五个突出”：突出发展新理念。要结合区情，突出产业发展和改革创新。突出“三重”。即重点工作、重大项目和重要决策落实。突出特色。要充分挖掘和发挥石鼓特色和优势，打造石鼓“名片”。突出城市建设和管理。建管结合，走市场化改革之路。突出问题导向。解决好群众最关心、最直接、最现实的利益问题。“十三五”规划纲要把握以下五个方面：要把全面建成小康社会作为核心目标。要把改革创新作为核心内容。要把产业发展作为重要抓手。石鼓区的产业就是现代服务业和文化旅游业。要把石鼓优势作为发展的重要基础。要透彻分析石鼓优势，优化优势，强化弱势。要把“三个石鼓”内涵丰富好。即丰富“活力石鼓、特色石鼓、文明石鼓”的内涵。会议要求，高规格成立区合村工作领导小组。要细化方案。明确村干部退休年龄，村支部书记和村主任原则上不超过63周岁，其他村干部不超过60周岁，特殊情况须经区领导小组开会研究决定；要把村干部纳入社会养老保险体系，区财政给予适当补助；要明确合村后的村名、办公地点；要明确合村后村级班子，可以实行临时过渡，村支部书记和合村工作筹委会主任由基层经验丰富、工作能力强的乡街党政班子成员担任；合村工作要充分征求村民意见，减少分歧，协调好矛盾。合村的主体责任是乡街，区负责指导把关。要严格“三资”管理，加强财务监督，全面推进和落实村账乡代管。即日起，所有村账全部封存，“三资”全部登记造册，建立台账，区纪委和相关部门要组织专门班子和专业人员，到各村对财务开支和“三资”管理情况，进行清理、审查和监管，发现问题及时纠正。对乱开支、违规开支的，特别是在合村过程中，以权谋私、滥发、乱发钱物的，要严厉追责。联系村和乡街的领导要抓好落实，确保2月底全部完成合村工作。

（李　超　贺海军）

【第3次区委常委会议】 2月22日下午，由杨龙金主持召开。会议研究部署了区“两会”筹备工作、2016年财政预算编制、区工商联换届、老干部工作及学习《中国共产党廉洁自律准则》和《中国共产党纪律处分条例》等相关事项。会议认为，区“两会”是全区人民政治生活中的一件大事，开好“两会”，对于全区“十三五”开好局、起好步具有重要意义。会议强调，全区各级各部门要切实增强人大、政协工作意识，讲政治、讲大局、讲责任，认真做好各项工作，迎接“两会”的胜利召开；要精心组织、周密部署、统筹安排，严谨细致地做好会议组织、交通食宿、信访维稳、建议提案等各项工作，确保不出差错，为会议提供良好的环境和优质的服务；要严肃会风会纪，参会人员要增强纪律规矩意识，自始至终参加会议，确需请假，必须提前按照程序履行手续，确保良好的会风会纪，为下半年的党委、人大、政府和政协换届起到示范作用。会议期间，区纪委、区委组织部要开展会风会纪督查。会议认为，2015年全区财政预算执行情况总体良好，实现了“收支平衡、略有结余”的目标。2016年预算编制要进一步完善，在狠抓“开源节流”的前提下，突出保重点、保民生、保干部职工的待遇。会议明确，没有收费项目单位的自收自支和差额事业编制人员，从2016年起逐步参照全额事业编制安排财政预算；

有非税收入的单位，按现行办法安排财政预算。从2016年起，全区财政统发人员包括教师的医保铺底，全部按照一个月的裸体工资标准安排预算。全区所有单位非税收入从2016年起全部纳入财政收入，并严格执行“收支两条线”。村干部养老保险，区财政从2016年起，以乡街为单位按集体缴纳部分50%的标准，安排预算资金，并加强经费的监管，确保专款专用。会议认为，区第三届工商联（总商会）工作开展有声有色，凝聚力、创造力、执行力不断提升，特别是在促进非公经济和非公经济人士健康发展方面成绩显著，为全区经济社会发展作出了重要贡献。会议明确，区工商联换届时间初定3月底，从全区综合考虑，继续提名冯春娥为区工商联主席人选，待区人大、区政协换届之时或之后再确定新的人选。会议原则同意，区工商联增加1个参公事业编制和设立秘书长职位的提议。会议审议通过，《关于进一步规范完善离休干部、县级退休干部服务管理工作的意见》（以下简称《意见》）。原则同意设立离退休干部党支部、关心下一代工作委员会等6个协会，区老干局增加2个事业编制和设立区老干部活动中心的提议。要统筹安排好2016年协会的经费，保障协会有效运转的必要通讯和交通补给及各项活动经费。会议指出，《意见》要进一步认真修改完善，规范用词和有关提法；具体规定要十分明确，不能产生歧义；实施时间要十分明确，以便尽早执行。各协会会长要挑选热心老干工作、组织能力强、正直的老同志担任，组织开展集体活动要细心、体贴、精细，确保各项活动安全健康，让全体老同志满意。会议组织学习《中国共产党廉洁自律准则》和《中国共产党纪律处分条例》。领导干部要坚持带头学，做到结合实际学。各级各部门各单位要端正学习态度，切实做到学深悟透。要组织一次集中学习、培训与考试，并要严格做好考核工作。

（李　超　贺海军）

【第4次区委常委会议】 2月27日下午，由杨龙金主持召开。会议研究部署全区文明城市创建工作、2016年重点项目责任分解、对省委巡视第三组反馈意见的整改、干部处理等事项。会议指出，文明城市创建工作，是一项系统工程，需要党政机关、部队、学校、企业等各行各业的全力支持，需要全体市民的全面参与。石鼓区2015年文明城市创建工作取得了较好成效，但与创建标准和要求比，还有较大差距。会议要求，全区各级各部门要高度重视，强化领导，精心组织，深入开展文明创建工作。具体要做到“五要”，要定好位，要找准切入点，要突出工作重点，要强化工作措施，要加大推进力度。会议明确，同意“石鼓区创建全国文明城市工作先进集体奖”奖励金额为5000元。会议认为，要把重点项目建设作为当前应对经济下行压力，扩投资、稳增长的关键性措施，认真抓好责任落实，加快项目推进。抓好项目调度；抓紧开工复工；抓实责任落实。会议审议通过《中共石鼓区委关于贯彻落实省委巡视第三组反馈意见的整改方案》及相关整改清单。会议指出，要坚持领导带头、分工负责；坚持立行立改、限时完成；坚持全面排查、全面整改；坚持健全机制、标本兼治；坚持统筹兼顾、确保实效。对整改工作，区委担当主体责任，区委主要领导担当第一责任人责任，区纪委（监察局）履行监督责任，五个方面的牵头领导分工负责，具体抓好整改落实。五个方面整改的牵头领导、牵头部门要加强调度。对巡视反馈意见列出来的问题，要根据不同的性质，采取不同的措施和办法予以解决。要对照整改方案，开展明察暗访，逐项督查考核，逐项通报进度。对整改工作不落实，敷衍塞责、应付了事，未按要求完成的，要严肃追究责任。要将整改落实工作成效列入绩效考核。要加大对“两个责任”的落实力度，严格执行“六大纪律”，按照“三严三实”的要求抓好整改。既要从点上抓好具体问题的调查处理，又要从面上加强对干部的学习教育，建立健全制度办法，杜绝类似问题再次发生。要严格按照省委巡视组的要求，认真制订整改方案及措施，建立问题清单、任务清单和责任清单，列出时间表，画出路线图，明确责任人，做到件件有着落、事事有回音，不打折扣地整改到位。会议进一步强调，要敢于担当，敢于负责，敢于揭短；要有政治敏感性，保持清醒不怠慢，高度重视整改工作；要抓作风正党风，区纪委、区委组织部要开展经常性的督查，严厉整治干部不良作风和“为官不为”问题。（李　超　贺海军）

【第5次区委常委会议】 3月10日下午，受区委书记杨龙金委托，区委副书记、区长黄辉主持召开第5次区委常委会议。会议研究部署政法工作、信访、宣传思想、乡党委换届、区行政编制置换原则及程序等有关事项。会议传达学习了中央、省委和市委政法工作会议精神，审议通过，《关于深化社会治安防控体系建设的实施意见》。会议认为，2015年全区政法工作成绩显著，做到了年初有目标、工作有措施、结账有成绩，获得了省市综治工作先进单位，为维护社会大局和谐稳定、全区经济社会发展提供了有力保障，群众安全感和满意度得到进一步提升。会议要求，2016年全区政法工作要认真贯彻落实中央、省委和市委政法工作会议精神，做到坚守底线，维护社会大局和谐稳定；坚持规范执法，促进社会公平正义；提升民调成绩，确保群众满意；加强政法队伍建设，提高政法队伍整体素质。会议认为，2015年全区信访工作成绩突出，在化解积案、矛盾排查、防范稳控、惩治非法上访等方面有成效，在全市考核中被评为先进。2016年全区信访工作，要时刻绷紧信访稳定这根弦，要严格落实信访工作责任，要创新信访工作方式，要加大非访打击力度，要提升信访工作能力。会议审议通过，区信访局提交的全区2015年度信访工作表彰建议名单和奖励标准。会议认为，2015年，全区宣传思想工作，在全区各级各部门的共同努力下，加大了对外宣传的力度，营造了良好的发展氛围，落实了创建的牵头责任，工作上了新台阶。会议指出，意识形态工作是党的一项极端重要的工作，全区各级各部门党委（党组）要充分认识这项工作的重要性，进一步强化意识形态领域的引导和管理，切实加强意识形态工作。2016年，全区宣传思想工作，要进一步抓好学习宣传，持续抓好文明创建，进一步挖掘石鼓特色。会议审议通过，区委宣传部提交的推荐“市星级文明单位”名单，以及“区星级文明单位”“对上对外宣传”先进单位建议名单。会议指出，乡党委换届是2016年全区集中换届的“第一仗”，也是衡阳破坏选举案后的第一次集中换届。全区各级各部门要充分认识到这次乡党委换届的重要性，切实把思想和行动高度统一到市委的部署要求上来，不折不扣地完成乡党委换届工作。要严格标准、严守程序，按照政策要求，在4月底之前保质保量地完成乡党委换届工作。区委履行主体责任，区委书记是党委第一责任人，联点的区级领导是所联系点的第一责任人，区纪委要切实担负起监督责任，区委组织部要发挥职能作用，加强对换届工作的组织协调和业务指导。乡党委书记要切实履行直接责任人职责，切实完成好本次乡党委换届工作。要严格按照市委纪律要求，不打一个电话、不发一包烟、不请吃一餐饭、不发一条短信或微信，一旦发现不良苗头，一律从严处理，切实营造风清气正的换届环境。会议决定，成立石鼓区角山乡党委换届工作领导小组，同时，角山乡也要成立乡党委换届工作机构，确保乡党委换届工作顺利进行。会议审议通过《石鼓区行政编制置换原则及程序》，要求区编办按照工作要求，依照程序进行推进。

（李　超　贺海军）

【第7次区委常委会议】 4月9日上午，杨龙金主持召开。会议研究部署了省委巡视组反馈意见整改工作和角山乡党委换届工作。会议认为，全区各级各部门，特别是五个方面的牵头领导和牵头部门，前期做了大量而又细致的工作，主要体现在领导重视，部门协作，推进有力，取得了一定成效。会议要求，下一步抓好巡视整改工作，要进一步统一思想，提高认识。常委班子要统一思想，高度重视，解决好怕得罪人、怕影响干部积极性、怕影响干部在换届中使用和怕惹麻烦的问题，切实增强政治敏锐性。要进一步明确责任，落实任务。五个方面的牵头领导和各部门、各乡街要担起责任，严格按照要求抓好整改，逐个问题、逐个环节地把责任细化分解到位，把任务落实到位，把细节抠到位。要进一步加大力度，加快进度。要加大力度，加快进度，创新方式，把问题调查处理和剖析到位。同时，要通过个案查处，在全区上下形成有利于换届选举、当前工作推进和重大项目实施的风清气正态势。要进一步突出问题，力求实效。针对整改中存在的问题，要逐个认真分析，提出处理意见，及时整改到位；要完善台账，每一个方面要有详细的记录，每一个环节要有全面的资料；每个方面要对台账资料认真自评自查，确保资料真实完整。要进一步加强汇报，注重衔接，确保巡视整改工作取得扎扎实实的成效，并且能一次性的通过上报验收。会议决定，对角山乡党委换届，以及乡人大、政府换届，要高度重视，主动作为，顺利推进，确保万无一失，不能出现任何差错和问题。乡党委书记和乡人大主席候选人，要在4月11日前迅速到位，并在角山乡乡村干部大会上宣布；乡长候选人人选，待市委组织部部务会研究通过后，再行宣布；“三类人员”选拔人选，待市里统一考试结束后再安排到位。角山乡党委书记是乡党委换届的第一责任人，要切实担负起统筹协调、把控全局的责任。要认真制订乡党委换届工作方案，细化换届选举工作流程，将责任落实到岗到人，认真细致做好乡党代会各项筹备工作。要严格标准，代表选举包括代表的构成、候选人酝酿提名、大会选举等重点环节都要严格把关；要严守程序，每个环节都要按照上级要求操作，不走过场、不图形式，真正按章办事、按标准选人、按程序选举。要集中力量解决好并村遗留问题，确保社会大局稳定。对扰乱正常工作秩序的党员干部，一律先停职或免职；对发生在群众身边的腐败问题，一律依法依规严厉查处。乡党委班子成员要扑下身子，与村干部、党员交心谈心，虚心听取意见建议，争取党员群众支持，迅速树立起党委政府的权威。要加强纪律教育，向党员干部发放《公开信》，组织党员干部观看专题警示教育片，学习严肃换届纪律文件，100%签订承诺书。区纪委和区委组织部要成立专门班子进驻角山，全程监督换届工作，一旦发现违规违纪行为，坚决从严从快顶格处理，确保角山乡的党委换届工作风清气正，取得圆满成功。（李　超　贺海军）

【第9次区委常委会议】　4月23日上午，由杨龙金主持召开。会议明确，要进一步抓实抓细意见整改工作。对已完成的整改任务，要组织开展“回头看”，查漏补缺，坚决防止问题反弹；对正在推进的整改任务，要按照目标和要求，尽快整改到位；对需要较长时间整改的问题，要立行立改，长期坚持。要进一步加强与省委巡视办、省委巡视第三组、市委巡视联络办、市纪委的衔接汇报，严格按照省委巡视办下发的《关于报送巡视整改情况并做好公开工作的通知》要求，认真撰写好巡视整改情况汇报稿及党内通报稿、社会公开稿，确保不出差错。要抓紧时间，加快进度，加班加点，确保在4月26日前以区委名义向省委巡视工作领导小组报送整改情况报告，以区委书记个人名义报送落实情况报告。区纪委负责起草党内通报和向社会公开稿；区委办和区政府办负责审核修改；五个方面牵头领导和牵头单位负责审查把关；最后报区委整改工作领导小组主要负责人审定，再呈报省委巡视办。要坚持以问题为导向，着眼长远、力求长效，建立简要、管用、可操作性的制度，切实把巡视整改成果以制度形式固定下来、坚持下去。特别是涉及到区纪委、区委组织部的一些制度，要重新进行梳理、完善和简化。会议认为，严格和规范区教文体局机关工作人员工资待遇，是落实省委巡视组意见整改的需要，也是维护全区机关单位工作人员待遇公平的需要。区教文体局机关工作人员要严格执行统一的工资政策，纠正部分机关工作人员没有在专业技术人员岗位上而享受教师职称工资的问题。会议决定，从2016年5月1日起，区教文体局除教研室、业余体校、勤工俭学站和学生资助管理中心四个下属事业单位工作人员执行教师职称工资外，其他人员全部执行区机关工作人员工资制度。教文体局机关四个下属事业单位享受职称工资的工作人员，其职称要与岗位相一致，并履行好聘任手续。对借调在区教文体局机关的工作人员，凡愿意继续留在局机关工作的，区委组织部、区编办和区人社局要在5月1日前，办好调动等相关手续；凡不愿意留在局机关工作的，即回原单位工作。由区委常委、区纪委书记陈平阳牵头负责整改工作，区纪委明确一名副书记具体负责，并成立专门工作组抓落实，成员由相关部门主要负责人组成。区人社局和区财政局要组织力量，对全区类似情况进行一次全面排查，并于5月1日前把排查情况报区委、区政府主要领导及常务副区长、区纪委书记。（李　超　贺海军）

【第11次区委常委会议】 5月11日，由杨龙金主持召开。会议研究部署了“江山花苑”团购房、人民广场项目、文明创建、“两学一做”学习教育、党务工作会议、基层党建、深化改革、干部处理等相关工作事项。会议认为，机关干部职工团购房问题是石鼓区的历史遗留问题，也是全区干部职工反映最强烈的信访问题，它影响了干部职工的人心稳定，影响了社会大局稳定，影响了石鼓区党委政府的整体形象。区委、区政府将严格依法依规依纪尽快处理好，处理的结果一定要经得起历史的检验，经得起纪检、财政、审计等部门的监督审查。会议强调，处理团购房问题，要强化法治思维，突出法治方式，不能突破“底线”、碰撞“红线”、做违纪违法的事。要坚持以人为本的原则。坚持以问题为导向，成立专门的领导机构，设立5个工作小组，明确责任，理清问题。房屋建安造价、手续办理等具体问题，必须实事求是，从实际出发，想办法与承建方协商，妥善处理好。会议要求，为积极稳妥地处理团购房问题，区“四大家”领导班子及成员要充分认识团购房问题的严重性，形成主动而为、依法依规依纪解决问题的共识，切实增强解决团购房问题的紧迫性。要多做正面宣传解释工作，不能出现杂音，更不能掺和干部职工的不正当议论，要形成对外宣传的统一口径。要充分利用各“大家”和个人的资源，积极主动参与，全力支持，形成共同解决问题的合力。会议明确，公私要分开，不能混淆，该由团购房对象户承担的，绝不能由区财政“买单”。办理手续、提高造价、验收交房，以及问题解决的过程，都要全程公开，并做好解释说明。对团购房对象户，无论是机关的还是外面的，无论是领导干部还是一般干部，都要一视同仁，公正合理。公共安全要做到万无一失。每一个团购对象户入户之前，都要有验收清单，房屋质量合格才可移交。同时，要加强对团购房对象户装修的管理，确保安全。今年是换届之年，不论人事怎么变化，区政府常务副区长是“江山花苑”团购房维稳领导小组组长，区委办主任和分管城建、国土、规划的副区长是副组长，成员单位要增加国土、规划和法制办等三个部门。为加快涉及团购房的信访维稳、民生问题的解决，区财政按照专项工作领导小组经费安排规定，对团购房维稳领导小组可以安排一定的工作经费。领导小组要召集团购房对象户组建业主管理委员会，尽早引进物业公司，加强过渡期内的物业管理以及与承建方的衔接协调和矛盾化解工作。会议认为，人民广场项目是区委、区政府开发建设的市重点工程项目，也是重大的民生工程项目。加快该项目建设，对于改善城市基础设施，完善城市功能配套，加快城市北拓步伐具有十分重要的意义，更是石鼓发展的需要、现实的需要、基础设施功能配套的需要。会议指出，人民广场不是政绩工程、形象工程，而是要建设成为周边居民休闲、健身、娱乐的文化广场。该广场还具有人防功能，省人防办解决了专项经费。要对机关和周边道路等基础设施进行提质提标，改善干部职工和周边群众的工作生活条件。要把它作为市重点工程项目来推进，作为为民办实事的亮点来打造。会议要求，要加快进度。区机关干部职工要克服困难、给予支持配合；项目施工单位要精心组织，加快进度，确保质量。要依法依规。所有项目都要通过招拍挂，严禁在项目招投标过程中出现围标、串标问题。对于人民广场项目涉及到“江山花苑”的公共和共享部分，要本着依法依规的理念和要求妥善处理好。会议还对人民广场项目的手续办理、资金、子项目等做了明确。会议要求，创建方案要具体、管用。建设文明石鼓，要从基层抓起、从细小抓起，重点抓好文明社区、文明村和文明家庭等方面的创建工作。要继续保持和完善去年创建工作迎检时的责任体系，进一步明确街道、部门和社区的责任，把责任压实、压到基层，并细化到每一个岗位和个人。要“软”“硬”兼施，既要抓好农贸市场、“三清三建”等基础设施改造提质工程，同时又要抓好教育培训、主题活动、文明礼仪宣传等市民素质提升工程。要强化督查，通过督查促进整改；要强化考核，奖惩结合，并严格进行责任追究。会议认为，开展“两学一做”学习教育，是党的群众教育实践活动和“三严三实”专题教育成果的进一步深化拓展，是推动全面从严治党向基层延伸的有力抓手，是新时期加强党性教育的现实需要。会议指出，开展“两学一做”学习教育，“学”是基础。要原原本本学习党章党规和系列讲话，坚持个人自学与集中学习相结合，坚持理论学习与工作实际相结合，做到真学，学以致用。“做”是关键。要坚持以学促行，做“四讲四有”合格党员，做到对党忠诚、个人干净、敢于担当。“改”是重点。要以问题为导向，边学边改边解决问题。会议强调，开展“两学一做”学习教育，要明确责任，各级党组织要履行好主体责任，加强指导，并把学习教育纳入党组织书记抓党建述职评议考核的重要内容；党组织书记要担负起第一责任人责任，管好党员、带好队伍，做细做实学习教育，坚决防止简单应付、变形走样。会议要求，开展“两学一做”学习教育，要以党支部为基本单位，严格按要求开展四次专题学习讨论，讲党课，召开党支部专题组织生活会，开展民主评议党员，整顿软弱涣散基层党组织，严格党员日常管理。要将学习教育与中心工作、日常工作相结合，做到两不误、两促进。会议明确，开展“两学一做”学习教育，区委组织部负责牵头协调组织实施，区纪委负责专项整治和整风执纪等工作，区委宣传部负责典型推介和宣传报道等工作。对全区学习教育，区财政先安排经费10万元，之后按需给予保障；对非公经济党组织开展学习教育，区财政先安排经费7万元。会议传达学习了全省党委秘书长会议、全市组织部部长工作会议和市委群团工作会议精神。会议审议通过《石鼓区2016年党务工作、“两学一做”暨创先争优工作会议方案》《2016年石鼓区全面小康工作考核方案》以及2015年度区全面小康、绩效考核先进单位和先进个人名单。会议明确，对绩效考核奖金，财政部门要把好关，增加的经费要严格按照规定使用，结余部分由财政收回；要按照责权挂钩，合理确定牵头单位和协管单位的奖励和处罚比例；对全面小康和绩效考核，要科学合理地设计考核指标。会议明确，村级活动中心要按照“功能完善、中心突出、办事方便、实用性强”的要求建设，建筑面积与社区办公服务用房面积要求基本一致，经费由市、区和乡村三方筹措、共同解决，区委组织部和各乡村负责组织设施。村干部工资待遇，由基本工资、绩效工资和奖励补助三部分组成，并建立正常的增长机制。根据市委文件精神，足额保障村级专项经费。会议认为，全面深化改革是重大政治责任，全区上下要树立全局意识、责任意识，全力抓紧抓实、抓出成效。会议要求，各级党组织要切实履行主体责任，党组织书记履行第一责任人责任，要定期听取深改工作汇报，及时研究解决出现的新情况、新问题、新任务。要进一步整合力量，共同推进各项改革任务。要从基层抓起，重点抓好市场化改革、政府购买服务等工作。要加强督查，通过督查来推进各项改革；要严格考核，要把改革工作纳入绩效考核；要抓创新，敢于创新，以创新促发展。要把农村作为推进各项改革的重点和创新的平台。要及时向上汇报，争取上级支持，积极推介区内好的典型、好的经验。

（李　超　贺海军）

【第12次区委常委会议】 5月24日，由杨龙金主持召开。会议研究部署社会治安防控体系建设、县乡领导班子换届工作、增加区城建投相关资金、工商联换届等工作事项。会议认为，加强社会治安防控体系建设，是形势所迫、群众所盼、发展所求，是创新社会治理体系，确保社会安全和稳定的内在要求。全区各级各部门要高度重视，切实认识到加强社会治安防控体系建设的极端重要性和现实紧迫性。加强社会治安防控体系，关键在基层，重点是基础，主战场在一线。党政“一把手”是第一责任人，分管领导是直接责任人，其他领导、联点领导要履行“一岗双责”，切实把责任扛在肩上，把工作抓在手上，把要求落到实处，形成一级抓一级、层层抓落实的良好局面。各乡街和部门要像抓党建工作一样抓好社会治安防控体系建设。要加快治安视频监控摄像头建设，确保全区所有的村、学校以及主要路口、重要地段、公共场所、医疗单位、背街小巷都安装到位。要加强信访积案和重点信访案件的化解力度。要在“两学一做”学习教育中，深入开展“化解信访积案、做群众贴心人”行动，每周召开调度会，形成定期听取信访积案化解情况汇报的常态机制；要落实领导包案化解机制。从5月30日起，规定每周一上午为书记、区长、副书记和常务副区长接访约访时间，相关部门“一把手”参加接访；每周二至周五为其他区级领导接访约访时间，相关部门副职参加接访；涉及到信访积案，包案领导一起参加接访。各乡街要参照执行，形成制度。要落实重症精神病人监护责任。设立国家司法救助专项配套资金。建立维稳情报信息奖励机制。要树立大局意识，切实将社会治安防控体系建设与当前的“两学一做”学习教育、县乡换届等工作紧密结合，统筹推进，切实打造“平安石鼓”。会议传达学习了全市关于县乡领导班子换届工作会议精神，审议通过《关于成立石鼓区第四次党代会筹备工作领导小组的通知》。会议强调，要深刻领会精神，准确把握要求。坚持把握“四好”，严把“三关”，实现“四个确保”。要切实加强领导，营造良好风气。要注重密切配合，形成工作合力。要迅速调整心态，积极主动作为。换届对领导干部是一次党性的检验，也是一次形象的展示，更是一次严峻的考验。在职的领导，要正确对待进退流转，积极调整心态，淡然面对名利，坦然迎接选择，欣然接受结果，始终保持好的状态，昂然干事创业，以一贯出色表现赢得组织和群众的信任，维护领导干部的良好形象。要坚持客观、公正、全面地评价干部，在换届中，要最大限度地把优秀干部推选出来，真正做到“三不”：不让干事的、敢于担当的干部吃亏，不埋没人才，不影响干部的成长和进步。会议明确同意，区城建投增加注册资本，以及进行国债资金投资、项目贷款等事项。会议要求，要加强学习，把握政策。要严格程序，加强监管。要抓紧实施，尽快见效。要争资跑项，加快石鼓经济社会发展。会议决定，区工商联（总商会）依照章程于5月31日前召开第四次会员代表大会。为确保区工商联（总商会）换届工作顺利完成，区委书记、区委副书记、区委组织部部长、区纪委书记要全程指导把关，注重统筹结合，抓住关键环节，狠抓工作落实。区委组织部和区委统战部是领导单位，区工商联是具体组织实施单位，要精心组织，加强配合，抓实抓细，确保会议筹备准备充分。会务要细，服务要优，材料报告要实，风气要正，确保换届风清气正。要确保会前提出的提名人选成功当选，确保换届圆满成功。 （李　超　贺海军）

【第17次区委常委会议】 6月24日，由杨龙金主持召开。会议研究部署了党代会筹备工作、华光街棚改项目、防范和处理邪教工作、党员干部拒收拒送红包礼金、绩效考核、全面小康和重点项目奖励等有关事项。会议审议通过《关于中国共产党衡阳市石鼓区第四次代表大会代表选举工作的通知》。会议指出，为进一步做好区党代会筹备工作，领导力量要坚强有力。成立高规格的党代会筹备工作领导小组，领导小组成员要明确任务，落实责任，紧密配合，形成合力，确保区委换届工作万无一失。领导小组下设的五个工作小组，要各司其职、各尽其责，认真负责、严谨细致，抓紧时间做好各项筹备工作。代表选举要严格把关。代表候选人初步人选包括区委提名到各选举单位的参选人员，要严格政治标准，严格身份认定，严格推荐提名，严格考察审查；代表选举要严格程序。区纪委要加强对换届风气的监督，对违反换届纪律的行为要严厉查处、严肃追责。要在全区党代表选举工作会议上，进一步明确纪律要求，对领导干部进行再强调，确保区委换届风清气正。会议认为，华光街棚改项目，被列入2014年市重点工程项目，目前已建至第28层。该项目协议安置146户、600余人，安置面积14036平方米，至2016年年底未能安置到位，拆迁群众曾先后20余次到市、区两级政府上访，严重影响社会稳定。由于该项目未按规定办理规划、国土、消防等手续，属于违法违规建设，近期市城乡规划局拟依法作出“实物没收”行政处罚，潜在矛盾将凸显或激化，拆迁对象户将会到市、区政府集访，成为突出的不稳定因素。会议明确，为积极稳妥处置华光街棚改项目有关问题，化解矛盾纠纷，确保社会稳定。要坚持四个原则，即坚持依法依规；坚持维护大多数人的合法权益；坚持实事求是，从实际出发；坚持维护社会稳定。以区委、区政府名义，尽快将“实物没收”的利弊、社会稳定风险评估、后续处置面临难度以及石鼓区处置建议向市政府书面报告，并函告市城乡规划局。同时，区法制办就项目涉及到法律方面的有关问题，以区政府名义尽快向市法制办书面汇报。建议市政府成立由市级领导牵头的华光街棚改项目问题处置工作领导小组，统筹协调处理相关工作。区成立石鼓区华光街棚改项目问题处置工作领导小组，积极配合市政府及相关职能部门做好政策法律宣传、拆迁户安置方案实施、群众工作和信访维稳等。会议认为，要围绕创建无邪教区和争创全市乃至全省先进的工作目标，进一步抓实工作，夯实平台，丰富载体，打造特色、亮点。重点做好邪教人员的教育转化、网上反邪教等工作。区财政统筹安排工作经费。会议传达学习了衡发〔2016〕8号、衡纪发〔2016〕10号、衡纪发〔2016〕11号文件精神，并要求全区各级党组织、各部门、各单位包括村、社区都要迅速组织党员干部认真学习市委、市纪委印发的三个文件，做到有学习记录、有专题讨论、有公开承诺书。会议要求，要对照规定，认真开展自查自纠。区委常委要做好表率、带头执行和落实。凡是新提拔的干部，廉政谈话要按照上级要求，全部到区纪委谈话室进行。全区各级党组织要落实主体责任，党组织书记要落实第一责任人责任，纪检部门要落实监督、查处责任，各级党员干部要履行党风廉政建设责任。全区所有党员干部要签订公开承诺书，主动接受监督。区纪委要牵头组织对各乡街、各单位包括区“四大家”办公室进行督查，对发现的问题要及时记入党员干部廉政档案。会议强调，要牢固树立起政治意识、大局意识、核心意识、看齐意识，落实从严治党管党责任，时刻与党中央、省委、市委保持高度一致。坚持讲纪律讲规矩，不做“两面人”，不出台违背上级规定的政策措施和办法。要落实市委要求，凡是没有上级文件规定或许可批准的，一律不得发放奖金。各部门和各乡街要向本单位工作人员做好政策解释工作，争取理解和支持。要做好人心稳定工作，不影响工作推进、不影响干部情绪、不影响换届工作。区纪委、区委督查室、区政府督查室、区财政局要按照调整意见，进行自查自纠，组织开展督查，抓好整改和落实。会议明确，市委、市政府下拨绩效考核奖金和全面小康奖金，待向市委、市政府书面请示批复后，再按批复意见研究奖励资金分配方案；2015年全面小康先进个人、重点项目建设先进个人奖励方案及奖金由区纪委请示市纪委，按市纪委批复意见执行；区财政不予安排2015年绩效考核、全面小康工作奖励资金，并停止奖励资金拨付，原已拨付到单位的奖励资金由各受奖单位按原渠道原金额退回区财政，原小康考核指标罚款由区财政局按区小康办提供的方案收缴到位；2016年的绩效考核、全面小康和重点项目考核方案要注重听取基层意见，注重精神奖励，并与干部提拔使用挂钩。

（李　超　贺海军）

【第18次区委常委会议】　7月12日，由杨龙金主持召开。会议研究部署了党员干部拒收拒送红包礼金、“三清三建”、基层党建、社区办公用房等工作。会议指出，党员干部违规收送红包礼金行为，违反了廉洁自律准则、中央八项规定精神，破坏了党和政府形象，带坏了政风民风。全区党员干部要高度统一思想，牢固树立看齐意识，在思想上、行动上坚决与中央、省委、市委保持高度一致，切实增强拒收拒送红包礼金的自觉性。要进一步增强纪律规矩意识，做到令行禁止，不触红线，守住底线。要从领导干部自身做起，发挥“关键少数”的带头示范作用。区“四大家”领导要带头签订《拒收拒送红包礼金承诺书》，带领全区党员干部作出公开承诺，主动接受群众监督。要迅速整改，抓好落实，做到真抓真管、敢抓敢管、严抓严管。全区动员会召开后，由区纪委牵头，组织各乡街、各部门的纪委书记、纪检组长，分成几个组，采取交叉检查的办法，来真的，抓实的，迅速推动专项整治活动深入开展，进一步净化政治生态，为换届营造风清气正的氛围。会议要求，要按照“市民全参与、违建全拆除、空地全美化”的要求，以市民满意为标准，用两年时间完成社区“三清三建”工作，切实增强市民的幸福感、获得感，让群众享受到改革发展成果。全区社区“三清三建”工作，由区委区政府主要领导亲自抓，分管领导具体抓，联点领导牵头抓，街道党政主要负责人对所在地区总负责；要以社区为单位，按照“一名县级领导、一个工作班子、一套实施方案、责任一抓到底”的“四个一”工作机制，不折不扣抓好责任落实。“三清”的重点是清违建，违章违法的建筑要全部拆除；“三建”的重点是建路建园建绿，将道路硬化或油化，建设小公园，完善文体娱乐设施，打造特色亮点。各相关职能部门要紧密配合。区财政统筹安排好资金。要严格考核。经考核验收，评为示范社区的，区财政奖补项目建设经费100万元，社区工作经费和社区工作人员绩效工资待遇当年度分别按25%、15%增加；评为达标社区的，区财政奖补项目建设经费50万元，社区工作经费和社区工作人员绩效工资待遇当年度分别按15%、10%增加。会议明确，社区党建专项工作经费，按每个社区不低于2万元的标准，在工作经费中专项列支。同意设立乡街（片区）党建工作创新创特奖，设优秀单位2个、良好单位3个、达标单位3个。村干部养老保险由区财政、乡街（片区）财政各50%的比例，承担缴费基数的20%；村干部个人承担缴费基数的8%。村干部所在村年度绩效考核评为先进的，个人8%由乡街（片区）、村两级负责；若该村没有集体经济收入，8%个人缴费的部分由乡街（片区）财政负责。对于部分村干部已自行缴纳的养老保险，在2016年2月区里没有明确具体规定之前，由乡街（片区）负责处理。村干部工资待遇。村党支部书记报酬按照全区上年度农民人均收入水平的两倍确定。村党支部书记、村民委员会主任和其他核定职数的村干部的基本报酬原则上按照1∶0.9∶0.7的比例确定。村党支部书记、主任和其他村“两委”干部的相对固定部分误工补贴，分别为900元/月、800元/月、600元/月，绩效部分误工补贴分别不低于670元/月、612元/月、499元/月，两项补贴分别由区财政、乡街（片区）按月打卡发放到个人账户。奖励部分误工补贴从乡街（片区）财政、村级集体收入中列支。会议认为，青山街社区和湘北社区原有的社区办公服务用房面积严重不足，标准不高，群众办事不方便，再加之中心城区适合用于社区办公服务的房源极少，由区财政出资购买这两处房屋非常必要，是加快推进社区办公服务用房标准化，完成社区“两化两体系”建设任务的重要保障。会议同意，购买青山街6号2楼作为青山街社区办公服务用房，面积591.57平方米；购买沿江北路1号2楼作为湘北社区的办公服务用房，面积895.98平方米。会议要求，要尽快办好手续，抓紧建成达标，确

保资金到位。（李　超　贺海军）

【第19次区委常委会议】 7月27日，由杨龙金主持召开。会议传达学习了习近平总书记在庆祝中国共产党成立95周年大会上的讲话精神、《中国共产党问责条例》和《中共衡阳市委关于衡山县部分领导干部在换届考察期间违规聚餐严重违反换届纪律的情况通报》。会议要求，全区各级党组织要把问责条例作为“两学一做”学习教育的主要内容，与学习市委关于衡山县违纪案件通报精神结合起来，认真研讨，深刻反思，吸取教训，迅速把思想认识统一到市委关于严肃换届纪律的要求上来。区委常委会成员要带头强化纪律和规矩意识，把对“九个不”等换届纪律承诺记在心里，落实到行动上，以自己的模范行为影响和带动全区各级党员干部严守纪律规矩。要加强对分管部门、联系乡街的换届纪律风气监督检查，确保不出丝毫问题。区纪委和区委组织部要抽调专门力量，以明察暗访的形式加强对各乡街、各部门和村（社区）换届风气的监督和督查，把责任压实，切实传导压力。对违反换届纪律的行为，发现一起，查处一起，决不手软。

（李　超　贺海军）

【第24次区委常委会议】 8月22日，由杨龙金主持召开。会议研究部署区党代会筹备工作、纪律监督及换届工作以及区人大换届选举工作，审议并同意《区第四次党代会代表编团、责任领导及正副团长等情况的安排方案》等五个文件。会议强调，要成立纪律工作监督组，加强监督。要实行县级领导分片包干负责制。各代表团要认真组织学习“九个严禁、九个一律”。坚持24小时值班，对违纪违规行为，发现一起，严查一起，并在全区通报。会议审议通过《关于做好区乡两级人大换届选举工作方案》等五个文件。会议明确，区乡人大会议，各级党委是主体责任，党委书记是第一责任人责任，区人大党组、区政府党组、区纪委、区委组织部等相关部门根据各自分工承担相应责任。对人大代表推荐提名工作，坚持“谁推荐谁负责、谁提名谁负责、谁考察谁负责、谁审查谁负责、谁签字谁负责”；对换届选举期间的违纪违法行为，推行“一案双查”，既追究主体责任和监督责任，又追究领导责任和相关责任人责任。区乡两级换届时间为今年7月至11月底，其中选举日时间为10月26日，10月31日前完成区乡人大代表选举工作，11月底前召开新一届区乡人大会议。按需按实足额保障换届选举经费。

（李　超　贺海军）

【第25次区委常委会议】 8月24日，由杨龙金主持召开。会议听取了区党代会代表选举工作情况汇报，审议并原则同意《石鼓区第四次党代会代表候选人预备人选名单（审议稿）》《石鼓区第四次党代会列席人员和来宾名单（草案）》《石鼓区第四次党代会主席团执行主席分组名单（草案）》《石鼓区第四次党代会主席团常务委员名单（草案）》《石鼓区第四次党代会非主席团成员在主席台就坐人员名单（草案）》《石鼓区第四次党代会秘书处副秘书长名单（草案）》《石鼓区第四次党代会秘书处各工作小组负责人名单（草案）》。会议审议并原则同意区委工作报告和纪委工作报告审议稿，要求按照会议意见进一步修改完善。

（李　超　贺海军）

【第26次区委常委会议】 9月22日，由杨龙金主持召开。会议研究区政协换届、全区科及科以下2015年度考核评优奖励名单、区环境保护等工作。会议审议通过《石鼓区政协换届工作方案》和《关于推荐提名区政协委员人选工作方案》。会议要求，要坚持党管干部、党管人才；坚持严格标准、确保质量；坚持统筹兼顾、全面安排；坚持发扬民主、沟通协商。要坚持政治素质好、道德品德好、履职能力好、表率作用好、群众基础好的标准，推荐提名政协委员。对上级规定的15种不符合条件人选，要坚决做到不予推荐提名。要以好的作风，选符合条件和结构要求的人。政协委员推荐提名要有代表性，注重推选对社会有贡献、有影响的代表人士，做到民主协商，确保公平公正，形成正能量。要坚持严格按程序办事。委员的产生要严格按程序办事，特别是后期的考察、公示和审定工作，要紧扣各个环节，按照时间节点稳步推进。区换届选举领导小组、区政协、区委组织部、区委统战部等相关单位，既要按照各自分工、各负其责，又要相互配合、形成合力，共同把工作做好。要坚持严格纪律要求。坚持“谁推荐谁负责、谁提名谁负责、谁考察谁负责、谁审查谁负责、谁管理谁负责”，层层签订《严守换届纪律承诺书》，及时发现和纠正苗头性、倾向性问题。对出现把控不严、风气不正、监督不力等问题的，要视情节轻重追究单位主要负责人和相关人员责任。要坚持区级领导把关负责。区“四大家”领导实行分片包干负责，区级领导要主动深入到工作联系的乡街和村（社区），进行全程指导，严格把关，确保不出差错。会议审议通过全区科及科以下2015年度考核评优奖励名单。会议传达学习《中共中央关于辽宁拉票贿选案查处情况及其教训警示的通报》和《中共中央宣传部关于湖北省委严肃处理恩施州委、利川市委中心组学习突出问题的通报》。会议审议通过《石鼓区重大环境问题（事件）责任追究办法（试行）》，各乡街加挂“环境保护站”牌子，并明确分管领导、专门工作人员及其工作职责。会议要求，全区上下要高度重视环保工作，贯彻落实新《中华人民共和国环境保护法》。要加大环保工作力度，包括涉及全面小康相关指标考核、湘江保护和治理“一号重点工程”、农村环境综合整治整区推进工作、环保违规项目清理及环保综合督查问题整改工作等。区财政要加大对环保工作的投入。会议明确，坚决取缔五一街道雁栖桥家禽市场。加强对空气质量达标率指标监测，加大对渣土车违规行为的查处力度，确保空气质量良好。加强对地表水质达标率指标监测，确保小康考核指标达标。区环保分局要抓紧垃圾中转站项目的重新选址，区财政要对该项目予以支持。（李　超　贺海军）

【第29次区委常委会议】　10月18日，由杨龙金主持召开。会议研究精准扶贫、农村公共区域环境卫生市场化、文明创建迎测、区乡人大代表投票选举及安全生产等工作。会议要求，区帮扶领导、区直部门和乡干部要严格按照责任分工表，包村到户，精准帮扶。区“两会”前将精准扶贫工作全面落实到位，“两会”后做好迎接检查考核的准备工作。年内必须确保全区剩下的61户、118人全部脱贫，利民村、和平村2个贫困村全部“脱帽”。要综合运用社会保障、产业帮扶、危房改造、就业培训等措施，做到一户一策，精准扶贫。对符合条件的贫困户，由区财政按年度和标准缴纳养老、医疗保险。同时，把61户贫困户房屋全部纳入农村房屋“穿衣戴帽”项目第二期实施范围，按第一期单价予以结算。乡村两级要负责完善精准扶贫的台账资料、档案资料以及信息采集、动态管理、资料上报等基础性工作。对档案资料，区档案局要指派专人驻村培训指导、审核把关，确保检查验收过关。区扶贫办要参照省、市考核办出台区考核办法，区委督查室、区政府督查室要实行一周一督查一通报。对扶贫工作考核验收不合格的部门、乡、村实行“一票否决”。会议明确，全区61户、118人，按3000元/人/年，先由区民政局进行政策兜底，不足部分由区财政按600元/人/年，从区扶贫基金中支付。区财政先预拨7万元给区农林局用于档案管理经费。会议指出，推行农村环境卫生市场化改革，是推进“美丽乡村”建设的需要，也是提高老百姓幸福指数和满意度的需要，全区各级各部门要进一步提高认识，统一思想，加大宣传，全力以赴抓好此项工作。按照“区牵头、乡街实施、村运作”原则运行，即以乡街为主体，村负责对环卫公司进行管理监督，环卫公司负责公共区域的清扫保洁，广大农户负责各自房前屋后及田间地头的垃圾清扫。区农林局牵头，区委组织部、区监察局等部门组成联合督查组，采取明察暗访的方式，深入各乡、涉农街道及村组进行督查考核，考核情况实行一月一通报，一季一讲评，对落实不力的，按照奖惩办法严格问责。要积极向市农委汇报，推荐石鼓区的经验做法；要与松木经开区积极协商，明确双方环境卫生清扫的界限和范围；要完善乡村环卫设施，充分调动村组干部和广大农户的积极性和主动性，让清扫保洁成为广大农户的自觉行为。会议审议通过《石鼓区创建全国文明城市工作责任体系表》等3个文件。区“四大家”领导、区直各部门、各乡街、村（社区）要严格按照责任体系表，层层压实责任，集中力量创建文明城市。同时，原区公共资源交易中心工作人员补充到区创建办工作。要突出工作重点，加快推进社区“两化两体系”和“三清三建”工作，抓好农村“三清五改三化”、农村房屋“穿衣戴帽”、集贸市场整治，尽快见到成效，确保上级满意、自己满意、群众满意。要创新文明创建宣传方式，充分利用电子屏、固定宣传标语、形式多样的活动等载体，紧密结合综治民调宣传，营造浓厚的创建氛围。要严格考核问责，并将结果在区委、区政府电子屏统一公布。要认真查漏补缺、整改问题，确保迎检不丢分、测评得高分，不拖全市后腿。会议明确，区财政先预拨50万元用于文明城市创建经费，做到专款专用、据实结算。会议要求，人大代表候选人，在推选、审查、选举、公示等每个程序、环节、步骤，特别是22个联审部门，都要严格把关，确保不出差错。若把关不严，要依法依规依纪追究相关部门和乡街党政一把手责任。各联点领导要深入联点乡街、村（社区）全程指导选举工作，各乡街、各村（社区）、各工作人员和基层民警要各负其责，确保投票选举秩序良好。同时，要加强宣传舆论的引导，确保选民投票率、当选得票率符合法律要求。要组织好人大代表投票选举培训班，组织好代表候选人与选民见面会，进一步严明工作纪律和要求，对拉票贿选等违法违规行为，发现一起，查处一起。会议强调，要履行好“一岗双责”。严格落实“党政同责、一岗双责、失职追责”责任要求，做到守土有责、守土负责、守土尽责。要坚持问题导向。要重点针对消防、建筑施工、城区危房改造、道路交通、校车、液化气等领域的薄弱环节，切实采取措施解决存在的安全隐患。要开展“百日大整治”行动。区安监局牵头，相关责任部门参加，组织和开展好“百日大整治”行动，确保不发生安全生产责任事故。（李　超　贺海军）

【第31次区委常委会议】 10月28日，由杨龙金主持召开。会议研究公车改革、“基层党（工）委书记讲党课”评比、区政协委员建议人选及农村综合公共服务中心建设等工作。会议强调，公车改革是政策所定、改革所需、廉政所求。全区各级各部门要高度重视，统一思想，不折不扣地抓好落实。要严格执行政策标准，严把参改范围、保留公车数量和车补发放标准等关口，妥善安置好司勤人员。要严格遵守中央“六项禁令”要求，区纪委和区车改办要加强日常管理、严格监督，对违纪违规行为，实行零容忍，发现一起，查处一起。区公车改革领导小组，要切实履行好统揽全局职责；区“四大家”主要领导，要各负其责，各尽其能，抓好落实；涉改单位“一把手”，要按照“谁使用、谁负责”，落实本单位车改和司勤人员的分流安置任务。要优先保留相对好的车辆，公开招聘优秀司勤人员。司勤人员的分流安置，待车改工作理顺后，再按照车改政策依法依规、稳妥进行，既要依法保障司勤人员的合法权益，又要确保车改顺利圆满完成。会议明确，成立石鼓区公务用车管理服务中心，由区委区政府接待处统一管理，可从优秀司勤人员中选聘2~3人充实工作力量。公车要在2016年10月31日下午6点前完成封车任务，从2016年11月起发放车改补助。会议强调，开展“基层党（工）委书记讲党课”活动，是我区基层党建工作的创新亮点。为鼓励先进，深化“两学一做”学习教育，对“基层党（工）委书记讲党课”评比活动中的先进个人进行通报表彰，并将优秀课件视频在区委和区政府一楼电视屏上滚动播出，供广大党员干部观看学习，示范带动全区党员干部争当“四讲四有”合格党员。会议审议通过《第四届石鼓区政协委员建议人选名册》。会议原则同意由区城建投为该项目业主单位，要求在2016年12月31日前，全面完成10个村的农村综合服务平台建设任务。

（李　超　贺海军）

【第32次区委常委会议】 11月10日，由杨龙金主持召开。会议研究区“两会”筹备、综治信访维稳、传达学习中共十八届六中全会精神等工作事项。会议指出，开好区“两会”，不仅是人大政协和政府班子换届的需要，也是凝聚人心、集中智慧，一心一意谋发展、聚精会神搞建设的需要，更是为了谋划石鼓未来五年发展思路的需要。全区各级各部门，特别是各乡街党政主要负责人要从思想认识、工作责任、会风会纪上认真做好各项工作，确保区“两会”顺利召开。所有参会人员要严格遵守“九严禁”“九不准”纪律规定。会议期间，由区纪委牵头，区委组织部、区委督查室、区政府督查室参加，成立换届风气监督组，实行24小时驻团全程监督、全面监督，对违规违纪违法问题“零容忍”，确保“两会”风清气正。区“四大家”领导要全程指导各联点代表团工作，确保区“两会”圆满成功。区纪委要对会议期间发放的会议用品以及参会补助发放的范围和标准进行严格把关，并报市委驻石鼓区换届风气督导组同意，确保不超标、不违规。区委组织部要对参会人员进行严格审核，确保不出差错。会议传达学习了全市综治信访维稳和安全生产工作会议精神，听取了全区综治信访维稳情况汇报。会议要求，每个信访案件均实行县级领导挂帅，乡街明确包案领导、包案专干，层层落实责任，一包到底。要按照“七个坚决不发生”要求，严格落实属地管理原则，进一步细化稳控责任，确保稳控到位。各包案人员身要下沉、以心换心、换位思考，切实把矛盾和问题化解到人。会议同意，成立乡街信访工作联席会议制度，明确乡街副书记为联席会议第一召集人，未配齐副书记的乡街则由党（工）委书记为联席会议第一召集人，党政办、综治办、司法所、派出所和信访办主要负责人为联席会议召集人，并组成信访维稳工作专班，工作人员待遇按上级文件精神执行。同意从区法院、区检察院、区政府办、区司法局择优借调3名同志到区委政法委工作。会议传达学习了党的十八届六中全会精神、《关于新形势下党内政治生活的若干准则》和《中国共产党党内监督条例》。全区各级各部门要把学习宣传贯彻全会精神作为当前和今后一个时期的重要政治任务，切实抓紧抓好。会议要求，领导干部要以上率下，先学一步、深学一层，要把学习贯彻全会精神作为党委（党组）中心组学习的重要内容；各乡街、部门、村（社区）要结合各自实际，组织党员干部进行学习。区委宣传部要综合运用各种活动载体，营造浓厚的学习氛围。区纪委要邀请理论专家对《中国共产党廉洁自律准则》《中国共产党纪律处分条例》进行深入解读，做到入脑入心、身体力行。区委组织部要结合“两学一做”学习教育，进行专题讨论，并组织在职党员干部全员测试，测试成绩记入干部学习档案。

（李　超　贺海军）

【第34次区委常委会议】 12月29日，由杨龙金主持召开。会议研究区人民武装、区委聘请法律顾问、设立“改革创新奖”实施办法、政府机构改革提前退休人员待遇问题、传达学习全省信访工作和全市社会治安综合治理创新工作会议精神及领导干部及机关单位联点等工作事项。会议传达学习了省委、市委议军会议精神，近年来，国防安全、国防建设、国防动员等一系列工作越来越重要、越来越紧迫，特别是从去年开始，国防和军队的改革纵深推进，力度非常大，推进非常快。作为地方党委政府，必须进一步强化党管武装意识，强化国防意识，强化维护国家安全的责任感和紧迫感，努力推进石鼓区党管武装工作实现新发展。会议明确，要加大武装工作经费保障力度。区武装工作经费要纳入区财政预算，切实保障实际工作需要。各乡街和村（社区）武装工作经费由区财政单列下拨。区财政局要加强资金使用的监督，确保专款专用。抓实民兵基层建设。要配齐配强乡街专武干部。对于武装部部长的任免，区委组织部要认真听取区武装部的意见，要优先从有专武素质的人员中选拔。

要加强乡街、村（社区）民兵应急力量建设。各乡街按不少于30人的编组；各村（社区）按20人左右的编组，并设立党组织和民兵营长；区机关组建一支50~100人的民兵应急分队。要巩固和完善乡街、企业、院校、武装部“三室一库”建设。要加强村（社区）民兵营“一室一家”达标建设。基层民兵建设以乡街为主体，区人武部负责业务指导，确保于2017年年底全部达标。加强涉军维稳工作。建立军地协调工作机制，由区政府常务副区长牵头负责，区人武部部长和其他联系领导、区委政法委、区公安分局、区民政局等部门参加。区财政每年适当安排经费，对涉军困难家庭实行专项帮扶。每年“八一”前开展退役军人“双带双促”活动，由区人武部、区委宣传部、区民政局联合表彰一批退役军人先进典型，用身边典型教育引导人，凝聚兴武强区正能量，确保全区退役军人群体总体思想稳定，为石鼓经济社会发展提供良好的环境。会议决定，聘请湖南居安律师事务所主任肖启斌为区委法律顾问，试用期一年。同时要求，区法制办要加强自身业务学习，着力培养法律人才队伍，切实提高处理涉法涉诉问题的能力和水平。会议审议通过《石鼓区关于设立“改革创新奖”的实施办法》。会议认为，2015年政府机构改革产生的一批提前退休人员，因机关事业养老保险改革前后退休政策发生很大变化，其退休工资达不到预期标准，且低于珠晖区同类型提前退休人员的待遇，思想不稳，情绪很大，甚至上访。年关将至，区委、区政府必须从关心爱护干部、维护大局稳定的角度出发，尽快予以解决。会议要求，区委组织部尽快以文字形式报告市委组织部，请求批复同意我区参照珠晖区的经验做法，办理提前退休人员手续。区人社局要在12月31日前，办理好相关人员的退休手续，因前后标准不一造成的待遇之差，由退休人员所在单位先行补齐，再由区财政予以解决。会议要求，全区各级各部门要立足当前，抓实抓好信访维稳工作，确保“两会”“两节”期间社会稳定。“两会”“两节”期间，各包案领导要亲力亲为，主动接访、约访、下访，与乡街和责任单位共同做好积案的化解和稳控工作。要注重抓早、抓小，把问题解决在萌芽状态。对非法集会、游行示威、扯横幅等行为的，政法和公安机关要严惩不怠，决不手软。会议指定，省市“两会”期间，赴省到市接访劝访工作、区内接访劝访工作、对于涉军维稳处置工作由专人负责。“两会”“两节”期间，各部门之间要建立情报信息互通共享机制，并及时研判情报，积极化解各类不稳定因素；各责任领导要集中精力、调配力量，全力以赴做好信访维稳工作；各责任部门和乡街要落实属地管理原则，齐心协力抓实抓好信访维稳工作。大力推行“互联网+信访”，提升信访工作公信力；新提拔干部要到信访局跟班学习，提高独当一面、驾驭复杂问题的能力；发挥法律援助、司法调解等手段，构建多元化解矛盾机制，推动信访问题解决。政法综治、信访部门和基层党组织要深化改革，切实履行责任，推动信访工作取得实效。会议决定，成立区网格化管理工作小组，对乡街和区直部门综治年度考核，按照省市会议精神，对获得综治工作先进单位和合格单位的，给予相关奖励。奖励经费由区财政予以保障。会议同意，对于区综治中心和视频监控系统建设工作经费，由区财政按实际需要予以保障到位。会议审议通过《关于进一步明确领导干部和机关单位联点工作的通知》。

（李　超　贺海军）

纪检监察

【概况】 中共石鼓区纪律检查委员会与区监察局合署办公，内设机构有办公室、党风政风监督室、信访室、第一纪检监察室、第二纪检监察室、审理室。区纪委、区监察局有编制26名，设领导班子成员8名。区纪委常委7名，其中书记1名、副书记2名、常委4名，区监察局设局长1名、党外副局长1名。2016年，石鼓区纪检监察组织聚焦主责主业，深化落实“两个责任”，加大纪律审查力度，深入查纠“四风”问

题，狠抓换届风气监督，着力推进巡视整改，打造纪检监察铁军，为全区经济社会发展提供了有力纪律保障。（段神佑）

【党风廉政建设和反腐败工作】 坚持以主体责任为引领，以监督责任为保障，通过签字背书、督查考核、述责述廉、问责追究等手段，推动管党治党责任落到实处。区委常委会和常委月工作例会27次听取党风廉政建设工作汇报。区纪委狠抓督促检查，严格责任追究，查处“两个责任”落实不力问题5起，对6人立案追究领导责任。（段神佑）

【换届风气监督】 把严肃换届风气作为一项重大政治任务来抓，组建上自区委机关，下至基层社区的立体化“监督网”，派出纪律监督组、督导组、明察暗访组以及巡查组180余个，实现对换届风气全方位、多维度和多层次的监督指导。发放换届纪律宣传资料16000余份，组织观看警示教育片150余场次，在各选举口、投票点、中心会场、分会场以及驻地，张贴换届纪律要求4000余份，让换届纪律教育入脑入心。对“两代表一委员”候选人开展廉洁审查700余人次，严格按照“负面清单”和相关规定，对45人提出否决建议。全区各级各类换届工作均实现零违纪、零失误目标。（段神佑）

【巡视整改】 按照巡视整改要求，针对每一项整改任务，列出时间表、划出路线图，逐一进行整改。省委巡视组移交的48个问题已经完成37个，基本完成9个，需要长期整改的2个。对省委巡视组移交的问题线索，认真组织核查，依纪依规对科级及以下干部立案13起，党纪政纪处分13人。坚持举一反三，正本清源。先后开展了为官不为、违规经商办企业等专项整治，并对全区村级财务、重点项目指挥部财务单独部署了专项检查。其中村级财务检查发现问题60个，追回违规资金约13.3万元，立案调查7起。（段神佑）

【廉政宣传教育】 分批次组织1200余名在职党员进行《中国共产党纪律处分条例》等党内法规知识闭卷考试，组织参加衡阳市纪检监察系统“学党章党规、树清廉新风”知识竞赛，获得城区第一名。在全区纪检监察系统举办“政治清明新衡阳（石鼓）”征文研讨会，共收到征文44篇，评选出特别奖1篇，一等奖2篇，二等奖4篇，三等奖6篇，优胜奖8篇。开展警示教育培训4次，印发典型案例通报6期，结合换届选举、“两学一做”学习教育，组织全区党员干部对“衡阳破坏选举案”和“辽宁贿选案”进行深刻反思。在全市县市区率先开通纪检监察官方微信公众号“廉洁石鼓”，打造廉洁宣传“微时代”。（段神佑）

【党风政风监督】 紧贴改革发展大局，开展作风督查20次，通报典型案例13起、36人次。紧贴民生民利，深入开展“雁过拔毛”式腐败问题和“纠‘四风’、治陋习”等专项整治，立案查处“雁过拔毛”式腐败问题9起、“四风”“陋习”问题14起，给予党政纪处分24人次，组织处理41人次。开展违规收送红包礼金专项整治，立案查处2人，签订《党员干部拒收拒送红包礼金承诺书》2000余份，区5910廉政账户收到党员干部主动上缴红包礼金8.6万余元。（段神佑）

【案件查办】 受理信访举报118件，立案37件，同比增长15.6%，给予党政纪处分35人，涉及乡科级干部10人，追缴违纪金80余万元。严肃查处了原友谊管理处财务管理混乱问题、王爱国侵吞惠农资金等案件，发挥了纪律审查震慑作用。把握运用“四种形态”，开展函询谈话8人次、诫勉谈话37人次、提醒性谈话128人次和批评教育319人次。（段神佑）

【队伍建设】 大力推进体制机制创新，开展区一级巡察机构建设试点工作和派驻纪检监察机构改革前期调研。落实各级纪委书记、副书记的提名和考察以上级纪委会同组织部门为主的要求，扎实做好区乡两级纪委换届工作。不断强化内部监督管理，建立健全机关制度，着力打造学习型、服务型、业务型、创新型机关。深化“铸剑工程”和岗位练兵，开展纪检监察干部业务集中培训2期，编写《纪律审查程序及文书》，规范纪律审查工作，被市纪委评为特色工作。着力解决“灯下黑”，严肃查处纪检监察干部违纪行为5起、6人。（段神佑）

组织工作

【概况】 区委组织部是区委主管组织工作、干部工作、老干部工作的的职能部门。其主要职能：（一）贯彻执行党的组织工作路线、方针、政策和中央、省、市、区委部署要求；研究提出加强各级党组织和干部队伍、党员队伍、人才队伍建设目标、任务、政策、措施的建议和意见，并组织贯彻执行。（二）研究和指导全区党的组织制度建设工作，提出加强党的工作制度、党内生活制度的意见和建议；负责乡（街道）、村（社区）、机关事业单位及各类非公有制经济组织和社会组织党建工作，对基层党的组织设置形式、隶属关系、活动内容、工作方式等提出意见。（三）研究和指导党员队伍建设、组织员队伍建设工作，做好发展党员和党员管理工作，协调做好党员教育工作；负责党内信息统计和党费管理工作；做好党员电化教育和现代远程教育工作。（四）负责市党代表大会代表选举和区党代表大会的组织选举等有关工作；负责区党代表大会任期制的有关工作，做好党代表日常联络和服务管理工作；指导各级党组织做好换届选举工作；负责对科处级以上领导班子民主生活会进行指导，推动基层党务公开工作。（五）负责考核区委管理的领导班子，提出调整配备的意见和建议；负责考核区委管理的领导干部，办理职务任免、工资、待遇、退休手续；参与指导领导班子加强思想建设、组织建设、作风建设、制度建设和反腐倡廉建设。（六）负责干部队伍建设的宏观管理工作，研究提出加强党政干部队伍、企业经营管理者队伍、专业技术人才队伍建设的规划、政策和措施，并组织实施；负责全区干部人事制度改革的综合研究和宏观指导，研究提出干部人事制度改革的政策和制度，并组织实施；负责全区组织、干部人事管理信息系统建设、干部档案管理工作。（七）负责承办本区市管干部的职务任免、工资、待遇等有关事宜；承办区级领导班子换届人事安排有关事项。（八）负责指导培养选拔年轻干部和后备干部工作；制定和落实区管后备干部培养锻炼的制度措施；会同有关部门做好培养选拔女干部、少数民族干部、党外干部工作；承办有关干部的调配、交流及挂职事宜；负责因公、因私出国（境）审查、审批工作。（九）指导《公务员法》的实施，负责公务员队伍建设的宏观管理，会同有关部门研究制定公务员管理的政策措施；负责党委、人大、政协、法院、检察、民主党派、工商联机关公务员管理和党群系统参照公务员法管理的事业单位及事业单位工作人员管理工作。（十）综合协调和指导全区干部监督工作；研究制定或参与制定干部监督工作的制度、规定；负责或参与对领导干部执行党的路线方针政策情况、贯彻执行民主集中制和廉洁从政等情况进行监督检查；负责对干部选拔任用工作进行监督，督办或直接办理严重违反《党政领导干部选拔任用工作条例》和相关配套法规及组织人事纪律的案件；负责干部审查工作。（十一）指导、协调和督促检查全区干部教育培训工作；研究制定全区干部教育培训工作的政策、规划；负责组织协调局处级干部、后备干部、优秀年轻干部和组织部门领导干部的调训、培训工作。（十二）组织协调和督促检查全区人才工作；组织研究人才工作规划和加强各类人才队伍建设的政策、规定并组织实施。（十三）指导督促全区组织系统加强自身建设，研究制定加强组织部门自身建设的意见和措施并贯彻实施。（十四）服务管理离休干部、副县级以上退休干部；负责宏观指导全区离退休干部工作。（十五）承办区委交办的其他事项。2016年组织工作成效显著，在年底市对区绩效考核中，区党建工作位居全市第一，组织部制作的《一个基层党员的生命答卷》在全省“两学一做”微视频微动漫创作竞赛活动中被评为二等奖，区委组织部被市委组织部评为“两学一做”征文优秀组织奖，区老干局被评为全市老干部工作先进集体、全市老干部宣传工作先进集体。（陈翻番）

【组织建设】 完成全区合乡并村工作，撤销一个乡，45个社区整合为29个，24个村整合为16个。完成29个社区“两化两体系”建设。选派村“第一书记”9名。为非公企业党组织选派86名党建指导员，为每个非公经济单位党组织党建工作安排专项经费3000元，村级运转经费18万元/年，社区运转经费提高至43万元/年，社区惠民项目资金10万元/年。对有困难的离任村级主要干部提供困难补助150元/月，基本消除集体经济“空白村”。落实党员发展新细则要求，纠正4起党员发展程序不规范行为，处置不合格党员41名，全面推行无职党员设岗定责和积分星级管理，在农村党员中开展“共产党员户”挂牌活动。全面落实民主集中制、“三会一课”“双述双评”、民主评议党员等党内制度，13名乡、街道、区直部门党（工）委书记向区委全会就履行基层党建工作责任述职，全区6000多名党员参加民主评议。在2016年度全市城区党建工作考核中排名第一。（陈翻番）

【“两学一做”专题教育】 区委组织部担负全区“两学一做”专题教育的协调、统筹和落实工作责任。区委常委会以身作则，示范带动全区各级党组织开展学习讨论，坚持边学边改。全区各级党员领导干部、党组织负责人讲党课人均1次以上。全年共排查出流动党员336名、失联党员148名，补缴党费50余万元。通过“两学一做”专题教育，基层党支部“三会一课”、组织生活会等党内组织生活制度进一步落实，创新推出“一本一册”全程纪实制度，让学习教育有迹可循，党内政治生活的质量和水平不断提高。（陈翻番）

【党员教育培训】 组织各乡、街道党（工）委书记、分管副书记、组织委员及村社区党组织书记分别参加市级专题培训班，组织各基层党组织书记、党务工作者参加全区基层党建工作业务培训班，督促各乡、街道抓好农村党员冬春训及党员教育培训工作，全年培训党员6000余人次。制定《石鼓区贯彻落实〈2014—2018年全国党员教育培训工作规划〉的具体实施意见》，开展远程教育“十进延伸工程”在机关、学校、医院、非公企业等各个领域试点。（陈翻番）

【党代表联络】 建立乡、街道、系统9个党代表工作站，在社区推行党代表工作室先行挂牌，督促指导角山乡召开党代会年会。抓好党代表履职管理，开展党代表“三联一帮”活动，各级党代表领岗认责600多个岗位。开展“机关联基层、党员联群众”活动，全年走访、慰问基层党员群众近6000人次，发放慰问金100余万元，解决工作中的困难问题1000余个；2016年，收到区党代表关于进一步加强社区建设和管理、基层党建工作、区域经济建设、信访维稳工作等提案提议11件，全部交办落实。全区换届选举工作实现“零违纪、零失误、零上访”的工作目标，依法选举产生市党代表11名、区党代表171名；市人大代表30名、区人大代表162名，代表在数量、结构上符合上级要求。（陈翻番）

【区乡两级领导班子换届】 以选优配强领导班子为目标，积极配合市委做好区“四大家”领导班子和法、检两长人事安排，6名业绩突出、作风优良、工作扎实的科级干部被推荐到副处级领导岗位上。角山乡换届后，新一届乡党政领导班子年龄梯次配备合理，平均年龄为37.2岁，其中35岁以下干部4名，女干部1名。坚持党组织主导“两代表一委员”人选的产生，严把推荐、提名、考察、协商等各个环节，扎实做好全过程工作，依法选举产生市党代表11名、区党代表171名、市人大代表30名、区人大代表162名、市政协委员7名、区政协委员150名。（陈翻番）

【干部管理与教育培训】 干部选拔任用：坚持“好干部”标准和实干用人导向，一大批“实干之人”走上领导岗位，以配强领导班子，激发干部队伍活力为目标，全年共调整干部12批次，涉及干部154人次。干部监督管理：推进干部管理监督常态化，做好超配干部消化工作，累计消化超职数配备干部15人，完成率达到88%；完成全区873份干部人事档案的复审工作，出台科级干部出国需先报告的预审制度，做好重要岗位领导干部任期经济责任审计工作；实施公务员职务与职级并行制度，对符合解决工资待遇条件的18人进行综合测评、考核，并完成工资办理手续。干部教育培训：深入执行《干部教育培训工作条例》，选派41人次参加中央、省、市干部调训；组织全区390名干部参加网络在线学习，参学率达100%，年度合格率达89%；组织36名处级领导干部参加“法治湖南建设专题培训班”在线学习，通过率达100%。

（陈翻香）

【离退休干部服务管理】 全区积极落实离退休干部“两项待遇”，加强离休干部“三个机制”运转，确保离休干部离休费按时足额发放、医药费及时报销。离退休干部祝寿、慰问、阅文、学习、参加重大会议、就近参观等活动常态化，全年为老干部生日祝寿6人次，看望生病住院离退休干部35人次，走访慰问56人次，为离休干部办理医药费84人次。加强离退休支部建设，选优配强支部班子，严格执行“三会一课”制度，组织集中学习及活动16次。关工委及涉老协会运转正常，组织调研、会议、活动等30余次，为贫困学生捐助2万元。接待离退休干部来信来访23人次，解决实际问题3个，没有发生老干部上访事件。

（陈翻香）

宣传工作

【概况】 区委宣传部是区委主管全区意识形态方面工作的综合职能部门。设办公室、理论教育宣传组2个组（室），行政编制3名（含区委常委编制1名）。领导职数为2名，其中部长1名，副部长1名。2016年，区委宣传部有人员14人，其中在职在编10人，退休4人。主要职责是：负责规划部署、组织实施、协调指导全区宣传思想文化工作；负责组织、指导全区理论学习、研究和党员教育工作，负责区委中心组理论学习工作，对全区各党委中心组理论学习进行规划、指导、培训、考核；负责指导、监督、管理和协调全区新闻报道工作，引导全区社会舆论和对外宣传工作；负责网络新闻管理和监督引导工作；负责组织、协调全区精神文明建设工作和群众性的社会主义精神文明创建活动，会同有关部门研究和改进群众思想教育工作；负责组织、协调全区社会宣传、企业宣传、社区宣传、法制宣传、科技宣传和全民国防教育等工作；负责组织、协调全区大型文化活动，指导、协调文化艺术工作、精神产品生产；开展有关宣传工作重点课题的调研，做好舆情信息、宣传信息收集和报送工作。2016年，宣传部紧紧围绕党委、政府的中心工作，坚持以创建全国文明城市为统揽，按照“讲好石鼓故事，发好石鼓声音，汇聚正能量，提振精气神”的工作思路，切入中心、融入大局、服务群众，为建设“三个石鼓”提供了有力的思想舆论文化支持。

（李文恋）

【理论教育】 安排区委中心组进行10个专题16天的学习；在全区开展集中宣讲和进基层微宣讲活动共100余场，受众达5万人次；在市级以上专刊发表理论文章10篇，全区理论教育工作呈现出“有影响、有特色、有声势、有效果”的局面。 （李文恋）

【新闻宣传】 在石鼓手机报、《石鼓江山报》、石鼓新闻网等开辟专栏或专题，《石鼓江山报》全年出版133期，红网、石鼓手机报发稿3000余篇（条）。在新华网、中新网、央广网、《湖南日报》、湖南卫视、湖南经视等省级以上“龙头”媒体发稿23篇，在新浪网、凤凰网、腾讯、搜狐等网络新闻媒体发稿100余篇，在《衡阳日报》《衡阳晚报》、衡阳新闻网、衡阳电视台等市级以上媒体发稿1500余篇。其中《湖南衡阳“网格支书”老刘的党员底色》在新华网、中国日报中文网上登载，被国家、省市等知名网站转载。打造“双微”平台，制作了专题短片《雁城之北·石鼓铿锵》《2015年文明创建工作回眸》，微动漫《一个基层党员的生命答卷》，微电影《抉择》《都是手机惹的祸》，微视频《“两学一做”专题党课》，构建了“两报两网两微”大宣传格局。组织主流媒体对区党政主要领导专访3次，湖南卫视、湖南经视对石鼓区巡视过后看整改工作成效在全省作了典型报道。加强企业与媒体的合作，10月27日，华耀城与衡阳都市频道合作打造的《崛起华耀城》栏目开机，促进媒企合作共赢，让社会能经常听见石鼓的“声响”。2016年，石鼓区外宣发稿总数、央媒及卫视、经视发稿条数均居全市四城区第一。

（李文恋）

【网络舆情】 在全市首创区、部门、乡街三级网信工作体系，制定和落实严格的值班制度，网络值班做到全天侯无缝隙，得到市网管办领导的肯定和推介。开通“和谐石鼓”微信公众号，微博“石鼓发布”、微信公众号“和谐石鼓”共发稿300多条，形成了传统媒体和新媒体、线上和线下的良性互动。全年在红网投稿210余篇，上稿150余篇，“今日头条”上稿100余篇，石鼓新闻网编稿上稿近4500篇。加强区、乡（街道）两级值班值守，对网络舆论信息实行24小时监控，做到重大舆情一情一报。搜集整理舆情信息120条，其中有较大影响的18条，跟贴、转贴进行正面引导580多条，所有负面信息都在3天内及时回复，基本做到件件有批示，事事有回音。加强网络安全教育，在各社区开展讲座20余场。参与制作湖南省第五届网络文化节“全景游三湘”—石鼓书院专题VR片，石鼓网络宣传成效彰显。舆情调研信息报送和发稿的数量和质量在四城区领先。

（李文恋）

【文明创建】 在文明创建工作中，严格落实区、乡（街道）、村（社区）、网格四级责任体系，全区800名机关干部沉入8个乡（街道）、29个社区、16个村、178个网格，全程参与并带动指导基层文明创建。在全市首创“路段长”包干责任制，区级领导带队包干辖区内15条主次干道和59条背街小巷文明创建责任，条条道路有人管，人人都是文明形象。组建创建文明城市工作综合督查组，由2名区级领导带队，联合区创建办、区督查室，开展经常性不定期督查，建立问题台账，下发整改通知，实行销号制度。坚持以问题为导向，以社区“三清三建”工作和主题季道德讲堂学习培训为重点，以专项整治为抓手，以文明实践活动为关键点，提升了群众对文明创建的获得感。创新工作方法，将社会主义核心价值观与道德讲堂、市民学习活动结合起来，在全区开展“相约文明”市民学习活动，以“家和万事兴”“我爱我家”“远亲不如近邻”等10个课程作为主线，以道德讲堂活动为载体，将“爱国、敬业、诚信、友善”四条价值准则按照一季度一个主题安排，先后进行550余场宣讲，提升了市民素质。29个社区“三清”工作基本完成，“三建”工作稳步推进，形成“开窗见绿色、出门进游园”的绿化格局，中心城区19个社区全面完成“美丽升级”。全市农贸市场改造现场推进会和全市城区“三清三建”现场推进会相继在石鼓区召开，本区提供的现场和经验得到市长周海兵和与会领导、同行的肯定。大力开展取缔占道经营、环卫、交通、政务服务、农村环境专项整治；组织开展“相约文明”市民学习教育活动300余场次，组织开展“红领巾一条街”等各类教育活动76场次，青少年参与率达100%；开展专项督查、明查暗访140余次，曝光各类不文明现象420余起，整改问题570余个；组织“国学讲座”、大合唱比赛等大型活动120余场，开展义务植树、关爱留守儿童、点亮“微心愿”等志愿活动200余场次；开展“最美乡村”“最美社区”和“最美家庭”评选活动，上报好人好事线索3000余条，推选好人好事典型38个，推选18名同志参加全市第四届道德模范暨身边好人评选；继续强化立体宣传，市民对创建的知晓率达100%，支持率达100%，满意率达85%。在全市文明创建模拟测评中排名四城区

第二。（李文恋）

【文化工作】 开展文化文艺活动和群众文化活动共计340余场，惠及群众20万人次以上；打造“书香石鼓”，在全区33所学校中开展童谣诵读等读书活动，使17000多名中小学生感受到读书的乐趣。在全市率先开展庆祝建党95周年“红旗颂”区级合唱比赛，并勇夺全市、全省“红旗颂”大型群众合唱比赛金奖。承办的衡阳市“石鼓书院大讲坛·国学讲座”在广电中心一楼演播厅举行，国学名家、中央电视台“百家讲坛”学术主讲人、河南大学文学院博士生导师王立群教授以《屈原与端午文化》为题，用独特视角、丰富史料、生动语言，讲述了屈原不朽的一生和端午节的悠久文化，为现场数百位观众上了一堂精彩的国学课，这也是全区“船山故里·国学飘香——石鼓书院大讲坛·国学讲座”暨第六届“君玲粽子文化节”活动的一部分，创造了企业办宣传的成功经验。4月30日，举办全区首届农耕文化体验节暨第十一个“文化遗产日”活动，既推广石鼓区的本土企业和品牌，又强化了企业与文化的融合。强化艺术精品的指导和创作，涌现出《醉红》《湘江情怀》《永恒的主旋律》等一批反映地方特色的精彩节目。不断完善基层文化设施和阵地的管理和服务，申报了4门校本课程为社区教育特色项目，对区文化馆、图书馆进行装修升级并投入使用，落实了文艺团体、农家书屋管理员的经费，引导文化个体工商户和文化企业转型升级，全年新增加26家文化企业，截至11月已确认规模以上文化产业5家，增强了文化发展繁荣后劲。

（李文恋）

【部门基础工作】 以“两学一做”学习教育为契机，举办2016年全区新闻舆论工作培训班，全区120余名从事新闻舆情工作的学员集中“充电”；建立完善并严格执行相关工作制度和工作计划，全区所有乡街和40个重点部门均明确了新闻发言人，组建QQ群、微信群、微信公众号，加强了新闻宣传和舆论引导。为全体干部职工列出了“读书清单”和一对一帮扶困难群众实现“微心愿”的“帮扶清单”，定时开展“五个一”活动，即开展一次结对帮扶工作座谈交流活动、开展一次走访慰问特困党员活动、开展一次送课进基层活动、开展一次志愿服务活动、开展一次红色教育基地参观学习活动，激发了队伍的内在活力，争做合格党员的氛围已在部内形成。（李文恋）

统战工作

【概况】 区委统战部的主要职责：组织贯彻执行中央、省委、市委和区委关于统一战线的方针政策，向市委统战部和区委反映情况，提出开展统战工作的意见和建议；负责联系全区各民主党派和无党派代表人士，及时通报情况，反映他们的意见和建议；负责联系政府民族宗教事务局，协调检查有关民族、宗教工作的重大方针、政策问题，联系少数民族和宗教界的代表人物；负责开展以祖国统一及促进我区经济发展为重点的海外统战工作，做好台胞、台属及有关人士的联络工作；负责党外人士的政治安排，会同组织部门搞好培养、选拔、考察、推荐党外人士担任政府领导职务工作，做好党外后备干部和新的代表人物队伍的建设工作；负责开展经济领域的统战工作；调查研究党外知识分子情况；负责开展海内外统一战线的宣传工作；负责指导全区各乡、街道的统战工作；联系并指导区工商联、侨联、台联等有关人民团体的工作。2016年，区委统战部以《贯彻落实中央关于统一战线工作重大决策部署》和《市委关于进一步做好统一战线工作的意见》为工作指导方向，以民主党派和无党派人士、党外知识分子、民族宗教、非公有制经济、港澳台海外、党外代表人士队伍建设、党委对统战工作的领导等八大领域为工作中心。区委统战部开展了区党外人士“两学一助”学习教育工作、区工商联换届和区各党派工委支部换届的指导、区人大、政协党外人士推荐安排工作等；通过开展“访民企、解难题、办实事、强信心”调研行动，帮助非公企业化解融资难、招工难和产品推广难等困难。对接市委统战部关于在全市开展无党派和党外知识分子“学讲话、学《条例》”知识竞赛活动，挑选4名党外知识分子参加，全部获得满分的优异成绩；11月16日，邀请市委党校教育长唐云涛教授给全区统战系统宣讲学习宣传贯彻党的十八届六中全会精神大会。石鼓区九三学社社员刘名辉、周铁军发表的《人民政协应突出职能优势为全面建成小康社会做出新的更大的贡献》一文荣获2016年度全市统战理论调研优秀成果优秀奖。周铁军获得九三学社市委参政议政先进个人荣誉称号，刘名辉获得九三学社市委社务工作先进个人称号。　（杨立新）

【党外干部和民主党派工作】　一是党外人士队伍自身建设。全区有民主党派工委4个：民盟、民建、致公、九三学社；未成立工委3个：民革、民进、农工党。全区有38个基层支部，人数约700人。从2016年5月开始，区委统战部深入开展党外人士“两学一助”学习教育活动，活动的开展切实增强党外人士“四个自信”（道路自信、理论自信、制度自信和文化自信），不断提升石鼓区多党合作的水平。2016上半年，各民主党派工委（支部）、区工商联圆满顺利完成了换届工作。区委统战部指导民主党派和工商联大力加强组织建设、思想建设，帮助提高解决自身问题的能力，特别是帮助党派和工商联做好换届后的政治交接工作，抓好班子团队建设，引导他们搞好“传帮带”，确保交班又交心、工作不断档。二是做好换届中党外人士的安排工作。自市委2016年3月召开县乡两级换届工作部署安排工作会以来，区委统战部主动作为，积极安排部署，圆满完成上级部门交付的政治任务。在这次人大、政协换届中，区委严格按照比例要求，扎实做好党外人士的政治安排和实职安排。经多方协商，区委统战部推荐区党外人大常委会副主任1名，党外人大代表34名。推荐党外区政协副主席2名，党外区政协委员95名，党外区政协常委19名。　（杨立新）

【非公经济领域】　区委统战部和工商联开展“访民企、办实事、解难题、强信心”走访调研活动，精心梳理非公经济发展中的融资渠道不通畅、土地资源紧张、管理人才稀缺等困难问题。组织引导25家非公企业和46个非公经济人士参与，建立帮扶联系村12个，实施项目16个，吸纳就业约5000余人。建立示范村2个，40余家非公企业和非公经济人士捐资176万元修建乡村公路。在“精准扶贫·爱心助学”活动中，区委统战部和工商联非公经济人士进行扶贫助学，共筹集善款10余万元。　（杨立新）

机构编制工作

【概况】　区机构编制委员会办公室（以下简称区编办）是区机构编制委员会（以下简称区编委）的常设办事机构。既是区委的工作部门，又是区政府的职能部门。为区委、区政府负责全区行政管理体制改革、机构改革和机构编制管理的综合协调部门，列入区委机构序列，也是区政府的职能部门。全办有行政编制2人，全额事业编制5人。下设区事业单位登记管理局、区编制调剂中心2个事业单位。主要职责是：贯彻执行党和国家关于行政管理体制改革和机构改革及机构编制工作的方针、政策和法规，统一管理全区行政和事业单位的机构编制，检查监督各单位行政体制改革、机构改革方案以及机构编制执行情况；拟定全区行政管理体制改革与机构改革方案及有关规定，初审乡（街道）党政机构改革方案，指导、协调乡（街道）机构改革以及机构编制管理工作；协调区委、区政府各部门的职能配置及其调整，协调区委各部门之间、区政府各部门之间、区委和区政府各部门之间以及各部门与乡（街道）之间的职责分工；审核区委、区政府各部门的职能职责、内设机构、人员编制，协调区委组织部向区委提出其领导班子职数配备建议，拟发区党政机关、行政事业副科级以下机构设置文件，指导、协调各级各类事业单位管理体制改革和机构编制管理工作；贯彻执行国家、省有关事业单位登记管理的法律、法规、规章，并组织实施，负责本级登记管辖范围内事业单位的注册登记、变更登记、注销登记、年度报告和监督管理工作，负责事业单位登记管理的行政复议、行政诉讼应诉工作，牵头组织事业单位法定代表人的离任审计工作，检查监督和指导协调全区事业单位登记管理工作；检查监督区、乡（街）机构改革方案及“三定”规定，行政事业单位机构编制的执行情况，负责对区机关、事业单位机构编制的动态管理、监督、分析，查处机构编制违法违规行为；负责财政年度预算的人员编制审核工作，负责财政统发工资单位的人员编制审核工作；负责机构改革和机构编制管理有关信息的采集和情况综合，负责机构编制统计工作；承办区委、区政府和市编办、区编委交办的其他事项。（曾琼莹）

【行政审批制度改革】 全区推进深化行政审批制度改革工作，根据市政府清理“三清单一目录”（指权力清单、责任清单、涉企收费清单和外商投资准入管理目录）的总体部署，联合法制部门，依法有序推进了权力清单和责任清单的梳理和审核工作，经区政府常务会议审议通过《石鼓区部门权力清单》和《石鼓区部门责任清单》，在全市率先通过党政门户网对外公布石鼓区政府工作部门“两清单”。全区加速推进“两集中、两到位”（指为深化行政审批制度改革，建立规范高效的审批运行机制，提高行政服务效能，推进一个行政机关的审批事项向一个处室集中、行政审批处室向行政审批服务中心集中，保障进驻行政审批服务中心的审批事项到位、审批权限到位）改革，目前，全区正积极推行“一个窗口进，一个窗口出，一条龙服务”的工作模式，优化办事流程、完善审批程序，提高办事效率，确保所有行政审批事项“进一个门办好、在承诺日办结”。（曾琼莹）

【事业单位登记制度改革】 全面贯彻落实省、市编办关于事业单位法人年检和开办资金登记制度改革工作的有关精神。通过石鼓区党政门户网向社会公告各事业单位法人年度报告内容，收集社会公众对事业单位执行《事业单位登记管理暂行条例》（以下简称条例）及《事业单位登记管理暂行条例实施细则》（以下简称实施细则）情况的举报信息，为加强事业单位的日常监管，规范事业单位年度报告公示制度提供了检举监督平台。对不按规定报送并公示年度报告或故意隐瞒情况、年度报告内容与事实不符以及违反条例及其实施细则等其他行为的单位，列入事业法人异常名录，计入单位诚信档案，加强事中事后管理。（曾琼莹）

【开展机关、群团统一社会信用代码赋码工作】 6月，区编办召开了部署赋码工作专题会议，并以会代训对赋码单位人员进行培训，讲解赋码工作的意义及办理流程和时限。安排专人负责办理。截至2016年年底，已完成37个单位赋码发证，完成率79%。（曾琼莹）

【机构编制日常管理】 区编办认真学习领会上级文件精神，落实控编减编工作措施，坚持招考申报，坚持凡进必考，严把进人关口。坚持用编核准制度，通过核准制度，杜绝了人员逆向流动和超编进人等违规现象。具体做法有：第一，认真学习领会上级文件精神，提高思想认识和工作责任心；第二，定岗定员，严格实行实名制登记，做到定编到人，定员定岗到人；第三，严格落实区控编减编专项工作方案，把好“人事编制管理关”；第四，行使编制核查职能，加强编制台账审核管理。对所属机关及事业单位的实名制台账定期进行年度审验核对，并将核编结果与工资福利待遇调整、财政统发工资经费核拨等相挂钩。在建设机构编制实名制数据库上，区编办加快做好机构编制实名制数据录入工作，进一步的核校相关数据准确性，定期更新，及时清理纠错。根据省编办对年报统计工作的最新要求，石鼓区正加紧对数据库中的相关信息进行修改完善，为年报统计工作的准确性打好基础。在继续推行中文域名使用，规范网上名称方面，区编办加强机关事业单位网上名称宣传、服务和管理，继续推行中文域名使用，规范网上名称，结合事业法人年度报告和统一社会信用代码赋码发证工作，基本实现政务和公益事业中文域名注册全覆盖。

（曾琼莹）

党办工作

【推进改革】 2014年9月22日成立中共石鼓区委全面深化改革领导小组办公室，主要职能是负责全区改革工作的统筹、协调、督促、检查、推进。改革领导小组由区委书记任组长，区长、区委副书记、区人大常委会主任、区政协主席任副组长，办公室主任由区委办主任兼任，下设9个专项小组：经济体制改革专项小组、农村改革专项小组、生态文明体制改革专项小组、民主法制领域改革专项小组、文化体制改革专项小组、司法体制改革专项小组、社会体制改革专项小组、党的建设制度改革专项小组、纪律检查体制改革专项小组，各专项小组组长为改革领导小组成员。2016年5月，印发《中共石鼓区委全面深化改革领导小组2016年工作要点》；10月，区委书记杨龙金在全市改革工作推进会上作典型发言。2016年，石鼓区潇湘街道石鼓社区居家养老服务被列为衡阳市改革创新项目；石鼓区农贸市场改造在全市作典型发言并推广。2016年，区委全面深化改革领导小组办公室荣获全市改革办系统先进单位。（欧坤华）

【政策研究】 区委政策研究室重点对基层党建、信访积案化解、文明创建、现代服务业、职务与职级并行制度等热点、难点问题开展调研。在省市刊物发表文章10余篇，完成综合材料130余篇，向省、市上报信息336篇。下发《全区办公室系统“深入基层、调研献策”活动方案》，加大调研力度，强化调研取得实效，区内各单位共报送调研报告30余篇。下发《关于进一步做好重大紧急信息报送工作的通知》，继续实行信息定期约稿制，对全区信息报送情况实行台账式管理，每季度下发通报，加大信息工作在目标管理绩效考核分值的权重。

（唐金辉）

【小康社会建设】 区全面小康办公室设在区委督查室，主要负责研究提出加快推进全区全面建成小康社会的总体思路、工作重点、政策措施等建议，制订年度工作计划。做好全面建成小康社会工作的考评奖惩工作，认定、发布区直相关部门、各乡街考评结果。负责对区直部门和各乡街的指导督查和服务，协调解决有关重要问题。开展调查研究工作，总结推广经验。组织开展全区全面建成小康社会舆论宣传、业务培训等工作。完成区全面建成小康社会推进工作领导小组（简称全面小康领导小组）交办的其他重要工作任务。全区2016年全面小康工作通过全省达标认定，在全市小康考核中名列12个县市区组的第二名，获得综合奖。区全面小康办公室被认定为2016年度全面建成小康达标单位，石鼓区被评为2016年全市全面建成小康社会推进工作优秀单位。（吕　斌）

【机要保密】 制定完善机要密码工作相关制度，收发办理电报实现程序化。举办了全区保密工作培训会，对全区80多个单位分管保密副职及保密员进行业务培训。参加了在青岛国际会展中心举办的全国保密技术交流大会。11月份，举办了石鼓区《保密工作》学刊用刊暨保密知识竞赛，全区150余人参加竞赛。竞赛采取闭卷笔答形式，题型分为单项选择题、判断题、简答题、案例分析题和论述题，共评选出一等奖8名、二等奖15名、三等奖30名。对全区各单位尤其是重点要害部门计算机管理、密级文件及其他文件、资料管理进行了专项检查。完成“三合一平台”18套安装工作，装备了区密级文件阅读室，组织了3次文件资料送销工作。全年，机要保密工作实现“零差错”。（周朝晖）

【档案工作】 区档案局定编8人（参公事业编制），2016年在编6人，其中局长1名，副局长1名。主要职责是认真贯彻执行党和国家档案工作方针、政策和法律法规，结合全区实际，研究制定相应的行政管理规章制度、工作计划，并组织实施和监督检查。监督、指导全区机关、乡街、部门档案业务工作，组织开展档案工作的咨询、检查等。定期接收、征集档案，搞好档案整理保管，维护档案的完整、安全，不断推进档案工作科学化管理。组织召开档案工作会议，分析总结经验交流，并向区委、区政府报告工作。承办区委区政府交办的其他工作。区档案馆面积为600多平方米，馆藏档案67个全宗，有文书档案、科技档案、婚姻档案、公证档案、林改档案、计生档案、重点工程档案、基建档案、会计档案、照片档案、声像档案、实物档案等各类档案15380卷（册、盒）。2016年，对区直各单位收集2015年各类文件材料进行指导督促，特别是撤并文件材料收集齐全，按照要求及时整理、管理好，并做好婚姻档案抢救修护工作，请专人对婚姻档案进行计算机录入工作；正式启动档案温湿度自控仪和自动灭火装置安装工作，保障安装期间档案安全，同时做好监管服务，进行调试和验收，完成消防设备和温湿度控制仪顺利交付使用；配合市档案局做好"6·9"国际档案日的活动及宣传工作；外出长沙、上海、海宁市档案馆参观学习档案数字化建设成功案例；积极参加市档案局组织到衡东学习"档案进民营企业"、市档案局举办的抗战档案史料暨名家书画作品捐赠仪式。2016年，区委常委会作出预拨7万元用于精准扶贫档案工作管理经费的决定。6月，联合区保密局、区机要局对全区的档案归档工作及档案管理情况进行检查监督。7月，重新修订完善了档案管理的12项制度并悬挂上墙。确保档案管理工作向制度化、规范化方向推进。9月，联合督查室对全区30多个单位进行执法检查，重点检查了各档案室的防火、防盗、防虫等"十防"安全管理工作，并将检查情况和建议及时反馈给单位，下达整改通知，责令限期整改，取得了明显成效。通过检查，全面掌握了全区档案规范化情况。为完好保存档案资料，区财政下拨经费15万余元，为档案库房安装了自动灭火装置及温湿度自控仪，告别了过去人工记录数据和人工调控温湿度的阶段，同时购置了复印机、电子钻孔机、碎纸机、防虫药品等。极大限度地改善了档案保管条件，提高了安全防范能力。2016年，区档案局共接待查阅人员502人（次），查阅案卷864卷（册），复印资料1053张。启动对1966年以来近五十年的婚姻档案进行电子条目录入工作，共录入691卷、30659对结婚档案，125卷、4587对离婚档案，并建成完整的目录数据库。成立重点档案抢救工作领导小组，制定实施方案，积极向省市争取了4万元抢救经费。对年代久远、纸质泛黄发脆的档案请专人进行抢救，形成案卷目录数据库备份。订制1500个专业档案盒对所有破损档案盒进行全部更换，使其焕然一新，大大延长了其使用寿命，提高了利用效率。全区各乡街建档率达到100%，16个村（管理处）和29个社区建档率也达到100%。乡街档案室面积达320平方米，全区共配备有专兼职档案员68名，健全了档案工作队伍，形成了以区档案局为龙头、乡街档案室为中心的农村档案管理网络。2016年，按照全省档案数字化建设的发展要求，结合实际，石鼓区档案数字化建设工作顺利启动，将档案数字化工作经费纳入了财政预算。精心组织了以区委办、区财政局、区档案局、区保密局相关同志组成的学习考察团赴长沙、上海等地参观学习数字档案馆建设和档案数字化工作先进经验。制定出石鼓区档案局数字档案馆及档案数字化建设方案预算（草案），并已报财政进行财评。争取三年时间，完成数字化档案馆建设，促进机关电子文件档案规范管理、在线移交。（李燕妮）

【督查工作】 区委督查室承担着全区绩效考核工作的主要职能。2016年，区委督查室以《区委经济工作报告》《政府工作报告》为工作主线开展督查。根据"两报告"要求，编写《两个报告责任分解表》，在全区开展书面督查。区委督查室主任固定列席区委常委会和随机列席区政府常务会议，围绕会议要求对安全生产、文明创建等17个事项、40余个单位的落实情况进行督查。2016年，收到市委书记批示3件、区委书记批示34件，分别向29个部门下达督办函，解决问题34个，确保了件件有着落，件件都办结。督查室依据各时段的工作重点，全年开展各类督查工作70余次。2016年，石鼓区绩效考核在全市城区组名列第三，为良好等次，获奖金40万；区小康工作在全市12县市区组名列第二，获得综合奖，并通过全省达标认定。

（吕　斌）

【史志工作】 2016年1月，区史志办成立，将党史、区志工作合二为一，归口区委办管理，明确区史志办为正科级全额拨款事业单位，定编4人，设主任1人、副主任1人。返聘7名退休干部从事史志宣传、联络、征编工作。年内，区史志办聚焦主业，抓党史征集研究，完成《湖南党委工作纪事》《衡阳市委执政纪事》组稿工作。拓展党史宣传渠道，灵活多样地开展党史宣传教育。以“两学一做”学习教育为载体，党史联络组的老同志到基层党支部讲党课颂党恩。依托石鼓手机报，开辟史志专栏，以史鉴今，资政育人。全面落实《湘潮》征订工作，覆盖率超过辖区人口总数的万分之十。编纂《湖南乡镇简志·衡阳分卷·石鼓篇》，并在此基础上，编纂《石鼓乡街简志》单行本（初稿）。推进二轮修志和综合年鉴的编纂工作，拟写《石鼓区志》编纂工作方案和《石鼓年鉴》编纂工作方案，提出篇目设计意见，编制了预算经费，提请区政府常务会讨论研究，为启动第二轮区志编修和《石鼓年鉴》编纂打下了基础。注重开发利用方志资源，为全区招商引资和重点项目建设提供地情信息，为宣传石鼓区改革开放所取得的巨大成果提供图片资料。2016年，区史志办被评为全省党史系统“以史铸魂”平台建设组织工作先进单位，衡阳市党史工作目标管理考核优秀单位，衡阳市地方志资源开发利用先进单位。（刘　珺）

【机关事务管理】 区接待处围绕全区中心工作，坚持贯彻落实中央“八项规定”和省委“九项规定”以及《党政机关厉行节约反对浪费条例》《党政机关国内公务接待管理规定》《湖南省党政机关国内公务接待管理办法》等文件精神，厉行勤俭节约，严控“三公”经费支出。全年完成各类公务接待任务90余起，费用比2015年下降21%。机关事务工作中，强化各项管理，认真履行各项职能，充分发挥后勤服务保障作用。加强对机关物业的监督和管理，对物业公司的各项服务工作进行规范化、科学化、经常化的考核管理，确保机关环境卫生干净整洁、水电畅通。全年圆满完成石鼓人民广场的建设，该项目由机关大院及山头园林提质改造、喷泉改造、机关亮化工程、机关大门改造、机关道路改造等几个部分组成，通过对机关大院及山头的园林绿化进行全面提质改造，为机关干部职工和市民创造了一个环境幽静、景色优美的工作和生活环境。强化对保安工作的监督检查力度，加强对出入机关大院车辆和人员的管理，协助信访部门做好上访人员信访维稳工作，有效维护了机关大院的正常工作秩序。区机关青少年活动中心改造项目由区机关新食堂改造工程、图书馆、羽毛球馆、健身房等几个部分组成，于8月投入使用。区青少年活动中心新食堂建设项目经过近一年时间的改造施工及后期装修，新食堂功能布局合理，设施设备齐全，菜品质量、服务质量、就餐环境得到较大提高。11月，成立区公务用车管理服务中心。公车管理中心成立后，制定出台相关管理制度，对用车、派车、修车、油料等进行规范管理，确保行车安全。（傅俊钢）

【机关党建】 抓好区直机关党组织五化建设和党员积分管理工作，抓好区直机关党务干部、党员、入党积极分子的教育培训、民主主评议及三会一课；全年发展新党员6人，转正6人；开展“七一”庆祝活动，搭建学习交流平台，促进机关党建工作均衡协调发展；摸底、走访慰问困难党员；抓好机关党员统计工作；配合做好区直机关各支部党费收缴工作。督促机关各支部开展“机关党旗红，建设‘三个石鼓’在行动”主题实践活动；收集整理活动资料台账，配合做好作风督查。牵头抓好文明创建工作，组织机关文体活动等。石鼓区党建工作连续两年全市排名第一，2016年，区直工委在全区绩效考核中评为优秀单位，并被评为区优秀基层党组织。（周翼莉）

石鼓区人民代表大会

综　述

【概况】　2016年，石鼓区有各级人民代表大会2个，即石鼓区人民代表大会和角山乡人民代表大会。石鼓区人大常委会成立于2001年5月，是石鼓区的地方国家权力机关。石鼓区第三届人民代表大会于2012年11月换届。至2016年换届前，各级人大代表共254人，其中驻区第十二届全国人大代表2人，省第十二届人大代表5人，市第十四届人大代表30人，区第三届人大代表162人，乡第十四届人大代表55名。区第三届人大常委会有组成人员21名，其中主任1人，副主任5人，委员15人。区人大常委会设办公室、内务司法工作委员会、财政经济和农业农村工作委员会、教育科学文化卫生工作委员会、城乡建设和环境保护工作委员会、选举任免联络工作委员会。下设人民街道人大联络工作委员会、青山街道人大联络工作委员会、潇湘街道人大联络工作委员会、五一街道人大联络工作委员会、合江街道人大联络工作委员会、黄沙湾街道人大联络工作委员会、黄沙湾街道松木片区便民服务中心人大代表小组、金源街道人大联络工作委员会、角山乡人大主席团。根据中央、省委和市委关于县级党委人大政府政协同步换届的工作安排，石鼓区第四届人民代表大会提前一年于2016年11月换届。换届后，各级人大代表共254人，其中驻区第十二届全国人大代表2人，省第十二届人大代表5人，市第十五届人大代表30人，区第四届人大代表162人，乡第十五届人大代表55人。区第四届人大常委会有组成人员26人，其中主任1人，副主任5人，委员20人。第四届区人民代表大会设立财政经济委员会和法制委员会2个专门委员会，区人大常委会设办公室、内务司法工作委员会、教育科学文化卫生工作委员会、城乡建设环境资源保护与农业农村工作委员会、选举任免联络工作委员会、预算工作委员会、法制工作委员会、研究室、信访办公室。下设人民街道人大工作委员会、青山街道人大工作委员会、潇湘街道人大工作委员会、五一街道人大工作委员会、合江街道人大工作委员会、黄沙湾街道人大工作委员会、黄沙湾街道松木片区便民服务中心人大代表小组、金源街道人大工作委员会、角山乡人大主席团。区人大常委会主要工作职责是：保证宪法、法律、行政法规和上级人民代表大会及其常务委员会决议在石鼓区的遵守和执行；领导或者主持区人民代表大会代表的选举；召集区人民代表大会会议；讨论、决定石鼓区的政治、经济、教育、科学、文化、卫生、环境和资源保护、民政、民族等工作的重大事项；根据区人民政府的建议，决定对区国民经济和社会发展计划、预算的审查、部分变更，以及决算的批准；监督区人民政府、区人民法院和区人民检察院的工作，联系区人民代表大会代表，受理人民群众对"一府两院"及工作人员的申诉和意见；撤销乡镇人民代表大会及其主席团的不适当的决议；撤销区人民政府的不适当的决定和命令；在区人民代表大会闭会期间，决定副区长的个别任免；在区长和区人民法院院长、区人民检察院检察长因故不能担任职务的时候，从区人民政府、区人民法院、区人民检察院副职领导人员中决定代理的人选；决定代理检察长，须报上一级人民检察院和人民代表大会常务委员会备案；根据区长的提名，决定区人民政府组成部门正职的任免，报上一级人民政府备案；按照人民法院组织法和人民检察院组织法的规定，任免区人民法院副院长、庭长、副庭长、审判委员会委员、审判员，任免区人民检察院副检察长、检察委员会委员、检察员；在区人民代表大会闭会期间，决定撤销个别副区长的职务；决定撤销由它任命的区人民政府组成部门正职和人民法院副院长、庭长、副庭长、审判委员会委员、审判员，人民检察院副检察长、检察委员会委员、检察员的职务；在区人民代表大会闭会期间，补选上一级人民代表大会出缺的代表和罢免个别代表。2016年，区人民代表大会常务委员会始终坚持党的领导，深入贯彻习近平总书记系列重要讲话精神，自觉坚持和完善人民代表大会制度，紧紧围绕工作大局，立足服务中心，突出工作重点，依法行使监督、决定、人事任免等各项职权，全年共召开常委会会议9次，开展执法检查和视察调研21次，听取"一府两院"专项工作报告19项，作出决议、决定29项，任免国家机关工作人员31人（次），圆满完成区乡两级人大换届选举工作，全面完成区三届人大六次会议确定的各项工作任务。（朱福华）

【助推经济发展】 区人大常委会服务发展大局，先后听取和审议2015年国民经济和社会发展计划执行、财政预算执行、财政决算、审计工作情况报告以及2016年计划、预算情况报告，及时批准了相关报告。先后依法对农村综合公共服务中心建设、虎形山棚户区改造项目由政府购买服务纳入本级财政预算等涉及全区大局及群众切身利益的重大事项进行审议，及时作出了决议决定，为全区经济社会发展提供了坚强保障。（朱福华）

【依法监督】 区人大常委会加强对"一府两院"的工作监督，创新监督方式，由班子成员牵头，组织部分人大代表，首次对区政府5个工作部门履行《政府工作报告》职责情况进行专项评议，并进行现场询问和满意度测评，被测评单位满意率均达90%以上，收到了既依法监督，又促进工作的良好效果。（朱福华）

【参与中心工作】 区人大常委会积极参与全区中心工作，扎实推进演武坪水厂提质改造、雅士林欣城综合开发、明翰路两厢提质改造等重点项目建设，帮助指导联点村（社区）开展"三清三建""两化两体系"、基层党建、文明创建、精准扶贫、民生实事等工作，上为党委分忧，下为群众解难。2016年12月，联系的石鼓社区居家养老服务中心正式建成营业，受到社会各界群众好评。（朱福华）

【维护民生民利】 区人大常委会围绕城乡环境整治、村卫生室建设以及促进团结、共同发展等主题，扎实开展"环保世纪行""三湘农产品质量安全行""三湘农民健康行""民族团结进步行动"等专项活动，切实加大宣传力度，推动职能部门解决具体问题。区人大常委会依法受理群众来信来访，督促有关部门及时化解社会矛盾，促进社会和谐稳定。2016年，共接待群众来访30余批次80余人次，重要来信26件（次），全部按要求及时转办并督办落实。区人大常委会组织部分人大代表，对农业专项资金管理使用情况，开展为期2个月的专项检查，督促区政府加大专项资金监管和统筹力度，切实提高资金使用效率；对《基本农田保护条例》执行情况，开展专题调研，督促区政府建立完善国土资源动态巡查网络，对项目未批先建、擅自改变规划和土地用途等违法用地行为，保持严厉惩治的高压态势；对水利设施和水资源建设情况，开展专题调研，督促区政府加大河流和池塘的整治与清淤力度，配齐专业技术人才，建好水利惠民工程。（朱福华）

【推进依法治区】 区人大常委会认真落实依法治国基本方略，大力开展"国家宪法日"活动，督促法院、检察院、司法局等有关部门深入基层，采取多种形式对公民进行宪法宣传教育，切实增强人民群众的宪法意识。区人大常委会坚持党管干部和人大依法任免干部相统一，对所有拟任人员严格执行任前了解、法律考试、表态发言、会议审议、投票表决、颁发任命书、向宪法宣誓等程序，确保了党委意图与人民意愿的高度统一。组织20名提请任命人员参加法律考试，考试成绩在常委会上现场通报；组织41名人大及其常委会选举或决定任命的国家工作人员，向宪法庄严宣誓。首次组织人大代表对区人民法院拟任审判员开展听取庭审活动，从形象仪表、庭审驾驭能力、语言表达能力、法律法规准确把握能力等方面进行综合考察。区人大常委会强化执法监督检查，组织开展《中华人民共和国民办教育促进法》执法检查，督促区政府提高对民办教育的认识，规范民办教育办学秩序；组织对《中华人民共和国义务教育法》执法检查审议意见落实情况开展"回头看"，督促区政府进一步加大义务教育投入，改善中小学教师待遇，整改民办学校突出的安全隐患问题，促进城乡义务教育均衡发展。区人大常委会强化司法工作监督，组织人大代表到区人民法院现场听审有重大影响或有代表性的案件，听取和审议区人民检察院关于新的《中华人民共和国刑事诉讼法》贯彻实施情况报告，组织人大代表参加以"加强侦查监督、维护司法公正"为主题的"检察开放日"活动，维护公民合法权益，促进规范执法、公正司法。坚持"有件必备、有备必审、有错必纠"，共依法受理规范性文件备案审查18件。（朱福华）

【发挥代表作用】 区人大常委会动员和组织人大代表以"三联三帮三评"为主要内容，开展"心系群众、为民履职"主题实践活动，激发代表履职热情，密切联系人民群众。青山街道人大工委组织人大代表视察调研来雁新城土地污染防治情况，督促来雁公司加大重金属污染治理力度；人民街道人大工委组织人大代表视察调研街道社区卫生服务中心，帮助解决房屋产权等实际问题；五一街道人大工委邀请代表面对面听取群众意见和诉求；金源、合江等街道人大工委开展了走访慰问、医疗义诊等"爱心"活动，帮助群众解决实际问题。区人大常委会重视代表建议办理，采取专项检查与随机抽查、电话督查与现场督查相结合的方式，对代表提出关于加快推进和扶持角山乡村旅游、落实村干部养老保险、增加老城区体育健身场地和设施、成立社区老年托养服务中心、农贸市场扩容规范管理等5个建议进行重点督办，督促代表建议办理工作落到实处。2016年，共收到代表建议、批评和意见111件，其中区三届人大六次会议收集的48件建议全部得到办理，代表建议办理的沟通率、办复率、满意率均为100%；对区四届人大一次会议收集的63件建议提出初步办理意见。区人大常委会加强代表培训和履职管理，组织新选出的市、区人大代表开展初任培训，重点学习《中华人民共和国全国人民代表大会和地方各级人民代表大会代表法》《中华人民共和国选举法》《中华人民共和国组织法》等法律法规，强化代表责任意识，提升代表履职能力。首次出台《乡街人大工作目标管理考核办法》，将代表工作列为考核乡街人大工作的重点内容。各乡街人大工委组织代表开展学习培训、视察调研、履职交流、驻站接访等活动36次，为代表依法履职提供有力保障。（朱福华）

【强化自身建设】 区人大常委会狠抓思想建设，组织机关党员干部开展"两学一做"学习教育、"四讲四有"专题学习讨论和"两案"反思，坚定理想信念，树固"四个意识"。认真贯彻省委、市委、区委决策部署，依法选举产生市、区、乡三级人大代表247名，依法选举产生第四届区人大、政府领导班子和法检两长，圆满完成换届选举各项任务。整个换届选举合法合规、风清气正。认真贯彻中发〔2015〕18号、湘发〔2015〕26号、衡发〔2016〕12号文件精神，基层一线代表、妇女代表和非中共党员代表的比例提高，常委会组成人员增加至26名，第四届人民代表大会新设立财政经济委员会、法制委员会，区人大常委会新增设研究室、信访办公室，人大机构和队伍建设进一步加强。全面加强理论研究和新闻宣传。2016年，在省级以上刊物网站上稿18篇，在市级主流媒体上稿7篇，其中《加强街道人大工作的探索与思考》被省人大《人民之友》杂志宣传推介，被评为年度佳作，并被收录《中国人大年鉴2016》；《石鼓区精心组织正式代表候选人与选民见面会》被《人民之友》网站宣传推介，被评为年度优秀稿件。

（朱福华）

【区乡两级人大换届选举】 7月1日—10月31日，石鼓区区乡两级人大换届选举同步进行。整个换届选举历经准备工作与集中宣传发动、确定分配代表名额和划分选区、选民登记、提名协商与确定代表候选人、依法组织投票选举5个阶段。为确保换届选举顺利推进，区委高度重视，成立区乡两级人大换届选举工作联席会议，明确区委常委分别联系10个区人大换届选举口，于8月31日以区委文件转发区人大常委会党组关于做好区乡两级人民代表大会换届选举工作的意见。区委先后于9月2日、10月23日召开动员会、区委常委扩大会议进行安排部署和专题调度，切实加强对换届选举工作的领导。10月14日，区委书记杨龙金深入松木片区、金源街道调研区乡人大换届选举工作，现场察看灵官庙村、松木管理处、松梅管理处选举公告、倡议书、致选民的公开信以及候选人名单张贴发放情况，要求切实加强组织领导，严把关口，确保换届选举圆满成功。为进一步严肃换届纪律，严格落实“九个严禁、九个一律”等换届纪律要求，区纪委成立区人大政协换届纪律监督工作领导小组，并制订工作方案，派出10个纪律督导组，进驻各乡街（片区）和教育选举口进行全程定点监督。区人大常委会贯彻落实区委决策部署，于8月24日决定成立石鼓区选举委员会、角山乡选举委员会，并确定角山乡第十五届人民代表大会代表名额为55名。并于9月2日举行区乡两级人大换届选举工作培训班，区、乡街、村（社区）负责换届选举的干部共170余人参加培训。为加强组织领导，区人大常委会成立区乡两级人大换届选举工作领导小组，明确常委会领导干部包点督查指导乡街人大换届选举工作，并制订维稳应急工作方案、换届选举工作方案；区选举委员会确定10月26日为石鼓区第四届人大代表选举日，并作出代表名额分配及选区划分的安排，制订组织投票选举代表工作方案、投票选举应急预案和投票选举组织工作责任体系表，提出组织正式代表候选人与选民见面工作的指导意见，为推进换届选举奠定坚实基础。10月11日，是区乡两级人大换届选举公布初步代表候选人的法定日，区人大常委会主任高鸿升、副主任陈国春、正县级干部邓新文、副主任冯春娥、祝家元、宁华梁、彭爱民分别带队深入各乡街（片区）、选区督查指导工作开展情况。10月18日，石鼓区举办第四届人大代表投票选举工作培训会，标志着区换届选举工作即将进入投票选举人大代表关键阶段。10月20—25日，全区118个区人大代表选区、21个乡人大代表选区，分别召开正式代表候选人与选民见面会，356名区乡人大代表正式候选人全部与选民见面。区领导杨龙金、刘浪、肖立建、高鸿升、叶强、龚建民等均以新一届区人大代表正式候选人身份，深入各自选区与选民见面。10月26日，是区、乡两级人大换届选举法定日，市委常委、衡阳警备区司令员贺小坤，市人大常委会副主任苏营分别深入青山、人民、潇湘街道相关选区，现场指导人大投票选举工作。10月26—28日，投票选举区第四届人民代表大会代表。全区共划分选区118个，登记选民91636人，实际参加投票选举的选民76606人，参加投票选举的选民占选民总数的83.6%。全区共分配区四届人大代表名额162名，各选区均采取选举大会或投票站或流动票箱的形式，通过差额选举无记名投票的方式，从280名正式代表候选人中依法选举产生162名区四届人大代表。162名代表中，组织提名人选100%当选；基层一线的工人、农民和专业技术人员80名，占代表总数的49.4%；企事业单位负责人19名，占代表总数的11.8%；公务员49名，占代表总数的30.2%；其他方面人士14名，占代表总数的8.6%。162名代表中，非中共代表60名，占代表总数的37%；妇女代表62名，占代表总数的38%；连任代表44名，占代表总数的27%。162名代表中，平均年龄44岁，年龄最大的66岁，最小的21岁。区选举委员会通过对各选区选举结果的审核，认为全区118个选区的选举程序符合法律规定，确认选举结果有效。同期，角山乡21个乡人大代表选区，依法选举产生乡人大代表55人。（彭传忠）

重要会议

【区三届人大六次会议】 2月24—27日在区机关会议中心召开。会议应到代表153人，实到代表141人。大会依法选举彭爱民为区人民代表大会常务委员会副主任，胡志英（女）、李在定为区三届人大常委会委员。会议表决通过《关于石鼓区人民政府工作报告的决议》《关于石鼓区国民经济和社会发展第十三个五年规划纲要的决议》《关于石鼓区2015年国民经济和社会发展计划执行情况及2016年计划的决议》《关于石鼓区2015年财政预算执行情况和2016年财政预算的决议》《关于石鼓区人民代表大会常务委员会工作报告的决议》《关于石鼓区人民法院工作报告的决议》《关于石鼓区人民检察院工作报告的决议》。（彭传忠）

【区三届人大常委会第三十一次会议】 2月19日，由高鸿升主持召开。会议审议通过区人大常委会2016年工作要点，决定接受刘策富、王元军、吴颖、李会能、王容易等辞去区三届人大代表职务，接受邓初中辞去区三届人大常委会委员职务，听取和审议代表资格审查报告，决定表彰2015年度优秀建议、建议承办先进单位及先进代表工作站，决定2月24日—27日召开区三届人大六次会议。（彭传忠）

【区三届人大常委会第三十二次会议】 4月26日，由高鸿升主持召开。会议决定任命廖明明为区人民防空办公室主任，决定接受周宏生辞去区三届人大代表职务，决定对区三届人大六次会议选定的5个代表建议的办理工作进行重点督办，对区政府5个工作部门履行《政府工作报告》职责情况进行评议，对全区乡街人大机构工作实行年度目标管理考核。（彭传忠）

【区三届人大常委会第三十三次会议】 6月30日，由高鸿升主持召开。会议听取和审议区人民政府关于2015年度区本级财政预算执行和其他财政收支情况的审计报告并作出决议，决定批准区人民政府关于2015年度财政决算报告。（彭传忠）

【区三届人大常委会第三十四次会议】 8月15日，由高鸿升主持召开。会议听取和审议了人事任免议案，决定任命刘浪为区人民政府副区长、代理区长，同时接受黄辉辞去区人民政府区长职务。（彭传忠）

【区三届人大常委会第三十五次会议】 8月24日，由高鸿升主持召开。会议听取和审议有关人事任免议案，任命谷敏为区人民法院审判委员会委员、副院长，宋顺武为区人民检察院检察委员会委员、副检察长，决定谷敏代理区人民法院院长，宋顺武代理区人民检察院检察长，免去李立志的区人民法院审判委员会委员、院长职务，贺晓斌的区人民检察院检察委员会委员、检察长职务。会议决定接受王敏、陈坚、贺水源辞去区人民政府副区长职务。会议决定设立石鼓区选举委员会，决定成立角山乡选举委员会，确定角山乡第十五届人民代表大会的代表名额为55名。（彭传忠）

【区三届人大常委会第三十六次会议】 11月8日，由高鸿升主持召开。会议听取和审议《石鼓区人民政府将区农村综合公共服务中心建设项目政府购买服务资金列入财政预算的议案》并作出决议，批准将该项目政府购买服务资金约1688万元列入财政预算。会议决定石鼓区四届人大一次会议于11月22—25日在区会议中心举行。会议决定同意设立石鼓区人民代表大会财政经济委员会、法制委员会，报请石鼓区第四届人民代表大会第一次会议审议、批准；会议决定设立石鼓区人民代表大会常务委员会预算工作委员会、法制工作委员会。

（彭传忠）

【区三届人大常委会第三十七次会议】 11月17日，由高鸿升主持召开。会议听取和审议《石鼓区人民政府将区虎形山棚户区改造项目（城中村）政府购买服务资金列入财政预算的议案》并作出决议，批准将该项目政府购买服务资金约65372万元列入财政预算。会议决定设立衡阳市石鼓区第四届人民代表大会第一次会议议案审查委员会（草案），提请区四届人大一次会议预备会议审议。

（彭传忠）

【区四届人大一次会议】 11月22—25日，在区机关会议中心召开。大会应到代表162名，实到代表159名。会议选举高鸿升为区人民代表大会常务委员会主任，刘浪为区人民政府区长，谷敏为区人民法院院长，宋顺武为区人民检察院检察长，陈国春、冯春娥、宁华梁、彭爱民、刘卫国为区第四届人民代表大会常务委员会副主任，曾梦龙、谢宏、朱建社、聂文化、吴颖、汪衡湘、王砺为区人民政府副区长，阳平剑等20人为区第四届人民代表大会常务委员会委员。大会选举30人为出席衡阳市第十五届人民代表大会代表。大会组织新当选的区人大常委会主任、副主任、委员，区人民政府区长、副区长，区人民法院院长集体向宪法宣誓。会议表决通过《关于石鼓区人民政府工作报告的决议》《关于石鼓区人民代表大会常务委员会工作报告的决议》《关于石鼓区人民法院工作报告的决议》《关于石鼓区人民检察院工作报告的决议》；表决通过《关于设立石鼓区第四届人民代表大会财政经济委员会的决定》《关于设立石鼓区第四届人民代表大会法制委员会的决定》和石鼓区第四届人民代表大会财政经济委员会、法制委员会主任委员、委员名单。会议号召全区人民紧密团结在以习近平同志为核心的党中央周围，切实增强政治意识、大局意识、核心意识、看齐意识，自觉贯彻落实“五大发展理念”，团结一心、奋力拼搏，为决胜全面小康、打造湘南地区最具活力的商贸文化新区而努力奋斗。 （朱福华）

【区四届人大常委会第一次会议】 12月8日，由高鸿升主持召开。会议审议和通过有关人事任免事项，决定任命范云龙为区人大常委会内务司法工作委员会主任、李科为区人大常委会城乡建设环境资源保护与农业农村工作委员会主任、李会能为区人大常委会预算工作委员会主任、胡志英为区人大常委会法制工作委员会主任、朱福华为区人大常委会研究室主任、曾广彪为区监察局局长。会议组织5名被任命人员庄严向宪法宣誓。 （彭传忠）

【区四届人大常委会第二次会议】 12月27日，由高鸿升主持召开。会议对区政府办、区旅游外侨民宗局、区教文体局、区法制办、区园林局5个政府工作部门履行《政府工作报告》职责情况进行专项评议，并进行现场询问和满意度测评。会议听取区人民政府《关于石鼓区2016年财政预算收支调整方案（草案）》的报告，审查区人民政府提出的2016年财政预算收支调整方案（草案）并作出决议，决定批准区2016年财政预算收支调整方案。（彭传忠）

重要活动

【衡阳市2016年度“三湘农民健康行”暨“农民健康教育周”活动启动仪式在石鼓区举行】 湖南省十届人大四次会议决定，2006年在全省开展“三湘农民健康行”活动，并列入了常委会工作要点，具体由省人大教科文卫委员会牵头组织。2016年，活动进入第10个年头。活动主题是全面推动村卫生室建设，提高农村卫生服务能力。5月23日，衡阳市2016年“三湘农民健康行”暨“农民健康教育周”活动启动仪式在角山乡角山村举行。市卫计委副主任刘景友参加并讲话，区人大常委会党组书记、主任高鸿升参加并致辞，市人大教科文卫委主任龙雪一、区政府副区长谢宏参加活动启动仪式。活动当天，市南华附二医院、市中心医院、市中医院、市妇幼保健院、解放军169医院、市中医正骨医院、角山乡卫生院共7家单位派出专家为老百姓义诊，现场设有心脑血管、骨科、妇产科、儿科等多个检查项目，主要针对65岁以上老人和0到6岁儿童。义诊2000余人，基础体验1500余人，免费送药价值8万余元，发放健康知识宣传手册3万余份，受到村民欢迎。（朱福华）

石鼓区人民政府

综　述

【概况】　根据中共石鼓区委、石鼓区人民政府《关于石鼓区人民政府机构设置的通知》，2016年区人民政府有政府工作部门18个：区人民政府办公室、区发展改革和科学技术局、区教育文化体育局、区监察局、区民政局、区司法局、区财政局、区人力资源和社会保障局、区住房和城乡建设局、区农林局、区水利局、区商务局、区卫生和计划生育局、区审计局、区统计局、区安全生产监督管理局、区城市管理行政综合执法局、区旅游外侨民宗局、区法制办公室、区人民防空办公室。区监察局与区纪律监察委员会合署办公，列入区政府工作部门序列，不计入区政府机构个数。区人民防空办公室既是区国防动员委员会的常设办事机构，也是区政府人民防空工作主管部门，列入区政府工作部门，不计入区政府机构个数。区农林局加挂中共石鼓区委农村工作办公室牌子。区政府直属事业机构5个：区重点项目工作办公室、区公共资源交易中心、区城市建设投资管理办公室、区电子政务管理办公室、区政务服务中心。政府工作部门所属正科级事业机构4个：区园林局、区环境卫生管理局、区农业综合开发办公室、区移民安置办公室。政府工作部门所属涉改副科级事业机构21个：区全民健身中心、区文化产业发展办公室、区城乡社会救助服务中心、区老年人服务中心、区民间组织管理服务中心、区社区矫正服务中心、区乡镇财政管理中心、区非税收入征收中心、区国有资产管理中心、区社会保险管理中心、区就业服务中心、区农业产业化与技术推广服务站、区农村能源办公室、区林业站、区畜牧水产站、区农林综合执法大队、区防汛抗旱办公室、区投资促进事务中心、区社会抚养费征收服务中心、区安全生产执法大队、区城管行政执法大队。　（谷琼峰　胡雪峰）

重要会议

【区政府第1次常务会议】　1月22日下午，由区委副书记、区长黄辉在区政府302会议室主持召开。会议听取了区民政局关于《乡镇区划调整改革并村工作方案（送审稿）》《石鼓区自然灾害应急预案（送审稿）》的情况汇报。审议并原则同意，要求根据会议意见修改后按程序行文下发。会议认为，乡镇区划调整改革并村工作重点难点在村名、村部、村干、村产的确定及处置。会议要求，做好并村工作，一要把握时间节点。春节前所有前期工作要全部到位，并村工作具体方案于2月3日前报区政府。二要落实工作责任。区联点领导要担起牵头责任；每个涉改乡（街）派一个工作队，由一名区级领导任指导员，负责具体指导；各乡（街）是组织实施的责任主体，对合村工作的任务完成、问题化解、后遗症处理负总责，党政一把手为主要负责人；区民政局要加强与市对接，及时向联点领导汇报，负责具体业务指导。三要依法稳妥推进。区民政局、各乡（街）要按上级要求依法依程序开展好工作；信访局、维稳办、公安分局要提前介入，维护好稳定。四要严肃工作纪律。要严格按市纪委《关于严明纪律切实保证乡镇行政区划调整和建制村合并工作顺利进行的通知》文件要求执行到位，特别是要严守财经纪律，要做好村资村产清理登记，杜绝突击发放补贴、奖金等行为，区监察局要全程监督。五要加大宣传力度。区民政局、各乡（街）要加大宣传力度，做到群众理解，村干支持，平稳合并。

（谷琼峰　胡雪峰）

【区政府第2次常务会议】 2月5日上午，由区委副书记、区长黄辉在区政府302会议室主持召开。会议听取了区财政局关于差额、自收自支编制在职及退休人员经费保障的情况汇报。会议明确，各乡、街道在2016年春节前将自收自支退休人员和改革前社区居委会退休人员的2014年绩效奖3500元缺口补齐；区直部门和各乡、街道在2016年春节前足额发放2015年自收自支在职人员、机关自收自支退休人员和改革前社区居委会退休人员绩效奖和一个月的生活补贴（奖励工资）；区直部门和各乡、街道从2016年起按月按标准发放自收自支在职人员的工资和津补贴、机关自收自支退休人员和改革前社区居委会退休人员的生活补贴；经费来源由2016年财政预算安排自收自支在职人员工资和津补贴、机关自收自支退休人员和改革前社区居委会退休人员生活补贴的50%；预算安排上述人员绩效奖和一个月生活补贴（奖励工资）的50%；财政预算另安排运转经费予以补助，以各单位上述人员经费的20%为标准计算。会议强调，乡、街道要提升自我发展的能力，提高理财的积极性。会议要求，一要资金保障到位。财政局保证资金尽快到位，确保专款专用。二要尽快发放到位。各单位要确保按上述时间节点发放到位。三要资产上报到位。各乡、街道所有资产于3月1日前上报，交由区国资局统一管理，规范使用。3月1日后，区监察局、财政局、审计局组成联合检查组开展资产上报情况检查。会议听取了区民政局关于区划调整合村工作汇报。原则同意将角山乡的角山村、杨泗村合并为一个村，成立角山村；将小云山村、五星村合并为一个村，成立和平村；将莲花塘村、银杯村合并为一个村，成立利民村；将杨岭村、茅茶亭村合并为一个村，成立前进村；将黄沙湾街道的松梅管理处、友谊管理处合并，成立松梅村；将松木管理处、桤木村合并，成立松木村；将青石管理处、建新村合并，成立青石村；将农科站并入朝阳管理处，成立朝阳村；将合江街道的江霞管理处、友爱村合并，成立江霞村；将金源街道的新竹管理处、金源管理处并入金源社区；将红林管理处并入三里管理处，成立三里村；将鑫源管理处并入金兰管理处，成立金兰村。合并后，全区共19个村，其中角山乡辖6个村，黄沙湾街道辖7个村，合江街道辖2个村，五一街道辖1个村，金源街道辖3个村。各乡、街道上报的合村方案待区委常委会审定后，以区政府名义批复，区民政局及时上报市民政局备案。会议要求，乡、街道要以拟成立的新村为单位迅速成立专门工作组，尽快完善相关资料和程序，加强信息收集，及时化解矛盾，确保按市要求时间节点顺利稳妥推进。会议听取了区政府办关于2016年《政府工作报告》起草情况的汇报。会议审议并原则通过报告，要求根据会议意见修改后，按程序提请区委常委会审议。（谷琼峰　胡雪峰）

【区政府第3次常务会议】 2月18日上午，受区委副书记、区长黄辉委托，区委常委、常务副区长王敏在区政府302会议室主持召开。会议听取了区发改局关于《2015年国民经济和社会发展计划执行情况及2016年国民经济和社会发展计划（草案）的报告》编制工作情况汇报。审议并原则同意该报告，要求根据会议意见修改后，按程序提请区人大常委会审议。会议听取了区财政局关于《石鼓区2015年财政预算执行情况和2016年财政预算（草案）的报告》及《2016年预算编制工作情况的报告》情况汇报。审议并原则同意两个报告。要求根据会议意见修改后，按程序提请区人大常委会审议。

（谷琼峰　胡雪峰）

【区政府第4次常务会议】 3月4日上午，由区委副书记、区长黄辉在区政府302会议室主持召开。

会议听取了区政府办关于2016年《政府工作报告》责任分解的情况汇报。审议并原则同意重点工作责任分解，要求根据会议意见修改后，按程序以区政府办的名义发文。会议要求，关于《政府工作报告》责任分解，一要高度重视。《政府工作报告》是经区人大会议审议通过的法定文件，要切实发挥《政府工作报告》在推进区政府工作中的统揽作用。二要狠抓落实。各级各部门要严格对标，细化责任，制定方案，强化措施，不折不扣地确保任务完成。三要严格督查。区政府督查室要根据各责任单位制定的具体方案加大督办检查跟踪的力度，确保工作落实到位。会议传达学习了《湖南省环境保护工作责任规定（试行）》《湖南省重大环境问题（事件）责任追究办法（试行）》《衡阳市重大环境问题（事件）责任追究办法（试行）》《衡阳市环境保护工作责任规定（试行）》四个文件精神。会议听取了环保石鼓分局关于《衡阳市石鼓区环境保护工作责任规定（试行）（讨论稿）》和《石鼓区重大环境问题（事件）责任追究办法（试行）（讨论稿）》的起草情况汇报，审议并原则同意上述两个文件，要求根据会议意见修改后，《衡阳市石鼓区环境保护工作责任规定（试行）》按程序以区人民政府名义发文，《石鼓区重大环境问题（事件）责任追究办法（试行）》提请区委常委会审议通过后按程序以区两办名义发文。会议听取了区基层办关于农村综合公共服务中心建设相关工作汇报。会议明确以下五个方面内容，一是明确目标：争取今年全面完成市里分配的两年共11个农村综合公共服务中心建设任务。二是明确原则：因地制宜、风格统一、服务便民、经济实用。三是明确机构：成立区农村综合公共服务中心建设工作协调小组，具体工作由工作协调小组副组长、区委常委、组织部部长、统战部部长叶强牵头负责。四是明确职责：区委组织部负责总调度，总协调及对上衔接；区发改局负责办理项目立项手续；规划分局负责办理项目选址意见书、乡村建设规划许可证、建设工程规划许可证；国土分局负责办理项目用地预审意见；区财政局负责资金筹集拨付；乡街负责征地拆迁、土方平整、环境优化。五是明确资金：资金来源为市级整体打包融资资金、各级专项资金及区本级资金，使用范围为全区农村综合公共服务中心的新建和改扩建工程，区财政具体测算后分年度纳入预算，各部门要积极主动向上争取专项资金，不足部分由区财政兜底。会议听取了区教文体局关于2016年教师招聘有关情况的汇报。会议同意2016年招聘50名教师，区财政按照6500元/人的标准安排招聘工作经费。同意成立招聘教师工作领导小组，由区委常委、宣传部部长周文源任组长，区政府副区长陈坚，区政府副县级干部凌伟衡任副组长。会议强调，要认真组织好本次教师招聘工作，优化专业教师考试程序，确保考试公平、公正、公开。会议要求，区教文体局要建立健全教师管理机制。一要严查在岗情况。要出台对在编不在岗人员的管理制度，在编不在岗的教师限期于4月1日前返校，未履行请假手续，逾期不归者，依据相关规定作自动离职或开除处理。二要加强借调管理。凡借调手续不全者限期补办手续，未补办手续的必须回原学校。三要科学合理轮岗。要开展专题调研，制定科学合理的新进教师培训轮岗制度。会议听取了环保石鼓分局关于2015年农村环境综合整治整区推进项目工作情况的汇报。会议同意成立区农村环境综合整治工作领导小组。会议明确，环保石鼓分局为农村环境综合整治整区推进项目业主单位；该项目采用民生工程招投标办法严格按相关程序进行公开招投标；工作经费暂定10万元，如确因工作需要，可另行追加。会议要求，各责任单位要明确各自的责任和重点，把工作抓细抓实。会议传达了全省安全生产工作会议精神，听取了区安监局关于2015年度全区安全生产工作考核结果的汇报。会议同意，区委办等21个单位为2015年度安全生产工作先进单位，卜江等36人为2015年度安全生产工作先进个人。会议要求，区安监局近期牵头组织对全区监管单位和企业进行全面检查，突出对企业的复工复产开展安全检查，重点检查作坊式企业。会议听取了区重点办关于2015年度重点项目建设评先评优工作的汇报。会议同意，来雁新城、华耀城、杨岭安置小区、解放路和湘江北路两厢提质改造、蒸湘北路延伸、CC城市中心等6个项目指挥部为2015年重点项目建设特别贡献奖，石海燕、朱亮、邹波、廖朝辉、冯辉、肖兰艳、余小军、丁隆义、何祚刚、陈文军等10人为2015年重点项目建设先进个人；基础设施板块、工业和安置房板块、农业板块等3个办公室为2015年重点项目六大板块办公室先进单位，社会民生板块、服务业板块、旧城区、棚户区改造板块等3个办公室为2015年重点项目六大板块办公室优胜单位。会议听取了区监察局关于请示给予周某某政纪处分的情况汇报。鉴于周某某犯受贿罪被判刑，根据《行政机关公务员处分条例》相关规定，会议决定给予周某某行政开除处分，要求按相关程序办理。

（谷琼峰　胡雪峰）

【区政府第5次常务会议】 3月25日上午，由区委副书记、区长黄辉在区政府302会议室主持召开。会议听取了区园林局关于《石鼓区创建国家园林城市工作实施方案（送审稿）》的情况汇报。审议并原则同意该方案，要求根据会议意见修改后，按程序以区政府办的名义发文。会议要求，一要加强组织领导。成立工作领导小组，由区政府副区长朱鸿波任组长，区政府副县级干部彭召吉任副组长，区委宣传部、区政府办、区教文体局、区财政局、区住建局、区农林局、区城管综合执法局、区园林局、区环卫局、各乡街（片区）为成员，领导小组下设办公室，由区园林局局长姚礼来兼任办公室主任，负责创园工作具体事务的协调、联络。二要全力增加绿量。区园林局要抢抓植树季节，加快进度、确保质量、确保成活，绿量必须按国家园林城市标准达标。三要加大管养力度。对市移交的主次干道和区级负责的背街小巷、社区绿化，区园林局要管护到位。四要从严执法到位。区园林局负责，建立健全相关管理制度，采取有力措施，对毁绿行为严格执法到位。五要加强督查考核。创园工作要纳入年度绩效考核，区政府督查室加大督查考核力度，确保工作落实。六要引导广泛参与。区园林局要对辖区企事业单位进行全面摸底，制定责任分解方案；各乡街负责做好辖区内企事业单位工作，要求他们积极支持创园工作，引导辖区各单位积极创建园林式单位，引导社会广泛参与，共同推进。会议听取了区司法局《关于加快律师人才队伍建设的实施意见（送审稿）》的情况汇报。审议并原则同意该实施意见，要求根据会议意见修改后，按程序发文。会议要求，区司法局要加快对律师事务所的引进，加强对律师事务所的服务，加大对律师人才的培养及对律师执业活动的行政监督力度。会议听取了区接待处关于石鼓人民广场建设项目的情况汇报。会议明确，一是同意改造。根据2015年3月区四大家联席会确定的打造石鼓人民广场（包括区机关前坪广场与后山园林提质改造，东、西山体园林提质改造，机关道路提质改造，机关会议中心提质改造，机关东、西山体及武装部三个护坡园林改造，机关大门改造）的意见，作为人民广场改造工程的一部分，同意区接待处提出的区机关东、西山体及区武装部三个护坡园林改造和区机关大门改造方案。二是加强协调。由区政府副区长陈坚牵头，安排专人专班积极衔接市住建局、市城建投，共同完成区机关大门改造工程中涉及的二环北路水、电、国防光缆、通信光缆等管网工程的改造。三是积极争资。由区政府副区长贺水源牵头，区农林局积极向市争取绿化专项资金；由区政府副区长聂文化牵头，区人防办积极向市人防办争取区机关东、西山体人防专项经费。会议要求，一要加快建设进度。要加快区机关大门、会议中心改造建设进度，抢抓绿化季节，做好护坡园林改造，力争5月份全部完工。二要确保工程质量。区接待处要安排专人负责监督工程质量，特别是要确保相关隐蔽工程的质量，搞好现场管理。三要严格招标程序。要按照民生工程招投标办法进行公开招投标；设计变更要按程序办理，无事实依据不予认可；不涉及到工程变更，增加的工程量经费原则上不得超过10%，区监察局、区财政局要全程监督。四要保障建设经费。区财政局保障工程建设经费，区接待处要确保节约使用。会议传达学习了全市教育工作会议精神，听取了区教文体局关于建设校园“一键报警”系统及2016年中小学校舍维修改造的情况汇报。会议明确，一要加快学校项目建设。由区委常委、区委宣传部部长周文源、区政府副区长陈坚负责牵头调度，尽快完成化解大班额项目建设的5所新建、改扩建学校任务，争取尽早投入使用；同意区教文体局提出的《2016年石鼓区中小学校舍维修改造方案》，下一步，要制定具体实施方案，分步推进，确保进度，请财政、审计全程参与；同意建设校园“一键报警”系统，推进教育信息化工作，区财政局保障经费。二要提升教育教学的质量和水平。区教文体局要认真研究，加强师资队伍建设，提升教师教学水平，要强化学生综合素质教育，促进学生全面发展。三要高度重视校园安全问题。要加强学校的安全管理，定期开展治安、食品及校车安全专项整治行动；对学校不重视、工作不积极、措施不得力的要严格追究责任。四要加强教育督导工作。要牢固树立教育优先发展思路，确保财政投入实现三个增长。五要全力争资跑项。区教文体局和区财政局要积极向上争取资金，区教文体局要认真梳理，摸清上级资金投向，调动各学校争资积极性，精准发力。会议听取了区商务局关于福特4S店项目申请临时用地的情况汇报。会议认为，该项目符合我区发展思路及产业布局，应该给予支持。会议明确，一是同意办理临时用地手续。区国土分局办理项目临时用地许可；区规划分局要把好关，项目必须提供符合规划强制性要求的工程设计方案，必须符合城市总体规划，在此前提下指导好项目到市城乡规划局办理相关手续。二是加快办理合法用地手续。区商务局按临时用地管理办法与项目业主签订协议，明确项目风险、保证金缴纳等内容，要求项目在临时用地的两年期限内，依法依规加快办理合法用地手续。三是优化项目落地环境。松木片区要主动协调项目落地涉及的矛盾纠纷，协调指导项目业主与所在村组签订临时用地租赁协议。会议听取了区政府办关于区政府全会工作筹备的情况汇报。会议同意区政府全会工作方案。会议决定，于3月30日9点召开2016年区人民政府全体（扩大）会议暨廉政工作会议，会期半天。会议听取了区政府办关于《石鼓区人民政府常务会议议事规则（送审稿）》的起草说明。审议并原则同意该规则，要求根据会议意见修改后，按程序以区政府办的名义行文下发。

（谷琼峰　胡雪峰）

【区政府第6次常务会议】　4月21日上午，由区委副书记、区长黄辉在区政府302会议室主持召开。会议听取了公安石鼓分局关于全区“三实”（实有人口、实有房屋、实有单位）信息集中采集大会战工作的情况汇报。会议明确，做好“三实”信息采集工作，要做到以下几点：一是组织领导到位。同意成立工作领导小组，由区委副书记、区长黄辉任组长，区委常委、政法委书记邓昌旺、区政府副区长、公安石鼓分局局长朱建社任副组长，朱建社牵头具体负责。要遵循“政府领导、综治牵头、公安为主、部门协作、社会参与”的原则，扎实工作，稳步推进。二是部门配合到位。“三实”信息采集工作是一项系统工程，各相关部门要全力配合，各乡街要安排专人负责；要统筹安排，运用好采集成果，要将出租房屋情况纳入采集。三是经费保障到位。由区财政按82万元（全区采集人均3元）拨付工作经费，包干使用（含信息采集录入、奖励及乡街工作开支等），由朱建社合理安排使用。四是督查考核到位。由区政府督查室牵头，区综治办、区“三实”办共同开展经常性督查并每月通报督查情况，将“三实”信息采集工作完成情况纳入全年综治工作考评。会议听取了区民政局关于引进湖南万众和社区服务管理有限公司开展社区养老服务工作的情况汇报。会议认为，开展社区养老服务是一项民生工程、民心工程，是大势所趋。会议明确，引进湖南万众和社区服务管理有限公司符合石鼓区引进总部经济的发展思路。同意引进该公司建设石鼓社区养老服务项目，打造养老服务示范点，邀请区人大常委会主任高鸿升担任石鼓社区养老服务示范点（以下简称示范点）顾问。对于示范点给予一定的支持，明确如下：区财政用以奖代补的形式按照每年14万元的标准奖励示范点业主方五年场地租金；按实际建设养老床位计算，给予每张养老床位每月100元的床位补贴，补助五年；每张养老床位分年度每年补助110元机构意外伤害责任险，补助年限按示范点实际运转年数计算，最高补助十年；相关部门在示范点符合消防要求的前提下，支持协调办理消防手续，区财政对示范点在消防方面的投入给予50%的奖励。会议要求，一要尽快签订协议。由区民政局、潇湘街道指导石鼓社区尽快与万众和社区服务管理有限公司签订示范点建设协议，明确双方的责任和义务，区政府法制办负责把关。二要尽快打造试点。按照与社区建设协调一致的原则统一装修风格，尽快高标准启动示范点建设。会议要求，要加速推进全区社区养老服务事业发展，一要强化领导。成立区社区（居家）养老项目协调小组，由区委副书记、区长黄辉任组长，区委常委、区委办主任郑建芳、区政府副区长贺水源任副组长，贺水源牵头具体负责。二要健全制度。区民政局要尽快制定出台全区社区养老相关支持政策，对于养老企业在租金、消防投入、床位补贴、意外伤害责任险上分别给予奖励和补贴。三要全力推进。区民政局、各街道要尽快寻找达标的合适场地，积极与相关养老企业对接，推进社区养老服务场所建设。会议听取了区城市办关于《“三清三建”样板社区创建工作实施方案（送审稿）》的情况汇报。审议并原则同意该方案，要求根据会议意见修改后，按程序以区城管委的名义发文。会议明确做好“三清三建”样板社区创建工作几点要求：一是明确领导。成立“三清三建”样板社区创建工作领导小组，由区委副书记、区长黄辉任组长，区委副书记肖立建任第一副组长，区政府副区长朱鸿波任常务副组长，区政府副县级干部彭召吉任副组长，领导小组办公室设区城市办，彭召吉兼任办公室主任。二是明确职责。各街道是“三清三建”工作的责任主体；区城市办负责组织协调、督查考核、编发简报、向上联络；其他相关部门负责指导监管、参与考核验收。三是明确时间。全区所有社区“三清”工作6月底必须完成，样板社区“三建”工作7月底必须完成，全区其他社区（除样板社区外）“三建”工作力争2年内完成。四是明确资金。对社区“三清”工作进行考核，根据考核结果实行经费奖补，考核等次分为A类（7个）、B类（15个）、C类（7个）三类，分别给予5万、4万、2万元奖励；区财政局将各社区“三清”奖励经费拨付所属街道，由街道统筹安排；各街道按每个样板社区“三建”经费400万的总工程量做好整体规划设计，分期建设；区财政安排每个样板社区建设经费100万元，工程量完成一半后拨付50万元，考核验收后拨付余下50万元，其余经费尽力向市争取。四是明确要求。各街道要结合样板社区创建及街道实际情况合理选点，报朱鸿波审定。要坚守整治及建设标准，区城市办要细化考核方案，严格考核标准；各街道要加强监管，确保工程质量，确保施工安全。会议听取了区财政局关于《区预算单位公务卡管理暂行办法（送审稿）》的情况汇报。审议并原则同意该办法，要求根据会议意见修改后，区法制办负责把关，按程序以两办的名义发文。会议指出，预算单位实行公务卡管理意义重大，有利于加强公共财政管理，提高资金使用效率，提高财政资金使用透明度；有利于减少现金流通，保证资金安全，同时预防和控制腐败问题的发生。会议要求，一要加大宣传培训力度。由区财政局负责，组织预算单位财务人员搞好业务培训。二要及时收集、解决问题。由区财政局牵头，区审计局、银行等相关部门通力协调配合，加强监督检查，及时发现、解决使用中的问题。会议听取了区财政局关于《区财政投资评审管理办法（送审稿）》的情况汇报。审议并原则同意该办法，要求根据会议意见修改后，区政府法制办负责把关，按程序以区政府办的名义发文。会议认为，出台该办法能提高财政资金管理及使用效率，加强监督管理，非常有必要。会议要求，一要严肃评审纪律。项目建设单位要自觉接受监督，财政、审计等评审机构人员要依法依规评审，严格把关。二要明确评审原则。相关单位要本着勤俭节约的原则，严格执行上级有关规定，提高资金使用效益。三要确保评审质量。评审机构要优化财政评审工作流程，提高评审工作效率和质量。会议听取了区电子政务办关于区机关弱电井改造的情况汇报。

会议明确，因设备老旧、隐患较大，同意对区机关弱电井进行改造。区电子政务办负责实施改造，改造工程需严格按公开招投标程序进行。根据区财政评审中心的预算评审，由区财政拨付改造经费 67 万元，需节约使用，待工程完成后，据实结算。要抓紧时间尽快施工，各相关单位和部门予以全力配合。

（谷琼峰　胡雪峰）

【区政府第 7 次常务会议】 5 月 11 日上午，由区委副书记、区长黄辉在区政府 302 会议室主持召开。会议听取了区政府办关于 2015 年度区政府序列单位目标管理绩效考核的情况汇报。会议同意，区发改科技局、区财政局、区政府办、区民政局、区卫计局、区住建局、区人社局、区园林局 8 个单位为 2015 年度区政府序列目标管理绩效考核优秀单位；区司法局、区环卫局、区安监局、区水利局、区审计局、区重点办、区城管执法局、区人防办、区接待处、区法制办 10 个单位为 2015 年度区政府序列目标管理绩效考核良好单位；区统计局、区教文体局、区农林局、区商务局、区城建投、区政务服务中心、区电子政务办、区旅游外侨民宗局、区公共资源交易中心 9 个单位为 2015 年度区政府序列目标管理绩效考核合格单位。以上考核结果提请区委常委会审议。会议明确，给予评为优秀、良好等次的区直部门，分别奖励 1 万元、0.5 万元，其全体在编在岗工作人员绩效奖分别上浮 20%、10%；区直部门被评为优秀、良好、合格等次的，其全体在编在岗工作人员按本人当年 12 月份全额工资标准分别计发 2 个月、1 个半月、1 个月奖励工资。由区财政局尽快落实到位。会议要求，为切实做好 2016 年目标管理绩效考核工作，区政府办要加强上下沟通，要以有利于工作推进为目标，合理明确考核指标，科学制定考核方案。以绩效考核为抓手，推动全区各项事业又好又快的发展。

（谷琼峰　胡雪峰）

【区政府第 8 次常务会议】 5 月 23 日下午，由区委副书记、区长黄辉在区政府 302 会议室主持召开。会议听取了区民政局关于清理农村低保和实施农村低保兜底脱贫工作的情况汇报。审议并原则同意《石鼓区农村低保兜底脱贫暨农村低保清理工作实施方案（试行）》，要求根据会议意见修改后，按程序以区政府办的名义发文。会议明确，自 2016 年 7 月 1 日起，将区城市低保保障标准从 380 元/月提高到 420 元/月，农村低保保障标准从 185 元/月提高到 220 元/月。会议要求，做好农村低保兜底脱贫暨农村低保清理工作要坚持“五个到位”。一是组织领导到位。同意成立区社会保障兜底脱贫对象认定工作领导小组，由区长黄辉任组长，副区长贺水源任副组长，区民政局等相关部门为成员单位，领导小组办公室设区民政局。各成员单位要各司其职、抓好落实。由贺水源牵头尽快召开全区农村低保清理和兜底脱贫工作会议，领导小组办公室负责组织相关人员开展业务培训。二是精准核实到位。各成员单位要按照方案标准、程序要求对相关对象进行审核审批，入户调查和公示率要达到 100%，确保“不漏一户、不错一人”。三是动态管理到位。加强对保障对象的跟踪管理，对新发生的不符合低保条件和扶贫条件的对象要及时核减，对因灾、因病、因突发事件等致贫符合低保条件的家庭要及时进行增补，做到“应保尽保、应退尽退”。四是资金保障到位。要用足现有低保资金，不足部分区财政局从历年低保结余资金中列支。区财政局、区民政局要积极向上级争取专项资金，确保资金到位。五是督查落实到位。区政府督查室、区民政局要实行严格的督查和验收制度，按照市要求的时间节点开展督查，重点督查严守纪律和工作进度情况。对工作不力、把关不严、进度偏慢的要依规严肃处理，确保按时按质按量完成任务。会议听取了区城建投公司（以下简称区城投）关于增加区城投注册资本金及同意区城投进行国债资金投资、项目贷款等事项的情况汇报。会议明确，一是同意将区城投注册资本金从1000万元增加到13000万元，认缴年限为25年。由区委常委、区政府副区长赵伟牵头与市相关部门对接，尽快将华耀城170亩土地争取到位，区财政局尽快将区国有资产办好证，通过固定资产、土地使用权等方式给区城投注资。二是同意中国农业发展银行衡南县支行（以下简称农发行）以新增股本形式向区城投进行国债资金投资，投资金额为7000万元，股本回报率为每年1.2%，回报周期10年，区城投与农发行签订回购协议，约定第8~10年进行股本回购，回购国债资金投资本金及回报所需经费纳入区财政当年预算。三是同意由区城投与农发行签订贷款意向协议，明确贷款总额上限为3.85亿元，年利息4.145%，贷款年限最长为20年。下一步，根据实际需要再行研究实际贷款金额及还款计划。四是同意采用单一来源采购的招标方式，确定区城投为区棚改项目实施主体。五是同意按会议确定事项及相关规定修改区城建投公司章程，具体由赵伟牵头负责。因工作岗位变动，区财政局派往区城投的沈建辉董事职务由尹磊接任。以上涉及大额资金使用事项提请区委常委会审定。会议要求，一要确保资金专款专用。区城建投公司要健全资金拨付制度，严守资金使用规定，保障7000万元国债资金专款专用。二要加快推进项目建设。相关部门要尽快提供申报国债资金资料，争取资金尽早到位、尽快见效。会议听取了区商务局关于老同兴农贸市场提质改造的情况汇报。会议认为，农贸市场提质改造是重要的民生工程、民心工程。老同兴农贸市场作为全市的转改建模式试点农贸市场，必须高度重视，切实建好。会议原则同意区商务局提出的老同兴农贸市场提质改造方案。会议要求，一要加快推进。要按政府采购程序，严格实施招投标，尽快开工，力争在6月底完成提质改造任务。二要确保质量。区商务局要严格按照规划设计方案抓好落实，要安排专人到现场监督工程质量。三要抓好管理。区商务局要探索农贸市场的市场化管理模式，相关部门要切实履行职责，共同抓好农贸市场日常管理。会议明确，待市政府明确全市农贸市场转改建具体标准后，区商务局负责牵头制定全区农贸市场转改建工作实施方案。会议听取了区人防办关于区人防宣传广场建设电子显示屏的情况汇报。会议同意，在区机关东面山头建造一个60平方米左右的户外单面全彩LED电子显示屏，总费用控制在70万元以内，从区人防教育基地工程经费中列支，建造工程由区人防办负责。会议要求，区人防办要与区财政局对接，严格按公开招投标程序进行，要确保工程质量。会议听取了区监察局关于请示给予王某某政纪处分的情况汇报。鉴于王某某严重违反组织纪律，篡改、伪造个人档案资料、突击提拔等问题，根据《行政机关公务员处分条例》相关规定，会议决定给予王某某行政撤职处分，按相关程序办理。

（谷琼峰　胡雪峰）

【重点民生实事工作专题调度会】 8月18日，由区委副书记、代理区长刘浪主持召开。会上，通报了1—7月重点民生实事项目督查情况，各责任部门负责人汇报了工作开展情况。区委常委、副区长侯选人曾梦龙主持会议。刘浪强调，重点民生实事既是一项民心工程，也是一项政治任务，事关老百姓的切身利益，事关石鼓的发展和形象。全年重点民生实事工作目标是全市第一，各个重点项目、各个责任部门都不能掉队。

（谷琼峰　胡雪峰）

【区政府第9次常务会议】 8月24日上午，由区委副书记、区政府代区长刘浪在区政府常务会议室主持召开。会议研究了关于2015年度全区机关事业单位科及科以下工作人员评优评先工作，同意区人社局提出的2015年度全区机关事业单位科及科以下工作人员年度考核结果，评选优秀人员292人，其中嘉奖人员268人，记三等功人员24人。同意给予记三等功人员每人发放奖金1500元、给予嘉奖人员每人发放奖金800元，奖励经费由区财政按实保障，据实结算。会议研究了关于区第三次全国农业普查工作。会议要求，成立区第三次全国农业普查领导小组，由区委副书记、区政府代区长刘浪任组长，区委常委、副区长候选人曾梦龙任副组长，相关部门、乡、涉农街道（片区）为成员单位，曾梦龙同志牵头具体负责，领导小组办公室设区统计局，由区统计局局长兼任办公室主任。同意区统计局代拟的《石鼓区第三次全国农业普查实施方案》，按程序以区政府办的名义发文。相关部门、乡、涉农街道（片区）要按照方案要求各负其责，确保完成工作任务。本着实事求是的原则，区财政局在今年预算内调剂解决普查工作经费25万元，不足部分在明年财政预算中予以解决。会议研究了禁毒工作。会议要求，强化宣传，区禁毒委各成员单位尤其是乡街（片区）要广泛开展宣传教育，营造浓厚氛围。强化打击，区公安分局要进一步加大打击力度，对毒品犯罪行为重拳出击、露头就打，持续保持高压态势。强化帮扶，乡街（片区）尤其是中心城区街道要加大对吸毒人员的帮扶管控力度，采取“一对一”、“多对一”的形式，发动志愿者帮助转化吸毒人员，净化社会风气。强化保障，一要领导保障到位。乡街（片区）主要负责人要亲自安排部署、亲自抓好落实。二要力量保障到位。各成员单位、乡街（片区）要统筹力量，安排专人负责禁毒工作。三要制度保障到位。各成员单位、乡街（片区）要制定相关制度，从制度层面强化保障。四要经费保障到位。对上级考核有要求、实际工作有需要的，该保障的工作经费要予以保障，在年初预算100万元的基础上，增加经费20万元，据实开支。会议同意召开全区禁毒工作会议，时间初定9月上旬。区禁毒办要做好会议各项准备工作，会议拟表彰的先进单位和先进个人名单由区禁毒委审定，会议所需经费在年度财政预算中列支，区财政局按相关要求和规定落实。区禁毒办的人员编制问题提交区编委会统筹考虑。会议研究了关于道路运输安全监管工作。会议要求，成立区道路交通运输安全生产委员会，由常务副区长任组长，分管交通工作的副区长任副组长，相关部门、乡街（片区）行政负责人为成员，领导小组办公室设区发改科技局，由区发改科技局局长兼任办公室主任。区安委办、区交安委要根据市相关通知精神，结合实际，尽快出台《区道路运输安全监管工作实施方案》，提交区政府常务会议审定。大力开展整治行动。一是对前期排查出的问题由区发改科技局负责、限期半个月整改到位，30万元整治经费由区财政在预算内进行调剂。二是加大农村客运安全整治力度，区发改科技局要对区级负责管理的路段严格执法，会同市职能部门对市级负责管理的路段开展整治行动，区交安委负责牵头调度，区公安分局、区交警大队、区城管执法局等部门协同配合。三是将校车安全作为重中之重进行整治，重点是农村幼儿园校车安全。会议原则同意区道路交通运输安全生产委员会工作职责划分方案，进一步修改完善后，以交安委名义发文。会议研究了关于三个专项检查工作。会议同意区财政局代拟的《关于开展区本级政府采购执行情况专项检查的工作方案》《关于开展市区财政专项资金监督检查的工作方案》《关于开展区本级项目招投标专项检查的工作方案》，按程序以区政府办的名义发文。同意成立区三个专项检查工作领导小组，由区长任组长，区纪委书记和常务副区长任副组长，区监察局、区财政局、区审计局等部门主要负责人为成员，领导小组下设办公室，办公室设区监察局，由区监察局局长兼任办公室主任。领导小组要在9月中旬组织召开专门会议，安排部署三个专项检查工作，并开展业务培训。会议研究了关于大石渡渡口撤渡工作。会议明确，鉴于市政府有要求、海事交通部门有督办、安全有隐患、当地人民群众出行已有其他交通方式保障，同意撤销大石渡渡口，由区发改科技局按程序办理。合江街道、区发改科技局要做好当地群众和摆渡当事人的思想工作，取得群众和当事人的理解支持。对摆渡当事人的合理诉求给予支持。区发改科技局要与海事部门协商，妥善处理渡船，可在合理的范围内给予当事人适当补偿，补偿金额由区委常委、副区长候选人曾梦龙核定。对摆渡当事人要开展人性化关怀，确有就业、生活困难的，应积极帮扶，确保撤渡工作平稳推进。会议研究了关于区公车改革工作。会议同意成立区公务用车制度改革领导小组。同意区发改科技局代拟的《石鼓区公务用车制度改革总体方案》《石鼓区党政机关公务用车制度改革实施方案》，按程序以区政府的名义上报市政府。同意设立区公车管理服务中心，归口区政府办管理，区编办要及时与市编办对接，按程序办理审批手续。会议要求，区公务用车制度改革领导小组及办公室要对公车改革中的车辆管理、司勤人员分流、补贴发放等具体问题仔细研究，制定具体操作方案。同时，要加强与市车改办的衔接，确保公车改革稳妥推进。

（谷琼峰　胡雪峰）

【“三实”信息集中采集工作推进会】　于8月26日召开。会议全面总结了前期工作情况，分析了存在的问题，动员全区上下进一步提高认识，强化措施，加大力度，保质保量完成“三实”信息集中采集工作。区委副书记、区政府代区长刘浪在会上强调，“三实”信息采录时间紧、任务重、难度大，前期工作中还存在认识不够高、进度不够快、质量不够好等突出问题，各单位务必高度重视，认真解决。

（谷琼峰　胡雪峰）

【区政府党组“两案”反思专题民主生活会】　8月31日，区政府党组召开“两案”反思专题民主生活会，区委副书记、代区长刘浪主持会议并作表态发言。

（谷琼峰　胡雪峰）

【安全生产、信访维稳、计划生育工作会】　于8月31日召开。会议传达了省市相关会议精神，分析了当前三项工作面临的形势、存在的问题，部署了下阶段工作安排。区委副书记、代理区长刘浪在工作报告中指出，安全生产、信访维稳、计划生育都是“一票否决”的工作，要始终将这三项工作作为当前头等大事和第一责任来落实，要突出定位抓思想认识，确保常抓不懈；要突出整治抓安全生产，确保不出事故；要突出化解抓信访维稳，确保不出乱子；要突出迎检抓计划生育，确保进位升类。要求下一步，安全生产工作要狠抓道路交通运输安全整治、消防安全整治、小规模企业安全整治、其他行业领域的安全整治；信访维稳工作要解决好民生诉求，抓好稳控排查，抓好案件化解；计划生育工作要夯实基础，查漏补缺，抓好考评。

（谷琼峰　胡雪峰）

【主要经济指标运行情况调度会】　9月1日，由区委副书记、代区长刘浪主持召开。会议听取发改科技、财政、住建、商务、国税等经济部门1—7月主要经济指标运行情况汇报，研究部署下阶段经济工作。会议要求，要足够重视统计工作，运用好统计成果，及时调度主要经济指标，确保按期实现第四次党代会上确定的全面小康目标。　（谷琼峰　胡雪峰）

【人大、政协换届工作动员会暨创建全国文明城市工作推进会】　于9月2日召开。区委副书记、代区长刘浪主持会议，区政协主席王仲晓作政协换届工作动员报告，区人大常委会主任高鸿升作人大换届工作动员报告，区委副书记肖立建作创建文明城市推进工作报告。　（谷琼峰　胡雪峰）

【精准扶贫攻坚工作调度会】　于9月8日召开。区委副书记、代区长刘浪要求，要带着感情、责任和良心扶贫，进一步提高认识，进一步明确目标，进一步精准发力，进一步夯实基础，进一步落实责任，明确2304名现有农村贫困人口年底前要全部脱贫，和平村、利民村退出贫困村行列，确保贫困群众脱贫后不再返贫，在此基础上帮助他们致富，帮助贫困村发展集体经济。

（谷琼峰　胡雪峰）

【重点项目调度会】 于9月9日召开。会议听取重点项目六大板块办公室和各项目指挥部关于全区重点项目建设的情况汇报。区委书记杨龙金要求，要撸起腕、尽其力，用心尽责，全力以赴实现年度重点项目建设目标。区委副书记、代区长刘浪主持调度会，区四大家分管项目建设的领导、8个乡街（片区）书记、相关职能部门主要负责人、重点项目六大板块办公室和各项目指挥部办公室主任参加会议。

（谷琼峰　胡雪峰）

【基层党建、计划生育、“三清三建”工作推进会】 9月18日，石鼓区召开基层党建、计划生育、三清三建工作推进会，区委书记杨龙金要求，要扣紧目标，争创一流；要盯紧重点，突出实效；要攥紧拳头，压实责任；要抓紧时间，只争朝夕。区委副书记、代区长刘浪主持会议，区领导赵伟、曾梦龙、朱建社参加。

（谷琼峰　胡雪峰）

【综治民调禁毒创建国家卫生城市工作会议】 于9月23日召开。区委常委、副区长候选人曾梦龙部署创建国家卫生城市暨灭蚊、灭蝇工作，副区长、区禁毒委副主任、区公安分局局长朱建社作禁毒工作报告，区委常委、政法委书记、副区长赵伟部署综治民调工作，区委副书记肖立建传达全市信访维稳和安全生产工作会议精神并就相关工作及计划生育第三方电话调查进行安排部署，区委副书记、代区长刘浪主持会议，区领导宁华梁等参加会议。

（谷琼峰　胡雪峰）

【民调工作调度会】 于9月27日召开。区委副书记、代区长刘浪主持会议，对全区安全生产、信访维稳、“三清三建”等工作作出了部署，提出了要求。区委常委、政法委书记、副区长赵伟对提升民调工作措施进行了安排。

（谷琼峰　胡雪峰）

【区政府党组召开“两学一做”学习教育专题三学习讨论会】 于10月11日召开。区委副书记、代区长刘浪主持讨论会，围绕“讲道德、有品行”及“辽宁贿选案”反思带头开展讨论交流。刘浪在发言中强调，讲道德、有品行要求领导干部必须以身作则、率先垂范，做到做人要坦荡，处事要公道，为官要清廉。

（谷琼峰　胡雪峰）

【创建全国文明城市迎测工作动员会】 于10月20日召开。区委副书记、代区长刘浪指出，2016年是开展创建全国文明城市工作的第二年，测评标准更严，范围更宽，方法更活，各级部门要直面问题，对标补短；突出重点，自我加压；强化责任，抓好落实；统筹兼顾，狠抓当前。对下一阶段的迎测工作，刘浪要求重点抓好氛围营造、周边乡村、主次干道、街道社区、公共场所、窗口单位、学校、商贸领域等13个方面的工作，严格对照测评体系和标准，认真排查，狠抓落实，确保顺利迎检。

（谷琼峰　胡雪峰）

【公车改革和学习贯彻六中全会精神工作部署推进会】 于11月2日召开。部署推进公车改革和学习贯彻六中全会精神工作，区委副书记、代区长刘浪作公车改革动员报告，强调要统一思想，吃透精神，把准“为什么改”；要严格政策，明确要求，把准“改什么”；要加强领导，精心组织，把准“怎么改”。刘浪要求，各级各部门要明确车改范围，立即开展公务用车及参改人员的统计造册、资料收集、材料移交、车辆交接等工作；要按照“以人为本、依法合规”的原则，稳妥安置司勤人员；要坚持依法依规，妥善处理涉改车辆，严格车补发放；要严谨有序，加强公务用车管理，确保新旧制度平稳过渡、有效衔接；要进一步压实责任，确保责任落实到位、纪律监督到位、宣传引导到位，推动车改工作落到实处。（谷琼峰　胡雪峰）

【全区工业经济指标调度会】 于11月19日召开。区委副书记、代区长刘浪调度全区工业经济指标，就工业经济运行情况、工业指标完成情况和存在问题进行专题研究部署，要求要着力补齐短板，聚力攻坚克难，决战决胜，确保实现今年工业经济的增长目标。

（谷琼峰　胡雪峰）

【政府领导成员工作分工会暨“两学一做”学习教育专题研讨会】 11月30日上午，由区委副书记、区长刘浪主持召开。围绕领导成员工作分工及“讲奉献、有作为”开展讨论交流。在听取区政府领导成员工作分工相关情况说明后，区委副书记、区长刘浪强调，新一届区政府领导成员要顾大局、谋大事、抓落实、当表率，坦坦荡荡做人，踏踏实实做事，清清白白为官。（谷琼峰　胡雪峰）

【创建全国文明城市迎测调度会】 于12月10日召开。会上，对全区迎接中央文明委实地测评工作进行再动员再部署，区委常委、宣传部部长周文源作工作安排，区委副书记、区长刘浪要求，要认清形势，突出重点，精心组织，统筹兼顾，迎检期间“四个一律取消”，做到集中精力、集中人力、集中时间抓好创建迎检，确保文明创建工作有好的效果。

（谷琼峰　胡雪峰）

【创建全国文明城市工作迎测推进会】 于12月15日召开。会议强调，全区实施“路段长”责任制度，800名机关干部到路段，包干文明城市创建工作责任，确保条条道路有人管，人人都是文明形象，处处都是城市风景。区委副书记、区长刘浪主持会议。

（谷琼峰　胡雪峰）

【区政府第13次常务会议】 12月30日，区委副书记、区长刘浪主持召开区政府第13次常务会议，研究政务督查、消防、农贸市场标准化建设、区志等工作。

（谷琼峰　胡雪峰）

政府办工作

【概况】 根据中共石鼓区委、石鼓区人民政府《关于印发〈石鼓区人民政府职能转变和机构改革方案的实施意见〉的通知》和中共石鼓区委、石鼓区人民政府《关于石鼓区人民政府机构设置的通知》要求，设立石鼓区人民政府办公室，为区人民政府工作部门。划出公务接待和机关后勤管理、区政府法制管理、政务服务中心、电子政务和信息化管理、重点工程项目管理、区域内城市建设投资管理、食品安全管理、民族宗教事务管理及国有土地上房屋征收、集体土地征收、拆迁安置房建设管理职责。主要职责：负责区政府各类公文规范化管理，对以区政府或区政府办名义发布的公文进行发文审核把关，统筹对上或对下公文传递与管理。加强政府公文档案管理，做好保密审查。研究区政府各部门和各乡人民政府、街道办事处请示区政府的事项，提出审核意见，或对区政府部门间的分歧事项提出处理意见，报区政府领导审批、决定。负责区政府会议的准备工作，协助区政府领导组织实施会议决定事项。贯彻落实区政府及区政府领导同志重大行政决策，督促检查区政府各部门和各乡人民政府、街道办事处对区政府决定事项及区政府领导同志有关指示的贯彻落实情况，及时向区政府领导同志报告。负责统筹管理全区应急管理工作，协助区政府领导同志组织处理突发事件的应急处置工作。负责区政府系统值班工作，上传下达，及时报告重要情况，传达和督促落实区政府领导同志指示。负责起草《区政府工作报告》、区政府领导同志的重要讲话、重要会议、重要活动、重要政府公文等各类公文材料。根据区政府领导同志的指示和区政府工作部署，对全区经济社会发展和改革开放中带全局性的重大课题进行调查研究，提出政策建议。搜集、研究和综合经济社会发展的重要信息、动态，为区政府领导同志决策和指导工作提供信息服务。联系协调区人大常委会、区政协有关工作事宜，组织办理人大代表建议、政协委员提案，指导全区政府系统办理人大代表议案、建议和政协委员提案工作。负责区政府各类行政事务管理，为区政府领导服务。负责全区地方志和乡街志的编纂与发行。负责管理本行政区域内的金融事务，打击非法集资，维护良好的金融秩序。负责统筹推进全区禁毒工作。负责职责范围内对有关行业、领域的安全生产工作实施监督管理。承办区人民政府交办的其他事项。内设行政事务室、区政府督查室、机要文电室、应急管理办公室（区政府总值班室）、政策研究室、建议提案室和区志办公室。核定机关编制34名（其中行政编制20名，原核定的其他编制暂予保留）。其中：办公室主任1名，副主任5名，纪检组长1名。机关后勤服务全额拨款事业编制5名。

（谷琼峰　胡雪峰）

【综合调研】　始终把综合调研的着力点放在服务领导决策上来，围绕重点、热点及难点问题，积极主动开展调研。全年先后组织开展了全面小康、现代服务业等5个专题调研，其中《关于全面小康短板指标的调查与思考》一文得到主要领导高度肯定。综合文字工作，紧紧围绕区委区政府的发展思路和中心工作，通过调研和收集各方面工作情况，为政府领导起草了区政府全会报告、区政府工作报告等一系列讲话稿、报告稿等各类材料500余篇，为领导决策和指导工作提供服务。在各类刊物发表文章40余篇、采编信息300余条。先后起草安置房建设、农贸市场改造、社区“三清三建”等经验材料6篇，石鼓经验在全市推介。

（谷琼峰　胡雪峰）

【应急值班】　坚持24小时值班制度，完善信息报送管理制度，做到上传下达不误言、不误时、不误事。制订《石鼓区“5·12”防灾减灾安全应急演练方案》，组织开展应急演练，提升群众防灾减灾能力。下发会议通知700个、文件850份，稳妥处置突发事件7起，确保问题早发现、早报告、早处置。（谷琼峰　胡雪峰）

【督查督办】　坚持“把握中心、服务大局、狠抓落实”的工作原则，围绕政府决策的落实，创新督查工作思路，进一步完善制度、规范程序。全年区政府常务会议研究的75个决策，全部形成跟踪落实的书面情况汇报。围绕事关群众利益和全区发展的热点、难点问题，特别是对重点项目进展情况、社区办公用房、“三清三建”、农村房屋“穿衣戴帽”等工作开展专项督查，共组织各项督查60余次，迎接上级专项督查18次，办结领导批示件401件，印发《督查通报》12期。牵头主抓的重点民生实事项目11项，有6项排名全市第一。全年共承办区政府系统建议提案128件，所有建议、提案均在规定时限内办理完毕，见面率、回复率、满意率和基本满意率均为100%。

（谷琼峰　胡雪峰）

【综合协调】　发挥办公室职能，及时研究协调重大工作安排，认真做好每月重要会议、重要活动安排、组织和服务工作，全年承办政府全会1次，政府常务会13次、区领导召开的各类会议297次，起草各种会议纪要41期，出台了《石鼓区政府常务会议事规则》，进一步规范了会议办理流程，确保了会议的秩序和质量。严格履行收发文处程序，严把公文文字关、政策关、法律关和格式关，保证了公文质量，提高了办文效率。特别是对一些呈报到省、市的急办件，实行特事特办、急事急办、随到随办，得到了区领导的充分肯定和各部门的高度认可。全年共收文820件，印发政府或政府办名义红头文件185件，发文同比减少50%，未发生重大错误。（谷琼峰　胡雪峰）

【信访维稳】　深入开展信访“五零”专项行动和信访网络建设，化解信访积案26个，进京上访同比减少25%，全区“两节”“两会”等重大敏感时期没有出现非访、闹访现象。（谷琼峰　胡雪峰）

【驻点帮扶工作】　继续抓好驻点工作，落实驻点帮扶资金35万，西湖二村社区新办公用房建成，三星村级公路完成油化，雁栖湖社区志愿者服务成为全省的品牌。全年慰问困难群众45人，慰问金23000元。积极参与文明创建、平安夜圣诞节安保维稳等重点工作，全年共参与志愿者服务523人次。

（谷琼峰　胡雪峰）

重点工作

【概况】　2015年10月，根据中共石鼓区委、石鼓区人民政府《关于印发〈石鼓区人民政府职能转变和机构改革方案的实施意见〉》和中共石鼓区委、石鼓区人民政府《关于石鼓区人民政府机构设置的通知》要求，设立衡阳市石鼓区重点项目工作办公室，为区人民政府直属事业单位。办公地址：石鼓区石鼓路66号、区政府机关大院政府楼。主要职责是：贯彻实施国家、省、市、区关于重点项目建设的方针、政策及决定；提出年度市重点实施项目和预备项目初选名单，会同区发改局编制区重点建设项目投资与建设进度计划，向市发改委、市重点办上报、申列省、市重点建设项目；建立项目储备库，做好重点建设项目档案的收集、整理及保存工作；参与重点建设项目的项目建议书、可行性研究、初步设计审查等前期工作的评估和论证，对重点项目进行策划、包装、推介管理。协助有关部门论证和落实重点建设项目；督查重点建设项目的施工进度和资金使用情况，以及对建设项目的招投标、动拆迁、工程验收等重要环节的监督。协调解决重点建设项目实施过程中出现的问题；负责重点项目实施中的协调、服务、监督工作；定期跟踪检查重点建设项目计划执行情况，及时向区委、区政府汇报重点项目建设情况；承担市项目考核迎检工作；协助区属省、市重点建设项目法人向市重点办申请落实优惠政策；负责全区重点项目的综合管理，建立重点项目建设进展情况通报制度和信息反馈制度，分析汇总全区重点项目建设的进展情况并提出建议和对策；协调全区重点项目在建设过程中遇到的区级能解决的各类问题；对区属的市重点项目进行考核，提出表彰方案，组织宣传报道，总结交流重点建设项目工作经验；负责职责范围内对有关行业、领域的安全生产工作实施监督管理；承办区委、区政府、区项目建设领导小组交办的其他事项。2016年，区委、区政府高度重视重点项目建设工作，认真贯彻落实中央、省、市一系列战略部署，以项目建设为抓手，以“项目建设年”活动为载体，坚持“集中力量办大事、握紧拳头保重点”，狠抓重点项目建设，全区上下形成了重点项目建设大干快上的良好局面，全区第一、二批共实施重点项目82个，总投资770.61亿元，年计划投资103.98亿元。1—12月，全区重点项目共完成年度投资约97.53亿元，占年度计划的93.8%。市考核区重点项目有32个，1—12月已完成年度投资56.07亿元（考核任务为45亿元），占年市考核任务的124.6%，超额完成约25个百分点，投资额及完成率均排四城区第一；开复工32个，开复工率为100%，全市排名第一。5000万以上非房地产项目联网直报完成98.77亿元，全市排名第一。（赵玉国）

【省、市级重点项目申报工作】 30个项目成功申报为2016年市级第一批重点考核项目，3个项目成功申报为2016年市级第二批重点考核项目，1个项目退出2016年市级第一批重点考核项目，两批项目总投资621.61亿元，年度计划投资62.69亿元。其中，来雁新城和华耀城项目成功申报为省级重点工程。（赵玉国）

【工作亮点分类责任管理】 将全区重点项目分为六大板块，即基础设施、工业和安置房、农业、社会民生、服务业、旧城区改造板块，每个板块由石鼓区四大家领导牵头，实施领导包干负责制，做到亲自部署、亲自落实、亲自督查、亲自解决问题，各项目实行分类责任管理，严格实行奖惩规定。区委、区政府督查室和区重点办加大督查和调度频率，对重点项目实行一周一调度，一月一通报，季度一检阅，半年一评比，全年一考核。（赵玉国）

【激励机制】 区委、区政府把项目建设作为锻炼和提拔使用干部的主平台和重要依据，在机构改革和干部调整中，提拔、重用一批在项目建设中表现优秀的党员干部。区重点办通过《湖南日报》、区党政门户网、石鼓手机报、微信公众号等平台，定期宣传项目推进情况，项目建设氛围浓厚。（赵玉国）

【项目调研视察】 4月11日上午，市委副书记、市长周海兵视察二环西路调规项目建设工作，市委常委、副市长罗东海参加；4月25日，市委书记周农视察崇盛国际、华耀城、中亿汽贸城项目，区委书记杨龙金陪同参加；5月12日，省委常委、常务副省长陈向群到衡阳调研，视察了华耀城项目，市领导周农、周海兵、段志刚、刘振兴陪同参加；5月18日下午，副市长陈竞调度崇盛国际中心和中亿汽贸城重点项目，市住建局、市非税局、市城乡规划局、市商粮局、市公交公司、国网衡阳供电公司等相关单位负责人参加调研，区领导杨龙金、邓昌旺、彭爱民等陪同调研。

（赵玉国）

信访工作

【概况】 石鼓区信访局为区委办、区政府办管理的正科级部门管理机构，属区委序列。在职在编5人（行政编制1人，事业编制4人），下设办公室、人民来访接待中心、复查复核督查股等三个股室。工作职责：受理、交办、转送信访人提出的信访事项；承办上级和本级人民政府交由处理的信访事项；协调处理重要信访事项；督促检查信访事项的处理；研究、分析信访情况，开展调查研究，及时向区政府提出完善政策和改进工作的建议；对各街道、各部门信访工作进行指导。2016年，深入开展信访工作“五零”专项行动和“化解信访积案，做群众贴心人”行动；积极引导群众依法有序逐级反映问题，大力推进网上信访工作，努力把上访群众稳定在当地，把问题化解在基层。全国、省、市、区“两会”“党代会”等特别防护期间做到了赴省进京上访零登记，全区信访形势总体平稳可控。

（刘迅涛）

【党政主导，统筹推进】 区委、区政府先后召开了8次常委（务）会对全区的信访工作进行研究部署。明确领导带头、创新工作方法、夯实责任体系的信访工作机制，强化领导干部接访下访、包案化解和维稳工作责任。为充实区信访局工作力量，区委从合江街道选调了1名工作人员到区人民来访接待中心工作。同时，在确保信访工作经费的基础上，足额拨付了信访稳控和救助资金。区联席办梳理了在全区影响较大、化解难度高的37个信访积案，向全区副县实职以上领导进行交办，并建立了区级领导包案专档。

（刘迅涛）

【突出重点，全面落实】 着力抓好接访处访和信访案件的办理工作。共接访劝返和调处到石鼓区上访743批、2812人次（其中集访75批、1287人次），较上年同期下降69批、145人次；到市上访98批、1018人次（其中集访32批、915人次），较上年同期下降34批、403人次；赴省上访9批、20人次，较上年同期下降27批、40人次；进京上访8批、11人次（其中非访3批、3人次），较上年同期上升1批、4人次。立案办理的信访案件201件，到期办结率95%。受理并按期回复群众来信75封，其中国家级19封、省级27封、市级23封、区级2封。受理群众网上投诉187件。切实抓好信访积案化解工作。综合运用综治、行政、救助、调解、复查等手段，切实做好信访积案化解工作。省、市、区交办的37个信访积案有28个得到化解或结案。对其余因各种原因短期内无法化解的信访积案，各单位努力做好政策解释和稳控工作，尽量将人员稳控在当地，不引发新的越级上访。扎实抓好矛盾纠纷的排查化解。坚持区每月、乡（街）每周排查矛盾纠纷制度，将矛盾纠纷化解在基层，将可能越级上访群众稳定在当地。推行信访风险评估制度，坚持重大工程项目开工前先进行信访维稳风险评估，采取各种措施，将可能引发信访的风险予以排除。排查化解各类矛盾纠纷840多起，做到小矛盾纠纷不出村（社区），突出矛盾纠纷不出乡（街），大矛盾纠纷不出区。认真做好“两节”“两会”等特别防护期的信访维稳工作。区委、区政府提出进京赴省上访零指标的工作目标和要求，区联席办将信访突出问题以及重点上访人员分别向各相关单位一把手进行交办，调动责任单位领导化解信访案件、稳控突出问题的工作积极性。没有出现赴省进京集访、非访现象。（刘迅涛）

【“化解信访积案，做群众贴心人”】 对那些生活诉求有一定的道理、生活确实困难、不引发矛盾的信访事项，适时适度给予救助，化解了一批信访积案，实施救助对象24名，运用救助资金化解信访积案16例。协助进步亚泰商铺业主成立业主委员会，自主管理商场的各种事宜。9月20日，几名商场业主委员会的代表向区政府赠送了锦旗，以此方式来表达他们的感谢之情。

（刘迅涛）

【阳光信访】 通过宣传栏、板报、横幅、发放宣传手册和现场咨询等方式进行宣传，全方位、多角度地开展信访法治宣传，提高群众的知晓率和参与度。全区共制作宣传板报50余块，发放宣传手册3000余份，并在莲湖广场等地开展了两场大型网上信访宣传活动，努力营造依法、理性、有序的信访氛围。（刘迅涛）

外事侨务

【概况】 2015年7月29日，将区人民政府办公室的外事侨务、民族宗教管理职责和原区发展和改革局的旅游管理职责整合，组建区旅游外侨民宗局，为区政府工作部门。2015年12月2日，石鼓区旅游外侨民宗局正式成立。内设办公室、旅游股、民族宗教股、外侨股。在职6人，其中科级3人。自此，由区旅游外侨民宗局负责全区海外华侨华人及其社团在石鼓区的联络联谊工作；指导、推动涉侨宣传、文化交流和华文教育工作，协助做好海外高层次人才引进和侨务引资引智工作；组织协调做好华侨华人在石鼓区重点投资企业的权益保护工作；配合做好侨务对台工作。2016年，全区有归侨人员31人，其中人民街道涉侨人数3人、合江街道涉侨人数7人、五一街道涉侨人数10人、潇湘街道涉侨人数5人、青山街道涉侨人数6人。区旅游外侨民宗局认真贯彻执行国家外侨港澳工作的方针、政策、法规，依法保护归侨、侨眷的合法权益和华侨、华人在国内的合法权益；协助市主管部门做好归国华侨和其他在内地眷属的帮扶工作。以服务大局、服务经济、服务对象、服务基层为工作重点，以提升工作的创造力、队伍的凝聚力、服务的贡献力为发力点，指导协调全区外事侨务港澳工作和外事活动及礼宾工作，推动经济社会又好又快发展。维护和巩固团结稳定政治局面，扩大对外交往，促进地方全面发展。

（戴　娜）

电子政务

【概况】 石鼓区电子政务管理办公室为石鼓区人民政府直属事业单位。内设5个机构：综合股、网站管理股、应用推进股、网络技术股、“12345”热线办。主要职责：贯彻执行国家有关电子政务、数字石鼓工作的方针、政策和法律、法规、规章；会同有关部门组织实施电子政务、数字石鼓相关技术和应用标准。根据国民经济和社会发展总体规划，拟订电子政务、数字石鼓发展战略，制定电子政务、数字石鼓中长期规划、专项计划和年度计划，并监督实施。提出电子政务、数字石鼓建设投资总规模及年度投资计划的建议；会同有关部门组织实施政府投资的电子政务、数字石鼓项目的建设及运维管理。组织、协调和指导信息资源的开发、电子政务建设应用以及数字石鼓应用推进工作；负责建立全区电子政务骨干网；组织协调跨部门、跨行业、跨领域的数字化应用；承担石鼓区党政门户网站及集约化体系的建设与管理。负责组织推进、指导、协调、监督全区政府信息公开工作；具体承办政府信息公开事宜。负责推进全区行政许可、行政审批项目和公共服务事项的在线办理；承担网上办事业务系统及电子监察系统建设、运行和维护；负责全区党政机关协同办公系统的建设、运行和维护；承担区中心机房、机关大楼网络和智能化系统的日常管理与设备维护。参与拟订本区信息化基础设施建设规划，并具体承担相关组织实施工作；协同相关部门制定通信管线、公用通信网（有线、无线）、专用通信网规划。负责电子政务信息安全的技术管理工作；参与指导监督政府部门、重点行业的重要信息系统与基础信息网络的安全保障工作；负责电子政务、数字石鼓、信息技术等相关培训工作。会同有关部门建立电子政务绩效考核与评估机制，并将其纳入行政机关工作目标考核体系。承办区人民政府交办的其他事项。（屈　斌）

【信息公开】 向市级党政门户网报送各类政府动态信息455条。区级平台主动公开信息22160余条，其中头条新闻443条、部门动态1380条、乡街动态1933条、省市要闻3228条、国家级新闻网站推荐3176条。区对上级和区本级主动公开数量全市排名第一，信息公开工作全市排名靠前。

（屈　斌）

【网上行政审批】 2016年，60%的区直部门开始使用网上行政审批系统，全区纳入网上行政审批事项的部门共16个，比上年增长32%。电子政务办一方面督促各办事部门100%进系统办件；另一方面，督促各部门提高办件数量。系统总接件35600件，正常办结35600件，办结率100%。全区网上行政审批事项办件数量在全市排名第一。（屈　斌）

【“12345”热线】 全年共受理市“12345”政府服务热线转来的工单2572件，均已办结，群众满意率达98.85%；处理市区两级门户网站“书记区长信箱”栏目信件67件，其中市里转办17件，区党政门户网50件。2016年，区“12345”热线工作在全市排名第一。

（屈　斌）

【弱电井和信息化中心机房改造】 推进全区弱电改造和信息化总机房改造工作。鉴于全区的弱电网络和机房设备是2008年区机关搬迁时建设的，已有7年时间，相关的线路设备已经老化导致区内网络故障频发，根据区政府安排部署，投入66万元依法依规完成全区28个弱电井改造，高标准完成信息化中心机房改造。

（屈　斌）

政务服务

【概况】 根据中共石鼓区委、石鼓区人民政府《关于印发〈石鼓区人民政府职能转变和机构改革方案的实施意见〉的通知》和中共石鼓区委、石鼓区人民政府《关于石鼓区人民政府机构设置的通知》要求，设立石鼓区政务服务中心，为区人民政府直属事业单位。主要职责：会同相关部门规范区级行政审批事项、公共服务事项办理，并组织对其流程进行优化；负责区政务公开、政府信息公开、公正、企事业单位办事公开、村务公开的指导、协调、服务、监督和考核；负责区政务服务中心的建设和管理，制定各项制度、管理办法，并组织实施；组织区级部门集中开展行政审批和公共服务；负责对区级行政审批事项、公共服务事项办理工作进行监督；对涉及两个以上部门的行政审批、公共服务事项，组织开展并联审批督促检查；指导进入区政务服务中心的部门窗口开展规范、优质、高效的政府服务，组织对窗口及其工作人员进行管理考核；组织对进驻窗口的党员开展组织活动；参与区级部门对其行政审批股负责人的任免；负责管理电子政务大厅，完善全区政务服务网络建设；组织实施网上审批，对区级所有行政审批与公共服务事项相关信息进行公开并提供查询；受理公民、法人或其他组织对区政务服务中心的工作人员投诉、举报并及时处理；指导乡、街便民服务中心建设工作；负责为区级重大投资项目提供行政审批绿色通道、全程代办和跟踪服务，为企业和投资者提供行政审批信息查询，对投资项目办理提供跟踪服务；负责职责范围内对政务大厅的安全工作实施监督管理。内设综合股、审批管理指导股、监督协调股和纪检组。核定全额事业编制6名。其中：主任1名、副主任2名、纪检组长1名。2016年，区政务服务中心紧紧围绕“便民、高效、廉洁、规范”的服务宗旨，提高行政审批效能，优化政务发展环境、服务经济发展，扎实开展各项工作。（颜志荣）

【“两集中、两到位”】 根据“权责法定”原则，积极开展权力清单清理工作。成立政务服务中心改革小组。坚持“简政放权”，继续深化行政审批“两集中、两到位”改革，与各部门衔接，研究改革项目的实施。完成部门行政审批职能向行政审批股室集中，行政审批股室向政务大厅集中。各部门做到将行政审批权向办事窗口授权到位、办理到位，做到应进必进，“一个窗口受理，一个窗口办结的一条龙服务”。

（颜志荣）

【流程优化】 审批压缩时限674天，压缩率达35%。制订“改革事项任务倒排表”，下发《关于开展清理区本级行政审批服务事项工作的通知》《关于开展行政审批事项流程优化工作的通知》，要求区各相关单位对行政审批事项进一步压缩审批时限，所有审批事项承诺审批时限必须在法定时限的基础上整体压缩不少于50%，对已经压缩了审批时限的审批事项要进一步压缩办结时限，提高一审一核（即办件）的占比，实现审批时限最短化的目标。

（颜志荣）

【强化服务功能】 重新修订和完善大厅的工作制度、服务标准、岗位职责等各项制度，强化规范运行。认真制定《石鼓区政务服务中心管理制度》《“一次性”告知制度》《首问责任制》《政务服务中心限时办结制度》《投诉制度》《考勤制度》《政务服务中心工作人员服务规范》。在日常管理中，严格考勤，指纹打卡，不定期巡查，领导值班并详细登记，加强监督管理，确保大厅集中办理行政审批及服务事项业务的规范有序，体现政务中心为民服务的形象，展现窗口工作人员良好的精神面貌。

（颜志荣）

【延伸服务触角】 加强乡（街道）便民服务中心和村级代办点建设，按照“进一道门、办所有事”的要求，建设规范乡（街道）便民服务中心，将所属站所的工作职能和服务事项全部纳入乡（街道）便民服务中心，做到机构设置、场地建设、设施设备、服务项目、运行方式、办事制度、人员管理“七统一”。及时公开城乡居（村）民关心的事项，每个村、社区设立便民代办点，实行便民服务免费代办制度，切实为老百姓提供便捷周到服务。

（颜志荣）

政协石鼓区委员会

综　述

【概况】　中国人民政治协商会议衡阳市石鼓区委员会的前身是中国人民政治协商会议衡阳市城北区委员会，2001年5月因区划调整更名为中国人民政治协商会议衡阳市石鼓区委员会（以下简称区政协），是中国人民爱国统一战线的地方组织，中共石鼓区委（以下简称区委）领导的多党合作和政治协商的重要机构，至2016年11月已历三届。内设机构有提案和委员联络委、财政经济委、人口资源环境和法制委、教科文卫体委（文史学习委）4个专门委员会和办公室、研究室。下设有角山乡政协联络工委、人民街道政协联络工委、青山街道政协联络工委、潇湘街道政协联络工委、五一街道政协联络工委、合江街道政协联络工委、黄沙湾街道政协联络工委、松木片区政协联络工委、金源街道政协联络工委等9个乡、街道（片区）政协联络工委。设中共、特邀、工商联、教文体、工青妇、台侨民宗、经济、医卫、农业科技9个界别组。政协石鼓区第三届委员会（2012年11月至2016年11月）共有9个界别171名委员。2016年，中共石鼓区政协委员会党组组成人员4名，其中书记1名，副书记1名，党组成员2名。区政协第三届常委会由26名常委组成；区政协主席会组成人员6名，其中主席1名，副主席5名（兼职3名）。根据中央、省委和市委关于县级党委人大政府政协同步换届的工作安排，政协石鼓区第四届委员会提前一年于2016年11月换届。换届后，共有政协委员153名。区政协第四届常务委员会由29名常委组成；区政协四届主席会组成人员5名，其中主席1名，副主席4名（兼职2名）；机构设置同区政协第三届委员会，乡、街道政协联络工委设置不变。区政协主要工作职责是：一是政治协商。对国家和地方的大政方针以及政治、经济、文化和社会生活中的重要问题在决策之前进行协商，以及就决策执行过程中的重要问题和重要人事安排进行协商；二是民主监督。对国家宪法、法律和法规的实施情况，对中共中央与国家领导机关制定的重大方针、政策的贯彻执行情况，对国家机关及其工作人员在履行职责、遵纪守法、为政清廉等方面的情况，通过建议和批评进行监督；三是参政议政。对政治、经济、文化和社会生活中的重要问题以及人民群众普遍关心的问题，开展调查研究，反映社情民意，进行协商讨论。通过调研报告、提案、建议案或其他形式，向中国共产党和国家机关提出意见和建议。2016年，区政协坚持党的领导，深入贯彻习近平总书记系列重要讲话精神，围绕中心、服务大局，突出团结民主两大主题，全面履行政协各项职能。全年召开党组会议10次，全体委员会议2次，常委会议5次，主席会议8次。组织委员开展专题调研课题3个，形成调研报告3篇，分别被省、市政协评为优秀调研报告。收集提案222件，其中三届五次103件，立案85件；四届一次119件，立案86件。上报至市政协社情民意信息55篇，其中采用16篇，在全市政协城区社情民意报送量化评比中排名第一。组织对2015年民主评议区民政局“回头看”。在省、市媒体发表理论文章10余篇，其中《做好政协工作要突出四敢四真》被评为省政协优秀论文。接待省、市、县兄弟政协到石鼓区学习考察调研6批次。圆满完成区乡两级政协换届选举工作，全面完成区政协三届委员会确定的各项工作任务。（聂小平）

【政治协商】 全会协商。区政协三届五次、四届一次会议期间，听取和协商区政府工作报告、区法院和检察院工作报告及区国民经济和社会发展执行计划报告、财政预决算报告，就各项报告中的重大事项、重要部署进行的协商讨论，提出意见建议。创新大会发言方式，改“履职发言”为“谏政发言”，16位委员围绕全区经济、政治、文化、社会、生态等方面，作大会现场或书面发言。全会结束后，这些发言被转化成提案或社情民意，为党政决策作重要参考依据。界别协商。政协农业科技界别组织委员对区“四个农业”发展情况进行调研，重点考察了旭东村香樟苑、角山村潇湘合创等农业企业，形成调研报告，客观真实地反映全区“四个农业”发展的实情，提出科学有价值的建议。医卫界别通过协商，递交《关于加强对餐饮用具集中消毒单位监管的建议》，作为社情民意上报市政协，得到市相关部门的回复。（聂小平）

【民主监督】 区政协改革民主监督员委派方式，实行统一委派，向公安石鼓分局等单位委派15个民主监督小组，推动民主监督工作由被动向主动转变，委员管理由自发向规范转变，把委员的个人监督上升为政协的组织监督。各民主监督小组按照“突出重点，完善制度，讲求形式，提高成效”的思路，通过参与重大活动、列席有关会议、跟踪重大项目、围绕老百姓关注的焦点、热点问题开展监督工作，推进民主监督工作上水平、达实效。区教文体局监督小组确定校车安全、学校收费问题为监督重点，区城管执法局监督小组确定执法人员的作风纪律、执法程序、执法效率为重点，区民政局监督小组以社区综合环境提质和社会救助金发放为重点，促进部门改进工作、提高行政效能。在2015年基础上，于2016年组织对民政局民主评议“回头看”，检验民主评议整改情况，巩固民主评议效果，体现民主监督成效。（聂小平）

【参政议政】 区政协围绕“十三五规划”实施的重点工作和重大问题开展参政议政。区政协提案和委员联络工作委员会牵头组织委员开展教育托管情况的调研。调研采取到学校和托管机构现场视察、召开家长和教师座谈会、职能部门座谈会、问卷调查等方式进行。共视察学校5所、托管机构8个、召开座谈会3次、收集问卷1500余份，形成《关于石鼓区教育托管情况的调研报告》。区政协人口资源和环境法制委员会联合医卫界别组组成调研组，通过实地查看消毒企业的消毒工艺流程、查阅相关资料、召开座谈会、听取汇报等方式对衡阳市餐饮具集中消毒现状进行了专项调研，形成《衡阳市餐饮具集中消毒现状的调研报告》。摸清全市餐饮具集中式消毒现状，查摆餐饮具消毒服务市场存在的问题，并提出规范衡阳市餐饮具集中式消毒的建议。区政协办公室、环境资源和法制委、研究室联合成立专题调研组，对全区精准扶贫、精准脱贫政策落实情况开展调研，通过听取汇报、实地察看扶贫开发项目，走访农户了解贫困现状，召集乡村组干部、群众代表、产业大户、致富能人和特困群众开展座谈，广泛听取方方面面的意见和建议，实地调研，形成扶贫工作专题调研报告，并上报省、市政协。三个调研报告都经主席会议认真研究并审议通过，同时报送区委、区政府，以供参考。（聂小平）

【提案工作】 政协提案工作抓住“注重选题引导，加强培训辅导，严把立案审查关，提案办理情况列入绩效考核”四个环节，提高了承办单位提案办理积极性和主动性。三届五次会议及会后共收到提案103件。其中：会议提案100件、会后提案3件；经审查立案85件（区委书记批示10件、政府区长批示4件、区政协主席批示3件），办复85件，办复率100%，委员意见反馈满意率100%（无“基本满意”和“不满意”意见），很满意61件，占

72%。四届一次会议实行提案三审立案制，会议及会后共收到提案119件，经审查立案86件。

（聂小平）

【社情民意】 健全社情民意信息收集、整理、催办、反馈等机制，制定出台《政协衡阳市石鼓区委员会关于报送社情民意信息、理论文章及调研报告工作评比办法（试行）》。2016年，区政协上报社情民意信息55篇，其中《新农合定点医院应戴上“紧箍咒”》《输液不是“万能药”，不可能“液到病除”》《进口水果市场“四难”乱象亟待规范》《净水器市场乱象亟待套上“紧箍咒”》《电视购物消费维权“三难”亟待解决》《建议加强对快递包装的环保监管》《基层社区三性试挂牌需引起高度重视》《关于强制废铅蓄及锂电池回收的建议》《关于加强疫苗流通环节监管的建议》《关于规范小学生托管市场的几点建议》《法官“普法考试”当休矣》《关于完善社区建设和管理的几点建议》《我市高层住宅二次供水应加强监管》等16篇被市政协采用，采用数量是2015年的1.8倍。

（聂小平）

【存史资政】 区政协教科文卫工委收集、整理《湖南老字号》《湖南农业文化遗产》有关资料，整理《衡阳市行政区划变迁录》资料，对《衡阳市行政区划变迁录》一书各种资料进行校对，形成正稿。着手收集《石鼓政协志》的部分资料。

（聂小平）

【服务中心工作】 区政协机关和广大政协委员立足岗位，融入石鼓区发展大局。区政协主席牵头负责石鼓区重点项目六大板块之一的社会民生板块，其他副主席、办委主任具体负责或参与来雁新城等重点项目建设，协调解决项目建设中存在的问题，促进项目早开工、快建设，做到日常工作与重点项目工作两不误，推动项目建设顺利实施。

（聂小平）

【团结联谊】 协助上级政协在石鼓开展调研视察等活动。2016年，共接待省市县兄弟政协6批次到石鼓区学习考察调研，达到取长补短、互通有无、交流经验的目的。3月29日，区政协主席王仲晓，区委常委、宣传部部长周文源，副区长陈坚、区政协党组成员邹金芝等区领导陪同市政协副主席马俭平一行调研石鼓区公共文化服务体系建设。调研组实地考察黄沙湾街道综合文化站、五一街道草桥社区、建新社区文化中心。随后召开座谈会，听取区相关情况汇报。马俭平对石鼓公共文化服务体系工作给予高度肯定，称赞石鼓文化活动品牌深入人心，并要求深刻认识调研活动的意义，充分吸收基层文化队伍的意见和建议，把中央、省、市关于文化建设精神落到实处。

（聂小平）

【自身建设】 建设“学习型、廉洁型、和谐型、文化型”政协机关。政治理论学习。积极开展“两学一做”学习教育。组织学习中共十八大和十八届三中、四中、五中、六中全会精神及习近平总书记系列重要讲话精神，以及中央和省、市、区委的一系列新决策、新要求、新部署。召开“讲政治、有纪律”“讲规矩、有纪律”“讲道德、有品行”“讲奉献、有作为”4次专题学习研讨会，召开组织生活会1次，民主生活会2次，集体学习12次。委员队伍建设。制定出台《政协衡阳市石鼓区委员会委员履职评价办法（试行）》，建立委员履职档案，严格委员学习培训、履职考核管理，开展委员评优评先活动，激励委员在“一岗双职”中创优争先，对区政协委员当年度的履职情况进行评价得分统计，作为委员评价、表彰、进退、换届的依据。发挥委员工作室优势，推进政协工作向基层延伸，公开向社会征集提案线索，及时反映群众诉求，协助区委、区政府问政于民、问需于民、问计于民。伍建华委员工作室发挥工商、法律专业特长和界别的团体优势，服务广大工商业主和居民群众。桂杨工作室为市民群众提供综合性的服务。以人民街道便民服务中心为载体，成立人民街道委员工作室，为衡阳市首个以街道命名的工作室。工作室全年接待群众210人次，书面反映情况材料7件，收集社情民意信息120余条，及时解决群众反映的问题

33件，召开民情恳谈会1次，得到市政协领导的高度肯定，并被省、市多家新闻媒体宣传报道。委员管理培训。11月11日，区政协四届一次会议召开前夕，邀请市政协理论研究专家进行专题讲座，组织对152名新一届政协委员集中培训，内容包括人民政协理论知识、社情民意和提案撰写等，增强委员履职意识，提高委员履职能力。区委常委、区纪委书记到会作严肃换届纪律讲话，为换届会议做好会议知识、会议纪律相关方面的准备。机关建设。完善机关公务接待、财务管理、内部考核等各项工作制度。4月8日，常务副主席曹平阳在区政协二楼会议室主持召开工会换届会议。雷玉保当选为工会主席、王芬为审计委员、王小青为女工委员。2016年，区政协办公室被评为优秀单位，文教卫群团委和经济联络委被评为良好单位。

（聂小平）

【三大平台建设】 利用政协云平台、政协专版、政协网站三大平台，宣传政协学习和工作成果，提高政协的社会认知度，扩大政协的社会影响力。购置政协云协商平台专业视频会议设备和音响设备，9月27日，湖南省政协议政性常委会首次在省、市、县政协开展“远程协商”活动，区政协会场成为其他市区“远程协商”会议现场布置和设备建设的范本，受到省、市政协的高度评价。在《衡阳晚报》上刊登了以《创新履职进活力，锦绣石鼓展新姿》为题的三届区政协工作纪实。在《湘声报》等省市级媒体发表文章10篇，向外推介区政协工作和经验。对区政协门户网站进行改版，设有主席之窗、领导介绍、机构设置、政协动态、政协委员、调研视察、委员提案、社情民意、基层政协、政协公文、公告栏、委员风采等12个栏目。（聂小平）

【领导分工】 区政协主席、党组书记王仲晓主持区政协全面工作。区政协副主席、党组副书记李长刚分管政协办公室、研究室、提案和委员联络工作委员会、机关党支部、组织人事、工会，联系人民街道、潇湘街道、合江街道政协联工委及中共界别、特邀界别、工商联界别。区政协副主席刘振湘协管人口资源环境和法制委员会、教科文卫体委员会（文史学习委员会），联系松木片区、金源街道政协联工委及教文体界别。区政协副主席卢行协管财政经济委员会，联系角山乡政协联工委、工青妇界别、台侨民宗界别。区政协副主席李在定分管财政经济委员会、人口资源环境和法制委员会、教科文卫体委员会（文史学习委员会），联系青山街道、五一街道、黄沙湾街道政协联工委及经济界别、医卫界别、农业科技界别。区政协秘书长、党组成员曾素波，主持办公室工作，协助主席处理区政协机关日常工作。（聂小平）

重要会议

【政协石鼓区第三届委员会第五次会议】 于2月24—25日在区机关会议中心举行。会议听取王仲晓所作的区政协三届五次常委会报告、曹平阳所作的区政协三届五次会议提案审查情况的报告。会议审议通过《区政协常委会工作报告的决议(草案)》《区政协提案工作报告的决议（草案）》审议通过政治决议（草案）。大会表彰2015年度区政协提案办理先进单位、“四有”委员、优秀提案、社情民意工作先进个人、优秀界别、优秀民主监督小组等先进单位、集体和个人。（聂小平）

【政协石鼓区第四届委员会第一次会议】 于11月21—24日在区机关会议中心举行。会议听取并同意区政协主席王仲晓所作的政协石鼓区第三届委员会常务委员会工作报告和区政协副主席刘振湘所作的政协石鼓区第三届委员会常务委员会提案工作报告。会议期间，与会人员列席石鼓区第四届人民代表大会第一次会议，听取并讨论了代理区长刘浪所作的《政府工作报告》及其他报告。选举产生政协石鼓区第四届委员会主席1名、副主席4名、秘书长1名、常务委员29名。酝酿协商区人大、区政府领导班子成员和区法院院长、区检察院检察长人选。会议审议通过《区政协常委会工作报告决议(草案)》《区政

协提案工作报告决议（草案）》《政治决议（草案）》。（聂小平）

【区政府工作报告和“十三五”规划征求意见会】 2月3日，区政府常务副区长王敏在区政协主持召开。会上，区政府办公室主任李亚晖就《石鼓区2016年政府工作报告》起草作说明，区发改局就《石鼓区十三五规划》起草作说明。区政协主席王仲晓、副主席曹平阳、刘振湘、徐琼等在会上分别作发言并提出意见建议。（聂小平）

【区政协三届第十七次常委会议】 2月21日，由区政协主席王仲晓主持召开。会议主要通过以下事项：1. 协商通过区财政局局长成志辉所作的《石鼓区2015年财政预算执行情况和2016年财政预算（草案）》；2. 协商通过《关于石鼓区2015年国民经济和社会发展计划执行情况及2016年国民经济和社会发展计划（草案）的报告》；3. 审议《石鼓区政协第三届委员会关于免去廖明明同志秘书长职务的决定（草案）》；4. 审议曾素波等12人增补为区政协第三届委员会委员；5. 审议区政协第三届委员会第五次会议议程、日程、列席人员名单；6. 审议区政协常委会工作报告；7. 审议区政协提案工作报告；8. 审议和研究区政协2015年度表彰决定。区政协全体机关工作人员列席会议。（聂小平）

【区政协三届第十八次常委会议】 2月25日，由区政协主席王仲晓主持召开。会议协商通过区委人事安排；听取各界别、乡街分组讨论情况；推荐大会总监票人、监票人拟定人员名单；确定秘书长候选人名单，并决定提请大会选举，一致同意推举曾素波任区政协第三届委员会秘书长；审议通过《区政协三届五次会议提案审查情况的报告（草案）》。区政协领导班子成员、政协常委、各界别组长、乡街政协联络工委主任及政协各委室主任参加会议。（聂小平）

【区政协三届第十九次常委会议】 3月10日，由区政协主席王仲晓主持召开。会议协商关于区政协换届时间调整事宜。经短信、电话逐个征求全体常委意见，大家一致协商通过会议时间调整。区政协正副主席、秘书长、各委室主任参加会议。（聂小平）

【区政协三届第二十次常委会议】 11月11日，在一楼政协常委会议室召开。会议审议和通过《区政协三届常委会工作报告》《区政协三届委员会提案工作报告》；协商通过区政协第四届委员会主席、副主席、秘书长名单和区政协第四届委员会委员、常委候选人建议名单及区政协第四届委员会委员、常委候选人建议名单和委员、常委候选人产生程序、过程；协商区四届政协第一次会议日期、会期、主席团、主席团会议主持人和秘书长建议名单、主席团常务主席建议名单、各次大会执行主席和大会主持人建议名单、副秘书长建议名单、提案审查委员会主任和副主任、委员建议名单、会议议程（草案）、日程（草案）、列席人员名单。全体三届区政协常委、乡街政协联络工委主任、乡街行政负责人参加会议。（聂小平）

【区政协四届第一次常委会议】 11月24日召开。会议审议通过《提案审查情况的报告（草案）》和《常委会工作报告决议（草案）》《提案工作报告的决议（草案）》《政治决议（草案）》。（聂小平）

【区政协三届第十八次主席会】 2月2日，由区政协主席王仲晓主持召开。会上，区政协秘书长曾素波向主席会汇报职务委员增补情况及区政协三届五次会议筹备工作情况。主席会一致通过曾素波、雷玉保、周伟、伍红卫、尹勍、钟捷、邹波、陈柏春、苏文波、麻安富、李谦、曾朝霞等12位职务委员的增补以及区委组织部分管组织工作的副部长、统战部常务副部长同时增补为区政协委员等事项。会议要求，除廖明明、谭毓霖外，其他因工作异动的原任职务区政协委员须呈上书面辞呈，辞去委员职务。区政协副主席徐琼建议按程序走，大会发言建议多换一些面孔，建议对委员工作室进行表彰，对优秀界别、优秀民主监督小组酌情选优表彰。区政协副主席曹平阳强调，一年一度的政协全会非常重要，应全力以赴做好所有筹备工作。会务组织与分工与往年差别不大，区第三届委员会第五次会议大会发言以建言为主，进行发言材料准备。区政协主席王仲晓要求，一要高度重视，必须要以“一类会议”的规格来对待；二要精心筹备，这次会议是三届最后一次会议，要力求最好；三要加强领导，大家要注意协作，相互补台。副主席要牵好头、把好关，特别是要对大会发言把好关，发言不超过十分钟。王仲晓向主席会传达了省、市政协会议精神。会议同意表彰10个优秀提案、4个优秀社情民意信息撰稿人、1个优秀委员工作室、2个优秀界别组、2~3个民主监督小组。区政协机关全体干部列席会议。

（聂小平）

【区政协三届第十九次主席会】

3月23日，由区政协主席王仲晓在区政协二楼会议室主持召开。会议就区政协领导班子成员分工、各委办调整、政协委员履职评价以及中国共产党石鼓区政协机关支部换届等事项进行讨论研究。区政协秘书长曾素波、研究室主任周伟、办公室王小青、颜明等列席会议。（聂小平）

【区政协三届第二十次主席会】

5月17日，由区政协主席王仲晓主持召开。会议就区政协第三届委员会2016年度工作要点进行研究讨论，会议表示对工青妇界别关于旧城区老商业街提质改造项目调研要出面支持、尽力配合，要求各界别组要正常开展活动，办公室、研究室对工作要点要仔细斟酌后再下达文件。审议通过《关于报送社情民意、理论文章及调研报告工作评比办法（试行）》。会议传达和贯彻石鼓区党务工作、“两学一做”暨争先创优工作会议精神以及区委书记杨龙金讲话精神，并就相关工作进行安排部署。王仲晓强调，要坚持党要管党，从严治党的原则，按照党建工作要求，开展好区政协机关党支部工作；迅速成立“两学一做”学习教育领导小组，由研究室主任周伟任办公室主任，办公室配合，迅速研究出台“两学一做”学习教育工作方案，迅速召开好动员会；要积极做好全区争先创优的配合工作，也要做好区政协机关在市政协系统争先创优，特别是社情民意工作要在城区保二争一。会后，全体机关工作人员集中观看《镜鉴——衡阳、南充违反换届纪律案件警示录》。（聂小平）

【区政协三届第二十一次主席会】

8月25日，由区政协主席王仲晓主持召开。会议听取和审议区政协2016年度工作要点落实情况，审议并通过三个调研报告（《关于教育托管现状与对策》《关于落实精准扶贫和精准扶贫政策情况》《关于餐饮业餐具清毒现状》），对区民政局民主评议回头看情况、2016年度提案办理考核情况等进行审议，研究区政协第三届委员履职评价考核工作。会上，区政协主席会成员就以上内容的不足之处进行指正和提出参考意见建议。王仲晓强调，各委室要在8月31日前总结好2012年以来的部门工作，要按照省、市、区委换届要求，做好相关工作；要抓好“三个一”（一名政协委员帮助一个贫困孩子完成学业、结对一个贫困家庭增加收入、有条件的委员帮助贫困家庭一名成员解决就业）扶贫工作，机关在职工作人员都要有“三个一”扶贫对象，9月开始，办公室要组织走访；要加强“政协云平台”建设；加强老委员的履职考核，确定拟留任人选。“三个报告”审议决定，《关于教育托管现状与对策》的调研报告转交区政府处理，并扩大调研范围，争取形成提案，上报市政协；《关于餐饮业餐具消毒现状》，经斟酌修改后，以提案形式向市政协反映；《关于落实精准扶贫、精准扶贫政策情况》的调研报告要综合会议意见建议，通报调研情况。决定对提案办理单位区农林局进行考核扣分；提案和委员联络委要对2016年度工作做好总结，把工作上升为理论成果。研究第三届委员会履职评价考核结果，根据规定，40%的委员可以留任，以石协〔2016〕8号文件作为评价依据，择优按比例提出建议名单提请主席会通过，再报区委统战部、区委组织部。

王仲晓强调，对考核在75分以下委员不予以留任，第四届委员数量共158名，初定留任65名；对1990年以来违反计划生育的委员不能留任，提出建议名单后，报区委常委会，并在网上通报。

（聂小平）

【区政协三届第二十二次主席会】 于11月11日召开。会议审议通过区政协常委会工作报告及区政协三届委员会提案工作报告。协商通过区四届政协主席、副主席、秘书长名单，会议同意市委意见和区委研究决定，提名王仲晓为政协石鼓区第四届委员会主席候选人，李长刚、刘振湘、卢行、李在定等为石鼓区第四届委员会副主席候选人，曾素波为石鼓区第四届委员会秘书长候选人；协商通过区政协第四届委员会委员、常委候选人建议名单和委员、常委候选人产生程序、过程；协商区四届政协第一次会议日期、会期、主席团、主席团会议主持人和秘书长建议名单、主席团常务主席建议名单、各次大会执行主席和大会主持人建议名单、副秘书长建议名单、提案审查委员会主任和副主任、委员建议名单、会议议程（草案）、日程（草案）、列席人员名单。（聂小平）

【区政协四届一次会议第二次主席团会议】 11月23日，由区政协主席王仲晓主持召开。会议通过了区委组织部部长叶强提出的政协石鼓区第四届委员会常务委员、主席、副主席、秘书长候选人推荐名单，区四届人大常委会主任、副主任候选人推荐名单，区人民政府区长、副区长候选人推荐名单。主席团成员、各讨论组组长及机关部分委室负责人、王小青、颜明、王芬参加会议。（聂小平）

【区政协四届一次会议第三次主席团会议】 11月23日，由区政协主席王仲晓主持召开。主席团成员、各讨论组组长及机关部分委室负责人、王小青、颜明、王芬参加会议。会上，各组组长分别汇报了分组讨论情况，对人大、政府、政协、法院、检察院候选人名单无意见，对关于通过区政府工作报告等4个决议（草案）无意见；通过总监票人的监票人名单、区政协第四届常务委员、主席、副主席、秘书长候选人名单。（聂小平）

【区政协主席办公会】 11月1日，由区政协主席王仲晓主持召开。会议听取关于区第四届政协全体第一次会议会前工作安排情况。王仲晓指示，11月4日召开一次常委会；委员培训会定于11月11日召开，会期为半天，衔接区纪委、区委统战部作好发言准备；全会前三天，再开一次常委会；成立提案审查委员会，成员不少于5人；李建宁、曹美丽到位前的工作由颜明、王小青顶上；确定常委会议题。（聂小平）

【区政协第四届委员会常委建议人选会议】 11月2日，由区政协副主席曹平阳主持召开。会上，区政协秘书长曾素波介绍了区政协第四届委员会常委建议人选（初稿）产生经过，说明常委人选的构成情况，明确职务常委名单已确定。会议要求，除9名中共委员外，其他常委均为民主党派或无党派人士担任，要从委员个人履职时间考虑人选，要具备参政议政时间。各乡街政协联络工委主任就建议人选（初稿）提出了修改意见。王仲晓指出，这份建议人选名单已经多次讨论和修改，下一步请大家多提宝贵意见，将继续修改和完善，另外请各乡街联络工委认真审核区政协常委会工作报告征求意见稿并提出修改意见。（聂小平）

【区政协换届风气监督工作会议】 7月24日，区政协主席王仲晓在区政协二楼会议室主持召开区政协换届风气监督工作会议。会上，区政协秘书长曾素波学习传达区委2016年4月19日、6月30日会议精神，系统学习《关于进一步严明换届工作纪律的通知》《关于加强换届风气监督的工作方案》以及《中国共产党问责条例》；王仲晓主席组织全体参会人员学习《党委会工作方法》及习近平总书记在安徽调研时的讲话精神。

（聂小平）

【区政协党组会议】 5月23日，区政协主席王仲晓在区政协二楼会议室主持召开政协党组会议，会议就区政协“两学一做”学习教育工作进行研究部署，对召开动员会及专题学习讨论的时间、方式进行具体安排。区政协机关党支部成员曾素波、周伟、王小青参加会议。5月26日，区政协召开“两学一做”专题党组会。会议就“两学一做”学习教育“讲政治，有信念”开展专题讨论。7月4日，区政协召开“两学一做”专题党组会。会议就“两学一做”学习教育“讲规矩，有纪律”开展专题讨论。9月20日，王仲晓主持召开区政协党组扩大会议。区委统战部、区工商联、区委组织部、区各乡街政协负责人和联络员参加会议，原区政协秘书长廖明明应邀列席会议，区政协办公室工作人员、周伟、雷玉保列席会议。会议听取了各乡街政协联络工委关于推荐区政协第四届委员建议名单情况的汇报。会议研究和讨论并通过区政协换届工作方案。会议还就政协办公室工作人员安排事宜、迎接区财政局“四项”（2015年度区本级政府采购、区本级项目招投标、市、区级财政专项资金、区行政事业单位公用经费四项工作）检查及党费收缴等工作进行研究和布置。10月8日，曹平阳主持召开区政协党组会议。会议同意推荐区政协主席王仲晓为衡阳市政协委员初步人选。会议就“讲道德，有品行”“两学一做”内容开展专题讨论，并对辽宁省贿选案进行警示教育学习。要求大家统一思想、提高认识、筑牢防线，以“零容忍”态度正风肃纪，确保选举风清气正。10月11日，王仲晓主持召开区政协党组会议。会议根据石干发〔2016〕74号文件精神，讨论通过曹美丽、李建宁的任命。10月28日，王仲晓主持召开区政协党组会议。会议就第四届区政协委员乡街分组、界别分组和推荐界别组组长提名人选进行讨论。会议要求，选择有号召力和组织能力的担任界别组长；政协常委中只能提名9名中共党员，建议提名组织能力强、活动能力强、时间充足的提任常委；委员联络室要将界别委员数和乡街组委员数搭配合理，以便于开展工作和活动。11月8日，区政协党组会议就主席团秘书长名单（草案）、主席团常务主席建议名单（草案）、第一次全体会议执行主席分组名单（草案）、四届一次全体会议副秘书长名单（草案）、四届提案审查委员会名单（草案）、会议日程（草案）等区政协第四届一次会议的各项会务资料进行讨论，会议原则上通过以上草案。11月29日，区政协召开党组会议。会议就“两学一做”“讲奉献，有作为”开展专题学习讨论，并组织学习了中共十八届六中全会精神。（聂小平）

重要活动

【“三个一”扶贫行动】 响应省市政协“三个一”扶贫行动的号召，结合区“一进二访”活动，组织机关干部深入驻点社区和扶贫村（松木片区朝阳村），听取乡街、村社区负责人的汇报，走访慰问困难群众，解决实际困难。全区有171名委员与228户贫困家庭进行结对帮扶。共筹集资金40万元，慰问困难群众、困难党员家庭40户，开展扶贫助学工作，实施“春蕾计划”和开展“爱心成就梦想”慈善助学活动，帮助67名贫困女童及女大学生完成学业；组织界别委员送文化、送科技、送医药、送法律到基层，力所能及帮助群众解决生产生活中的困难和问题。4月13日，区政协主席王仲晓、区政府副区长朱鸿波、区政协副主席曹平阳一行到联点社区——人民街道蒸阳社区督查“社区提质改造”工作。审阅社区提质改造方案和规划设计方案，现场查看社区楼栋、小巷、墙面情况。王仲晓要求街道和社区务必要高度重视、精心谋划、用心实施，要确保社区提质改造工作取得高成效，提升社区居民的生活品质，改善人居环境。着力开展社区驻点工作。争取资金20万元，资助蒸阳社区、司前街社区、江霞管理处等基础设施建设、文明创建等。（聂小平）

民主党派·工商联

民　　盟

【概况】 中国民主同盟（以下简称民盟）衡阳市石鼓区工委（以下简称工委）所辖13个支部，有盟员203人，有正高级职称11人，副高职称68人，中级职称104人；博士4人，硕士13人，本科185人；担任衡阳市政协委员5人，市政协常委1人，市人大代表2人，石鼓区人大代表与政协委员20人。发展新会员10人。（杨立新）

【社会爱心】 6月，民盟衡阳市石鼓区工委与石鼓支部联合衡阳市义工协会开展社区送温暖活动，在人民路蒸阳社区发放大米等物资，取得很好社会效果。（杨立新）

【开展活动】 3月，工委参加民盟市委的扩大会议，被评为2015年先进工委。5月，举办各支部主委参加的2016年座谈会，制订2016年工委工作计划，交流各支部2015年工作经验。10月，举办传统的老年节座谈会。12月，举办工作总结务虚会，讨论2017年工作计划。（杨立新）

民　　建

【概况】 石鼓区民主建国会（简称民建）有会员184人，在石鼓区建立5个支部，分别是石鼓一、二、三、四以及南华大学附一支部。市区两级人大政协换届之年，区工委积极配合民建市委会对优秀会员进行大力推荐。共产生市人大代表1人、市政协常委1人、市政协委员6人，区人大常委1人、区人大代表5人、区政协常委2人、区政协委员8人。（杨立新）

【组织建设】 抓好领导班子队伍建设，完成新一届领导班子的换届选举。2016年，根据《中国民主建国会章程》，民建石鼓工委召开换届会员大会，会议选举卢行为石鼓区第二届工委主委，朱治霖、邹忠贤为工委副主委。分别选举罗铁达、刘湘海、朱治霖、廖春虹、尹科为石鼓一、二、三、四、南华附一支部主委。4月15—17日，工委所属五个支部，分别召开会员大会，选举卢行等34人为民建衡阳市第十四届代表大会代表，工委分别派员在各支部选举前，强调选举纪律等相关事宜。保证会员队伍稳步发展。2016年，石鼓工委组织工作依然保持优质平稳发展，严格按照民建会章要求及衡阳民建组织发展特点，坚持高标准、严要求，慎重吸收发展对象并做好审核工作，注重质量与数量相结合，以质为先，确保新会员发展能优化民建会员文化、行业、年龄等结构，提升组织发展活力。2016年，石鼓工委共发展新会员13人。（杨立新）

【思想建设】 民建石鼓工委认真贯彻民建市委会第十四届四次扩大会议精神。组织会员学习中共十八届五中、六中全会及习近平总书记在全国政协民建、工商联委员联组会上重要讲话等各类会议精神，强调要将习总书记的讲话精神贯彻到日常工作中去，真正做到学以致用。积极落实全市“两学一助”学习教育会议精神，广泛发动，扎实准备，认真贯彻《民建衡阳市委“两学一助”学习教育工作方案》，学习民建市委会制作的《“两学一助”学习教育集中学习资料汇编手册》及《习近平总书记系列重要讲话读本》，积极引导会员加强学习教育的同时，更要做到学以致用，要在“助”字上下功夫，做到知行合一、以知促行。（杨立新）

【参政议政】 召开担任区级人大代表、政协委员的民建会员履职培训座谈会。在区“两会”召开前夕，就如何提出高质量的建议或提案，民建石鼓工委邀请民建市委副主委李康杏专题讲授“如何撰写高质量的提案和建议”。李康杏从人大建议、政协提案的共同点说起，分别讲述了人大建议、议案及政协提案的区别及注意点，从如何提交、联系新闻媒体、争取领导批示、如何打造一号提案（建议）等方面进行了重点讲授。2016年，石鼓工委中产生的人大代表、政协委员撰写提案和建议共34篇。紧紧围绕民建市委三项“中标”课题展开调研工作，充分发挥民建会员参政议政作用。配合民建市委会的专项调研，围绕“耕地轮作休耕”“优化医保结算服务”“环保监督执法”三项课题，撰写了《“两票制”应谨慎推广》《如何打造网络医养结合项目》等优秀社情民意，并得到市委会的充分肯定。（杨立新）

【社会服务】 民建石鼓工委继续发挥服务社会的优良传统。根据民建市委会的统一安排部署，一是成立老年支部，组织支部会员在“九九”重阳节和元旦节开展联欢活动，各个骨干老会员纷纷畅所欲言，表达对组织的关切与感恩之情；二是真访实帮，精准扶贫，在民建市委会的带领下走近贫困家庭，根据结对帮扶总方针，制定针对性的脱贫措施，预留扶贫资金。（杨立新）

致公党

【概况】 致公党石鼓区工委辖石鼓一、二、三支部、南华支部、外国语学校五个支部，有党员70名，分布在医卫、学校、文化艺术、司法、政府部门等领域，中高级职称的42人。区工委紧紧围绕“十三五”规划实施和中共衡阳市委市政府、中共石鼓区委区政府的中心工作，全面推进自身建设，切实履行参政党职能，充分发挥侨海特色和优势，凝心聚力服务“五个新衡阳”（经济繁荣、百姓富裕、生态优美、社会和谐、政治清明）和“三个新石鼓”（文明石鼓、活力石鼓、特色石鼓）建设。（杨立新）

【思想建设】 致公党石鼓区工委认真贯彻致公党市委的工作部署，多次组织党员认真学习中共中央下发的各项政策、文件精神，要求党员坚决与中共中央保持一致。组织部分党员参加致公党衡阳市委安排的“两学一助”学教活动，学习习近平总书记的系列讲话，助力新湖南的活动。11月24日，组织支部党员参加致公党衡阳市委组织的新党员宣誓，参加致公党中央宣讲团“中国情，侨海梦”走进衡阳宣讲培训活动。区工委还积极利用微信、QQ等网络平台畅通党员交流沟通渠道，发布工作通知、开展专题讨论，发动党员加入“湖南致公”微信群，及时了解致公党内实时动态，推动思想建设。（杨立新）

【组织建设】 一是配好班子，提高党员凝聚力。致公党石鼓区工委班子成员有明确分工和职责，通过完善岗位责任制、班子年度考核和民主生活会等制度，保证党员的知情权、参与权、监督权，提高党员的参与度，自觉接受党员的监督，建设一个相互支持、相互理解、相互信赖、具有较强凝聚力和向心力的领导班子。二是壮大队伍，提升党员质量。2016年，区工委组织工作立足侨海特色，深挖侨海资源，注重人员素质，严把党员入口关，着力优化党员结构，对符合发展条件的人选，严格按组织程序考察审批，发展新党员2名。三是推荐人才，增强参政能力。区工委大力推荐致公党优秀党员参政议政，产生市政协委员2人、区人大代表2人及区政协委员5人（其中常委2人）。（杨立新）

【社会服务】 工委5个支部组织党员开展了10多次活动。10月18日，石鼓一支部深入角山乡开展“两学一助”，走访贫困户，解决他们家庭的实际困难。支部卢建春主委、李智副主委"一对一"资助两名贫困大学生，为两个家庭各送去助学金1000元。10月，石鼓二支部组织党员，到新党员罗明开办的海归留学生创业园参观、观摩，全体老党员都深受新一代年轻海归留学生可喜的创业作风和奋斗精神的鼓舞，展现了年轻人的风貌和青年一代党员的风采。（杨立新）

【参政议政】 工委党员积极开展调研，撰写社情民意和政协提案，参政议政，全年向致公党衡阳市委、石鼓区政协提交提案12件、人大建议2件、社情民意2篇。一支部王素纯撰写的《关于切实加强农村环境整治力度，着力推进农村生态文明建设的提案》，经区领导批示作为重点提案办理。二支部副主委唐衡虎撰写的《关于加强我市公园水质管理的意见和建议》，得到市政府有关部门的响应，并已开始对岳屏公园内部分污染池塘进行换水清理。南华支部积极开展调研活动，写出了《集中式餐具消毒卫生状况》调研报告。通过支部党员的参政议政，发挥党员的作用，体现致公党员的社会责任感，助力新衡阳、新石鼓发展。（杨立新）

九三学社

【概况】 九三学社石鼓区工委辖石鼓支社、南华大学附属第一医院支社、湖南环境生物职业技术学院二支社、书画支社、农业支社，有社员99名，分布在医卫、高校、文化艺术、政府部门等领域，副高及以上职称42人。（杨立新）

【思想建设】 九三学社石鼓区工委认真贯彻九三学社衡阳市委的工作部署，组织社员先后4次参加学习中共十八届五中、六中全会、"两会"和九三学社中央十三届四中全会等精神，坚持正确思想导向，提高广大社员思想水平和素质。积极参与"两学一助"学习教育。区工委高度重视，认真组织社员参加社市委的各类相关学习，力求实效。选派骨干社员参加社市委专题培训，下发《习近平总书记系列重要讲话读本》《读懂中国制造2025》《"五大发展理念"解读》等学习资料，积极引导社员立足本职，发挥参政党职能，助力新衡阳、新石鼓发展。此外，区工委还积极利用微信、QQ等网络平台畅通社员交流沟通渠道，发布工作通知、组织专题讨论，开展日常学习实践活动及民主生活会，订阅《民主与科学》等期刊让大家自学，推动支社思想建设。（杨立新）

【组织建设】 一是配好班子。九三学社石鼓区工委按照民主集中制原则，建立集体领导与分工负责相结合的制度，明确区工委班子成员的分工和职责，通过完善岗位责任制、班子年度考核和民主生活会等制度，保证社员的知情权、参与权、选举权和监督权，提高社员对社内事务的参与度，自觉接受社员的监督，建设一个相互支持、相互理解、社员信赖、具有较强凝聚力的基层领导班子。二是保证队伍稳步发展。区工委注重人员素质，优质平稳发展，并坚持高标准培训，对符合发展条件的人选，严格按组织程序考察审批，区工委全年发展新社员3名。三是认真推荐人才。在市、区两级人大、政协换届中，区工委积极配合社市委对优秀社员进行大力推荐，产生市政协委员1人，区人大代表2人及区政协委员9人（其中兼职副主席1人，常委1人）。（杨立新）

【参政议政】 九三学社石鼓区工委利用"两会"平台积极参与政治协商。在区政协全会上，社员委员积极撰写提案十余件，紧紧围绕中共石鼓区委和区政府工作重点、石鼓群众关心的热点，结合九三学社及社员自身的特点，建言献策，促进了石鼓经济社会发展。发挥工委社员的专业特长。区工委紧紧围绕社市委调研课题的开展，参与配合调研工作。全年除积极配合社省委、兄弟地市开展的"高端智造""社区服务业"和"乡村旅游"等调研外，还由区工委牵头，组织社市委部分市政协委员和人大代表赴来雁新城调研，就城市建设和文化创新与来雁新城建设投资有限公司主要负责人进行座谈，交流建设方案。区工委积极配合社市委，持续开展市政协九三界别游咏委员工作室的建设，积极与青山街道卫生服务中心联系，定期开展委员工作室接待日、社区医疗咨询服务等活动，搜集民生热点信息，积极反应社情民意。

（杨立新）

【社会服务】 九三学社石鼓区工委根据社市委统一部署，开展系列服务活动。一是组织慰问活动，到八十岁以上的老社员家送关怀、送温暖，发给慰问金；二是积极参加植树活动：在社市委的统一部署下，区工委于3月组织各支社参加植树活动，在九三生态林种植100余棵树苗；三是组织扶贫活动，南华大学附属第一医院支社定期送医送药下乡。九三学社石鼓区工委各支社秉承志愿服务社会的优良传统，践行社会主义核心价值观，树立九三学社的良好形象，为衡阳社会发展做出积极贡献。（杨立新）

工商联

【概况】 石鼓区工商业联合会（以下简称区工商联），是党和政府联系非公有制经济人士的桥梁和纽带，是政府管理和服务非公有制经济的助手。它具有统战性、经济性、民间性。工商联工作是党的统一战线工作和经济工作的重要内容，以中华人民共和国宪法为根本准则，按照法律法规和章程开展，以促进非公有制经济健康发展和非公有制经济人士健康成长为主题履行职责。主要职能是：加强和改进非公有制经济人士思想政治工作；参与政治协商，发挥民主监督作用，积极参政议政；协助政府管理和服务非公有制经济；促进行业协会商会改革发展；参与协调劳动关系，协同社会治理，促进社会和谐稳定；引导非公有制企业和非公有制人士依法诚信经营，了解反映非公有制企业和非公有制经济人士利益诉求，维护其合法权益。2016年，机关有在编职工3人，其中行政编制1人，全额事业编制2人。5月31日选举产生区工商联（总商会）第四届领导班子，其中主席1名，副主席5名，副会长6名，秘书长1名，常委20人，执委62人。全年登记注册会员348名。

【教育引导】 为进一步坚定非公有制经济人士的理想信念和发展信心，多次组织会员学习习近平在看望参加全国政协十二届四次会议的民建、工商联界委员时的重要讲话；组织召开中共十八届六中全会精神宣讲会；在区工商联换届以及区人大、政协换届之前组织非公有制经济人士学习《换届纪律要求》专题会；通过开展“产业扶贫”“教育扶贫”“公益扶贫”的方式，动员非公企业和非公有制经济人士参与精准扶贫工作，在会员单位“君玲传统食品科技发展有限公司”和“香樟苑生态农业有限公司”帮扶278人，产业扶贫资金约32万元，教育扶贫资助学生31名，资金9.4万元，公益扶贫约18万元，引导会员积极投身光彩事业；根据《关于加强和改进非公有制经济代表人士综合评价工作的意见》精神，切实做好非公有制经济代表人士综合评价工作，引导广大非公经济人士做遵纪守法、诚信经营的典范；结合工商联换届，汇编《石鼓商界》宣传画册；创设“石鼓区工商联执委”微信群，成为引导、交流、传播正能量的重要阵地；积极推荐非公有制经济人士代表参加人大代表、政协委员有关政治活动，经过计划生育审核把关，上报计生系统人大代表3人，政协委员10人，贯彻落实“一票否决”制度。

（李　萍）

【组织建设】 5月底，完成工商联换届工作，选举产生区工商联（总商会）第四届领导班子；加强会员管理工作，进一步完善修订《石鼓区工商联（总商会）关于充分发挥执、常委作用的若干规定》《石鼓区工商联（总商会）会员发展及管理暂行办法》《石鼓区工商联会费收支管理实施细则》等规章制度，完善执常委的档案管理；加强机关干部能力建设和作风建设，结合“两学一做”和全国文明城市创建活动，组织学习《中国共产党章程》《中国共产党纪律处分条例》《中国共产党廉洁自律准则》，结合换届组织观看《镜鉴》接受警示教育，提高政策把握能力、调查研究能力、落实推进能力、服务群众能力，进一步适应新常态工商联工作需要。（李　萍）

【参政议政】 在市、区两级人大、政协和工商联换届中，积极为非公有制经济代表人士参政议政搭建平台，8名会员担任市、区人大代表，15名会员担任市、区政协委员，认真履行参政议政职能，在区“两会”期间，引导会员中的人大代表提交议案11件，政协委员提交提案20件，社情民意26件，为区委、区政府决策提供有力依据；配合市工商联开展“访民企、解难题、办实事、强信心”调研活动，了解收集情况，整理报告材料，力促解决问题和困难。（李　萍）

【会员服务】 坚持“资源共享、优势互补、利益共享”原则，与南华大学合作开展“营改增”税务知识解读培训会，邀请南华大学李东生教授为企业财务人员讲解《营改增后的增值税抵扣政策解读》《涉税会计核算》等方面知识；促进政企交流，召开“访民企、解难题、办实事、强信心”“优化经济环境”等座谈会；坚持每个季度开展会长联谊会、企业家沙龙活动，不定期组织执常委参加执常委单位的开业庆典、答谢会活动、行业商（协）会交流会；先后与张家界市衡阳商会、天津市衡阳商会开展交流，加强与省内外工商界的联络，协助区委、区政府招商引资。（李　萍）

群团组织

石鼓区总工会

【概况】 区总工会的主要工作任务是：根据党的基本理论、路线、纲领，遵照全国总工会，省、市总工会确定的工会工作指导方针和任务，围绕大局，结合实际，指导全区工会工作；对有关职工利益的重大问题进行调查研究，向区委、区政府、市总工会反映职工群众的愿望和诉求，并提出问题和意见，参与涉及职工切身利益的有关政策、措施和制度的制定，对侵犯职工合法权益的重大事件进行调查并提出处理意见，在维护职工合法权益的同时，维护女职工的特殊权益；建立健全调整劳动关系、维护职工劳动权益的平等协商制度和集体合同制度；动员和组织全区职工积极参加改革和经济建设，做好省、市劳模的评选、推荐、管理工作；负责工会经费的收缴、使用和管理以及审查审计工作；抓好新建企业工会组织的建立、完善工作，做好工会会员的发展，会员的教育和会员管理工作；完成区委、区政府交办的其他工作。2016 年，有在编职工 5 人，其中行政编制 3 人，全额事业编制 2 人。区总工会围绕“贴近中心促发展，贴近职工办实事，贴近基层搞服务”，重点解决职工群众最现实的利益问题和最困难的实际问题，构建工会服务职工工作体系。全年，新建工会组织 25 家，发展会员 1898 人。（冯菁辰）

【工资集体协商】 区总工会倡导“重签订、守协议”，全面完成工资集体协商目标任务。签订工资集体协商 80 家，续签 108 家。（冯菁辰）

【职工权益保障】 元旦、春节期间，全区 171 名困难职工得到帮扶，实名制发放资金 13 万元。其中患有重大疾病者 23 人，计 1.93 万元；对 148 名家庭生活困难职工给予生活救助帮扶，发放生活救助帮扶费 11.07 万元。各部门共联点 116 家企业，计 24 万元。为各乡、街争取 7.5 万元工作经费。为遭受水灾严重的角山乐富蔬菜基地、中湘五金机电市场进行帮扶，帮扶金 2 万元。下社区帮扶困难职工居民 10 人，计 0.5 万元。专项女职工帮扶 0.7 万元，为困难女职工解决了部分困难。开展“夏送清凉”活动，为在劳动一线的区环卫局、区园林局等单位 330 名职工，送去毛巾、绿豆、莲子等消暑物品，合计 3 万余元。开展“金秋助学”活动，帮扶 27 位困难家庭职工子女，共计 21 万元。其中区总工会帮扶 4 人。（冯菁辰）

【职工医疗互助】 2016 年是第二期职工医疗互助活动年，同步推进职工住院互助活动和特殊疾病保障项目，打造工会普惠职工群众品牌。全年，职工医疗互助 3002 人，互助集资 210140 元，截至 12 月 10 日报账已达 137 人次，计 173257 元。（冯菁辰）

【劳模表彰大会】 4 月 27 日，区委、区政府召开庆“五一”劳模表彰大会。吴小云、汪曲姬等 6 人被评为金牌职工。推荐中湘五金机电市场、黄沙湾中心校参选市金牌工匠先进单位评选。成功推荐漂亮宝贝技师张团愿获衡阳市五一劳动奖章，享受市级劳模待遇。各级劳模代表还发出倡议，呼吁广大劳动者、职工争做推动跨越赶超的引领者、合法生产经营的主力军、提升综合素质的带头人、促进社会和谐的领头雁，投身“三个石鼓”建设。

（冯菁辰）

共青团石鼓区委员会

【概况】 共青团石鼓区委员会（以下简称团区委）领导主管全区团员、青年、少先队工作，全区现有基层团委26个，团支部214个，覆盖率达80%以上。其工作职能：认真贯彻落实上级组织和中共石鼓区委的指示、决定和决议，紧紧围绕党组织提出的中心任务和主要工作开展活动，当好党的助手，负责筹备召开团代会、全委会和工作会议，领导全区共青团，抓好团的组织建设和思想建设，协调下属团组织间的关系，办好自己的培训基地，有计划地对下属主要负责人进行理论和业务知识培训，积极推广全区团组织、团员先进事迹，树立先进典型；深入调查研究，及时把握团员和青年思想动向，及时向上级团组织和区委反映他们的愿望和要求，尽可能为团员青年的成长提供条件；坚定维护广大团员和青年的合法权益，认真解决好与青年有关的社会问题；领导好全区少先队工作，努力办好有益于青少年的公益事业，搞好少先队辅导员培训，建好少先队夏令营基地。（唐　驰）

【青少年思想引导】 组织团员青年开展“三严三实”先进理论学习研讨，践行党的号召，紧跟时代步伐，严格要求自我，提升履职素养，利用“青年之声”综合服务平台，运用QQ、微信、微博等新媒体开展青少年思想引导工作。

（唐　驰）

【石鼓区首届青少年农耕文化节】 4月30日至5月1日，团区委、区农林局联合举办纪念五四运动97周年暨石鼓区首届青少年农耕文化节，成功与13家农业企业签署战略合作协议。通过集队成营的方式，开展农耕体验、团队游戏、礼仪培训、国学讲座等一系列活动，以角色体验为基础，以农村生活为载体，以学习成长为主线，寓教于乐，全市200余名的青少年朋友踊跃参与体验。参加活动的区领导有周文源、陈坚、贺水源等。（唐　驰　李昕霞）

【共青团组织建设】 推进基层团委建设的各项工作。整改落后团支部11个；组织委员们走到角山乡，开展“走进美丽乡村，探索活力石鼓”主题实践活动；积极指导辖区各团委开展“学雷锋”“纪念五四运动97周年”“一元捐”等活动。（唐　驰）

【文明城市志愿服务】 志愿者注册31534人，占城市建成区常住人口比例达10%，建立完善社区志愿者工作站，指导各社区建立健全服务制度，让服务更加规范化。组织部分工作站负责人参加培训班。开展“行文明路，做文明人，创文明城”交通文明服务活动。全区开展各类志愿服务活动180多场次，志愿者参与人数突破6000人，志愿服务已然成为引领文明的新风尚。（唐　驰）

石鼓区妇女联合会

【概况】 石鼓区妇女联合会（以下简称区妇联）是石鼓区委领导的社会群众团体，主要职能是依据《中华人民共和国妇女联合会章程》和区妇女代表大会的决议，指导和推动全区农村妇女“双学双比”活动、城乡妇女“巾帼建功”活动和“五好文明家庭”创建活动；宣传妇女典型，开展女性成才研讨，实施女性素质工程，促进妇女人才成长，全面提高妇女素质；开展宣传教育工作，教育、引导广大妇女增强“四自”精神，开展妇女职业技术培训和多层次的妇女干部培训，全面提高素质，促进妇女人才成长；组织开展争创“巾帼文明岗”“三八”红旗手（集体）活动；表彰各行各业先进妇女。代表妇女参与国家和社会事务的民主管理、民主监督，促进妇女参政；贯彻实施有关妇女儿童的法律法规，参与有关规定的制定，维护妇女儿童的合法权益。制定本区妇女儿童事业发展规划，并组织实施；为妇女儿童服务，加强与社会各界的联系，组织和协调社会各界为妇女儿童办实事、办好

事。完成区委、区政府交办的其他有关事项。（吴慕君）

【纪念“三八”105周年系列活动】 3月8日，石鼓区妇女联合会举办纪念三八国际劳动妇女节105周年庆祝暨“最美乡村”“最美社区”“最美家庭”表彰活动，活动中开展了关爱女性健康讲座、公益慈善宣传、京剧表演唱、旗袍秀、民族舞蹈等文艺汇演。角山乡三星村、莲花塘村、角山村，松木片区梽木村、青石村，合江街道江霞管理处被评为“最美乡村”；黄沙湾街道雁栖湖社区、人民街道蒸阳社区、五一街道望城路社区、青山街道牛角巷社区、潇湘街道司前社区、合江街道柏树嘴社区被评为“最美社区”，聂文化、禹云华等16户家庭被评为“最美家庭”。（吴慕君）

【反家庭暴力法普法宣传】 3月1日，由衡阳市妇联、市司法局主办，中共石鼓区委、区政府及区公安分局、区妇联、区司法局、区疾控中心、五一街道等单位联合承办的《中华人民共和国反家庭暴力法》宣传月暨家庭律师社区行活动在五一街道办事处举行启动仪式，参加活动的相关单位人员和居民群众200余人，参会人员在反对家庭暴力条幅上签名，活动现场提供法律及健康咨询服务，律师熊冬林给大家解读，开展了反家庭暴力法知识抢答赛。（吴慕君）

【关爱儿童】 5月26日，区妇联牵头，联合区民政局、区慈善会、区机关幼儿园、各乡街妇联、民政办开展庆“六一”暨“大手牵小手，慈善暖童心—关爱孤残、贫困、留守儿童”活动，活动有捐赠、佩戴红领巾、表演节目、亲子阅读，近百名特殊儿童度过了一个愉快的“六一”，活动发放慰问金和学习文具3.2万余元。（吴慕君）

【家庭禁毒】 1月10日，成立“妈妈禁毒志愿者联盟”。1月12日，举行“远离毒品、健康生活”大型禁毒宣传徒步活动，500余名巾帼志愿者参与禁毒宣传，践行识毒、拒毒、防毒的承诺。“妈妈禁毒志愿者联盟”代表、黄沙湾街道妇联主席黄环在启动仪式上向全体市民发出倡议。（吴慕君）

【婚姻家庭纠纷人民调解委员会成立】 10月20日，石鼓区妇联、区民政局、区司法局联合成立婚姻家庭纠纷人民调解委员会。机构联合具有法律知识和实践经验的相关单位专业人员参与婚姻家庭纠纷调解工作，促使更多的家庭矛盾纠纷化解在萌芽状态，促进更多的家庭与社会和谐稳定。（吴慕君）

【文明新风】 组织开展寻找“最美家庭”活动，以明礼诚信、夫妻和睦、孝老爱亲、科学教子、勤俭持家、热心公益等要求逐级推荐。邀请市委党校李霞老师以“家和万事兴”为主题的“相约文明”知识讲座。7月，人民路小学教师王小芳参加全市“好家风、好家训”演讲比赛并获奖。（吴慕君）

【实施新一轮两个规划】 立足区妇女儿童实际，推动政府颁布实施“十三五”妇女儿童发展规划。新一轮《妇女发展规划》需要做的工作是7个大项、117个子项，策略措施68项。《儿童发展规划》需要做的工作有5个大项、51个子项，策略措施47项。强化妇女儿童工作基础保障，着力解决妇女儿童发展的重点难点问题，推动妇女儿童发展规划全面实施。持续加大对困难群体的关爱帮扶，及时更新、完善“两癌”贫困妇女数据库，留守儿童数据库，更好地维护妇女儿童合法权益，关爱帮扶妇女儿童。（吴慕君）

【妇联队伍建设】 组织12批次28名妇联干部参加省、市妇联和市级有关部门组织的妇女理论业务知识、政策法规等内容的培训。发扬“自尊、自信、自立、自强”的精神，树立妇联干部的良好形象。以“两学一做”学习教育为契机，不断提高党性觉悟，把学习成果转化为推进工作的有效举措。（吴慕君）

石鼓区科学技术协会

【概况】 石鼓区科学技术协会

(以下简称区科协)辖乡街7个科协组织,有科普专职人员3人、农村科普人员26人。全年注册科普志愿者200人,非场馆类科普基地3个,科普展览区面积600平方米,年参观人数12000人,社区科普专用活动室29个,农村科普活动场地19个,科普画廊8个,全年科普专项经费12万元,有国家级科普示范社区(建设新村社区)1个,有省级科普示范社区5个,市级科普示范社区5个,区级科普示范社区8个,有市级科普示范学校1个,区级科普示范学校2个,有农业技术协会2个,省级农村科普示范基地2个,市级科普示范基地3个。全年共发展协会会员500人,印发科普图书10000册,张贴科普挂图1000张。全年实施年度目标考核,切实履行工作职责,并经常深入科普示范基地,农技协会等组织指导工作,协调关系,有效保证工作正常开展。(陈志勇)

【省级农村科普示范基地建设】 为全面落实《全民科学素质行动计划纲要》,充分调动基层科普组织的示范带动作用,实施湖南省"基层科普行动计划",经申报推荐评选和公示,5月,石鼓区荣盛生态农业基地被省科协、省财政厅命名为"湖南省农村科普示范基地"。5月24日,省科协、省财政厅对荣盛生态农业基地进行奖补,奖补资金10万元。

(陈志勇)

【梁阿团获省级农村科普带头人称号】 为充分调动基层科普示范带头人的示范带动作用,经申报推荐评选和公示,6月份,角山乡五星村梁阿团被命名为"湖南省农村科普带头人"荣誉称号。省科协,省财政厅决定对梁阿团科普带头人进行奖补,奖补资金5万元。 (陈志勇)

【国家级科普示范社区创建】 通过实施"基层科普行动计划",进一步发挥辐射带动作用,引导和帮助更多的社区居民建立起科学文明健康的生产和生活方式,激发广大公众创新创造热情,提高科学文化素质。经申报、层层推荐评选和公示,6月,石鼓区五一街道建设新村社区被中国科协、财政部命名为"国家级科普示范社区荣誉称号";6月13日,中国科协、财政部决定对建设新村社区进行奖补,奖补资金20万元。

(陈志勇)

【省级科普示范社区创建】 雁栖湖社区、牛角巷社区、石鼓社区认真贯彻落实湖南省科技两会精神,全面推进科普行动计划,促进科普信息化落地应用和科普文化进万家活动,按照《湖南省科普示范社区创建标准》要求,12月,经省、市科协组织考核认定命名为湖南省科普示范社区。

(陈志勇)

【区科协获湖南省"全国科普日"活动优秀组织单位】 9月23日,区科协以"创新放飞梦想,科技引领未来"为主题的全国科普日活动在演武坪小学启动,来自全区中小学师生代表、社区村居民群众代表共1200人参加。活动现场展出宣传板报60块,发放科普图书资料3000余份,接受居民群众咨询100余人次,机器人表演40分钟。通过该活动的开展,营造"人人都是科普之人,处处都是科普之所"的良好氛围,激发全体公民学科学、爱科学、用科学,为石鼓区科普活动发展提供源泉和动力,经考核评定,区科协获湖南省2016年"全国科普日"活动优秀组织单位称号。

(陈志勇)

【青少年科技创新活动】 区科协,区教文体局合作,从辖区内各中小学推选一批热爱科技创新、动手能力强的中小学生,参加市第27届青少年科技创新大赛,人民路小学宁相荣完成"彩色喷泉环保""虹级演示仪式"等15个项目获比赛一等奖,松木中学陈思思完成"火星家园"项目,获得中学组一等奖。在省第37届青少年科技创新大赛中,五一路小学负责申报的工程学集体项目"汽车'短信预警,防盗系统装置'"获此届竞赛项目银奖,人民路小学选送的"直电梯减震装置"获得工程学项目三等奖。

(陈志勇)

【文明城市创建】 开展科技界人士及企业家"重品行、树形象、做榜样”活动；依托社区、村科普学校组织居民群众开展核心价值观教育30次；对科普工作者进行文明城市建设培训9次；各乡、街道、科协及社区利用科普活动室、科普读书室、科普学校等阵地深化拓展科普活动；利用全民科普日、科技活动周等时间节点开展全民科学素质行动；乡、街道科协和社区科普活动阵地建设合格率达100%，在醒目位置刊播（载）“讲文明树新风”公益广告和“图说我们的价值观”等作品26幅，开展未成年人社区科普教育活动100余次；组织科普志愿者交通文明劝导志愿服务活动120人次；对全区现有社区科普画廊及科普宣传栏清洁维护并更换科普内容，新建科普画廊30米，营造健康向上的人文环境。

（陈志勇）

法　　治

政法委及综治

【概况】 石鼓区委政法委是领导、指导、协调、监督区公、检、法、司战线的职能部门。设书记1名、副书记3名，内设综治办、维稳办、国安办、办公室、执法监督室，2016年有工作人员8人。全区政法工作紧紧围绕中心，服务大局，以建设平安和谐石鼓为总目标，全面落实社会治安综合治理各项工作措施，着力解决影响社会和谐稳定、人民群众反映强烈的突出问题，为维护社会大局稳定、促进社会公平正义、保障群众安居乐业、护航经济社会发展做出积极贡献，政法各项工作取得新的明显成效。全区政法综治工作排名全市第一，被省、市评为先进，维稳、禁毒、反邪教三项工作分别被评为全市先进，各类赴省进京非正常上访量明显下降，群众安全感和满意度稳步提升。（赵　笑）

【维稳工作】 全区各部门承担起维护社会稳定的政治责任，坚持源头维稳、系统维稳、依法维稳，深入开展“大排查、大接访、大化解”和“化解信访积案、做群众贴心人”专项行动，严格落实领导包案接访和干部联点帮扶制度，立足抓早抓小抓苗头，积极化解各类社会矛盾。全年排查化解因征地拆迁、企业改制、看病就医等引发的矛盾纠纷423起，处置各类群体性事件49起，化解老大难信访案件和涉法涉诉积案52起，圆满完成了中共十八届六中全会、G20杭州峰会和省、市、区党代会等重要节点的维稳安保任务，确保全区社会大局稳定。（赵　笑）

【平安创建】 坚持以提升公众安全感和满意度为导向，组织开展全方位、多领域、多层次的“平安石鼓”创建活动。始终保持严打高压态势，破获各类刑事案件360起，刑拘306人，逮捕132人，监视居住61人，取保候审105人，移送起诉327人。加强社会治安防控体系建设，出台《石鼓区关于加强社会治安防控体系建设实施方案》，新增治安视频监控点300余个，在全市率先试点社区监控视频系统建设。落实社会治安重点区域排查整治工作机制，加强对治安混乱地区和场所的整治，对涉黄、涉赌、涉毒场所进行清理整顿。把禁毒工作经费纳入财政预算，逐年递增、优先保障，开展“远离毒品、健康生活”大型禁毒宣传徒步活动，启动禁毒宣传月活动。累计破获毒品案件50起，抓获毒品犯罪嫌疑人60人，查获吸毒人员604人，查获毒品3563克。结合“三实”信息采集工作，认真落实流动人口、出租房屋的管理措施，加强对吸毒人员、刑释人员、邪教组织人员和其他重点人员的管理帮教工作。通过“打”“防”结合，“惩”“治”并举，“管”“控”齐下，全区刑事案件发案率下降30.6%，群众安全感大幅上升。（赵　笑）

【综合治理】 认真贯彻《健全落实社会治安综合治理领导责任制规定》和《党政主要负责人履行推进法治建设第一责任职责规定》，建立综治工作四级责任捆绑体系，形成区级领导包乡街、区直部门包社区（村）、各乡街包辖区坐落单位、各社区（村）包楼栋和村民小组的“命运共同体”，推动形成党委统领、政府协同、

各部门齐抓、各层级共管的“大治理”格局。（赵　笑）

【队伍建设】　严格按照政治过硬、业务过硬、责任过硬、纪律过硬、作风过硬的要求，以“两学一做”学习教育为契机，深入开展党的政治纪律和政治规矩教育，进一步筑牢政法干警的思想根基。政法各部门积极争创学习型机关，广泛开展岗位练兵和技术比武，提升队伍能力素质。扎实开展执法不公、司法腐败专项整治，以“零容忍”的态度推进政法系统反腐败斗争，进一步强化纪律作风建设，群众对政法队伍的满意率不断提升。（赵　笑）

法治政府建设

【概况】　根据中共石鼓区委、石鼓区人民政府《关于印发〈石鼓区人民政府职能转变和机构改革方案的实施意见〉的通知》和中共石鼓区委、石鼓区人民政府《关于石鼓区人民政府机构设置的通知》，设立石鼓区人民政府法制办公室，为区人民政府工作部门。设5个内设机构：办公室、规范性文件管理室、依法行政指导监督室、行政复议应诉室、合同审查室，核定机关编制5名。主要职责是：承担统筹规划全区推进依法行政工作的责任，拟订区人民政府依法行政规划、年度计划，报区政府批准后组织实施。调查研究依法行政和政府法制建设中出现的新情况、新问题，提出推进依法行政的具体措施和工作建议；承担审查各部门报送区政府的规范性文件草案的责任。负责起草或者组织起草有关重要规范性文件草案。承办法律、法规、规章、地方性法规草案的征求意见工作。负责承办区政府规范性文件的解释工作；组织指导《湖南省行政程序规定》的实施；指导全区规范性文件管理有关工作，承担区政府和区政府办公室规范性文件送审稿的合法性审查工作，承办区政府及其各部门规范性文件的备案登记工作，受理有关规范性文件违法审查申请；负责清理、编纂政府规范性文件，并将石鼓区出台的规范性文件汇编正式版本；研究涉及规范政府共同行政行为的法律、法规、规章实施以及行政执法中带有普遍性的问题，向区政府提出完善制度和解决问题的意见，拟订有关配套的规范性文件、相关文件和答复意见；会同有关部门依法指导有关行政执法监督工作和推行行政执法责任制有关工作。承担协调区政府各部门之间在法律、法规和规章实施中的争议和问题的有关工作；负责依法向社会公告行政执法主体资格有关工作，会同有关部门指导全区行政执法证件管理和全区行政执法队伍建设有关工作；会同有关部门推进全区行政执法体制改革工作，负责做好推进相对集中行政处罚权有关牵头工作，协同有关部门开展综合执法试点；承担全区行政复议、应诉的有关工作。承担行政复议案件，办理区政府受理的行政赔偿案件，承办区政府的行政应诉事项；负责全区政府法制工作人员和行政执法人员的业务培训。组织开展政府法治理论、政府法治工作研究和宣传，开展对外政府法治业务交流，负责政府法制信息工作；承担区政府法律顾问工作；负责对区政府重大行政决策进行合法性审查或者论证说明；承办区人民政府交办的其他事项。2016年，法制办以“全面推进依法行政，加快法治石鼓建设”为目标，进一步梳理工作职责，使之与新时期推进依法行政工作相适应。长沙市、怀化市及各县（市）区法制办先后到石鼓区学习“石鼓法制经验”。区政府获全市依法行政优秀单位，伍小凤、曹鹃、陈荣利、董友军获全市依法行政工作先进个人。（王　斌）

【成立全市首家行政法律事务服务中心】　根据《关于设立石鼓区行政法律事务服务中心的通知》，设立石鼓区行政法律事务服务中心，为区法制办管理的股级全额拨款事业单位，定编8名，列为公益一类事业单位。其主要职责是：协助做好行政复议和行政应诉、规范性文件审查、合同审查、依法行政考核监督、执法人员培训、法律咨询等行政法律事务相关的服务事项。（王　斌）

【率先建立政府法律专家库】　2015年8月5日，区政府常务会议研究决定在全省县（市）区率先建立政府法律专家库，通过在《衡阳日报》上刊登选聘公告，聘请了衡阳师范学院法学院院长谭和平等14名法律专家入选专家库。经过实践和探索，为满足全区涉法事务与日俱增的需要，2016年年底，区政府决定增补曾伟等3名优秀法律专家充实法律专家库。入选专家参与全区政府重大行政决策、重要行政行为、规范性文件制定、重大项目建设、重大合同洽谈审查和涉及法律事务的重大突出性、群体性事件处理等工作。继2015年出台《关于建立区政府法律服务购买制度的实施意见》以及《石鼓区人民政府法律专家库工作规则》后，为进一步完善法律专家库建设，于2016年配套出台了《石鼓区人民政府合同审查与管理办法》与《石鼓区重大行政决策合法性审查暂行办法》，在一定程度上防范合同风险和减少纠纷，促进行政机关合法、公正、高效行使职权。

（王　斌）

【法律人才培训基地】　2015年11月9日，正式启动石鼓区人民政府“法律人才库”培养计划，通过全国开创性地在律师事务所设立培训基地，政府法制干部到律所轮训。标志着石鼓区在建设“法治政府”之路上再迈新步伐。2016年，根据《关于对政府工作部门履行〈政府工作报告〉职责情况进行评议的实施方案》要求，区人大常委会副主任宁华梁带领人大评议调查组考察区政府法律人才培训基地——湖南居安律师事务所，并同法律专家们进行了座谈，表示区政府法制工作能在短时间内创下全市第一、全省先进、全国首创很不简单，很不容易，很有特色，很有成就。12月27日在区四届人大常委会第二次会议上，评议满意率100%。

（王　斌）

【法律顾问制度】　12月29日，区委常委会议研究决定，聘请湖南居安律师事务所主任肖启斌担任中共石鼓区委法律顾问。标志着石鼓区第一时间落实中央《党政主要负责人履行推进法治建设第一责任人职责规定》最新规定，此举在全省县（市）区中尚属首例。建立党委法律顾问制度，是区委贯彻实施全面依法治国基本方略、深入推进法治石鼓建设及在法治石鼓进程中进一步提高区委决策科学化、民主化和法治化水平的重要举措。　（王　斌）

【行政复议和应诉工作】　收到行政复议申请8件，全部依法受理，尚有1件未审结。在受理并审结的7件案件中，维持4件，确认违法1件，驳回复议申请1件，因申请人撤回申请，案件审理终止的1件，行政复议“定纷”效果明显。收到区政府作为被告的一审应诉案件6件，其中行政诉讼案件4件，胜诉率100%，行政应诉“止争”成绩突出。每个案件都能积极办理，并严格执行法院的判决裁定，有力维护了政府的合法权益和良好形象。

（王　斌）

【规范性文件管理】　根据《石鼓区行政机关规范性文件管理规定》，对全区的规范性文件进行合法性审查，严格按照《湖南省规范性文件管理办法》，执行规范性文件有效期制度，落实规范性文件统一登记、统一编号、统一公布要求，未经“三统一”的规范性文件不得作为行政管理的依据。2016年共计审查《石鼓区环境保护工作责任规定（试行）》等18个规范性文件。为进一步推进政府职能转变，加快建设法治政府，维护区政府文件的权威性和严肃性，根据《湖南省行政程序规定》和《湖南省规范性文件管理办法》精神，区政府对2011年9月22日至2016年8月31日期间颁布的规范性文件进行全面清理。确认34件规范性文件继续有效；宣布调整对象已消失、工作任务已完成、试用期已过等8件规范性文件失效；废止与现行法律法规不一致、已被新规定涵盖或替代等5件规范性文件。

（王　斌）

【案卷评查工作】　10月，印发了《石鼓区2016年行政执法指导案例》，在全区范围内开展行政执法案卷评查活动，通过专家审查、综合评议，确定了区城管执法局与区人社局报送的3个案例为行政执法指导案例，并在石鼓区党政门户网站进行了公布。同时积极参加市法制办组织的执法案卷评查活动，按要求及时选报行政执法卷宗，为行政裁量尺度提供

了示范，进一步规范行政执法裁量权。（王　斌）

【责任清单动态调整】　继2015年在全市县（市）区中率先完成责任清单工作后，2016年根据《中共石鼓区委全面深化改革领导小组2016年工作要点》文件要求，区法制办探索完善“责任清单”动态调整机制。对区商务局等7个涉及职能调整部门的责任清单重新进行了梳理，并组织专人对清理出来的责任清单进行合法性审查，通过审查、修改、再审查的方式，共梳理责任清单200条，其中部门主要职责105项、与相关部门的职责边界事项31项、建立健全事中事后监管制度27项、公共服务事项37项，涉及文字7万多字。（王　斌）

【“两证”换发】　按照省、市法制办的要求，9月2日石鼓区法制办组织召开了全区行政执法资格考试和“两证”换发工作会议，对全区的两证换发工作作了具体的部署和安排。全区240余名执法一线同志参加了视频监控全覆盖考试，在省市法制办监考通报中，石鼓区为零作弊，通过率位列全市县（市）区前列。全面提高了行政执法人员的法治思维和依法行政能力，实现了执法人员持证上岗，亮证执法。（王　斌）

【市法制办调研石鼓区法治政府建设】　11月21日，市法制办副主任彭峥嵘带队调研石鼓区法治政府建设。彭峥嵘表示，石鼓区政府法治建设亮点明显，各项工作在全市县（市）区中都是排在前列。他指出，从调研的情况看，石鼓区领导对法制工作是最重视的，依法行政考核工作落实很好，值得各县（市）区学习。

（王　斌）

公　安

【概况】　石鼓区公安分局是一支有着优良传统的先进集体，曾在1998—2000年连续三年获评全国、全省优秀公安局。2016年，全局有民警316人（党委班子成员8人）、警辅人员235名。内设警令办、政工室、纪委（监察室）3个综合部门，国保、刑侦、治安、禁毒、经侦、巡逻、法制、人境、网安9个大队；下设青山、人民、潇湘、五一、合江、黄沙湾、松木、角山、金源、来雁10个派出所。公安分局在市局党委和石鼓区委、区政府的坚强领导下，积极对接“三个石鼓”建设，牢牢立足于“四项建设”总平台，紧紧围绕“两加强两提升”总战略，全面对标市局“三个领先”整体导向，谱写“抗风险、保平安、促改革、提效能、练内功”五大新篇章，推动“平安石鼓”“和谐石鼓”“法治石鼓”和“文明石鼓”的年度创建。分局被评为全省“扫黄打非”先进单位、全市公安机关绩效评估工作先进单位、全区党风廉洁建设优秀单位。合江所、人境大队分别被评为全省依法办事示范窗口、人民满意的公务员集体，合江所荣立集体三等功。（杨德细）

【反恐维稳】　全力确保例行的敏感节点平稳，积极应对全市“两会”、区乡人大换届选举等新的平安稳定风险，圆满完成重大安保任务19次，妥善处置大型医患纠纷48起、涉众群体性事件36起。及时消除非法集资等涉稳隐患40余起，捣毁邪教组织聚会窝点4个。涉法涉诉信访事项办结率100%。“来雁新城”“华耀城”“怀邵衡”等重点项目建设周边环境持续向好。实现政治安全“零懈怠”、维稳反恐“零疏漏”、专项安保“零失误”、公共安全事件“零发生”。（杨德细）

【侦查破案】　全年开展惩治“盗抢骗”、打击毒品犯罪、惩治“黄赌假”的“三大战役”和“卫士之光”百日竞赛活动，刑事技术、网络技术及图侦技术成为破案惩治的新方式，扩大和深化了专项行动的震慑效应。全年破获各类刑事案件360起，刑事拘留306人，逮捕132人，监视居住61人，取保候审105人，移送起诉327人，全部案件破案率达37.7%，“盗抢骗”破案率达35.31%，名列全市前茅。连续侦办“1·18”开设网络赌场案、“3·4”特大网络盗窃案、“3·28”伪基站案等重点案件，开创衡阳当地惩治开设网络赌场犯罪的先河。侦破公安部督办的被确定为2016年全国“扫黄打非”十大案件之一——“8·2”网络传播淫秽色情牟利案，查获涉案QQ群组24个，抓获犯罪嫌疑人7名，涉及淫秽视频2.6万部，人员1.5万人，遍布全国20多个省市。破获涉毒案件50起（百克案件5起、千克案件2起、省督目标案件1起、部督目标案件1起），查处吸毒人员738人，强制隔离戒毒247人。禁毒工作的整体“满意度”进入全省的前列。惩治经济犯罪工作排名全市第二。

（杨德细）

【治安防控】　坚持变舆情倒逼为重拳查禁、变突击排查为持续管控、变重点采集为全面覆盖、变单一巡防为复合压控，刑事案件发案降幅30.6%，现行案件破案率36.84%。区委、区政府投资增建治安视频监控点300个。分局投入300余万元，建成青山、潇湘、合江、人民4个派出所警务合成中心，落实分局刑事技术室达标建设及5个刑事技术分室建设。结合全区“两化两体系”建设，对23个社区警务室进行升级改造。先后开展禁赌风暴、校园周边秩序整治、安全生产隐患排查整治等专项工作。全年共接受有效警情17113起，办理行政案件3133起，行政处罚1194人，行政拘留865人。通过年度消防安全“国考”，策应创建文明城市“国检”。

（杨德细）

【队伍建设】　注重党建引领作用，全面贯彻省厅队伍建设“五标准五工程”（忠诚、为民、实干、担当、廉洁五个标准，铸魂育警、素质强警、人才兴警、作风砺警、暖心惠警五大工程）要求，瞄准班子建设、教育培训、作风建设三个发力点，积极履行党风廉洁建设“两个责任”（党委主体责任和纪委监督责任），深入开展“两学一做”专题研讨，从严推进“两个专项整治”，从严落实公车制度改革、财政四项专项检查整改工作。在全市率先建设并启用受立案管理中心，率先推行刑事案件“三统一”、办案积分机制，成功承办市局“三统一”现场会。316名在岗民警全部配备单警装备，275名一线实战单位民警全员配发执法记录仪。年度执法质量合格率在全市领先，高于全省平均值。发挥先进领跑作用，将推行4年之久的“五大标兵”活动扩容为“六大标兵”，为29名民警实施战时奖励。100%落实升国旗等“六个仪式”“半月谈”制度和年度体检，投入19万余元慰问特困民警、奖励升学子女。

（杨德细）

【改革创新】　以构建现代警务机制为主线，处理好“观”与“行”“老”与“新”“深”与“广”“责”与“利”的辩证关系，把推进警务机制改革与推进“三大战役”“主动治安”“五大工程”建设进行有机的融合，坚持指挥与情报一体化，整合侦查实战合成、治安防控、指挥情报、执法管理、绩效督导评估等中心的职能、资源和手段，建设分局合成指挥中心。以“三实”信息采集（指“实有人口、实有房屋、实有单位”信息采集）、DNA信息采集及旅馆网吧“实名制”、刑侦基础信息采集达标为重点内容，创新确立“政府主导、综治牵头、公安为主、部门联动、社会参与”的“三实”推进模式，共录入实有人口226943人、实有房屋82617户、实有单位5861家，标记户籍人口61047人。旅馆、网吧和十类刑事案件现勘、痕迹物证提取等基础信息采集、录入悉数达标。

（杨德细）

【大要案件】　1月14日，禁毒大队经过近8个月的长线经营，成功破获省督“2015－415”制贩毒案，斩断一个集吸、贩、制毒于一体的涉毒犯罪链条，抓获违法、犯罪嫌疑人员21名，缴获毒品麻古2000余克、大麻500余克，以及部分制毒原料、制毒工具。2月28日，网安大队经过5个多月的依法查证，破获1个涉案100余万元的重大网络赌博团伙，抓获设赌“庄家”王某（男，32岁）、肖某某（女，27岁）夫妇、平台管理人员刘某（男，34岁）、吴某（男，21岁），缴获赌博专用电脑9台、短信群发收发器3台，以及银行卡、游戏充值卡等作案工具，依法扣押涉案资金80余万元。5月19日，刑侦大队破获系列抢劫、强奸案件，将犯罪嫌疑人罗某（男，37岁）收入法网。7月7日，刑侦大队历经10个小时的缜密侦查，快速破获1起故意杀人案，抓获犯罪嫌疑人贺某（男，35岁）。8月25日，潇湘派出所侦破1起结伙持刀抢劫案件，6名犯罪嫌疑人全部落入法网。9月25日，网安大队历经近6个月的侦查取证，成功破获1起特大网络盗窃案，抓获团伙犯罪嫌疑人3名。该案涉及12个省份，涉案金额400余万元。10月13日，刑侦大队缜密调查、紧密抓捕，破获1起涉案价值近40万元的入室盗窃案件，抓获犯罪嫌疑人周某（男，38岁）。11月19日、11月22日，合江派出所、青山派出所、金源派出所通过巡逻盘查、执法安全检查及网上涉枪线索研判，先后侦破3起非法持有枪支案件，缴获小口径步枪、仿64军用手抢、气枪共3支，收缴夜视仪1套、子弹8发、铅弹400余发，刑事拘留2人、行政拘留1人。11月底，公安部督办的“8·2”网络传播淫秽色情牟利案被确定为2016年全国“扫黄打非”十大案件之一，已查获涉案QQ群组24个，抓获犯罪嫌疑人7名，涉及淫秽视频达2.6万部，人员1.5万人，遍布全国20多个省市。12月12日，刑侦大队在接到受害人报警2小时后，快速破获一起重大骗取医疗耗材案件，抓获犯罪嫌疑人王某（男，27岁），追回价值260余万元的涉案货物。

（杨德细）

检　察

【概况】 石鼓区人民检察院成立于1980年，2016年，有政法专项编制57人，在职干警51人。设反贪局、反渎局、侦监科、公诉科、控申科、民行科、预防科、监所科、法警大队、案件管理科、检务督察科、纪检组、监察室、政工科、办公室15个内设机构。现有院领导班子成员7名、专职检委会委员1人。员额制检察官19人，检察官助理13人，司法警察7人，书记员4人，司法行政人员8人。区人民检察院全年自觉融入经济发展大局，忠实履行法律监督职责，严格规范司法行为，稳妥推进司法体制改革，各项检察工作实现了新发展。

（郭　佳）

【刑事检察】 惩治严重刑事犯罪。严格规范履行审查逮捕、审查起诉职能，适时介入侦查、引导取证，快捕快诉，保障人民群众安居乐业。依法批准逮捕各类刑事案件111件、135人，提起公诉244件、313人。突出惩治黑恶势力、涉枪涉爆、涉毒、多发性侵财等严重影响人民群众安全感的刑事犯罪，持续深化打黑除恶专项斗争，依法严惩危害食品药品安全、环境污染、个人极端暴力犯罪。依法办理王盛军涉嫌故意杀人案、范助华等人涉嫌聚众斗殴案、王平、王标涉嫌贩卖冰毒3公斤等一系列严重危害人民生命财产安全、危害社会治安秩序的重大刑事案件。依法起诉的罗邵衡涉嫌抢劫、强奸一案，经法院审理，被判处有期徒刑12年。化解社会矛盾纠纷。准确适用刑事和解政策，注重运用法治思维化解矛盾纠纷。严格执行捕诉标准，对主观恶性小、犯罪情节较轻的初犯、偶犯、过失犯罪，依法不批准逮捕39件、57人，不起诉21件、28人。完善执法办案风险评估预警、不批捕、不起诉案件释法说理、申诉案件公开审查、刑事被害人救助等制度，推动处理涉检信访问题纳入法治轨道。审查处理各类举报、控告、申诉17件；立案复查不服检察机关处理决定刑事申诉案件3件，办理刑事赔偿案件1件。参与社会治安综合治理。配合开展社会治安、安全生产、食品安全风险隐患的排查整治，有针对性地提出源头治理建议。推进未成年人刑事检察工作专业化、制度化建设，探索建立未成年人犯罪分案起诉制度，加强涉罪未成年人预防帮教工作，对11名未成年犯罪嫌疑人、被告人开展社会调查，对2名未成年犯罪嫌疑人依法作出不起诉决定，回访帮教涉罪未成年人8人。2016年6月，公诉科被共青团衡阳市委授予“青年文明号”称号。

（郭　佳）

【查办和预防职务犯罪】 严肃查处腐败案件。坚持无禁区、全覆盖、零容忍，做到“发现一起、查办一起”，始终保持反腐败高压态势。全年立案侦查职务犯罪案件6件、6人（贪污贿赂案件4件、4人，渎职侵权案件2件、2人），提起公诉3件、4人，法院审结判决2件、2人。其中，大要案6件、6人，为国家挽回经济损失800余万元。参与侦查一体化办案，办理湖南省高速公路管理局怀化管理处处长刘某某滥用职权、受贿系列案。把惩治行贿作为遏制腐败的重要内容和手段，突出查办多次行贿、多头行贿案件，追究行贿、介绍贿赂犯罪4人，占立案数的66%。开展职务犯罪预防。牢固树立“预防职务犯罪出生产力”的理念，深入开展警示教育、预防调查和犯罪分析，开展“进机关、进企业、进乡村、进学校、进社区”专题预防活动，深入辖区机关、医院、学校及企事业单位开展法治宣讲40余次，在5家民营企业建立预防职务犯罪联系点，依法保护非公有制经济的合法权益。健全行贿犯罪档案查询制度，为有关单位提供查询125次，为营造公平、公正的招投标环境发挥积极作用。注重将预防工作与阶段性中心工作结合起来，为落实“精准扶贫”战略任务，2016年10月，院出资8万元拍摄以项目扶贫和查办该类职务犯罪案件为主题的微电影《最后一公里》，获得较好的法治宣传效果和社会效果。（郭　佳）

【诉讼法律监督】　严格落实罪刑法定、疑罪从无、非法证据排除等制度，对侦查机关应当立案而未立案的，监督立案7件；对不应当立案而立案的，监督撤案10件。依法纠正漏捕11人，追诉漏犯4人，追加漏罪5件，书面监督纠正侦查活动违法情形52件（次），对确有错误的刑事判决和裁定，提出抗诉2件。集中开展为期半年的“破坏环境资源和危害食品药品安全犯罪”专项立案监督，努力守护雁城的“碧水蓝天”。办理不服法院生效裁判、民事行政审判活动违法、民事行政执行监督和支持起诉等各类民事行政检察案件13件。监督纠正刑罚执行机关在减刑、假释、暂予监外执行过程中的不当情形128人（次）；对交付执行、收押、出监出所、监管活动、留所服刑中的违法情形，监督纠正56件（次）。对社区矫正和剥夺政治权利刑在交付执行、监管矫治、变更、终止执行活动中的履行职责不当情形，监督纠正20件（次）。坚持保证诉讼与保障人权并重原则，积极稳妥开展羁押必要性审查工作。共办理羁押必要性审查案件12件，被办案单位采纳10件。（郭　佳）

【队伍建设】　在上级检察院和区委的领导下，石鼓区人民检察院顺利完成检察长换届选举工作。组织开展检察人员分类改革，全省首批员额制检察官遴选考试考核中，有19名干警被省检察院任命为员额制检察官。始终紧抓业务培训，以网络远程教育、“每月一课”“石检讲坛”等活动为契机，加大培养专业技术人才和办案能手的力度；组织3名干警参加高检院业务学习、20余名干警参加省、市检察院组织的岗位培训，经常开展岗位练兵活动，提升了干警业务素质，有3人获“全省检察机关综合工作先进个人”称号。（郭　佳）

法　院

【概况】　区人民法院在区委坚强领导、区人民政府及社会各界的大力支持下，按照“坚守公平正义这条生命线，实现‘零错案、零违纪’两个基本目标，狠抓‘执法办案、队伍建设、基础建设’三项重点，确保‘司法绩效、司法管理、信息技术、人民满意’四个提升”的要求，履行审批职责，推进司法改革，加强队伍建设，为全区打造“湘南地区最具活力的商贸文化中心”提供有力的司法保障。全年受理各类案件2005件，审、执结案件2348件（含旧存398件）。

（贺水郴　王若愚）

【刑事审判】　区人民法院受理刑事案件454件，审结416件。惩治故意伤害、绑架、强奸、涉毒、“两抢一盗”等犯罪案件309件、340人，严厉惩治贪污、贿赂等犯罪案件2件、2人，审结涉毒案件58件，判处罪犯66人。

（贺水郴　王若愚）

【民商审判】 区人民法院受理民商事案件987件，审结1108件（含旧存143件），结案标的额1.8亿元；审结涉融资担保公司和小额贷款公司民间借贷、商品房买卖等案件377件；审结土地承包流转、土地征收等涉农案件117件，审结劳动争议、工伤事故等案件92件。充分发挥家事审判职能，积极化解家事矛盾纠纷，签发石鼓法院第一份“人身保护令”，保护家庭暴力受害人的人身安全。（贺水郴 王若愚）

【行政审判】 区人民法院受理行政诉讼案件20件，审结22件（含旧存2件）；审查行政机关申请非诉行政执行案件3件，裁定准予执行2件、不予执行1件。

（贺水郴 王若愚）

【执行工作】 区人民法院受理各类执行案件695件，执结405件，执结标的额1.53亿元；深化网上“点对点”查控被执行人银行存款、车辆、户籍、出入境、婚姻登记、房地产等执行新机制，查询被执行人存款13000件次，反馈信息25万余条；加大对逃避执行的曝光力度，全年共曝光失信被执行人505人；加大对失信被执行人的司法惩罚力度，全年搜查2次、罚款5人、拘留1人、移送公安机关7人。

（贺水郴 王若愚）

【司法为民】 区人民法院深入开展驻村联点、大走访活动，走访群众387户，帮助群众解决实际问题25个。打造阳光法院，实施审判流程公开、裁判文书公开、执行信息公开，设立“导诉台”“院长接访室”，推行“上门立案”。发挥司法救助金的作用，让有理无钱的人打得起官司。全年为生活困难当事人减、缓、免交诉讼费96万余元，为9名当事人申请司法救助31万余元。

（贺水郴 王若愚）

【廉政建设】 不断加强党风廉政建设，强化“一岗双责”和管党治党意识。开展“雁过拔毛”式腐败问题、“纠‘四风’治陋习”“拒收红包礼金”等专项整治，在审、执部门设立廉政监察员，向当事人发放廉政监督卡4000份；让干警守住底线，不碰红线。

（贺水郴 王若愚）

【“两学一做”专题教育】 深入贯彻全面从严治党的要求，学习党章党规，学习习近平总书记系列重要讲话精神，牢固树立“逢旗必夺、逢先必争”的争先创优意识。严格目标考核、案件评查，对干警的个人办案绩效予以排名通报，奖优惩劣，激发干警干事创业的激情。（贺水郴 王若愚）

【接受监督】 主动接受区人大及其常委会监督，认真办理代表建议。全年办理代表建议3件，与代表面对面沟通，及时给予答复。邀请人大代表参与调解、旁听庭审等方式听取代表意见，改进工作中的不足。坚持重大事项向区人大及其常委会报告制度，多次向区人大常委会报告队伍建设和司法改革等工作。主动配合政协派驻法院民主监督员开展工作，为政协开展监督、进行调研提供有力服务和支持。依法接受检察机关的诉讼监督，支持检察机关依法履行法律监督职责。广泛接受社会各界监督。利用网络等平台及时发布相关工作信息，畅通民意表达渠道。规范人民陪审员工作，全院人民陪审员全年参审率达99%，保证司法公开与司法民主，保障公众对司法的监督。

（贺水郴 王若愚）

司法行政

【概况】 石鼓区司法局为区人民政府工作部门，内设办公室、政工室、政策法规股、基层司法工作办公室、律师管理股，下设社区矫正中心、法律援助中心和7个乡、街道司法所，辖2个律师事务所（莫彬彬律师事务所、楚章律师事务所）、3个基层法律服务所。全局有政法专项编制20人（其中局机关9人），2016年在编在岗10人（含事业编制1人）；二级机构社区矫正中心共有事业编制2人，在编在岗1人；区法律援助中心共有事业编制2人。主要职责：贯彻执行党中央、国务院、省委、省政府制定的司法行政工作的方针、政策、法律、法规；结合实际，拟定司法行政工作的发展规划和具体措施；编制全区司法行政工作年度计划、中长期规划并监督实施。负责依法治区领导小组日常工作，组织实施全区法治宣传教育，指导全区依法治理。负责全区法律服务机构及其从业人员的年检注册初审工作；监督、指导企事业法律顾问工作。管理、指导基层司法所和人民调解工作。管理和指导全区社区矫正工作。管理和指导全区法律援助工作。负责全区司法行政系统装备管理和基本建设工作。负责全区法律服务行业人员的监督管理工作。承办区人民政府交办的其他事项。2016年，全区司法行政系统业务工作和队伍建设稳步推进，司法局连续两年被全国人民调解员协会评为人民调解宣传工作先进单位。"六五"普法工作成绩显著，司法局被市法治办评为"六五"普法先进集体。2016年被市司法局评为综治综合业务工作、全面小康推进工作先进单位。区司法局局长邓琳获省司法厅嘉奖，被评为衡阳市司法行政系统创新争优先进个人；区社区矫正服务中心主任王志嘉被评为衡阳市司法行政系统创新争优先进个人、衡阳市司法行政系统优秀共产党员，在司法部举办的社区参与式法律需求评估总结会上作典型发言；区法律援助中心主任李权被评为衡阳市"六五"普法先进个人。

（李而为）

【普法宣传教育】 一是推进"谁执法谁普法"责任制落实，9月2日，区政府办下发《关于全区国家机关"谁执法谁普法"责任制的实施意见》，区法治办出台《全区国家机关"谁执法谁普法"责任制考评办法》，把责任制考评纳入全区各单位绩效考核。全区国家工作人员学法考法于7月下旬启动；8月中旬，各单位陆续开展网上学法积分；9月中旬，全区学法用法考试顺利开展，参考率100%；10月底，学法用法考试工作全部完成，全区通过率98.85%。二是启动"七五"普法。区委、区政府转发《区委宣传部、区司法局关于在全区公民中深入开展法治宣传教育的第七个五年规划（2016—2020年）》。上半年司法局开展"法润石鼓·春风行动"大型法治宣传教育活动、"反家暴"和国际消费者权益日大型宣传活动、农村法治宣传教育月暨"深化法治宣传教育，服务推进脱贫攻坚"专项活动、"国际禁毒日"宣传活动等。在下半年分别开展"青少年法治宣传周暨慈善法进校园"活动，以及老年人权益保障普法宣传活动。12月3日，联合衡阳市司法局在莲湖广场开展"弘扬宪法精神，树立宪法权威""12·4"国家宪法日暨全国法治宣传日主题宣传活动。并成功举办7场普法宣传暨岗位练兵活动。由各乡街司法所司法助理员开展普法宣讲竞赛的同时，深入基层面向不同的对象进行法律知识宣传。宣传内容包括禁毒法、反家暴法、公证法、消费者权益保护法、民间借贷、法律援助条例等实用性较强的法律法规，普法对象涵盖学生、社区居民、村民、机关干部等，覆盖面广，社会反响良好，并多次被市级媒体宣传报道。三是打造两个宣传阵地。一个法治示范村——角山村，一个法治示范社区——桑园社区，在其中添置法治书屋、宣传长廊、法治宣传墙绘等群众喜闻乐见的法治宣传产品。全年悬挂宣传横幅20条、展出法治宣传展板100块；发放宣传资料1万余份、赠送法律书籍200余册、活动奖品200余份；活动现场接受咨询近500人次，受理投诉11人次。

（李而为）

【法律服务】 按照省司法厅要求，选址石鼓区古汉大道9号建设区公共法律服务中心，面积255平方米，9月1日动工，投资30万元，年底挂牌投入使用。市、区领导给予高度肯定。完善法律援助工作制度，加强法律援助宣传力度。将法律援助纳入年度司法所绩效考核。以免费发放宣传资料、法律援助宣传讲座等方式努力提高法律援助知晓率，拓宽法律援助覆盖面。全年办理法律援助案件180件。创新网上服务新模式。区法律援助中心、各律师事务所根据省厅要求，已全面启用"如法网"，网上受理群众法律咨询、法律援助申请、律师案件代理等业务，实现坐"网"问诊，随时随地接受群众的法律咨询与业务委托。加强律所、律师及法律服务所管理，律师队伍不断壮大。6月初，局组织对辖区律师事务所、基层法律服务所开展了执法监督检查，有针对性地对问题提出整改要求。到年底，全区律师达58人。（李而为）

【人民调解】 出台《石鼓区人民调解“以奖代补”实施办法》，充分调动各调委会的积极性。全年各级调解组织排查各类矛盾纠纷865件，调解865件，调解率达100%；调处成功857件，调处成功率99%。（李而为）

【社区矫正】 一是规范社区矫正调查评估。所有调查对象均由社区矫正中心与司法所进行实地调查，并将调查评估报告上报局集体研究提出矫正建议。二是规范档案管理。全区社区矫正人员全部建立社区矫正执行档案和工作档案。依法做好日常监管，规范办理考核奖惩。三是清查脱管、漏管矫正人员。为预防矫正人员脱管、漏管及重新犯罪，社矫中心制定重点管控对象名单，为八个司法所配备监控手机，对监管对象实时监控。四是落实矫正人员集中学习和公益劳动教育，增强其悔罪意识和社会责任感。全年开展社会调查48例，累计接收社区矫正人员250名，解矫189名，在册61名，无一例脱管、漏管。5月，全局顺利通过由省司法厅组织的“法律体检”及市政法委组织的执法状况检查。

（李而为）

军　　事

人民武装

【概况】 石鼓区人武部在市警备区党委及区委、区政府的正确领导和关心支持下，坚决贯彻落实国防和军队改革决策指示，围绕“五部”（应急应战的指挥部、地方党委的军事部、后备力量的建设部、同级政府的兵役部、军民融合的协调部）职能，按照“铸魂聚力、改革强武、固本强基、融合共进”的总体目标，牢牢把握改革转隶的特点规律，充分发挥“高铁动车”联动作用，夯实基础，创新引领，促进全面建设和后备力量建设提质发展，有力提高国防建设的社会效应。先后被省军区评为基层建设先进团级单位，被市警备区评为安全工作先进单位，人民街道办事处民兵应急分队党支部被市警备区评为先进基层党支部。（赵　刚）

【思想政治建设】 坚持首位首抓，强化思想政治教育。认真落实省军区“五步法”理论学习要求和警备区学习教育计划，扎实抓好党委中心组理论学习和“两学一做”学习教育，认真参加授课辅导。组织全体人员全程参加省军区和市警备区的理论授课、改革强军教育和作风纪律等各类教育共42课，搜集整理4套学习资料，供每个党员学习。通过辅导授课，进一步强化干部职工思想认识和党性觉悟，振奋精神，为完成年度工作和改革强军任务打牢思想政治基础。严密组织个人自学。部党委结合年度学习任务和干部职工履职能力，要求干部职工制定个人学习计划，并将《中国共产党章程》《中国共产党纪律处分条例》《中国共产党廉洁自律准则》及习总书记系列讲话作为必学内容，利用学习成果开展“三写”活动。2016年，在省级以上媒体上稿60篇。坚持用学习成果自觉接受改革大考，检验全体党员政治意识、大局意识、核心意识和看齐意识。精心组织集体讨论。在参加上级理论授课和个人自学的基础上，大家围绕主题，结合工作进行讨论。通过思想交锋，体会交流，取长补短，不断修正自己的思想认识，提高对理论学习深层次理解，取得了较好的教育效果。机关领导梳理成果。部领导能够负起抓实“五步法”的责任，带头落实每个步骤，给干部职工当好表率。在个人撰写心得体会和集体讨论后，部领导结合专题教育的主题和各项工作实际，着眼改革强军要求，进一步总结大家认识和讨论成果，用集体智慧破解发展瓶颈，形成贯彻落实意见，有力促进“两个转变”。适时组织宣传贯彻。2016年，正值石鼓区党代会和人大会换届选举重要时期，人武部机关干部和专武干部进街道进社区参加换届选举工作。正确处理工学矛盾，在每一专题讨论之后，适时组织专武干部学习，将讨论成果融入工作实际，引导大家感悟衡阳红色文化和光荣传统，汲取不忘初心、继续前进精神力量，确保部队建设正确发展方向。

（赵　刚）

【党建工作】 围绕坚强有力，狠抓党委班子和干部队伍建设。习主席对国防和军队改革作出了历史定位，立起强军新目标，强化打胜仗新导向，区人武部坚决从思想上、行动上与上级对标看齐。强化“四种”意识。坚决拥护党中央、中央军委的决策部署，坚持把“思想追随”作为政治建军第一位的任务，不断强化“四种”意识，做到一切行动坚决听从党中央、中央军委和习主席指挥。做到“四个”看齐。熟悉掌握看齐内容，切实领会看齐方向，找到看齐标准，定好看齐时间，做到内化于心、外化于行。坚决服从改革强军号令，不做与党中央、中央军委决策相悖的事，不搞“信口开河”和“随心所欲”的事，进一步把全体人员的意志和力量凝聚到强军目标上来。加强“四个”引导。加强思想引导，切实把大家的思想觉悟统一到强军目标旗帜下，统一到国防事业和新的使命任务中来。加强利益引导，解决好干部正确看待的“后路、后院、后代”问题。加强得失引导，针对干部提升机会少、转业数量多的现实，解决好改革长利和个人进退去留问题。加强苦累引导，针对工作多、任务重、要求严，引导好干部职工感党恩、做奉献，解决思想不集中、工作没动力问题。（赵　刚）

【战备训练】 着眼使命任务，狠抓战备训练落实。2016 年，军队建设、调整改革和军事斗争准备任务艰巨繁重。始终坚持聚焦强军目标和有效履行使命任务，强力推进以应急备战为核心的战备训练落实。狠抓战备工作落实。坚持以“应急应战”为牵引，立足实战要求，结合整组备案时机，完成对辖区重要防卫目标现地勘察，根据可能担负的防卫和支前任务，对作战任务、力量编成和综合保障等进行研究论证。及时修订完善各类战备方案，拓展深化“三网三系统”信息化平台，按照“三分四定”要求，配备完善了应急连战备器材，全力准备神舟十一号飞船降落搜救备勤任务。狠抓军事训练落实。坚持党委议训、主官主抓，领导带头参训参考，强化现役干部队列动作、体能、军事社会要素训练。3 名部领导参加警备区整组备案研究作业考核取得总分第一成绩。全年抓了 3 期基干民兵和三支队伍人员集训，重点完成反恐维稳、应急救援、抢险救灾、区域防空、情报侦察、工程抢修、勤务保障等专业训练内容，有效地构建常态化、专业化、规范化应急力量体系。狠抓民兵整组落实。坚持早发动、早部署、早落实，新年伊始，召开全区民兵整组动员部署会，对专武干部集中进行思想发动和业务培训。在黄沙湾街道和雁栖湖社区进行试点建设，组织全区专武干部进行现场观摩，规范基层“七本、六册、两卡”资料和“三室一库”建设，人武部在整组过程中加大督导力度，先后多次对 13 个基层武装部和 48 个村（社区）民兵营连进行现场指导，促进了整组工作落实。3 月初，省军区郭参谋长带工作组随机点验市民兵应急营 2 连，人员到位率达到 100%。3 月底，市警备区机关工作组对我区整组工作进行验收考核，取得较好成绩。（赵　刚）

【后勤建设】 围绕保障有力，提升后勤服务效益。牢固树立开源节流、艰苦创业的思想，确保将有限的经费用在刀刃上。严格经费使用管理。坚持党委集体理财和主官联审会签制度，重大经费使用严格坚持党委集体研究决定，一般性开支由办公会研究决定，进一步规范经费使用报告、审批、报销、监督等环节，保证经费管理正规有序。积极开源节流，倡导资源节约，严格落实物资集中采购和资金集中支付，大力开展节电、节水及无纸化办公活动，最大限度降低行政消耗，增加抓基层建设、应急连建设、国防教育、军事训练等支出，行政消耗开支逐步减少，接待开支同比减少 60%，有效确保经费保障向战斗力聚焦、向基层倾斜。扎实开展财经秩序专项整治。为规范财经秩序，实现依法理财新常态，确保经费问题整改归零，部党委把整治工作摆上党委重要议事日程，坚持主管主抓，分工负责，强势推进，召开专题会议，成立专门领导小组，严肃认真对 2013—2014 年的财务账目按照财务工作大清查的标准要求，以查漏补缺为主进行再清查再整改；对 2015 年以来的财务管理全部按新规新政要求进行拉网式排查，针对自查的问题，部党委严格按上级要求和财务管理规定，立查立治，建立问题清单，实行“处方式”纠治整改，确保了专项整治严格落实。全面停止对外有偿服务。按照上级停止对外有偿服务要求，及时与区政府协商，将租借给区城管执法大队和青山街道下横街社区卫生服务中心的原民兵训练基地办公楼和人武部原办公楼附属门面，移交区政府管理。（赵　刚）

【安全管理】　围绕改革强军，确保部队安全稳定。始终围绕守底线、保稳定的思路，坚持依法从严治军。强化安全教育。坚持安全工作4项教育，每月召开安全形势分析会，全面查找安全工作存在的隐患，针对问题，制定整改措施。在重要时期，组织安全防护教育，始终绷紧安全这根弦。组织开展条令月活动，坚持每周四下午集中学习条令条例，及时组织安全检查讲评。按照上级统一部署，深入开展“百日安全活动”，确保全年度部队安全稳定。狠抓正规管理。始终坚持内强素质，外树形象的总要求，树好军营、军人和军事机关形象，着重从军容仪表、文明礼节、生活养成抓起，明确各类人员职责，落实外来人员出入登记和派遣车辆制度。安装指纹门禁系统、在值班室配置枪弹柜。突出防范重点。结合衡阳社会综治管理特点，针对营区半封闭、人少地偏的实际，突出人车枪弹密，水火电钱网、酒油黄赌毒、涉外涉地方等17个安全管理重点要素。与区公安分局和区城管执法局制订防恐防暴预案，有针对性的做好安全预防工作。加强安全检查。为做好军委国防动员部和省军区的安全大检查，部党委认真制订迎检方案，对重点部位重点目标进行反复检查，制定整改措施。进一步完善消防设施、部库合一和保密室等重要场所基础建设。（赵　刚）

【兵役工作】　围绕“五率”标准，圆满完成兵役工作。紧紧围绕军委国防动员部提出的征兵报名率、上站率、合格率、择优率、退兵率等“五率”要求，扎实搞好兵役工作。扎实开展兵役登记。从1月份开始，充分利用春节期间在外务工青年和学生放假回家高峰期，与公安、计生及乡（街道）等部门，成立联合工作组，走村入户进行调查摸底和思想发动，对18~35周岁的青年进行兵役登记。突出宣传重点。6月上旬，利用6天时间，安排军地领导和院校老师分头在2所高校应征咨询点，现场解答征兵政策，帮助大学生算好政治账、经济账、前途账；制作国防知识宣传展板，悬挂宣传横幅，将征兵宣传资料发送到每一个寝室每一个班级；在大学生中组织开展“当兵为什么、当兵干什么、当兵有什么”主题班会，有效调动了大学生参军入伍的积极性。严格征兵程序。先后2次为2所大学学生，进行预征体检和政治考核，畅通从“校门”到“营门”高速直通车；严把兵员质量，采取政府主导、职能部门负责，坚持集体定兵。完成新兵征集任务，其中大学生兵员占60%。（赵　刚）

【军民融合】　强化融合发展，积极参建参治。党管武装落实有力。按照“思想上合心、抓建上合力、力量上合用、履职上合法”的指导思想，坚持党管武装根本制度。2月，区委、区政府主要领导到人武部召开现场办公会，解决5个具体问题。3月底，召开全区党管武装暨民兵预备役工作会，各乡街党（工）委书记进行述职，强化了党管武装意识。12月，召开区委议军会，重点研究落实市委议军会精神的具体措施。开展活动形式丰富。深入开展“精准扶贫”和“双带双促”活动，部领导对口帮扶一户贫困对象，针对实际困难，协调区有关部门制定解决方案；组织干部职工走访慰问贫困家庭，组织人武部干部职工和广大民兵参加义务献血；积极参与区域经济建设和社会发展；抓好党代会和人大会的代表选举工作；组织辖区部队官兵，投身文明创建、双拥共建活动，努力实现强区和固防有机统一。国防动员建设加力。区国动委立足改革强军目标，摸清动员底数，搞好潜力调查，提出战场需要什么、政府就重点扶持保障什么的工作思路。根据作战指挥体系的转隶，配置装备器材，完善“三网三系统”建设，促进国防动员建设水平的全面提升。（赵　刚）

【涉军维权】　围绕社会稳定，竭力做好涉军维权工作。牢固树立“维军权、解军难、稳军心”理念，为促进部队的安全稳定和社会发展发挥积极作用。搭建完善组织机构。根据人员变动情况，积极主动请示区委、区政府，调整涉军信访维权领导小组成员，形成区、街道、社区三级联动的信访工作网络。聘请区法律援助中心2名律师常年担任维权法律顾问，及时解答现役和复转军人遇到的各种涉法问题。形成良好工作制度。针对复员军人的状况，认真分析研究，对重点对象实行逐人排查，通过横向到边，纵向到底排查，与区民政局、区信访局建立重点人员台账，全面掌握涉军人员情况，落实“五包”措施，包掌握情况、包解决困难、包教育转化、包稳控管理、包依法处置。积极主动化解矛盾。按照属地管理原则，坚持以“堵访”变“疏访”、以“上访”变“下访”、以“被动接访”变“主动服务”的工作机制，坚持原则与情感相结合，主动协助地方政府搞好涉军维稳工作，有力稳控涉军群体，确保了社会稳定。

（赵　刚）

【国防教育】 围绕增强国防意识，加大全民国防教育力度。坚持主动作为，全力推动国防教育进机关、进党校、进企业、进乡街、进院校、进社区“六进”活动。6月，召开全区全民国防教育会，表彰一批国防教育先进单位和个人；征兵期间，人武部领导带机关深入街道、院校、企业一线，利用宣传展板向基层领导、干部、群众、学生进行国防知识宣讲；9月，利用学生军训时机，部领导亲自到院校进行国防教育授课；第16个全民国防教育日在两所院校和乡街利用国防宣传挂图给学生和群众进行国防知识宣讲；开通“石鼓国防教育”微信公众号，让全区广大人民群众互动参与国防和后备力量建设论坛，倾听人民群众心声，加强正面舆论引导。

（赵　刚）

消防工作

【概况】 石鼓公安消防大队在中共石鼓区委、区政府和衡阳支队党委的领导下，以习近平总书记系列重要讲话精神为统领，以“安全发展”为主线，以“两个稳定”为目标，以“民意导向”为牵引，高效地完成各项工作任务。

（陈龙玉）

【消防责任落实】 配合区政府完成2015年政府消防工作考核。将消防工作纳入全区综合目标管理绩效考评和综治考评，推动消防安全责任落实。区长刘浪、副区长朱建社等领导带队开展消防安全检查，联合安监、商务、民政、住建、城管等职能部门进行综合执法，全面净化消防安全环境。

（陈龙玉）

【综合应急救援】 全年接警出动154次，出动车辆257台次，出动警力1483人次，抢救被困人员24人，疏散被困人员231人，抢救财产价值670.08万元。无人员伤亡。成功处置江雁机械厂等火灾，有效保障了群众的生命财产安全。

（陈龙玉）

【火灾隐患整治】 深入开展了社区“三清三建”、违法建筑及大型在建工程、歌舞娱乐场所大排查大管控大整治等专项整治行动。全区全年共检查1570家次，发现火灾隐患1640处，督促整改1649处，临时查封20家，责令“三停”14家，罚款35.4万元，拘留3人。

（陈龙玉）

【消防宣传教育】 深入开展消防宣传“七进”（“进社区、进学校、进企业、进农村、进家庭、进机关、进网站”）活动，通过消防宣传车进社区、农村消防服务站建设、“开学第一课”、企业消防培训、消防站对外开放、对重点单位开展疏散演练等形式，广泛宣传消防安全常识。在全区全面开展“119”消防每周宣传活动，联合衡阳电视台制作《走进119》栏目，开通“石鼓消防”官方微信，及时发布火情动态和消防安全常识，增强了人民群众的消防意识。

（陈龙玉）

【征召消防新兵】 为推进全区多种形式消防队伍建设，充实区公安消防力量，新征政府消防专职消防员9名，有效的缓解了警力不足的困境。积极推动区重点单位和社区建立专职消防队，定期对专职消防队进行业务指导和培

训，提高火灾救援专业力量的协同作战能力。（陈龙玉）

【优化消防发展环境】 根据衡阳市消防支队下发的《衡阳市城乡消防专业规划》和《市政消火栓管理办法》两个文件，推动石鼓区、乡、街道的消防规划，较好解决消防工作城乡发展不平衡的难题。（陈龙玉）

人民防空

【概况】 根据《中共石鼓区委 石鼓区人民政府关于石鼓区人民政府职能转变和机构改革实施意见》设立石鼓区人民防空办公室，是国防动员委员会的常设办事机构，是区人民政府防空工作主管部门，列入区政府工作部门序列，不计入区政府机构个数。内设“一室三股”，即办公室、法制工程股、指通股、财务股，下设一个二级机构，即人防管理站。有干部职工8人。主要职责是：依照《中华人民共和国人民防空法》和《湖南省实施〈中华人民共和国人民防空法〉办法》等法律法规，开展人防宣传、制定防空袭预案、负责全区人防工程设备设施和警报通信的建设、维护和管理以及配合市办开展行政执法。2016年，在区委、区政府和区人武部的领导下，在市人防办的指导和支持下，区人防办认真贯彻落实十八届四中、五中、六中全会精神，按照“战时应战、平时服务、应急支援”的职能要求，强化目标管理，扎实开展工作，取得良好成绩，全面完成各项目标任务，在市对区人防工作考核中，石鼓区人防办被评为先进单位，是全市城区中唯一一个。（蒋　华）

【工程建设】 早期人防工程维管方面：制定了日常维护管理方案，进行维护及巡查，对存在安全隐患的早期人防工事进行加固修缮，并与单位签订了维护管理责任书，确保早期人防工事“零”安全事故发生。“结建”工程维管方面：7月1日，区委副书记肖立建、副区长聂文化对全区结建工程进行安全隐患大排查。所到之处，均仔细察看现场，认真查找问题，详细询问情况，提出了整改整治意见，要求在提高“结建率”的基础上，进一步抓好人防工事的维护管理安全工作，充分发挥其经济效益、环境效益和社会效益，力争抓一处工程，起一处作用，显一处效益。7月21日，衡阳市人防办副主任刘和平带队检查全区人防工程消防安全管理工作，对人防工程用电安全、消防设备设施的运行情况、防火档案建立情况等内容进行检查，对被检查单位存在的各类安全隐患进行了一一反馈并下达整改通知，同时要求被检查单位吸取宜章“6·26”特大交通火灾事故的经验教训，加强自身消防安全责任制度的落实，抓好消防安全工作，遏制事故苗头，为安全生产打下良好的基础。8月上旬，严格按照《中华人民共和国人民防空法》、省政府第270号令等法律法规，与区消防大队联合开展人防工程消防整治行动，对辖区人防结建工程进行消防安全排查整治，督促单位增强安全意识，落实安全措施。（蒋　华）

【指挥通信】 警报设施维管有成效：先后投入13万余元对城区17台警报器进行维修、检测、管理和保养。在全省“11·1”防空警报试鸣日活动中，全区警报鸣响率和覆盖率达100%。落实人防战时人口疏散备战：全区组织开展战时城市人口疏散地——衡阳县集兵、潮江、岣嵝、界牌、樟木5个乡镇90个村和衡山县萱洲、店门、贺家、永和4个乡镇77个村接收能力的调查工作，为做好战时疏散提供第一手资料，如期完成疏散地域的地理、人文、社情等相关信息数据采集，并按上级部署，在全区开展人口疏散调查摸底工作，圆满完成人口疏散摸底调查任务。结合《人民防空训练规定》《人民防空训练与考核大纲》要求，人防办机关干部和人防应急队伍开展了夏季野外军事拉练活动。（蒋　华）

【宣传教育】 区人民防空宣传教育基地位于区机关大院东、西、北面三座山头，总面积约200亩，2015年开始项目规划、2016年年初开始动工，共投入资金200万余，于年底建成并投入使用。基地按照“开放式、嵌入式、融合式”人防宣传的思路，结合石鼓区人民广场一并建设，通过人防雕塑、电子屏幕、园林绿化、文化长廊、石头刻字等多种方式，有机融入人防知识，嵌入人防元素，打造集人防宣传教育、市民生态休闲为一体的综合性人防宣传教育基地。创新人防宣传形式，积极开展人防宣传教育“进机关、进学校、进企业、进社区、进媒体”活动。在石鼓广场和社区等地组织人防知识大型宣传活动3次，出宣传板报36块，发放资料3000余份，受教育人数达万余人次。在辖区初中二年级和小学五年级开授人防知识教育课，发放人防小博士书籍3850本，开课率达100%，受教育人数4080人。选定4个社区作为示范点，制定板报20余块，展示柜一个，完成了全区宣教进社区的任务。在《湖南人防》《湖南国防教育网》等各类媒体发表新闻稿件及信息35条。2016年，区人防办被市国教委授予“全民国防教育先进单位”，被市人民防空办公室授予“衡阳市人防工作优秀单位”，被市国防动员委员会授予“衡阳市人民防空先进单位”，区人防办副主任周建萍、法规股股长许向前被市国防动员委员会评为“衡阳市人民防空先进个人”。组织宣教活动：结合“3·12”“5·12”“11·1”应急宣传活动，区人防办与区应急办、区民政局、区消防大队等相关职能部门组织在角山中学、都司街小学、演武坪小学开展应急疏散宣传和疏散演练活动，衡阳电视台、湖南经视等媒体进行现场报道。 （蒋　华）

【依法行政】 坚持以《中华人民共和国人民防空法》、省政府第270号令和湘价费〔2014〕60号文件等法律、法规为依据，大力推进行政执法工作，规范行政行为。区人防办法规工程股配合市人防办参与行政执法工作，先后对市阀门厂、市有机玻璃厂、市橡胶厂、市电厂和市化工厂等早期人防工事破坏损毁案进行调查取证工作，依法对破坏人防工事损毁案件进行了处理。 （蒋　华）

【“湘防-2016”全省人民防空综合实兵演练】 全省实施“湘防-2016”人民防空综合实兵演练，石鼓区承担医疗救护实兵演练任务。全区参演队伍4个，参演30人，区人防办在区武装部、区卫计局等单位的支持下，认真筹划，周密部署，科学组织，冒着酷暑分组进行多次救护训练，现场组织开展止血包扎、骨折固定、运送伤员，圆满完成实兵演练任务，受到省、市人防办领导的好评。

（蒋　华）

经济管理与监督

宏观经济管理

【概况】 认真分析全区经济发展的宏观环境及经济运行基本情况，完成季度经济形势分析及年度国民经济和社会发展计划报告，提出大量切实可行的建议。2016年，全区实现地区生产总值141.65亿元，增长9%；财政总收入22.13亿元，增长11.8%；固定资产投资总额141.94亿元，增长22.5%，三项主要经济指标增速排名全市第一。社会消费品零售总额完成109.28亿元，增长12%，增速排名全市第二。全面小康总体实现程度为90%，获评省全面小康达标县市区。三次产业结构由2015年的3.3∶21.1∶75.6调整为3.2∶19.4∶77.4，第三产业占比较2015年提升1.8个百分点，对地区生产总值贡献率高达92.4%，经济结构进一步优化。

（祝丽玉）

【项目投资】 全区抓项目、促投资，在推动投资增长上攀新高。1—10月，全区固定资产投资项目171个，固定资产投资增速为22.3%，高出全市增速8.8个百分点，高出全区年度目标增速2.3个百分点，固定资产投资增速连续8个月排名保持全市第一。投资结构相对合理，1—10月全区完成固定资产投资117.2亿元，其中：5000万以上项目投资80.4亿元，占比68.6%；5000万以下项目投资16.5亿元，占比14.1%；房地产投资20.3亿元，占比17.3%。积极储备项目。建立了石鼓区“十三五”项目库，储备上百个可申报项目，并即时更新储备项目资料动态，对项目库实行滚动式管理开发。努力争取项目。以虎形山棚改项目为基础策划包装虎形山棚改项目小区配套项目，争取保障性安居工程小区外配套项目中央预算内资金700万元；为总投资440万元的区疾控中心项目争取了中央预算资金264万元；为全区10个村（管理处）争取农村综合服务平台建设资金120万元。为虎形山棚改项目申报2016年第3批国家专项债券基金7000万元。截至11月，全区共包装策划项目13个，并上报市发改委重大前期项目库。严格管理项目。扎实做好项目稽查工作，先后对区农办2013年和2014年农村沼气工程建设项目、区水利局2015年度农村安全饮水项目、区住建局2015年度保障性安居工程项目、公安石鼓分局业务技术用房四个中央预算内投资项目进行专项稽查，确保专项资金安全和项目建设顺利推进，充分发挥中央预算内资金的使用效益。

（祝丽玉）

【改革发展】 全区抓改革、促发展，在优化产业结构上夯基础。深化体制改革。公车改革方面，已经按照车改方案对全区党政机关公务用车制度实行了改革，公车改革已基本完成。现代服务业集聚区综合改革方面，加快推进产业规划编制、加快城市基础设施建设、加快配套设施建设、加快重大项目建设。优化产业结构。2月，区发改科技局牵头制定并出台了《衡阳市石鼓区产业转型升级行动计划（2016—2020）》。全区产业结构不断优化。

【规划编制】 抓规划、促引领，推进规划编制。编制《石鼓区国民经济与社会发展“十三五”规划纲要（草案）》，并于2016年2月由区人民代表大会审议通过，

“十三五”规划编制工作为全区构建“活力石鼓、特色石鼓、文明石鼓”提供纲领性的方针政策。

（祝丽玉）

统　计

【概况】 根据中共石鼓区委、石鼓区人民政府《关于印发〈石鼓区人民政府职能转变和机构改革方案的实施意见〉的通知》和中共石鼓区委、石鼓区人民政府《关于石鼓区人民政府机构设置的通知》要求，设立石鼓区统计局，为区人民政府工作部门。内设办公室、综合统计与经济研究室、工业能源统计股、商贸农业统计股、固定资产投资统计股、社会及服务业统计股、普查调查股。主要职责是：贯彻落实《中华人民共和国统计法》以及国家统计工作的方针政策、统计制度，依法履行区政府统计行政管理机构职能，完成国家、省、市统计局安排部署的统计调查任务；承担组织领导和协调全区统计工作，确保统计数据真实、准确、及时；负责监督检查统计法律法规的实施情况，查处各类统计违法行为。制定并组织实施全区统计改革和统计现代化建设规划及统计调查计划，建立健全国民经济核算体系和统计指标体系；负责全区国民经济核算工作，核算全区地区生产总值；收集、整理和提供国民经济核算资料，开展分析研究。组织实施全区工业、建筑业、批发和零售业、住宿和餐饮业、房地产业、农林牧渔业等国民经济行业以及能源、投资、科技、社会发展基本情况等领域的统计调查，建立全区经济社会发展监测评价制度及指标体系，对重点区域和重要领域实施监测评价，收集、整理和提供有关调查的统计数据。执行国家和省、市、区的重大国情国力调查制度，组织拟订全区国情国力普查计划，组织实施人口、经济等普查和重大国情国力专项调查以及全区资源产出率调查。建立健全全区统计数据质量审核、监控和评估制度，依法对全区乡、街道、区级相关部门重要统计数据进行审核、监控和评估；指导统计基层基础建设。根据全区制定发展规划和进行社会经济管理的需要，收集、整理和提供基本统计资料；对国民经济运行、社会发展、科技进步和资源环境等情况进行统计分析和预测；统一核定、管理、公布全区性基本统计资料，定期发布全区国民经济和社会发展情况的统计信息；向区委、区政府及有关部门（单位）、乡街提供统计信息和咨询建议，向社会公众提供统计信息服务。组织开展统计系统业务培训，指导全区统计专业人才队伍建设和职业道德教育，开展统计交流与合作。贯彻执行国家、省、市制定的统计数据库和网络的基本标准及运行规则；建立并管理全区统计数据库系统和统计信息自动化系统；指导统计信息化建设。会同相关部门研究和制定目标管理中的主要经济指标，并参与对全区主要经济指标实施目标监测及统计核算评估等工作。承办区人民政府交办的其他事项。2016年，区统计局紧扣全区发展大局，继续推进“统计四大工程”，强化工作职能，提升服务质量，顺利完成各项工作任务。

（刘俊雄）

【全区主要经济指标统计】 1—12月，全区生产总值（GDP）实现141.65亿元，增长9.0%，离年初目标9.5%相差0.5个百分点，全市平均增长7.9%，高于全市1.1个百分点，五城区排第一，全市排第一。完成财政总收入22.13亿元，增长11.8%，比年初目标10%高1.8个百分点，全市平均增长6.0%，排四城区第一位，全市第一位。规模工业增加值增长3.7%，全市水平为6.9%，位列五城区第四，全市排第十一位。固定资产投资完成141.94亿元，增长22.5%，比年初目标20%高2.5个百分点，全市水平为13.8%，高于全市8.7个百分点，五城区排第一，全市排第一。社会消费品零售总额109.28亿元，增长12.0%，距年初目标12.5%低0.5个百分点，全市平均增长11.8%，高于全市0.2个百分点，五城区排第二，全市排第二。经济结构进一步优化。三次产业结构调整为3.2∶19.4∶77.4，三产比重较2015年提高1.8个百分点，第三产业对GDP的贡献率达到92.4%。

（刘俊雄）

【第三次全国农业普查工作】 2016年是开展第三次全国农业普查工作的关键之年，石鼓区委、区政府高度重视认真部署，按照省、市农普办的高标准严要求，以“四到位”为重要举措确保第三次全国农业普查工作有条不紊地进行。一是组织到位。报送区政府行文《石鼓区人民政府关于在全区开展第三次农业普查的通知》，确立以区长为组长、分管农业的副区长为常务副组长，统计、农林等相关部门为成员单位的石鼓区第三次农业普查工作领导小组；各乡、涉农街道以主要领导为组长，设立下一级农业普查工作领导小组及办公室；区、乡街两级普查工作领导小组的确立为普查工作提供有力的组织保障。二是宣传到位。在角山乡举办第三次全国农业普查启动仪式，通过以会代训、设点发放宣传资料，利用宣传栏、LED电子显示屏播出农业普查宣传标语、悬挂农业普查工作横幅等多样化宣传方式，使农普宣传工作逐步升温，使广大农户了解普查目的和意义，进一步使农业普查宣传扩大范围，真正做到家喻户晓，营造农业普查氛围。三是经费到位。在市区两级政府的支持下，区农普办本着“应用尽用、节约高效”的原则，结合石鼓区实际情况，充分考虑普查工作前期培训、宣传、试点及后期入户调查“两员”补贴、审查改错等大量工作，科学编制区级农业普查经费预算方案，并报批区财政局获取第三次农业普查工作经费35万元。四是人员到位。在区、乡街两级选拔50余名普查指导员和普查员，组建一支专业化、年轻化、知识化的骨干队伍，深入开展第三次全国农业普查具体业务。其中，各乡、涉农街道农普办配备不少于5人的普查工作人员，村级普查工作组配备不少于3人的普查工作人员。此外，为确保后期入户及数据审核工作有序开展，特聘20名计算机相关专业大学生采用PDA现代设备进行普查相关数据录入工作。通过“两员”以及特聘大学生双管齐下，填写纸质表入户与PDA直接登记入户相结合的工作方式，加快对辖区内58个普查小区6741户进行摸底调查工作。

（刘俊雄）

【周期性调查】 从年初开始，区统计局开展两纲监测、禽畜、小康、城乡住户调查、节能减排、为民办实事等调查工作及其他统计，按期完成牵头负责的成本费用调查、规上工业景气调查、规下服务业、规下工业调查、人口抽样调查、四众平台企业调查、非公有制人才调查统计、妇儿“两纲”数据监测等常规周期性调查。（刘俊雄）

【统计执法】 坚持直报标准，排除数据隐患。3月底，根据国家统计局、省统计局统一部署，开展统计弄虚作假行为专项整治工作，整治“一套表”联网直报工作中违法违规和不规范报送行为，一些空壳单位予以删除，一些不符合联网直报标准的企业予以退出，一些报送不实的统计数据予以纠正，坚决查处冒名报送、指令报送、虚报、瞒报、漏报等行为。按要求清查全区“四上”单位，检查是否为单位自报、是否达到直报企业规模标准，尤其是对IP地址相同及出现奇异值的单位进行重点清查；对政府及部门相关文件进行梳理，看有无把统计部门列为目标考核责任单位；对网络信息交流平台进行排查看是否利用QQ群进行授意报送，查看相关聊天记录、会议记录。全区联网直报企业384家，其中，工业企业36家，批零住餐企业157家，服务企业123家（含金融保险企业），房地产企业48家，建筑业20家，其他投资企业5家。通过全盘排查，各级文件、会议记录、聊天记录均不存在与统计法及上级的要求相违背的现象。根据市统计局部署和要求，对全区工业、商贸业、房地产业、建筑业、劳动工资等专业共20家企业进行执法检查，衡阳市统计局法规科对其中4家企业进行抽查，被查企业台账完整，无明显违反统计法律法规情况。5月下旬，湖南省调查总队工业处处长王立凯一行深入石鼓区进行调研，实地查看了石鼓区规模以下工业样本企业衡阳市新雁鑫不锈钢制品有限公司，听取企业生产经营情况汇报，与企业老板进行交流，详细了解企业的产、销形势、价格及盈利的变动情况，并深入分析了原材料、人工、资金等要素成本上升对企业生产经营的影响，充分了解企业存在的主要问题和困难，探讨规下企业在当前严峻复杂的经济形势下，如何提高企业应对能力。8月下旬，开展现场执法检查，配合市统计局对市中心医院、市园林局、市水利投资公司、特变电工等企业执法检查，从巡查街道和单位的总体情况来看，未发现人为干扰统计工作现象和重大统计违法行为。

（刘俊雄）

【联网直报数据监测筹备】 为适应统计改革和发展需要，根据国务院统一部署和省政府安排，区委、区政府将统计局机关209室作为统计联网直报监测指挥中心，省局配套视频会议设备已到位，建成后可进行统计数据监测、联网直报监控、联网直报催报、现场视频会议、统计信息发布、人员集中培训。（刘俊雄）

审　计

【概况】 区审计局是石鼓区人民政府的经济监督职能部门。主要职责是：负责对全区财政预算执行和其他财务收支、国家重点建设项目资金、行政事业单位财务收支、各项财政性专项资金、科级党政领导干部经济责任、政府投资审计项目等情况进行审计监督。有办公室、审计查征室、固定资产投资审计室和经济责任审计室4个内设机构，在岗工作人员10人，临聘人员1人，退休干部4人。在职干部中女干部5人，本科以上学历10人，其中在职研究生3人；高、中级职称5人。2016年完成审计项目81个，查出违纪违规金额42万元，管理不规范金额395万元，收缴财政12万元，核减工程造价1386万元，提出审计建议26条，上报、采用审计信息120篇。（陈荣利）

【财政预算执行审计】 坚持以规范预算管理、提高财政资金使用效益为目标，以预算执行为主线，以财政支出为重点，对区财政局2015年度年度预算执行和其他财政收支情况进行审计，在实施上做到“两个侧重”：一是在内容的安排上侧重民生，审计中着重核查各项基金的收入、征缴、使用以及实行“收支两条线”情况。二是在重点的确定上侧重“五个加强”。即加强对事关经济发展、经济管理决策事项的监督；加强对权力部门的监督；加强对关系老百姓切身利益资金的监督；加强对政府投资重点建设项目的监督；加强对领导干部廉洁从政的监督。既提升“同级审”质量，又为年内实施同类专项审计、经济责任审计提供了第一手资料和数据，6月，区人大常委会议听取关于2015年财政“同级审”情况汇报。（陈荣利）

【经济责任审计】 完成对区残联，区统计局，区安监局，区环卫局，区园林局，区农林局，区人防办，区卫计局，松木乡人民政府原书记、乡长，潇湘街道办事处等10个单位11名负责人的经济责任审计，增强领导干部财经法纪意识。落实审计结果整改报告制度，被审计领导干部及其所在单位在规定时间内向审计组报告整改情况。纪检监察部门对被审计领导干部及其所在单位执行审计决定和落实审计意见以及整改情况进行跟踪检查。配合区委纪检监察和组织部门构建警示教育机制，向被审计单位提出整改意见，对违规问题依法作出审计处理决定。（陈荣利）

【固定资产投资审计】 以促进建设单位加强工程项目管理，努力节约政府投资为目标，重点审查工程项目履行建设程序、执行立项批复、资金使用、内部管理、建设成本等情况，反映工程核算中是否存在虚假签证、虚报工程造价情况，审查项目法人责任制、招投标制、合同制和工程监理制的落实情况。揭示重大违纪违法问题，提出建议，促进提高投资效益。完成2015年背街小巷改造、区武装部改造工程结算审计等政府固定资产投资项目63个，送审金额5722万元，核减工程造价1386万元，核减率为24.22%。坚持工程审计与财务审计相结合，完成对市鑫华建筑工程公司资产、负债、损益审计，查处违规金额14万元。完成对湘江西岸风光带、建设路改造扩建、蒸阳北路延伸

工程的财务收支审计。（陈荣利）

【行业审计】 3月，配合市审计局完成2015年度保障性安居工程跟踪审计，以推动安居工程依法有序建设和管理、促进安居工程政策落实、切实维护人民群众住房保障权益；6月，完成市审计局交办的人防系统下洞补助执行情况专项审计调查；9月，配合市审计局开展基本医疗保险基金和医疗救助资金审计，以促进惠民政策贯彻落实，推动完善基本医疗保障制度。（陈荣利）

【财务检查】 对全区24个村级财务进行检查，重点关注公用经费支出中有无违反廉政纪律规定的情况并对发现的公用经费使用中的问题，提出整改意见和建议。对全区27个重点工程项目指挥部进行财务检查，严肃查办征地拆迁和工程建设领域中违规违纪违法问题。主要是违规操作、弄虚作假、虚报冒领补偿款和徇私枉法、失职渎职，以及在农林水利、公路交通等农村工程项目违规招标投标等问题，规范重点工程项目财务收支行为。完成对角山乡、松木片区农村房屋“穿衣戴帽”一期的结算现场测量工作，确保结算数据真实可靠准确。在全区开展“四个专项”（公用经费、专项经费、项目招投标、政府采购）检查工作。通过查阅有关账册、会计凭证、会议记录等资料，促进各部门和指挥部强化问题整改、规范管理。切实履行职责，强化工作措施，整合工作资源，实行部门联动，形成合力，完成整改任务。（陈荣利）

工商行政管理

【概况】 衡阳市工商行政管理局石鼓分局（简称石鼓工商分局）是衡阳市工商行政管理局的直属行政机构，是石鼓区政府主管市场监管和行政执法的职能部门。承担全区市场主体准入、市场监管和消费维权等职能。内设13个股室，下设7个基层工商所，挂靠2个社团组织。2016年度获全市工商系统绩效考核先进单位、党风廉政建设先进单位；查处取缔无照经营、商标品牌战略工作、人口计划生育综合治理工作、数据质量建设工作、全国文明城市创建工作、安全生产工作、个私协会工作等均获市局先进单位。注册登记工作被国家工商总局评为先进登记窗口单位。2016年，全区共有市场主体15508户，其中企业3963户、农民专业合作社49户、个体工商户11496户，与上年同期分别增长31.3%、18%、47.56%。（黄明高）

【工作职责】 石鼓工商分局负责各类企业、农民专业合作社和个体工商户从事经营活动的登记注册并监督管理；承担依法查处取缔无照经营、市场监督管理和行政执法的有关工作；依法规范和维护各类市场经营秩序、监督管理市场交易行为和网络商品交易及有关服务的行为；监督管理流通领域商品质量，组织开展有关服务领域消费维权工作；查处违法直销和传销案件，依法监督管理直销企业和直销员及其直销活动；负责垄断协议、滥用市场支配地位、滥用行政权力排除限制竞争方面的反垄断执法工作；依法查处不正当竞争、商业贿赂、走私贩私等经济违法行为；负责依法监督管理经纪人、经纪机构及经纪活动；实施合同行政监督管理，负责管理动产抵押物登记，组织监督管理拍卖行为，负责依法查处合同欺诈等违法行为；指导广告业发展，负责广告活动的监督管理工作；负责商标注册和管理工作，依法保护商标专用权和查处商标侵权行为，处理商标争议事宜，加强驰名商标的认定和保护工作。负责特殊标志、官方标志的登记、备案和保护；组织指导企业、个体工商户、商品交易市场信用分类管理，研究分析并依法发布市场主体登记注册基础信息、商标注册信息等，为政府决策和社会公众提供信息服务；负责个体工商户、私营企业经营行为的服务和监督管理；按分工查处假冒伪劣等违法行为，指导消费者咨询、申诉、举报受理、处理及网络体系建设等工作，保护经营者、消费者合法权益；负责个体工商户、私营企业经营行为的服务和监督管理；指导挂靠的协会、消费者委员会等社会团体的工作，牵头做好非公经济

组织党建工作；承办上级工商部门和石鼓区委、区政府交办的其他事项。（黄明高）

【深化改革】 石鼓工商分局以改革为动力，积极推进多项改革取得显著成效。一是工商登记制度改革。积极推进注册资本由实缴改认缴、年检改年报、“先照后证”“三证合一”“五证合一”、个体工商户“两证合一”等。推进创业创新环境的全面优化，精简审批事项，简化审批程序，实施简政放权；开辟绿色通道，为创业人员减轻负担。支持大众创业，万众创新，进一步激发各类市场主体的发展活力。企业信用信息公示制度全面落实，全区2015年企业年报率85.4%，农民专业合作社年报率85.11%，个体工商户年报率86.78%。二是公车改革。按照市工商局《公务用车制度改革实施方案》的要求，对分局公车进行改革。对在职干部享受公车待遇的人员进行认真疏理。全局在职人员89人，其中符合享受公车待遇人员的83人，不符合享受公车待遇的6人，按照职级对应符合科级待遇的30人，科以下待遇53人。对所有公车进行摸底登记造册。分局有公车20辆，正常运行的14辆，改革前已办报废车辆6辆，分别登记造册。7月14日，向市局上报了分局公务车辆相关信息登记表。通过公安交警支队办理了所有公车档案审核、报废车辆备案、部分车辆违章处理等；同时，向市工商局申请办理了7台执法车的留用手续。7月30日，向市财政局办理了13台车辆的上交封存手续（含报废车6台）。三是职级并行改革。根据衡人发〔2015〕54号关于印发《衡阳市县以下机关建立公务员职级并行制度实施方案》的通知精神，分局于6月28日对全宏良等57名同志的晋级进行了民主测评、考核和公示，7月18日经衡阳市人力资源和社会保障局批准晋升人员57名，其中由副处晋升正处2名、正科晋升副处5名、副科晋升正科6名、科员晋升副科44名。（黄明高）

【市场监管】 认真履行市场监督管理职责。一是突出重点，开展专项整治。全年组织开展查处取缔无照经营、惩治假冒伪劣商品、安全生产、学校周边、网吧、农贸市场、商标侵权、虚假广告、“扫黄打非”“打假护牌”“两烟”等专项整治34次。二是加强日常监管，规范经营行为。坚持查处取缔无照经营与促进创业发展相结合；坚持专项整治与规范市场经营行为相结合；坚持抽查督查与创建全国文明城市工作相结合。积极开展流通领域商品质量监管，依法查处假冒伪劣商品及商标侵权行为。组织对服装、板材、木地板、铝合金、不锈钢、床垫等商品质量抽检3次，其中抽检服装25组，装饰材料33组，铝合金18组。抽检商品合格率65%，对不合格商品进行立案查处；按照抽查制度规定，实地抽查移出经营异常名录企业5户、抽查已年报企业31户、农民专业合作社1户、个体工商户220户，对存在有问题的4户企业、1户农民专业合作社、10户个体工商户，均通过信用公示系统向社会进行公示；开展了安全生产“大排查、大督查、大管控”专项整治，共建立安全生产大排查登记台账125户；排查出存在安全生产隐患的6户，抄告相关部门6户；开展创建无传销区宣传活动，发放宣传资料2000余份，出宣传板报3块，依法捣毁传销窝点5个，教育遣散传销人员42人，解救被骗传销人员3人。三是加大查处力度，惩治违法行为。对违法行为下达《责令改正通知书》650余份；立案查处各类违法经济案件170件，结案170件，罚没入库金额117.08万元。（黄明高）

【消费维权】 坚持把保护消费者合法权益作为保障和改善民生的重要抓手，借助“3·15”国际消费者权益日，在莲湖广场开展了隆重的庆祝活动。加快推进“12315”“五进”工作力度，在大型消费场所实行消费维权服务站全覆盖，张贴“12315”温馨提示，促进投诉举报工作便利化、效能化。全年新建“12315”维权服务站17个，共受理消费者投诉举报521起，受理“12345”投诉53起，为消费者挽回经济损失212.17万元。（黄明高）

【文明创建】 围绕全市创建全国

文明城市工作目标，制定了创建方案，明确任务和责任人。一是加强基层基础建设，改善窗口办事环境，提升办事效率。挤出资金80余万元，先后对后宰门工商所、大桥工商所、莲湖工商所及机关大院进行了升级改造，工商所添置电脑设备、一体打印机等办公设施，设立便民箱、意见箱、投诉记录本，公开办事制度，将工商所打造成标准化、规范化、人性化的办公场所，更加方便群众办事。二是广泛开展“相约文明”市民培训教育。先后为辖区2000余户经营业主、500余务工人员及300余户居民群众开展“相约文明”培训教育，共授课30场次，收到了较好的社会效果。三是开展“百城万店无假货”创建活动，即解放路通讯器材无假货示范一条街的创建工作。要求执照统一悬挂无无照经营，商品明码标价有台账，“12315”标识全覆盖，文明经商争创诚信店。四是加强校园周边环境整治、集贸市场管理、查处取缔无照经营、惩治销售假冒伪劣商品、及时处理消费者投诉等工作。辖区13个农贸市场加强证照管理，办照率、悬照率达到两个100%，并在市场设立消费者投诉办公室，公开投诉电话。五是坚持高标准，严要求，指导临街门店利用LED屏开展文明城市创建宣传。（黄明高）

【服务企业】 倡导“引导服务”、提供“延时服务”、落实“优质服务”。做到资料齐全马上办，资料不齐指导办，特殊事项预约办，行动不便上门办，紧急事项加班办。在全面推行企业名称网上登记的同时，积极支持国有、集体企业改组改制，支持农民专业合作社做大做强，支持应用型技术研发机构市场化、企业化改革，支持自主知识产权资本化、产业化，推动其转化现实生产力的发展。在做好股权出质、股权出资、债权转股权等登记工作中，帮助企业出具资产资质证明。在对小微企业转型升级促进“个转企”工作中，积极为其提供全程免费服务。全年共办理“个转企”160户。开展“守合同重信用”评定活动，有5家企业被评为省级“守合同重信用”企业，14家企业评为市级“守合同重信用”企业。指导企业创品牌，到年底，辖区有中国驰名商标企业1家、省著名商标企业10家。

（黄明高）

【领导调研】 10月10日，衡阳市副市长王洪斌在市工商局局长蒋云良陪同下，深入后宰门工商所调研，对后宰门工商所坚持依法行政，执法为民，服务经济发展和加强自身建设所取得的成绩给予充分肯定。要求工商所要认真履职尽责，扎实推进工商登记制度改革，营造宽松平等的准入环境；努力推进市场监管机制创新，营造公平竞争的市场环境；切实做好消费维权工作，营造安全放心的消费环境。10月11日，湖南省副省长蔡振红率省工商局党组书记、局长李金冬，党组成员、副局长阳芳华一行莅临石鼓区后宰门工商所调研。蔡振红在后宰门工商所了解推进商事制度改革、市场主体发展及“五证合一”有关情况。后宰门工商所坚持依法行政，执法为民的理念，以创新为动力，提升市场监管效能，努力营造好市场发展、公平竞争、放心消费“三个”环境，树立了心中有党、有民、有责、有戒“四有”工商新形象，以高效服务为辖区经济社会又好又快发展做出了可喜的成绩。曾先后被国家、省、市授予“全国先进工商所”“五好工商所”“优化经济环境示范工商所”、全市“规范化建设示范工商所”等荣誉称号。党支部连续6年被市局机关党委评为“先进党支部”。蔡振红要求后宰门工商所对商事制度改革放权要到位；市场监管要严格；服务的流程和环境要优化；队伍建设要加强。要时刻从百姓、办事人员、企业的角度进行换位思考。不仅要廉洁，还要勤政，工作要有主动性。衡阳市委书记周农、市长周海兵、石鼓区委书记杨龙金、市工商局局长蒋云良等领导陪同。（黄明高）

【队伍建设】 按照市工商局的部署开展了“纠四风、治陋习”、整治“雁过拔毛”式腐败问题廉政教育和“两学一做”学习教育活动。通过组织学习《中国共产党章程》《关于新形势下党内政治生活的若干准则》《中国共产党纪律处分条例》、习近平系列重要讲话及中共十八届六中全会精神等，全体党员规定动作学到位，重点突出在“做”字上下功夫。党委中心组坚持一月一学习制度，带头做学习的模范、团结的模范、廉洁的模范、务实的模范。每个党员一个学习笔记，一本全程记录；每个专题教育有学习心得，有发言提纲，有整改措施。组织党员开展了学雷锋做好事活动、文明交通劝导活动、慈善一日捐活动、义务献血活动、上门服务等活动。从辖区企业、个体工商户以及党员代表、人大代表、政协委员中聘请义务监督员15名，及时收集、反映、传递社会各界对全局干部在政风行风建设方面的意见和建议。通过学习教育，党员宗旨意识进一步增强，干部职工服务效能明显提升。

（黄明高）

食品药品监督管理

【概况】 按照国务院、省委、省政府关于食品药品监管体制改革的部署和要求，2014年，衡阳市统一整合城区监管职能和机构，将食安办、工商、质监、商务、卫生等部门从事食品药品安全的监管职能，全部划转到食品药品监管局。划转后，食品药品监督管理部门负责食品、保健食品、酒类及药品、化妆品、医疗器械生产经营企业、餐饮服务企业的监管。石鼓区食药监分局设办公室、综合执法监察室、药品医疗器械监管股、化妆品保健食品监管股4个股室和8个乡（街道）食品药品监管所。全局工作人员30人，其中干部19人、职工11人。2016年年底，辖区内有食品生产企业18家、食品流通经营户1500余家、餐饮单位670余家、药店54家、医疗机构88家、化妆品使用单位15家。全年未发生任何食品药品安全事故。

（梁海华）

【工作职责】 贯彻实施国家、省、市、区食品（含食品添加剂、酒类食品、保健食品、下同）安全，药品（含中药、民族药、下同）、医疗器械、化妆品监督管理法律、法规、规章和相关规划、政策；推动落实食品药品报送制度，并监督检查，着力防范区域性、系统性食品药品安全风险。负责权限内食品、药品、医疗器械、化妆品行政许可，建立食品安全隐患排查治理机制，制订全区食品安全检查年度计划、重大整顿治理方案并组织落实；按时上报全区重大食品药品安全信息，及时公布重大食品药品安全信息；根据食品安全风险监测计划开展食品安全风险监测工作。负责药品、医疗器械、保健食品广告内容的监测。负责监督实施药品、医疗器械标准、分类管理制度；负责监督实施药品和医疗器械经营、使用质量管理规范；负责第一类、第二类医疗器械产品备案并监督检查，第三类医疗器械经营许可证（零售）的办理；建立药品不良反应、医疗器械不良事件监测体系，并开展监测和处置工作。组织实施食品、药品、医疗器械、化妆品监督管理的稽查制度，组织查处食品药品违法行为；组织开展相关质量抽验；监督实施问题产品召回和处置制度；依法承担放射性药品、麻醉药品、毒性药品及精神药品、药品类易制毒化学药品的监督管理工作。负责全区食品药品安全事故应急体系建设，组织和指导食品药品安全事故应急处置和调查处理工作，监督事故查处落实情况。负责制定全区食品药品安全科技发展规划并组织实施，落实食品药品检验检测体系、电子监管追溯体系和信息化建设。负责开展食品药品安全宣传、教育培训、开展食品药品监管有关交流和合作，推进诚信体系建设。指导全区食品药品监督管理工作，规范行政执法行为，完善行政执法和刑事司法衔接机制。承担区食品安全委员会日常工作，负责食品安全监督管理综合协调，健全协调联动机制；督促检查区直有关部门和乡、街道、便民服务中心履行食品药品安全监督管理职责并负责考核评价。承办区人民政府和上级主管部门及区食品安全委员会交办的其他事项。 （梁海华）

【依法行政】 核发新版食品经营许可证。2016年是食品药品监管部门大力改革的一年，《中华人民共和国食品安全法》修订后，行政许可工作也要做相应调整。湖南省食品药品监督管理局决定从2016年1月1日起启用食品经营许可证，取代原来的食品流通许可证、餐饮服务许可证，同时原来的酒类批发许可、酒类零售备案及保健食品经营备案不再单独申请，按要求办理食品经营许可证。石鼓食药监分局食品经营许可人员对新系统测试，组织各食药监所的许可人员进行培训。2月6日，分局在春节前为尚座原味馆核发石鼓区第一张两证合一的食品经营许可证，标志着食品经营许可证在石鼓区范围内正式启用。新版食品经营许可证的启用，既解决了食品流通、餐饮服务两个环节界限划分不清的问题，又解决了同一食品经营者在同一经营地址需要办理多张许可证的问题，许可有效期也从原来的3年延伸为5年。截至12月31日，分局共核发食品经营许可证1316份，全部在法定时限内办结。进一步规范行政执法程序，严格按照行政处罚法及“办、审、定”分离的原则实施行政处罚。一是建立案件内部审核制度，明确凡在发出行政处罚事先告知书前，案件承办人应将案卷移交法制员进行内部审核，行政处罚决定书发出前，也应经法制员进行内部审核，严格规范稽查办案，强化执法监督；二是建立执法举报和投诉制度，积极推广执法规范用语和规范文书，实行办事内容公开、办事程序公开，自觉接受社会监督，提高行政执法工作透明度；三是建立内部依法行政考核制度，结合市局年度绩效考核细则将依法行政作为重要考核内容列入年度工作计划，奖优惩劣。2016年，共办理违法案件5起，罚没款8.46万元，无一例行政复议和行政诉讼案件发生。（梁海华）

【分域监管】 药械领域监管。按照“创新监管、服务发展、确保安全”的总体要求，坚持标本兼治，严格依法行政，强化日常监管，深化专项整治，不断提升监管能力，有序推动药品、医疗器械监管工作，严肃查处药品购销存、使用环节的违法违规行为，督促企业落实质量安全“第一责任人”责任。共监督检查零售药店50家、医疗机构（含个体诊所、村卫生室）60家、保健食品经营企业15家，行政处罚零售药店3家、保健食品经营企业1家，责令改正50家。2016年，辖区内新开办零售药店2家，已全部通过了新版GSP认证检查。完成零售药店药品电子监管导入，有序地开展药、械、化妆品不良反应（事件）监测工作。5月，召开相关单位药、械、化妆品不良反应（事件）监测专题会议，举办1期药、械、化妆品不良反应（事件）监测工作培训班，有效提高了监测人员的专业技术水平及监测意识。2016年，上报药品不良反应96例，其中严重报告27例，化妆品不良反应110例。生产领域监管。做到疏堵并举，对传统生产模式和家庭小作坊未达到许可条件的，先停业整改，引导按许可标准，走现代工艺和流程。2016年，共取缔黑作坊3个，办理小作坊许可1家；对全区15家生产厂家进行检查，停业整顿1家，有效规范生产厂家的生产行为。流通领域监管。做到点面结合，以日常监管为主，做到全面覆盖，以专项整治为重点，做好稽查，做到有证率、安全率达100%。6月28日，食药监分局会同公安部门执法人员对五一市场7栋商铺门面进行突击检查，查扣400余瓶涉假的赖茅30年酱香型白酒、赖家老酒及国酱酒等酒品。餐饮领域监管。做到方式多变，明确“政府统一领导，部门联合作战，基层监管延伸”指导思想，明确食安委组织机构和成员单位，制定工作规程，落实成员单位责任，各成员单位均签订《石鼓区2016年食品安全监督管理工作目标管理责任书》，实现由部门牵头向政府统筹转变。按照食品安全法及其实施条例的要求，对596家持证单位进行量化分级管理。量化分级情况：A级单位7家，B级单位35家，C级单位554家。（梁海华）

【专项整治】 以确保辖区人民群众饮食用药安全为目标，突出监管重点开展多项整治，组织开展“春秋季校园及周边食品安全专项整治”“无证米粉整治”“生产销售假冒酒类产品整治”“肉及肉制品专项整治”“药品、医疗器械流通领域整治”“保健品、化妆品整治”等专项整治行动，共出动执法人员1632人次，执法车辆325台次，检查相关单位3128家，下达责令改正通知书126份；保障元旦、春节、“五一”、端午、“十一”、中秋等重大节庆期间食品安全。（梁海华）

【宣传教育】 将宣传教育培训作为促进食品药品监管的重要手段，先后组织开展“3·15”国际消费者权益日、“3·31”全国食品药品投诉举报主题宣传日、“5·12”应急知识宣传周、“食品安全宣传周”和“安全用药月”等系列主题宣传活动，通过咨询台、横幅、宣传资料等方式开展广泛宣传，发放宣传资料6000余份，接待群众咨询300余人次。同时加大培训力度，举办农村食品安全知识培训、学校食堂食品安全管理暨食品安全培训、药品流通领域突出问题专项整治动员大会暨药品不良反应培训等。培训人员1000余人次，引导企业及从业人员提高质量安全意识和责任意识，不断提升安全管理水平。

（梁海华）

【文明创建】 按市、区创建办要求，分局制定文明创建活动实施方案。围绕创建全国文明城市目标，全局从制度管理入手，抓班子建设，抓全员学习，抓规范化管理，抓惩防腐败体系建设，切实提高全体干部职工的素质。开展“岗位练兵”法律法规知识比武活动，营造比学赶帮超的良好氛围。组织开展“节俭养德”“文明餐桌”行动；零售药店要有创文明城市的宣传标语；认真推进餐饮店量化分级工作，餐饮店有文明用餐提示牌、标语4000条。通过文明创建宣传，提升食品药品安全保障。（梁海华）

安全生产监督管理

【概况】 依据《石鼓区人民政府职能转变和机构改革实施意见》和《石鼓区安全生产监督管理局主要职责内设机构和人员编制规定》文件，石鼓区安全生产监督管理局（以下简称区安监局）为区政府一级部门，正科级行政单位，内设4个股室：办公室、法规规划股、安全生产监督管理股、职业健康监督管理股。定编9人，实有干部7名。另设安全生产执法大队，为副科级公益一类事业单位，定编2人，实有干部1名。主要工作职责：研究提出全区安全生产重大方针政策和重要措施的建议；监督检查、指导协调区级有关部门和各乡人民政府、街道办事处的安全生产工作；组织全区安全生产大检查和专项督查；参与研究区有关部门在产业政策、资金投入、科技发展等工作中涉及安全生产的相关工作；组织协调本行政区域内生产安全事故应急救援工作；承办区安全生产委员会召开的会议和重要活动，督促检查区安全生产委员会会议决定事项的贯彻落实情况。制定发布工矿商贸行业及有关综合性安全生产规范性文件，研究落实、组织实施安全生产方针政策。按照分级、属地原则，指导、协调和监督辖区内有关部门安全生产监督管理工作，对各乡、街安监站进行业务指导；制定全区安全生产发展规划；定期分析和预测全区安全生产形势，研究、协调和解决安全生产中的重大问题。负责发布全区安全生产信息，综合管理全区生产安全伤亡事故调度统计和安全生产行政执法分析工作；依法组织、协调一般事故的调查处理工作；组织、指挥和协调安全生产应急救援工作。承担法律法规规定的非煤矿矿山、危险化学品和烟花爆竹等行业企业安全生产准入管理职责。负责全区非煤矿矿山、危险化学品和烟花爆竹等行业企业的安全生产监督管理工作。按照分级、属地原则，依法监督检查全区工矿商贸生产经营单位贯彻执行安全生产法律法规情况及其安全生产条件。指导、协调全区安全生产检测检验（特种设备除外）、安全评价、安全培训、安全咨询工作；监督和指导全区注册安全工程师管理工作。组织、指导全区安全生产宣传教育工作；监督检查工商贸生产经营单位安全教育培训工作。依法监督检查职责范围内新建、改建、扩建工程项目的安全设施与主体工程同时设计、同时施工、同时投入生产和使用情况；负责用人单位职业卫生监督检查工作；监督检查重大危险源监控、重大事故隐患的整改工作。组织拟订安全生产科技规划，组织、指导和协调相关部门和单位开展安全生产科学技术研究和推广工作。组织开展安全生产方面的交流与合作。承办区人民政府交办的其他事项。2016年，全区安全生产工作始终坚持“党政同责、一岗双责、失职追责”要求和“安全第一，预防为主，综合治理”的工作方针，切实增强红线意识、底线思维、责任意识，全面落实政府安全生产监管责任，扎实开展“打非治违”“三大行动”“百日大整治”等专项整治行动，安全生产形势平稳向好。全年共发生各类生产安全事故4起（均为生产经营性道路交通事故），受伤5人，未发生较大以上事故，非煤矿山、危险化学品、烟花爆竹等高危行业继续保持了“零”事故，安全生产态势持续稳定。安全生产目标管理考核排全市4城区第一。（朱　勇）

【责任体系建设】 逐步完善“党政同责、一岗双责、失职追责”制度，区委、区政府领导按照“党政同责”联系辖区重点企业安全生产工作，区政府分管副区长按照“一岗双责”的要求，抓好分管行业、领域的安全生产工作。区委常委会、区政府常务会、区安委会先后16次研究安全生产工作，及时贯彻部署国、省、市安全生产电视电话会议精神。1月，区委学习中心组、政府常务会议专题学习习近平总书记重要指示、李克强总理批示及国、省安全生产电视电话会议精神。成立8个安全生产常年督查小组，所有区级领导严格落实带队驻点督导制度，“四不两直”深入一线综合督查、明察暗访、交叉检查，保证安全监管不漏点、不断线。将安全生产纳入年度目标管理考核，提高考核权重（占分达50分，仅次于重点项目建设和民生工作），严格执行“一票否决、黄牌警告”，并作为干部监督、评先评优、精神文明建设及社会综合治理的重要内容。3月4日，召开全区安全生产工作会议，区安委会成员单位和各乡街向区委、区政府递交责任状。会后各部门和单位组织行业领域和辖区内企业签订安全生产责任状，做到一级抓一级，层层落实。12月，启动《石鼓区安全生产监督管理职责规定》修订工作，进一步将区委、区政府各部门和乡街及其班子成员的安全生产监管职责进行明确。（朱　勇）

【隐患排查与治理】 全面开展“打非治违”“三大行动”“百日大整治”等专项整治行动，重点突出危险化学品、烟花爆竹、交通运输、建筑施工、消防安全等行业领域。实行区级领导带队驻点督导，各部门、乡（街道）全面部署，组织力量定期开展专项行动，共开展执法行动210次，查处隐患800余处。5月，区安监局印发《石鼓区烟花爆竹零售经营布点控制规划》，所有烟花爆竹经营点北移高速公路以外，会同区公安分局、区城管执法局等部门联合开展烟花爆竹专项整治行动42次，出动260人次，收缴烟花爆竹15000余件。对城区唯一的1家烟花生产企业彻底实施关闭退出，拆除原有厂房，安全妥善处置剩余药物。同时，对危化品储存场所及危化品道路运输开展专项整治，紧盯衡阳莱德生物药业有限公司金雁化工厂残留危化品的处置过程，对其中的三氯化磷、硫酸、盐酸、三乙胺等危化品250余吨进行安全处置。7月—12月，区安监局联合区发改科技局、区交警大队、区教文体局、区农林局等部门，开展道路交通安全大排查、大管控、大整治行动，紧盯旅游客运、危化品运输、校车三类车辆，进行逐一车检，共盘查各类运输车14000余辆，查处农用车30余台，纠正违章20余起，查扣农用车3台。9月，区安监局、区住建局、区重点办、对全区在建重点项目进行全面排查，查处隐患96处；松木供电所重点整治农村临时用电，惩治非法用电32起；区商务局开展排查废品回收店专项整治，排查废品店46家。推进衡阳中力轻型建材有限公司“机械化换人，自动化减人”进程，多岗位实现机械化作业，进一步提升本质安全。（朱　勇）

【开展“安全生产监管执法年”活动】 3月4日，印发《石鼓区“安全生产监管执法年”活动方案》及《石鼓区安全生产监督管理局2016年安全生产行政执法工作计划》。全年开展联合执法行动300余次，检查企业600余家次，下达执法文书500余份，其中区安监局检查企业120家次，下达执法文书120份，立案查处3起。（朱　勇）

【安全生产行政许可】 对行政审批事项进行全面梳理，设立专门机构人员，明确受理、初审、复审、决定、送达程序和岗位职责。共办理危险化学品经营许可6件、烟花爆竹经营许可7件、第三类易制毒化学品经营备案6件。每件行政许可都能做到即时受理、及时审查、依法决定、按时送达，尽可能的缩短许可时间，所有许可案件均在许可期限内办结，实现了高效、便民、合法的办结要求。（朱　勇）

【宣传与培训】 运用宣传栏、文化橱窗、宣传横幅、QQ、微信等平台，宣传安全文化。利用微信平台分享安全生产寄语及安全生产警示教育片。据不完全统计，全区共悬挂安全生产宣传横幅600余条，电子显示屏滚动播放安全生产宣传标语50万余次，宣传橱窗、板报500余处，微信推送、转发8万余条，发放消防安全知识围裙4000余条。举办应急知识讲座24场次，应急演练30场次。各中小学开设法治安全课堂，发放40000余份《致全区学生家长的一封信》，利用“小手拉大手”提升群众自防、自救能力。各社区利用微信、微博、远程教育及“社区周周乐”平台组织观看《珍爱生命》等警示教育片32场次。（朱　勇）

【开展“安全生产月”活动】 6月，开展以“强化安全发展观念，提升全民安全素质”为主题的“安全生产月”活动。6月16日，区安委会在莲湖广场举行“安全生产月”宣传咨询日活动，全区30余家单位及上百名志愿者热心为市民提供“安全服务”。当天活动现场设置咨询台33处，实物演示体验及安全成果展示3处，悬挂宣传横幅30余条，展出宣传展板80余块，发放宣传资料40000余份，接受群众咨询5000余人次。衡阳电视台、网易新闻、红网等媒体对石鼓区“安全生产月”活动进行集中宣传报道，省安委办授予区安监局“优秀宣传报道单位”荣誉称号。（朱　勇）

城市建设投资管理

【概况】 石鼓区城市建设投资有限公司（以下简称区城建投）为国有独资有限责任公司，成立于2014年6月。公司坐落于衡阳市石鼓区虎形山安置小区内，注册资本13000万元。主要经营范围：房地产开发与经营，土地投资及经营，承建城市各项基础设施建设和服务配套公用设施的开发建设，安置房建设、保障性住房建设、棚户区改造及承办征地、拆迁工程，运营政府授权的国有资产，房屋及厂房租赁。公司设办公室、财务部、投融资部、对外联络部、工程技术部、项目管理部6个部门，共有职工30人。公司成立以来，按《中华人民共和国公司法》要求建立现代企业管理架构，按市场准则运营，实行公司化运作；聚焦主责主业，打造全区城乡基础设施建设、项目资金筹措、国有资产经管管理、老旧城区提质改造“四个平台”；以项目建设和投融资为工作重点，强化内部管理，提升创新意识及担当精神，构建“亲”“清”政商关系；加强国有资产管理，确保资产保值增值。2016年，申请配置华耀城M8地块（170亩地），该地块位于崇盛国际中心以西、华耀城物流商业区以北。公司已完成该地块整体初步规划并书面向市政府申请配置该宗土地。（刘子朝　罗予琦）

【安置房建设】 8月底，完成虎形山多层、影视中心、大王庙、建新、谢家塘5个安置房项目主体封顶；12月底，达到交房条件。12月底，完成虎形山高层、胡壁塘、朝阳、王高岭4个安置房项目主体封项。安置房项目全部实现开工且建设进度领先其他兄弟城区。完成上级对虎形山142户安置房建设考核任务。（刘子朝　罗予琦）

【“三清三建”工程】 9月，启动全区“三清三建”招投标工作；10月中旬，6个街道18个社区的“三清三建”工程正式开工建设。区城建投坚持原则性和灵活性统一的工作思路，在建设中既严格按照工程量清单施工，又考虑社区居民强烈意愿请求，解决社区历史遗留问题。至年末，“三清三建”工作基本完成，工程进入扫尾阶段。比预定“奋战100天”的目标提前了一个多月。

（刘子朝　罗予琦）

【棚户区改造】 一是完成团结村四、五组棚户区改造项目前期测量、测算及可行性研究工作，拟通过招商引资，寻求合适的开发建设单位。二是完成莲湖路西湖老干所棚户区改造项目的前期摸底、测量、测算工作，与意向公司达成合作框架协议。融资工作取得阶段性进展。与农发行、华融湘江银行、国开行、民生银行对接虎形山棚户区改造融资事项，确定合作银行，并经区人大常委会审议通过。（刘子朝　罗予琦）

工业与信息化

【概况】 石鼓区积极调结构、促转型，紧紧围绕“四个领先”的奋斗目标，积极开展“植优补短”工作，全区工业增加值16.34亿元，增长3.6%，规模以上工业增加值增长3.7%，新增规模工业企业2家，年末规模以上工业企业达37家。其中，规模以上工业总产值达39.75亿元（平台数据），轻工业实现总产值8.93亿元，增长-24.8%；重工业实现总产值30.82亿元，增长5.2%。按注册类型分，国有企业实现总产值2.76亿元，增长18.0%；股份制企业实现总产值35.40亿元，增长-2.4%；外商和港澳台商投资企业实现总产值1.59亿元，增长-38.0%。（宁小平）

【科技发展】 全区实现高新技术产业增加值15.47亿元，增长25.1%，高新技术产业增加值占GDP比重为10.9%；新增高新技术企业2家——中国移动衡阳分公司和中国电信衡阳分公司；完成专利申请量226件，授权专利量93件，其中有效发明专利申请56件。科技带动作用日益显现。（宁小平）

【企业发展】 大力宣讲国、省、市扶持中小微企业发展的政策，扶持中小企业成长壮大，解决其在生产中遇到的生产要素问题，中小微企业保持良好增长势头。韵翔电机、日升机械等实现100%以上的增长，华宜光电、万和纸品等3家企业实现60%以上的增长，有力推进石鼓区工业经济的发展。积极进行内部挖潜，在对全区规下企业进行摸底后，挑选了湖南奔立尔工贸实业有限公司、衡阳市帝园豪森木业加工制造有限责任公司2家规下企业进行重点培育，促其进入规模企业笼子，石鼓区规模以上工业企业达到37家，工业经济实力持续增强。（宁小平）

【重点企业】 1. 湖南天雁机械有限责任公司总占地面积约60万平方米，是中国兵器装备集团公司汽车零部件龙头企业，位居中国增压器民族品牌首位。2016年，天雁机械有限责任公司在发动机市场整体持续下滑的形势下，取得逆势上扬的较好成绩，营业收入、利润总额同比增长，完成工业总产值5.64亿元，同比增长14.22%。2. 衡阳市天然气有限责任公司经过10多年发展，有员工300余人，拥有固定资产5.5亿元，已有居民用户28万余户，管网2000千米，年利税过1亿元，连续6年成为全市重点纳税大户。城区管网覆盖居民用户规模超过33万户，能满足衡阳市及周边地区的供气需求。下半年企业开始走出下滑通道，逐渐实现正增长，全年完成总产值6.02亿元，同比增长14.40%。（宁小平）

【重要产业】 石鼓区主要产业为汽车零部件、新能源。汽车零部件产业主要分布在合江街道，以天雁机械为龙头，振洋汽配、华南汽配协同发展，主要为中国中车、三一重工、中钢衡重、潍柴动力等国有大型企业提供配套，科研能力较强，科技含量较高，大部分企业拥有自主知识产权。汽车零部件产值占全区工业经济总量1/4以上。（宁小平）

【技术改造】 用增量改革促存量调整，通过优化投资结构、产业结构开源疏流，促使大中型企业从供给、生产端入手，解放生产力。天雁机械汽油机增压器研发能力提升项目和大地泵业农用排

灌机械计算机辅助综合测试平台项目的实施在新兴领域、创新领域，创造新的经济增长点，提升竞争力。 （宁小平）

【安全生产】 制订全区工业企业安全生产大排查大整治方案，下发到各乡、街道、工业企业。印发工业企业安全生产宣传册500份，安全生产理念深入到每个企业员工；落实企业安全生产主体责任，督促企业开展安全生产主题宣传报道活动及安全应急预案演练活动。组织检查组定期到企业实施指导检查，对部分安全生产不到位的企业下达安全生产责令整改书，所有企业都签订了安全生产承诺书，增强安全生产意识。全区全年工业企业生产安全事故0起，亿元生产总值生产安全事故死亡人数为0人。

（宁小平）

【园区发展】 石鼓区科技创业园项目总投资1.5亿元，建设标准厂房近2万平方米，入驻企业7家。衡阳大成洗涤用品有限公司、衡阳晨丰生物科技有限公司相继入驻，两家企业共投资约1亿元，大成洗涤一期建设已完工，拟建设二期工程，晨丰生物正在进行三通一平。盘活闲置土地近5亩及空闲3年的电子厂房剩余部分8800平方米，园区所有厂房均已被租赁。累计争取各类政策资金200余万元，为园区及企业的发展增添了动力。

（宁小平）

【工业信息化】 协助衡阳移动、衡阳电信、衡阳联通等企业建设、改造通信铁塔基站，移动通信信号基本覆盖全区，极大地提高全区信息化通信程度。推进企业信息化，推广行业信息技术集成应用解决方案，系统解决中小企业发展中的困难。助推企业由粗加工向智能制造转变。振洋汽配搭建CK78611全动能数控加工中心，采用数控多功能车床，ZKZ101B双轴数控深孔钻床等高精度加工设备替代旧机器，杜绝了人为错误的产生。坚持示范带动与协同推进相结合。注重产业特色，发挥示范作用。湖南天雁机械有限责任公司是国内涡轮增压器行业龙头企业，目前公司已建成前期ERP、OA、PLM等较为完善的信息系统，实现线上营销、线上服务、终端用户管理，整合企业内部信息化及企业信息化全面集成。推进企业电子商务。鼓励企业应用与扶持平台相结合，邀请电商专家给区内10多家企业开展培训，引入产业联盟电商平台，推动南北特食品的石鼓牌酥薄月、君玲食品的元宵及粽子、香樟苑的“犇羴鱻”品牌牛肉、华桂农业的蘑菇等进入电商平台，销售业绩得到较大提高。大力发展网商群体。鼓励劳动者自主创业。全区在淘宝网上经营的各类网商逾百家，其中经营土特产的有20多家，微信群体不计其数，全区网商年经营额超过3000万元，解决就业400多人。 （周　鑫）

农业和农村经济

农、林、畜牧、水产

【概况】 根据《中共石鼓区委石鼓区人民政府关于印发石鼓区人民政府职能转变和机构改革实施意见的通知》和《石鼓区人民政府办公室关于印发石鼓区农林局主要职责内设机构和人员编制规定的通知》要求，组建石鼓区农林局（加挂区委农村工作办公室牌子），为区政府的一级行政部门。不再保留区林业局、区畜牧水产局牌子。区农林局下辖5个副科级事业单位（农业产业化与技术服务推广站、农村能源办公室、林业站、畜牧水产站、农林综合执法大队）；设7个股室（办公室、农村经营管理股、新农村建设指导股、财务股、扶贫开发股、农机综合股、行政审批服务股）。2016年，全局有干部职工27人。主要职能：贯彻执行党和国家有关农业农村工作的方针、政策，研究并提出全区农村经济发展战略、政策意见，监督检查农业、农村政策的贯彻执行。负责对全区农业、农村（包括农、林、牧、渔、经营、新农村建设、扶贫开发、农机、农林综合执法等）工作的综合、协调、管理和指导，组织、协调、指导全区社会主义新农村建设。指导、协调全区农业农村经济结构调整、农业产业化经营及农村社会化服务体系建设；指导、协调全区农村能源开发利用和建设管理；协调、指导全区农村土地承包、流转，农村财务会计资产管理等农村经营管理工作；协调、指导科技兴农、农科教结合工作；协调全区农村扶贫开发工作；指导、协调全区县域经济的发展。协调、指导区直农口各单位及涉农部门工作。协同区委组织部抓好区直农口各局的单位组织建设、领导班子建设和干部队伍建设。会同有关部门研究提出涉农专项资金的安排意见，并监督检查其落实使用情况。承办区委、区人民政府交办的其他事项。

（李昕霞　彭双强）

【农业】 全区蔬菜播种面积14500亩，较上年减少3000余亩，总产量达5.62万吨，总产值1.6亿元；落实全区油菜播种面积1万亩，同比增加10%；豆类、旱粮及绿肥面积0.2万亩，生产面积保持稳定。完成蔬菜抽样检测5000批次，检测品种34个，合格率为98%，全区未发生重大农产品质量安全事故。特色工作：1. 全区完成万亩创意观光油菜规划种植工作。在角山乡和松木片区各村主干道两侧、全区旅游环线两侧500米范围内及休闲农业企业周边，利用冬季闲田种植规模成片的油菜，成功打造了一条石鼓油菜花海观光带，既获得油菜产业收入，又为乡村旅游带来新的发展良机，极大地促进现代农业和旅游服务业的有机结合。2. 百亩再生稻示范工作初具成效。2016年，区农林局在角山乡旭东村首次开展百亩再生稻示范片，示范品种为Y两优9918、深两优5814，亩产量超过1500斤，亩产纯收入1000元以上，效益明显高于双季稻和单季稻，实现一种双收、省工降本增效的目标。

（李昕霞　彭双强）

【林业】 全年完成荒山造林1500亩，通道绿化增量提质40.6千米，村庄绿化16个，森林覆盖率达到30.8%。森林蓄积量在2015年基础上增加2486立方米，达到61692立方米，增加

4.2%。乡、村两级坚持开展松材线虫病防治工作，实现2016年拔除疫点的目标。全面完成古树名木调查、建档、保护、挂牌工作。林区防火工作取得全年无火灾、零伤亡的好成绩。

（李昕霞　彭双强）

【畜牧水产业】　全年出栏生猪4.2万头，比2015年减少0.2万头，下降4.6%；年末生猪存栏2.8万头，比2015年减少0.1万头，下降0.3%。出笼家禽50万羽，与2015年持平；全年禽蛋产量800吨，比2015年增加20吨，增长2.5%。水产品销售量1680吨，比2014年增加50吨，增长3%。召开重大动物疫病防控及H7N9防控会议，扎实开展春、秋季集中免疫工作；每月开展“瘦肉精”检测排查，对水产养殖户进行违禁药品及投入品督查，持续保持畜禽水产品质量安全监管的高压态势。开展动物检疫电子出入证，做到动物追踪溯源，防止伪证假证，监管动物调运流通。

（李昕霞　彭双强）

【经营管理】　3月，联合区财政、审计部门对全区1个乡、3个涉农街道24个村的村级财务进行一次全面清查，清查资金31737.96万元。9月，全区制定下发《关于印发〈石鼓区进一步加强和规范村级财务管理工作的办法〉的通知》。12月，组织实施对区内的土地承包经营权确权登记颁证摸底调查、外业权属调查，第二轮公示已全面完成。调查农村土地面积23747.09亩，调查土地块数22743块。累计发展农民专业合作社43个，其中种植业23个，林业2个，畜牧业10个，渔业4个，服务业4个；累计发展家庭农场68个；新发展衡阳市石鼓区三元养殖场等12个家庭农场。审批一事一议财政奖补项目22个，落实奖补资金151万元。通过一事一议完成村组道硬化建设项目16个16.1千米、山塘水库扩容维修项目5个34.3万立方米、公共环卫绿化1个。　（李昕霞　彭双强）

【农村环境卫生综合整治】　全年以开展“百村（社区）千户”大走访活动和文明创建、美丽乡村建设为契机，结合农村房屋“穿衣戴帽”工程建设，有力推进农户房前屋后的“三清五改三化”建设；配合区环保分局完成农村环境综合整治整体推进建设工作；通过外出考察学习，开阔眼界，拓展思路，结合农村环境卫生综合整治工作实际，出台《石鼓区农村公共区域环境卫生市场化运作实施方案》，进一步加强自身建设，提高工作的针对性和灵活性，以创新的思维开拓农村环境卫生新局面，取得一定成效，2016年，在市检中取得城区组年度第二名、第四季度第一名的好成绩。　（李昕霞　彭双强）

【美丽乡村建设】　以乡风文明建设工作为重点，以农村房屋“穿衣戴帽”为抓手，重点打造角山乡利民村和松木片区松木村两个新农村建设示范村，将角山乡旭东村上报为2016年度重点民生实事项目美丽乡村示范村。利民村筹集资金1680万元，保障美丽乡村建设的有序推进，顺利通过了10月29日省美丽乡村建设考核验收组的验收，被授予“省级美丽乡村示范村”。松木村筹资1000万元新建建筑面积32000平方米的谢湾农贸市场，市场拥有住户166户，商铺门面79个，现已列为省级农村集贸市场。10月份再投入40余万元对市场进行沥青油面提质改造。大力推进农村土地流转工作，先后流转土地2000亩，引进投资1亿元的嘉昶休闲观光农业项目和投资3000万元的云飞现代农业科技项目。旭东村2016年整合各类项目资金310万元，完成3千米村组道路的靓化，共植桂花、红叶石兰、茶花等树木3000余株，圆柏2700余株；完成5千米组道硬化、新建安全饮水工程一处。进一步巩固三星村、角山村等省级美丽乡村示范村建设，做到以点带面、稳步推进，建成生态农业、生态旅游、生态文化特色乡村，推动全区打造成为“宜居、宜游”村居、安居乐业的美丽乡村。

（李昕霞　彭双强）

【项目建设】　2016年，全区有8家市级农业龙头企业，分别是：华桂农业、乐富蔬菜、香樟苑、君玲食品、潇湘和创、荣盛农业、南方大厦、武顺农牧。成功申报华桂农业为现代农业产业省级示范园，申报乐富蔬菜、香樟苑为市级特色产业园。年内完成市级农业重点建设项目5个：1. 香樟农业生态园分三期完成休闲农业园区的基础设施建设，上半年主要完成了一期工程休闲湖、基础设施和水利项目、二期工程1200平方米阳光餐厅和100亩的休闲园道路硬化；下半年完成三期工程及服务配套，年底成功举办全牛宴暨年货节。2. 衡阳市乐富蔬菜公司蔬菜生产示范园建成2000亩高标准蔬菜生产片，完成投资2200万元建设基础设施，公司流转土地1090亩，完成8个直销店和3个大学食堂蔬菜配送点建设。3. 嘉昶休闲观光农业产业园投入4000万元，完成300亩林地的绿化及相关喷灌设施建设。4. 衡阳市玫瑰文化产业园完成1100米的水渠建设和盖板设施，新订购进口观赏玫瑰种苗；公司对整个园区进行产业升级，将原有的种植产业转化为休闲旅游、观赏、产销为一体的“三合一”产业。5. 山水莲花农业园兼顾休闲和果树种植，自产自销的夏黑葡萄参加衡阳市农博会，获得最受欢迎产品奖。（李昕霞）

水利建设

【概况】 2015年，根据中共石鼓区委、石鼓区人民政府《关于印发〈石鼓区人民政府职能转变和机构改革方案的实施意见〉的通知》和中共石鼓区委、石鼓区人民政府《关于石鼓区人民政府机构设置的通知》要求，将区农机监理、农机推广工作移交至区农林局，原石鼓区水利农机局正式更名为石鼓区水利局，为区人民政府工作部门。主要工作职责：研究拟定全区水利工作的方针政策、发展战略、中长期规划和年度计划。统一管理水资源（含空中水、地表水、地下水）；组织实施取水许可证制度和水资源费征收制度。组织、指导水政监察和水行政执法；协调并仲裁部门间和乡、街道间的水事纠纷。负责水利行业的国有资产保值增值的监管，对水利资金的使用进行宏观调节和监管。负责全区水利建设与管理工作。组织编制中小型水利基建项目建议书和可行性报告。承担区防汛抗旱指挥部的日常工作，组织、协调、监督、指导全区防汛抗旱工作。指导农村水利工作。组织协调农田水利基本建设、农村水电电气化和乡镇供水工作；指导水灌溉和农村饮水工作；对中小型水电站建设的选址、库容规划提出意见。组织全区水土保持工作。研究制定水土保持工程措施规划，组织水土流失的监测和综合防治。承担库区移民安置工作；组织协调移民生产开发及贫困移民的脱贫扶持。承办区委、区政府交办的其他事项。2016年，石鼓区水利建设总投资960.59万元，其中中央及省市财政资金458.4万元，区级财政投入347.19万元，企业自筹、群众自筹155万元。（封　芳）

【横江河河口段治理工程】 石鼓区横江河河口段治理工程治理范围为横江河右岸碾米堰以下4.8千米河道段，累计完成综合治理长度3.5千米，生态护坡护岸3.5千米，新建涵闸2处，清淤河长3.0千米。该工程使横江河区域防洪标准将提高至30年一遇，农业生产得到稳定的保障，生态环境得到良好的改善，工程效益得到充分发挥，已成为区域内一道靓丽的风景线。（封　芳）

【银杯水库灌排渠改造工程（二期）】 银杯水库灌排渠改造工程（二期）上接银杯水库灌排渠改造工程（一期），下至华耀城排水涵，工程总投资为581.32万元，改造全长2.1千米，涉及角山乡莲花、小云山及五星村，受益农田3000亩，受益人口10000余人。该项目顺利通过市财政局和市水利局联合专家评审，截至2016年年底，到位市级水利建设资金366万元，年底已经开工建设。（封　芳）

【水利基础工程及其面上水利】 全区水利基础设施及其面上水利建设总计完成183.44万元，主要建设内容有：2016年度应急度汛项目—旭东堤除险加固工程和集秀水库除险加固工程，总计投资34.44万元；栏冲水库应急除险加固以及周坳水库卧管改造工程，总投资10万元；五小水利建设完成小云山村山坪塘整治，完成投资13万元；农村安全饮水提质改造工程，总投资50万元，新增自来饮用水人口720人；区内骨干山坪塘除险加固工程，完成4口

重点骨干山坪塘整治，总投资80万元。（封　芳）

【冬春农田水利建设】　冬春农田水利基本建设实施任务为：重点骨干山坪塘整治12口，一般山坪塘整治67口，干渠改造加固2处总计3.7千米；支渠清淤及改造17千米，小型机埠改造2处。项目预计总投资达300万元，其中区级财政150万元，企业及群众自筹资金150万元。通过重点扶持农业企业和重点农业区域整治，统一规划，综合治理，积极调动社会企业和广大农民群众参与小型农田水利建设的积极性、主动性，力争达到“花小钱、办大事”的效果。（封　芳）

【防汛安保】　2016年汛期，全区遭遇7轮强降雨袭击，湘江干流衡阳段出现12站次的超警戒水位。6月中旬，局部地区更是遇有水文资料记载以来，历史最强降雨过程。区防办面对复杂的防汛抗旱形势，全面落实防汛责任制。根据全区各乡街和部门人员变动情况，全面调整和明确各级防汛责任人，第一时间在网上公布小型水库、重要堤防及山洪地质灾害隐患区的防汛责任人，全面接受社会监督。开展汛前隐患排查和整改。汛前，区防办组织督查组对乡、街道度汛隐患进行全面检查，同时举办全区防汛抗旱业务知识培训，确保不放过一处险工，不漏掉一处隐患，并要求建立台账限时整改到位。3—4月，区防办完成对8处影响安全度汛的隐患工程应急处置工作，并对各地防汛隐患整改采取经常性的检查和督查，为全区2016年安全度汛提供了有力的保障。期间，湘江堤江霞段近60米坍塌得到解决；来雁新城两处开堤口度汛应急方案加强了度汛措施；旭东河六子托段、集秀水库等进行了除险加固。持续开展防汛督查。区防办联合区委、区政府督查室开展3次联合督查，及时下发防汛督查通报。对防汛值班不到位、防汛情况不熟悉、信息上报不及时、应急处置措施不到位的责任人进行通报批评和问责。科学调度、及时预警，最大限度减轻灾害损失。3月21日至10月7日，区防办全天候24小时值守，密切监视汛情、旱情、险情和灾情，提前准确发出预警信息。区防办把及时发布汛旱灾情和工作动态、主动引导、营造良好的舆论氛围当作防汛抗旱重要工作来抓，通过微信、短信全方位形成防汛抗旱信息宣传的立体态势，营造出防汛抗旱工作的良好氛围。全年共发送预警短信160余条。

（封　芳）

【水资源管理】　实施最严格水资源管理制度，加强水资源保护工作，加强对《国务院关于实行最严格水资源管理制度的意见》的宣传，在草桥蒸水河口和江霞村设立两个水质监测段面，密切关注水资源监测指标，加强监管。河道保洁信息化建设有序推进。配合市水利局在蒸水河南岸雁栖桥旁和三星河闸安装2处河道保洁专用摄像头，对河面清洁情况实时监测。同时，严格执行河道保洁制度，经常组织日常巡查，在市局统一领导下，联系打捞公司，河道保洁日常工作做到了零死角、无淤积。禁止化肥养鱼工作卓有成效。一方面，加强日常监督、监测；另一方面，在辖区水库塘坝设立禁止化肥养鱼挂牌，制作了清晰美观的宣传牌、宣传画报，在水库及周边粘贴，群众反响积极。在市对区专项检查、考核中取得较好成绩。（封　芳）

移民开发

【概况】　2016年，区移民办动态管理水库移民，通过财政一卡通发放1105人直补资金48.56万元。完成投资282万元，完成项目30个。其中农田水利配套的山塘硬化项目18个，道路硬化项目4个，修乡村公路3.4千米，修桥涵1座，母牛繁殖50头，生产开发种植业蔬菜600亩。开展了2期实用技术和1期转移就业技能培训，培训移民127人次。核实发放计划生育抚助金16户资金8000元。2016年，区移民办被评为区计生工作良好单位、省信访维稳优秀单位。（封　芳）

商贸·旅游

商　贸

【概况】 2016年，全区新开工产业项目10个，其中5000万元以上的3个，2000万元以上的7个；新竣工产业项目10个，其中5000万元以上的4个，2000万元以上的6个。全年进出口总额1462万美元，其中出口1449万美元，进口13万美元。进出口额同比负增长33.5%，列四城区第二。全年实际利用外商直接投资4467万美元，增长14.36%。实际利用内资到位资金20亿元，增长14.95%。全区实现社会消费品零售总额109.28亿元，同比增长12%，增速居12个县（市、区）第二。全年新增“四上企业”99家，其中新增规模以上商贸企业38家。（尹石群）

【签约重大项目】 全年共签约重大项目8个。即：促成天一集团与华耀城合作的星级商务酒店项目；帮助协调引进希尔顿酒店品牌、长沙洋购进出口贸易有限公司与衡阳潮湖商贸有限公司合作兴建的进口商品直购中心项目；区政府与深圳市京武投资（集团）有限公司签订的20亿元商业综合体项目；与中城建三局集团公司签订20亿元的项目合作协议；与湖南省建筑工程集团总公司签订投资10亿元的战略合作协议；与泛华集团（央企）签订合作意向协议，拟总投资30亿元在角山打造健康养生小镇项目；与香港“瑞士资本”、天津“洗了么”、深圳“云飞农业科技”等3个公司签订3个投资协议，计划总投资10亿元。（尹石群）

【履约2015年“港洽周”签订项目】 2015年“港洽周”签订的3个项目：省级签约项目1个，即北京京煤集团投资5亿元兴建的金泰雁栖星级酒店项目，该项目已办理发改立项、规划条件、国土、环评等手续，已动工建设。市级签约项目2个，分别是广州奔立尔服装实业有限公司投资1.5亿元兴建的服装生产基地项目和广州新铁物资有限公司投资10亿元兴建的霓裳电商城项目。其中，服装生产基地项目已竣工投产，霓裳电商城项目土地已储备，规划条件已出具。（尹石群）

【特色街区建设】 完成了进步巷、湘江北路、中山北路、蒸水南路、蒸阳北路等主要商业街道各类经营户的情况摸底统计，掌握了特色街区建设的第一手资料，指导各乡街推进特色街区建设，完成包装打造中建衡阳中心至苏宁广场解放路沿线“百城无假货诚信经营示范街”。（尹石群）

【电商企业发展】 在区内注册的较大规模的电子商务企业17个，其中运用型企业12个，第三方平台型企业有3个，支撑服务型企业2个，从业人数700余人。其中“香之玺”“车易簇”两个电商企业被评为湖南省电子商务示范企业。（尹石群）

【总部经济、楼宇经济】 加强《关于加快扶持楼宇经济发展的实施意见》和《石鼓区促进总部经济发展实施办法》宣传，引进企业入驻中建衡阳中心、美达新天地、西湖公寓、鼎丰国际等商务楼宇。据统计，全区各商务楼宇已引进近360家企业入驻，其中2016年新增入驻企业100余家。（尹石群）

【石鼓品牌建设】 华耀城广场举办了“2016衡阳家博会”，指导万居市场在五一、国庆期间开展大型节日促销活动，指导华源建材超市开展“金秋购物节”活动，通过一系列活动，石鼓“家”品牌进一步强化。积极主动指导企业申报，推动南北特石鼓牌酥薄月获评“湖南老字号”。

（尹石群）

【老同兴农贸市场提质改造试点】 按照市领导提出的“转改建”原则和先行先试要求，积极推进老同兴农贸市场试点工作。9月12日，完成老同兴农贸市场提质改造并投入使用，市场运行良好，确保了提质改造过程中经营户利益不受损、群众有获得感，彻底改变了市场原来脏乱差的情况，已接待30多批次的指导或参观团现场观摩。 （尹石群）

【农贸市场管理】 对照创建文明城市工作标准，强化农贸市场监管，营造文明城市创建氛围。在全区农贸市场内统一制作悬挂文明城市创建宣传标语标识300余块，宣传文明城市创建工作，提高农贸市场及经营户对文明城市创建的知晓率、参与度。创新强化管理机制。每10天组织一次农贸市场业主召开专题会议对市场管理工作进行调度部署，招聘12位下岗职工成立市场文明创建工作队，建立石鼓区农贸市场文明创建工作微信群，区领导、区职能部门、乡街经贸办、社区及市场业主实现工作无缝对接，每天对市场卫生及管理状况进行监督、指导。组织专项整治。组织开展了为期3个月的易赖街农贸市场周边环境专项整治行动，整治效果获得市主流媒体正面宣传报道。11月，联合各职能部门及街道，拆除雁栖桥下的非法家禽批发市场，规范市场经营秩序。

（尹石群）

旅　　游

【旅游概况】 石鼓山清水秀，景物俊美。雁城古人文八景，石鼓占其四：“石鼓江山锦绣华”反映出石鼓江山的秀美绝伦、蔚为壮观，令人心旷神怡、流连忘返；“朱陵洞内诗千首”说明了石鼓文化繁荣、熠熠生辉；“青草桥头酒百家”印证了石鼓历来商贾云集、酒肆林立的繁荣景象；“西湖夜放白莲花”描绘了夏夜风凉、白莲竞放的西湖盛景。2016年，石鼓区致力于建设新农村的目标，打造现代农业、乡村旅游亮点，将旅游与精准扶贫相结合，与美丽乡村建设相结合。确定了两个旅游扶贫重点对象：角山乡的旭东村和角山村，并建档立卡。在建旅游项目有香樟苑、玫瑰园、山水莲花、云飞农业等，重点包装策划文化创意体验园、银杯水库生态园等项目。创建“衡阳石鼓旅游”公众号；专程赴长沙县对浔龙河项目进行考察，学习其先进理念；邀请中国海虹企业相关负责人及到角山进行实地考察，在现有旅游项目的人造景观设计方面初步达成合作意向；以“生态农业小镇——角山”为主题向省旅游外侨民宗局申报“湖湘文化风情旅游小镇”；策划角山乡村美食节——“角山牛　犇天下”、第二届玫瑰花节、自行车挑战赛、乡村帐篷美食音乐节、乡村创意绘画大赛等以“活力石鼓　魅力角山”为主题的系列活动；举办为期两天一晚的“青少年农耕文化体验节”；在《衡阳日报》上重点推介角山乡“乡村一日游”经典线路；组织参加市旅游局在石鼓广场举办的“5·19”国家旅游日的宣传活动，向来往市民发放角山乡村游宣传资料百余份；对辖区内各旅游景点开展消防安全知识培训暨消防器材演练活动；开展青草桥博物馆（群）项目前期调研及业主接洽。2016年，石鼓区旅游者总人次数437.7万人，旅游总收入26.06亿元。

（戴　娜）

【旅游市场监管】 按照“引导与规范结合、准入与退出结合、服务与监管结合、治标与治本结合”和“往深处抓、往实处抓”的总体要求，坚持依法监管、依法治旅，全面规范、突出重点，标本兼治、持续深入，协调配合、共同监管的原则，努力践行“游客为本，服务至诚”的旅游行业核心价值观，进一步规范石鼓区旅游市场秩序，解决旅游市场秩序存在的突出问题，优化旅游市场环境，提升旅游服务质量，促进旅游产业持续健康发展。年内，区旅游外侨民宗局受理投诉0宗，旅游社0宗、星级饭店0宗、其他0宗。（戴　娜）

【旅游安全检查】　“安全第一，预防为主”是旅游工作的一贯原则。2016年，结合石鼓区实际，根据《旅行社管理条例》、旅游市场监督检查规范，石鼓区旅游外侨民宗局先后6次开展旅游安全生产、食品卫生、旅游政策落实、服务质量管理、证件办理情况、旅游合同、广告、价格等专项检查活动。一年来，石鼓区旅游行业无旅游安全事件发生，旅游市场秩序井然有序。（戴　娜）

【旅游资源】　石鼓江山，双龙交汇，千年书院，万载文明。石鼓书院为国家AAAA级旅游景区、是我国宋代四大书院之一，是湖湘文化的重要发祥地，它曾鼎盛朝野，誉满三湘，在我国书院史、教育史和文化史上名垂不朽，有联为证：“石出蒸湘攻错玉，鼓响衡岳震南天”。据考证，石鼓书院始建于唐元和五年（810年），迄今已有约1200年的历史，比岳麓书院的历史还要悠久，始以“讲学、藏书、祭祀”为业。北宋仁宗景祐二年（1035年），皇帝钦赐“石鼓书院”匾额，与当时的睢阳、白鹿洞、岳麓书院并称为“全国四大书院”。湖湘学子和文化精英汇集此地、尊师崇文、蔚然成风、文明气息、教化三湘。原山上建有合江亭、禹王碑、武侯祠、大观楼、会讲堂、忠节祠、七贤祠等建筑。七贤是：韩愈、李宽、李士真、周敦颐、朱熹、张栻、黄勉斋，七位前贤名家都与石鼓书院这方文化圣地结下难舍之缘。1944年6月27日，石鼓山古书院建筑群惨遭侵华日军炮火，传承千年的湖湘文明又历浩劫。1964年，在中共中央中南局第一书记陶铸的建议下，衡阳市人民政府将石鼓山辟为公园，修建了旱桥、合江亭、长廊。2006年5月，中共衡阳市委、市政府顺民心，集民力，重修石鼓书院，以“显山、露水、见秀”为原则重新规划设计，深入挖掘石鼓文化内涵，再现文化胜境的“古、幽、曲、静、绿”等特点。石鼓广场、将军楼、禹碑亭、山门、书舍、武侯祠、李忠节公祠、大观楼、合江亭、朱陵后洞等景点已初见声色，石鼓书院景区已与南岳旅游圈景区捆绑，前来瞻仰湖湘文化，游览蒸湘胜景的中外游客络绎不绝。已成为湖南省文物保护单位、湖南省爱国主义教育基地、衡阳市青少年思想道德教育基地、衡阳市传统文化教育实践基地、衡阳市高校毕业生就业见习基地。石鼓书院管理处在2014年被评为湖南省“学习型芙蓉标兵岗”，2016年被评为湖南省总工会优秀职工小家，2014、2015、2016年连续三年被评为衡阳市旅游景区管理先进单位。

（戴　娜）

【乡村旅游发展规划（2016—2025）】　11月24日，石鼓区组织召开《衡阳市石鼓区乡村旅游发展规划（2016—2025）》评审会，邀请省旅游局、省商学院、衡阳师范学院等省、市二级旅游专家为全区乡村旅游发展切脉定策。这是衡阳市首个编制出炉的区级乡村旅游发展规划。《衡阳市石鼓区乡村旅游发展规划（2016—2025）》突出“大美石鼓·最美乡村”特色主题，紧扣三乡——乡风、乡味、乡貌，体现四个尊重——尊重自然少破坏、尊重文化重细节、尊重原貌多整合、尊重个性强特色，强化五力支撑——产品吸引力、产业拉动力、营销引爆力、公共服务支撑力、机制体制创新力，将松木片区及角山乡一百余平方千米的面积统一纳入乡村旅游规划的范畴，重点规划“一心一环三区”的功能布局。“一心”：休闲农业核心——以三星蔬菜基地为重点打造休闲农业体验核心。主要通过整合现有十余家公司的果蔬及养殖基地，划分功能片区引导开发休闲农业体验产品，打造特色景观，完善基础设施，满足游客便捷停车、绿色餐饮、生态住宿与土特产品购物需求。“一环”：乡村旅游环——提升杉旭河滨河公路段，联通银杯水库至横江湿地公园乡村公路段，融入G107、二环西路外部交通段，整合衡角公路、角云公路内部通达公路，构建一个内外进出顺畅、串联重要景点、乡村公路景观丰富多样的

“三段式”乡村旅游环线公路。“三区”：生态农业体验区——涉及三星村、旭东村、角山村、杨泗村、五星村，主打生态农业观光休闲与乡村文化体验，除三星村的蔬菜基地外，注重对旭东村香樟生态农业园、角山村潇湘和创玫瑰园等大项目进行引导开发，对周边盘古庙、三官庙、大云山殿、角山敬老院等景点、设施进行整合开发。山水生态观光区——涉及灵官庙村、梽木村、建新村、银杯村、莲花村，融入旅游扶贫，注重对银杯等重要水库的开发，结合湘莲观赏基地和横江湿地公园，开发集田园观光、研学教育、科普教育等休闲娱乐产品，通过将大自然的景色与研学教育结合开发，打造自然主题的山水生态观光区。田园风情度假区——主要涉及杨岭、茅茶亭、小云山、朝阳村等，利用便捷的区位交通，依托乡村田园风景，以胜利农庄、青石水库等为核心载体，导入垂钓、划船等亲水休闲设施，开发田园住宿产品与乡土美食产品，构建面向以吸引驾考人群、城市居民等为主，乡村旅游体验要素较为健全的田园风情度假区。此规划实施期限横跨“十三五”与“十四五”十年时期，采取“三步走”策略：在2016—2017年近期阶段，做好基本产品与配套建设，打造衡阳市近郊休闲新高地。在2018—2020年中期阶段，通过较为体系化的产品、配套设施与融合发展的产业格局，打造湖南省乡村旅游目的地建设新典范，构建清晰的品牌。“十四五”2021—2025年期间，大力强化服务品质与要素的提质发展，打造具有较强知名度和影响力的省级休闲农业和乡村旅游示范区。市场定位针对衡阳市区近150万城市居民消费的核心市场、大南岳旅游圈及长株潭城市群的重点市场、湘南及广东地区的游客市场三大细分市场做对接文章。作为衡阳第一个乡村旅游专业规划，得到了市相关职能部门主要领导的青睐与支持。区委书记杨龙金强调，建设美丽乡村，完善乡村旅游发展规划，要防止出现四个问题：即防止“通常一般化、防止单调不丰满、防止低层次复制、防止特色不真实”；要突出规划特色，做到“三借三融入”：即借力融入大南岳旅游圈，借名融入湖湘文化特色，借势融入产业发展；要打好三张牌；要增强营销引爆力，出好三张牌：即城里人的爱情故事、城里人保健养生的地方、城里人的生态菜园。（戴　娜）

城乡建设

国土资源

【概况】 国土资源局石鼓分局有干部职工41人，其中班子成员6人，局长1人，副局长3人，工会主席1人，执法大队长1人。内设办公室、财务股、用地股、征地拆迁办、地籍股、地产股、地矿股、信访办、督查室9个部门。下属执法监察支队石鼓大队。辖中心国土所、松木国土所、角山国土所等3个国土资源管理所。主要职责：认真贯彻落实党的路线、方针、政策，宣传执行好国家、省、市有关国土资源管理法律、法规及政策，负责辖区的耕地保护，把好村民建房的初审关，协助配合市局做好规划预审和用地报批，负责辖区内地籍调查、土地确权、土地登记发证及统计，调处土地权属纠纷，搞好数据库统计，负责辖区内单位和个人土地使用权转让、土地出租及中介服务，承办企业改制中土地资产处理、管理，负责辖区内国土资源执法监察，查处土地违法案件，维护和规范好用地、采矿秩序，负责辖区内矿产资源开采、办证、整治、安全工作，做好地质灾害的防治和建立预警机制。协助配合市局做好辖区内重点工程的征地、拆迁、安置补偿费测算。负责受理辖区内来信、来访和上级转送交办的信访工作，维护人民群众的权益。负责辖区内土地规费征收，完成上级领导交办的其他工作。2016年，国土资源局石鼓分局切实履行保护资源、保障发展、维护权益、服务民生职责，严格保护耕地，强化执法监察职能，被衡阳市国土资源局评为目标管理考核先进单位，获石鼓区目标管理绩效考核优秀单位称号。

（肖岳如）

【土地卫片执法监督检查工作】 下发土地卫片图斑193个，总面积3544.6亩，其中耕地面积1397.75亩。对193个图斑进行了实地核查，通过核查发现其中违法图斑共29个，涉及土地面积2096.59亩，耕地面积710.83亩。按照上级部门的相关要求，对需整改的问题进行分类梳理，对违法用地全部立案查处，立案10宗，其中9宗查处结案，1宗等待下达处罚决定书6个月时效到期后移送法院执行。

（肖岳如）

【依法行政】 国家土地督察武汉局对衡阳市进行省域督查，初步判定石鼓区违法图斑48个，涉及土地面积1916.5亩，耕地面积821.67亩，对违法图斑全部立案查处，整改到位。对存在闲置土地处置问题2个，已联系业主单位，督促其完成规划设计及征地拆迁工作。该两宗地已报市政府同意，延期一年使用，确保在规定时间内消除闲置状态。

（肖岳如）

【用地保障工作】 为确保“来雁新城”“华耀城”等重点项目的顺利进行，全力做好项目用地保障工作。完成“来雁新城”“衡邵怀铁路”“华耀城”项目征地拆迁评审和用地报批组卷工作；完成湘环路、望城路、惜香路、银雁路、北三环、枨木路补征地等项目的评审工作。 （肖岳如）

【严守耕地红线】 全区划定基本农田保护区16个，需坚守耕地保有量2600公顷、基本农田保护指标面积1286.54公顷。2016年，分局将基本农田保护目标逐级落实到村组、地块和农户，层层签订基本农田保护责任书，严格落实基本农田保护责任制；将耕地保有量及基本农田保护考核指标执行情况列为乡、街道主要负责人业绩考核的重要内容，对考核不合格的责令限期整改，对认真履行责任目标且成绩突出的给予表扬。根据全国基本农田永久划定工作的总要求，制订《石鼓区永久基本农田补划工作方案及相关细则》并予以实施。永久基本农田面积略有调整，由原1.9708万亩调整为2.0608万亩，补划基本农田面积900余亩，调整了火车北站、青石水库、横江湿地公园、角山旅游环线、村部建设等设施项目的周边基本农田，为辖区内项目用地需求提供了保障。

（肖岳如）

【矿山安全生产工作】 为准确掌握石鼓区矿山企业的具体情况，分局对区域内所有矿山企业进行一次全面清查。对9家采矿权许可证过期的企业下达《责令停止国土资源违法行为通知书》，责令其停产整顿，办理好相关手续。按照安全生产工作“安全第一、预防为主、综合治理”的方针，对辖区内的矿山企业认真开展安全生产隐患排查工作，通过开展安全生产动态巡查和检查，及时发现和制止非法开采和乱采滥挖现象，确保石鼓区矿山企业安全生产无事故。 （肖岳如）

【地质灾害防治】 成立地质灾害防治工作领导小组，加强地质灾害讯期值班与防治工作，对全区地质灾害重隐患点建立台账，在崩塌、滑坡、泥石流等地质灾害隐患点向附近居民发放防灾避险明白卡，设立警示线及警示牌，在汛期实施重点巡查和监控。全年辖区内无一起大的地质灾害事故发生，确保人民群众生命财产安全。 （肖岳如）

【信访工作】 建立信访工作目标责任制度，制定《信访工作年度目标考核规定》，围绕征地拆迁、违法用地两大矛盾主线，通过主要负责人与信访人面对面沟通、实地核查情况、召开座谈会等一系列措施，做好定期排查矛盾和处理工作，确保信访事件解决在基层。全年受理来信来访4件，均已化解，群众满意度高。

（肖岳如）

规划管理

【概况】 衡阳市城乡规划局石鼓分局坐落在蒸湘北路50号。成立于2007年元月，为参照公务员管理的正科级事业单位，下设规划股、法规股、综合股3个股室，局长1人，副局长2人，在职干部职工14人。主要工作职责是：对辖区内所有开发项目的放线验线、验槽、竣工验收及跟踪管理，对未经审批的项目进行查处（包括村民建房、加层扩面、临时搭建、改变使用性质、地下管线等），处理好群众的来信来访。主动与国土、建设、综合执法局等兄弟单位联系工作，积极配合石鼓区委、区政府及市局各项拆违工作。负责辖区内村民建房（圈外）的初审报批和安置点选址定点工作，负责村民建房审批后的跟踪管理，对违法违规的村民建房及时立案查处并提出初步处理意见报市局，积极协调村民建房过程中发生的矛盾纠纷，建立与乡、街道、村组的规划网络建设。积极配合区政府各项重点项目建设（重点工程、村民集中安置点、廉租房、棚改等项目）。完成领导交办的其他工作任务。 （曾金彪）

【日常工作】 认真贯彻落实《中华人民共和国城乡规划法》，履行规划监察职能。严格行使执法职责，不断创新巡查机制、加大监管力度。严格法律程序，充分发挥规划引领和调控作用，积极服务于石鼓区经济社会发展。

1. 强化宣传疏导。以新颁布的《湖南省实施〈中华人民共和国城乡规划法〉办法》学习宣传、贯彻落实为契机，认真贯彻城乡规划法，为石鼓的发展服务。春节期间，针对外出农民工回乡过年、人员相对集中的特点，在辖区各乡（街）、村、组悬挂宣传横幅100条，分局执法人员结合巡查现场发放宣传册1000余份；分局领导认真向区委区政府领导汇报，主动与乡街领导对接工作，宣传新颁布的《湖南省实施〈中华人民共和国城乡规划法〉办法》。通过多方位、全覆盖的宣传发动，使“建房要审批，未批不能动”

"按许可建设，违建要吃亏"等政策深入人心。同时，认真开展村组巡查和鼓励群众举报等方式，有效遏制了违法建筑行为，全区新发现的违法建筑中有8起是由群众第一时间举报的。2. 规范执法程序。落实违法建设案件的立案、调查取证，告知、送达等执法程序，违法建设案件的查处，每件做到事实清楚、证据确凿、程序合法、适用法律准确。特别是政府类（包括安置房、学校、社区办公用房、棚改房等由政府出资建设的）24个项目，为依法合理减轻此类项目带来的影响和损害，积极与区政府处理项目领导小组对接，每个项目指定专人负责，详细制订计划，分局联络人加强与领导小组、项目负责人沟通联系，分局同志全力以赴、加班加点完善资料，积极协助区政府处理项目领导小组搞好规划检测，于2016年年底之前将政府类违法建设案件依法依规办结。3. 坚持日常巡查。落实项目分工负责的巡查机制，对执法巡查坚持常抓、常巡、常督。针对违法建设出现的时机、地段、特点，拟定对策和措施。不定期地督促集体土地上村民建房情况，防止未批先建、违法抢建的不良势头，确保城乡规划实施落到实处。4. 申请联合执法。针对管辖区域内的不服从规划管理，拒不停工的5个项目，先后向市整治"两违"建设联合执法办公室申请5次采取停水停电措施。阻止了违法建设，维护法律权威。5. 严格控违拆违。不定期组织人员排查管辖范围内的违章建筑，分门别类进行统计，及时报告。1—12月控违拆违181处，拆除违章建筑面积43630平方米，真正起到"拆除一处、遏制一批、震慑一方"的执法效果。（曾金彪）

【联系及协调】 承办市区两级人大代表建议、政协委员提案17件，在规定时间内办理完成，做到走访率100%，回复率100%，满意率100%。加强部门联系，共同开展"防违、控违、拆违"工作。与区各职能部门一起构建城市管理网络防控平台，从"堵源头、截过程、拆违建"三方面着手，由规划、国土认定违法性质、事实，下达法律文书，各乡、街道共同配合拆除，实现"防违、控违、拆违"工作细化，形成违建监督网，进一步加强全区拆违工作联防控力度。在日常巡查及各单位的联动信息反馈发现的违法搭建，做到第一时间发现、第一时间上报、第一时间阻止，把违法情况解决在萌发状态。

（曾金彪）

【信访接待】 建立投诉登记负责制，对每一起投诉案件，认真登记、及时勘查、深入调查，及时予以解决。全年共接待群众来访110人次，收到举报65件。其中市局4件，"12345"政府服务热线44件，区政府8件，区信访局3件，网站投诉6件，全部答复，群众满意。（曾金彪）

【组织学习】 开展"两学一做"学习教育，加强思想作风建设。分局支部按照市局的部署制定实施方案，认真开展学习教育和专题研讨，结合思想、工作、生活和作风实际进行讨论交流，确保做到人员、时间、内容、效果"四个"落实。通过学习教育，从先进典型找到差距，思想上有触动，行动上有指南。从反面教材中汲取教训，做到自警、自省、自励，严守法律、政策底线，防止思想作风建设滑坡。通过学习，加强了党支部建设和党员队伍建设，支部班子团结有力，党员队伍讲规矩、守纪律，有效发挥支部战斗堡垒作用和党员先锋模范作用。（曾金彪）

城市管理

【概况】 石鼓区城市管理行政综合执法局为区人民政府工作部门，下辖副科级参公管理事业单位区城市管理行政执法大队。内设拆违大队、办公室、财务室、考核督查室、纪检监察室、法制室、数字城管办、后勤装备股、机动中队、夜间管理中队、车辆静态管理中队11个股室（中队），派驻各街道（乡）7个中队。共有城管人员137名，其中在编执法人员57名，招聘协管员80名。区环卫局、区园林局属区城管执法局二级机构，为正科级事业单位（独立运行）。（任中衡）

【职能职责】 依据市容环境卫生管理方面的法律、法规、规章规定，对违反市容环境卫生法规行为实施行政处罚，强制拆除不符合城市容貌标准、环境卫生标准的违法建筑物或设施；依据城市园林绿化管理方面的法律、法规、规章规定，对城市道路及沿路边的公共绿地、广场范围内未经批准砍伐、移植、修剪树木和毁坏城市绿化设施及占用绿化用地的行为实施行政处罚；依据市政管理方面的法律、法规、规章规定，在城市道路、广场及其他公共场所范围内，对未经批准占用、挖掘城市道路和污染、损坏城市道路等公用设施及城市道路施工后不及时清理现场行为实施行政处罚；依据环境保护管理方面法律、法规、规章规定，对在商业经营活动中使用空调器、冷却塔等可能产生环境噪声污染的设备、设施未采取有效措施使其噪声超过国家规定环境噪声标准的实施行政行政处罚；对在市区噪声敏感建筑物集中区域内，夜间不按规定作业时间从事建筑施工作业，产生环境噪声污染的实施行政处罚；对在湘江城区段水域向水体排放、倾倒工业废渣、生活垃圾和其他废弃物的实施行政处罚；对在城区运输装卸、贮存能够散发有毒有害气体和粉尘物质未采取密闭措施或者其他防护措施的实施行政处罚；对未采取防燃、防尘措施在城市人口集中地区存放煤炭、煤矸石、煤渣、砂石、尘土等物料的实施行政处罚；对在城市人口集中地区或其他依法需要特殊保护的区域内焚烧沥青、油毡、橡胶、皮革、垃圾及其他产生有毒有害物质的实施行政处罚；对在城市人口集中地区露天焚烧秸秆、落叶等产生烟尘污染的实施行政处罚；依据工商行政管理方面的法律、法规、规章规定，对在城市道路、广场等公共场所和无固定经营场地的有照或无照经营的商贩实施行政处罚；对自产蔬菜和农副产品未进入政府指定地点销售以及在店外经营或店外作业商贩实施行政处罚；对违反户外广告设置规定行为实施行政处罚；对破损或残缺等影响市容的广告行为实施行政处罚；依据城市规划管理方面的法律、法规、规章规定，对未经批准占用城市道路（指主干道、次干道、支路、街巷，单位内部道路和封闭管理的居住区内的道路除外）及其两侧临时建筑，或依附于该建筑物搭建的亭房、活动房、棚披，以及单幢建筑面积200平方米（含200平方米）以下的砖混结构的建筑物、构筑物的实施行政处罚；依据公安交通管理方面的法律、法规、规章规定，对擅自在城市道路、广场等公共场所摆摊设点、停放车辆、堆物作业、搭棚、盖房、进行集市贸易和其他侵占道路行为实施行政处罚；履行省、市、区人民政府依法规定的行政处罚权。（任中衡）

【依法行政】 开展执法业务培训3次，参加外地城市管理学习教育培训1次，组织新进公务员执法业务培训1次，全年总计参加培训人员213人次，局法制室组织对各中队、部门的依法行政及法律文书业务考核12次，对存在的行政执法方面问题进行座谈，并邀请专家指导，全面提升城管队员执法业务水平。（任中衡）

【城市管理】 城市管理工作以创建全国文明城市为抓手，实行刚性管理、柔性执法，坚持日常管理和集中整治相结合，实现城市管理工作常态化。开展占道经营整治。全年对主次干道开展整治行动70余次，取缔乱摆摊担1000余个，查处违章占道经营行为3000余次；以“保畅通”为目的，在解放路、中山北路、蒸湘北路、蒸阳北路等重要路段及学校、农贸市场周边实行高峰岗执勤制度。在南华附一医院、步步高超市和潇湘街等地段实行错时工作制，加强机动巡查，特别是加大对流动摊点的防控，在易赖街、荷池路、潇湘街、十家村等路段安排执法队员驻点执勤，引导摊贩进入菜市场经营，保障城市交通主动脉的畅通；加强夜市管理。严格按照“三统一、八不准”规范经营，跳蚤市场整洁有序，湘江北路风光带晚上实现无缝对接管理；全面落实“门前三包”责任制。按照市、区统一安排，各部门、中队派出人员上门发放“门前三包”倡议书3000余份，并与商家、单位签订“门前三包”责任书4000余份，在商家醒目位置张贴"门前三包"责任书日常考核登记表4000余份，每天对落实情况进行考核登记；高标准规范停车秩序。会同交警部门、市综合警察石鼓大队在解放路、中山北路、船山路等主干道施划非机动车停放点60处，施划停车线3000米，设置温馨提示牌30块，并按照市城管执法局的要求，对不符合停车条件的人行道安装了刚性隔离桩，防止机动车占用人行道，真正做到还路于民；推进殡改执法，进入常态化管理。强化巡查执法力度，积极引导市民规范殡葬行为，确保殡葬改革工作有序推进，全年未发生一起违规治丧行为；开展违规户外广告清理整治，对未经审批擅自设置发布的户外广告以及不符合城市规划、存在安全隐患、影响市容观瞻的户外广告进行清理整治，并规范沿街门店招牌，拆除一店多牌。全年取缔未经审批擅自设置的横幅、标语750条，依法拆除违规广告牌300处，面积7000余平方米，与各街道社区共清理"牛皮癣" "小广告"31.9万处，城区小广告乱贴现象基本得到制止，全方位展示城市形象，城市管理软环境得到明显改善；开展违法建筑整治和拆违工作，对违法建设采取"零容忍"，做到早发现、早制止，露头就打，加强巡查执法力度，发现一处拆除一处，全年共计巡查发现并教育制止违法建房80余次，拆除违法建筑186处，36045平方米，有力地遏制违法建筑蔓延势头。

（任中衡）

【数字城管】 全面推进网格化管理抓好数字城管工作。通过信息采集覆盖、公众全方位参与、半自动处理流程，实现了城市管理由被动管理型向主动服务型逐步转变。将信息技术与城市管理有机结合，内外考核促进石鼓区"大城管"动态化、精细化、长效化管理的实现。2016年，局数字平台共接收工单2703件，办结2703件，办结率100%；接"12345"热线投诉974件，已全部办结，办结率100%，回复满意率达99.5%；其他来信来访及领导批示27件，均已回复。在保证城市运行中出现的问题能够及时发现、及时处理、及时解决的同时，逐步建立起沟通快捷、分工明确、责任到位、反应快速、处置及时、运转高效的城市管理和监督长效机制。突出科技强队，利用对讲指挥系统，智能车载、城管通、执法记录仪等高科技设备，及时处置问题，提高城市精细化管理水平。

（任中衡）

【作风建设】 落实局长抓党建工作的"一岗双责"主体责任，坚持领导带头以上率下开展工作，局领导班子成员都挂靠到执法中队，牢固树立"抓党建就是抓发展，抓发展必须抓党建"的理念，推进落实党支部"三会一课"学习和"两学一做"学习教育常态化、制度化。组织党员开展"七一"建党节主题活动、重温入党誓词和党员志愿服务日活动。2016年，石鼓区委表彰区城管执法局优秀共产党员1名，局党支部培养入党积极分子1名；按照区委组织部要求整改党费核算办法，按期足额收缴党费。狠抓党风廉政建设，落实领导干部重大事项报告制度，认真自查党员干部廉政纪律执行情况，增强干部廉洁自律意识。严格执行党政机关厉行节约各项规定，大力规范公务接待，确保局各项经费支出的规范管理。本着"做事先做人"的理念，在日常工作中强调阳光执法、温情执法，并设置举报电话和举报箱接受群众监督，防止执法人员利用职务之便吃、拿、卡、要，促进城管执法整体形象的提升。

（任中衡）

住房和城乡建设

【概况】 石鼓区住房和城乡建设局为区人民政府工作部门。主要职责是：贯彻执行中央、省、市有关住房和城乡建设方面的重大方针和改革，贯彻落实重要工作部署和领导同志重要指示、批件。组织办理落实人大代表有关住房和城乡建设的建议和政协提案；贯彻执行国家、省、市有关城市建设、工程建设、村镇建设、市政公用事业和勘察设计咨询业的方针、政策、法规，研究拟定实施办法及相关的中长期规划以及年度计划，并负责组织实施。负责编制背街小巷基础设施维护计划并组织实施；承担石鼓区背街小巷防涝及市政设施相关等应急管理工作；负责占用、挖掘等损坏市政设施的审批工作及修复工作；负责农村危房改造工作的统筹协调，具体负责项目的组织安排、协调、指导、对象审核、信息录入、舆论宣传、质量安全监管、竣工验收，衔接补助资金拨付。分配保障性安居工程建设资金，确定棚户区改造项目拆迁安置的资金拨付方式及拨付进度；负责编制辖区内保障性住房发展规划和年度计划并组织实施，会同有关部门做好政府有关廉租住房资金安排、监管、使用；指导规范保障性住房的经营管理；对公共租赁住房（廉租住房）进行实物配租，并做好实物配租后的动态管理工作，负责审核和发放廉租住房租赁补贴。承担管理和指导国有土地上房屋征收与补偿工作；负责组织实施以区政府主体的国有土地上房屋征收项目的征收与补偿工作；负责组织辖区国有土地上房屋征收项目的房地产评估、土地评估、资产评估及征收成本核评工作；负责组织对辖区房屋征收实物量的核定；负责对辖区房屋征收中心征收与补偿资金使用情况进行监督与管理。负责对区属建筑开发单位的指导管理；负责职责范围内对有关行业、领域的安全生产工作实施监督管理。承办区人民政府交办的其他事项。2016 年，区住建局按照区委、区政府对住房和城乡建设工作的总体要求，以“两学一做”学习教育为契机，创新思路，狠抓落实，加快推进城市基础设施建设，各项工作取得较好的成绩。关注民生热点，全力做好背街小巷基础设施改造、公共租赁住房保障、农村危房改造等一系列与百姓生活息息相关的工作，得到了群众的一致好评。

（李秋莲）

【危房改造】 农村危房改造严格执行“三最”原则，优先帮助住房最危险、经济最贫困农户，解决最基本的住房安全问题。按照上级要求完成农村危房改造任务为 25 户（其中新建 5 户，修缮 20 户），完成率 100%。（李秋莲）

【公租房补贴及实物配租】 新增公共租赁住房保障户审批和租赁补贴发放有序进行，2016 年，共新增保障对象 240 户，累计发放租赁补贴 11207 户、22788 人、586.66 万元，圆满完成公共租赁住房实物配租 2046 户。组织各街道、社区对全区公共租赁住房保障对象，按照审计要求进行全面核查和清理，取消实物配租 12 户，追缴违规资金 6.91 万元。

（李秋莲）

【市政基础设施维护】 通过地下管网改造、路面硬化、油化、清理化粪池和污水井及小区院落内人行道提质，对牛角巷、西湖一村、西湖二村、演武南路、演武北路等项目进行改造，所有项目于 6 月全部完成，投资额 2800 余万元。进步巷改造地下土建及电缆管沟工程已全部完成，弱电已全部下地，进步巷和进步路两条道路铺设沥青全部竣工。

（李秋莲）

【文明创建】 对全区范围内背街小巷下水道、路面、路灯情况全面摸底，所有主次干道和人行道板与宣传栏进行检查维护，对青山街道、西湖新村、青山街社区、西湖二村、船山路社区、进步巷等多项关于民生设施进行提质改造。做好解决方案和预算上报区政府。（李秋莲）

【棚户改造】 全年上级下达棚户区改造任务 124 套，根据实际情况调整实施改造 146 套，经市住建局同意，虎形山棚户区改造项目的安置方式由 73 户货币安置、73 户实物安置变更为 146 户实物安置。已完成 146 套安置房的建设，超额完成全年市指标任务。

（李秋莲）

【物业管理】 2015 年 6 月，物业管理职能下放至区住建局。为此，区住建局组织业务股室参加相关业务培训，并对全区 36 家三级（含三级暂定）物业公司进行调研摸底，为三级物业公司初审工作打下坚实基础。同时，按照市住建局要求，认真监督指导辖区内物业公司对所属项目开展“百日安全无事故”排查活动。重点排查了各项目供水、供电、监控等基础设施，并要求对发现的问题及时进行整改。通过安全排查，限期整改等方式，不断查找项目安全隐患，提高物业服务质量。

（李秋莲）

【安全生产】 按照区委、区政府要求，分别对辖区城市危房、在建工地和燃气领域进行专项检查。经过前期摸排，共发现辖区城市疑似危房115处。根据排查结果，第一时间给各产权单位去函，要求按照《城市危险房屋管理规定》对名下房屋进行安全鉴定，并根据鉴定结果进行相应处置。同时对全区范围内的17个在建项目和所有的燃气站点进行安全生产隐患排查，对不符合行业规范要求的，要求项目单位立即进行整改，并及时向上级业务主管部门报告。

（李秋莲）

环境卫生

【概况】 石鼓区环卫局隶属于区城管综合执法局，为正科级事业单位，主要工作职责是：承担全区城市环境卫生监督管理责任；负责本辖区主次干道的清扫保洁、垃圾收集、清运中转，负责公厕、垃圾站（屋）、果皮箱等环卫设施的清洗与管护；在本辖区内开展环卫竞赛，开展经常性环卫方面的宣传教育；负责按有关标准收取本辖区的环卫有偿服务费，实行收支两条线的管理办法；负责建设经营好本辖区内的环卫设施；组织环卫监察执法队伍，对车辆带泥撒漏、损毁环卫设施和影响环境卫生的违章行为按有关规定进行纠章执法；负责对街道环卫工作进行业务指导。有在职人员113人，退休人员160人、局属部门临时工500余人，下辖4个市场化运作公司，人员近400人，全局直接或间接管理的总人数1000余人。内设7个股室、3个清扫管理队，另设渣土执法队、清运队、清洗队、清厕队各1个。2016年，在全市率先推行精扫班作业模式和错时工作制。获2016年度城市管理工作先进单位。

（朱文明）

【精扫保洁以克论净】 积极探索道路清扫保洁作业新模式，转变思路，一改过去传统的、粗放的清扫保洁方式，组建“精细化小分队”，主要负责对主干道马路边角、树穴等死角位置进行精扫、细扫，建立精细化管理制度，让精细化工作常态化、制度化，取得了一定效果。同时，调整道路清洗作业方式，采用机械作业与人工清洗相结合的方式，对城区主次干道巡回精洗，确保道路干净见本色。制定对道路的保洁质量和作业规范等项目的细化和量化标准，推行道路清扫保洁“以克论净”。即道路浮尘每平方米不超过10克，地面垃圾滞留时间不超过5分钟。开展“深度保洁示范路”创建活动，全面提升道路保洁质量，解放大道、船山大道在市考核评比中均达标。

（朱文明）

【公厕提质改造】 对城区26座公厕进行提质改造，并统一标志、门头和颜色，提高公厕辨识度。其中沿江北路10号碧江绿园公厕和蒸阳路西湖公园东大门旁公厕进行一类升级改造，其余24座公厕进行二类升级改造。（朱文明）

【清洗保净作业】 充分发挥机械化作业优势，提升环卫清扫档次。区环卫局配备了一台多功能喷雾抑尘车，与洒水车及洗扫车作业，对城区主次干道进行清洗保净、洒水降尘。对中心城区主干道每周两次人工清洗，城市快速通道和环线采取机械化清扫和多功能冲洗设备辅助作业，重点加强对沿街石、果皮箱、保洁车周边油垢污渍清洗力度，确保路面洁净靓丽，斑马线清晰明亮。同时对突发性的带泥、撒漏、污染道路现象，实行主动出击，快速清除。并利用数字城管平台对清洗作业车辆进行动态管理，确保道路清洗人员、车辆、时间和质量全面落实。

（朱文明）

【创新社区环卫作业管理模式】 实行联动运作机制，进一步加强环卫管理工作。经区政府研究同意，6月，区环卫局完成与人民街道、潇湘街道、青山街道、黄沙湾街道、五一街道、合江街道六个街道社区环卫作业管理的交接。在保持招标合同不变、作业范围合同不变、经费额度不变的前提下，对市场化作业公司的管理、督查考核、资料报表和街道（社区）与环卫主次干道作业界址进行了明确。将原有管理模式“环卫牵头、街道主体、条块结合”，调整为“街道牵头、环卫监管、部门联动”的新石鼓模式。

（朱文明）

【垃圾中转站提质改造】 区财政投入资金23万元，先后对牛角巷社区和西湖一村社区垃圾中转站进行提质改造，增加了除臭、除污设施，最大程度上减少对周边环境的影响。（朱文明）

【垃圾收集设施维护改造】 随着城市的发展，曾为居民生活提供便利的居民楼垃圾通道，因其易滋生鼠、蚊、蝇、蟑螂“四害”，卫生状况难以保障而逐渐被人们所诟病。为解决这一现状，环卫部门积极向政府财政申请，投入资金5万元，对牛角巷和西湖一村社区115个楼道垃圾通道进行改造。对全区700个垃圾通道出灰口进行全面改造，全部维修或增加了铁门，防止垃圾外溢污染环境。并对这两个社区的果皮箱和垃圾桶进行全面升级，对重点区域路段进行加密设置。新增果皮箱80多个、垃圾桶120多个，投放电动垃圾收集车9台。通过加大果皮箱、垃圾桶的设置投放，做到垃圾不落地、随产随清。

（朱文明）

【环卫、园林、城管停车保养场建设】 为解决环卫、园林、城管作业车辆停放、维修保养难题，衡阳市启动环卫、园林、城管停车保养场建设项目。2015年，石鼓区率先完成选址，项目位于红湘路以东、凤凰路以南，用地面积为2.28公顷，土地性质为国有土地储备用地。2016年，选址意见证书已颁发，规划蓝线图已完成，国土勘界、放桩、测量登记已完成，三个用地单位功能分区及用房面积摸底已完成，清洗平台及施工便道已完工；设计初稿已出，正在等待规划审批，国土预审手续已办理；场地填方工程完成80%，三通一平项目已正式开工，厢涵已完成，东面护坡完成；由于土质原因，西面墙体正在打桩；已完成2万多方堆积土方的挖平、回填、碾压；地勘已完成；电杆招投标已完成；第五次设计图已定稿。环评、可行性研究报告已重新制作；正在办理规划条件书。（朱文明）

【考察学习】 4月22—23日，区环卫局组织业务骨干一行17人赴郴州市苏仙区环卫所考察学习。苏仙区近年来在环卫管理特别是全国文明城市创建方面积累了许多行之有效的经验，在学习交流会议上，苏仙区环卫所所长周志辉简要介绍了苏仙环卫在人员体制、经费投入、管理模式、清扫保洁、垃圾转运、渣土管理等方面一些优秀做法和先进经验。考察团实地参观苏仙区南塔街道、苏仙岭街道的环卫基础设施建设和环卫工作先进方法，听取经验介绍。（朱文明）

园林绿化

【概况】 石鼓区园林局成立于2014年4月，隶属于区城管综合执法局，为正科级全额拨款事业单位。负责辖区内主次干道行道树和绿地的日常养护工作；负责普查和管理辖区内绿化资源；负责向衡阳市园林局上报绿地占用和损绿、毁绿情况；完成上级交办的其他工作。全局编制27人，实有职工25人（其中借调2人，外出创业3人），退休人员12人。内设办公室、财务室、维护股和工程股4个股室。2016年，区园林局对内强基础，建章立制，强化职工教育和管理，使各项工作走上规范化管理轨道，从最初的习惯性管理上升到制度化管理；对外紧紧围绕创建全国文明城市，以创建国家园林城市为主题，大力开展“三清三建”工作，完成了辖区内20个社区的绿化提质改造。对辖区内主次干道两旁的树木及绿地进行管养，共管养绿地面积24.11万余平方米，补种乔木725株。主要建设工程有：创建省、市级以上“园林式单位”7个、18个社区绿化提质改造、莲湖路及蒸水南路“硬改绿”工程、大乔木进雁城、石鼓广场节日摆花等。2016年，区园林局被市城管综合执法局评为城区城管综合工作第一名、园林城市管理工作第二名，以及文明城市创建工作先进单位，获石鼓区党风廉

政建设优秀单位称号。（邓素青）

【“三清三建”工作】　完成社区绿化提质改造，打造一批样板社区。按照“以点带面，以示范推全面”的工作思路，因地制宜，打造了牛角巷和西湖一村两个示范社区，创建了西湖二村、电信安置小区、草桥社区、建设新村社区、雁栖湖安置小区5个样板社区，对18个社区进行绿化提质改造，新增绿地5万平方米，绿地覆盖率从2015年的40.39%上升到40.7%，其中新建2000平方米游园2个，小游园41个，新建林荫停车场3个，新增林荫停车位105个，创建区法院等市级园林式单位6个、省级以上园林式单位1个，绿地面积24.11万余平方米。（邓素青）

【区级市场化运作试点项目】　2015年6月1日起，石鼓区园林局通过招投标方式，将辖区内的解放大道、船山大道、蒸阳北路、中山北路等路段及社区的4364株行道树、247株茶花树及附属绿地19764平方米的养护管理工作以政府购买服务形式纳入市场化运作，承包给衡阳市金贝林景工程有限公司，年承包经费竞标价52.04万元，合同期一年。到期后，因管养效果没达到预期目的，从2016年6月1日起，把管养权回收由区园林局自行管养，并获取试点经验，为下一步市场化改革打好基础。（邓素青）

【市级市场化运作项目】　从2016年6月1日起，石鼓区园林局管辖范围内的解放大道、船山大道、蒸湘北路、蒸阳北路及蔡伦大道5条路，由衡阳市园林局统一纳入市政府购买服务项目，以市园林局为主体进行管理。石鼓区园林局对这些路段进行日常巡查及监督，发现问题及时向市园林局上报，市园林局根据上报情况要求承包商进行整改，并对区园林局的监管工作进行考核。

（邓素青）

交通与运输

【概况】　各部门、乡街（片区）认真贯彻落实《中共衡阳市委办公室衡阳市人民政府办公室关于加强道路运输安全监管的通知》精神，深刻吸取“6·26”特大交通事故教训，坚决守住“不发生重、特大交通事故”的红线，时刻保持道路交通监管的高压态势。成立区道路交通运输安全生产委员会，由常务副区长任组长，分管交通工作的副区长任副组长，相关部门、乡街（片区）行政负责人为成员，领导小组办公室设区发改科技局，由区发改科技局局长兼任办公室主任。区安委办、区交安委根据市相关通知精神，结合全区实际，出台《区道路运输安全监管工作实施方案》。大力开展整治行动。加强农村公路提质改造和日常养护。

（周　鑫　祝丽玉）

【农村公路提质改造】　全区农村公路提质改造任务10.6千米，实际完成13千米，完成了任务的130%。（周　鑫　祝丽玉）

【公路养护】　制订完善《石鼓区农村公路日常养护管理考核实施细则》和《石鼓区农村公路养护管理工作目标》，充实了农村公路养护管理队伍，形成“政府主导、乡镇主体、行业监管、专业化运作”的农村公路养护格局。实行不定期巡查与定期考核相结合、单位自检与部门检查相结合的分级管理考核模式。对每条线路做到“一路一档”。

（周　鑫　祝丽玉）

【超限超载治理】　大力开展道路运输车辆超限超载治理工作，印制25000份宣传新政策资料，分发给各货运企业及过往车辆。按照文件精神，要求自2016年9月21日起，所有车辆执行全省统一车辆超限超载新的认定标准，严格按照强制性国家标准，认定车辆车货总重是否超限超载，严格按照新规执法。根据路网特点和交通量等情况，在全区范围内增设2~3个流动治超检测点，加大源头治超力度，要求各治超检测点相关部门人员联合执法，专职从事治超工作，实行部门职能互补，协调联动，各部门按各自职责分工开展工作。2016年，共采取联合执法6次，进驻货运源头企业18次，检测车辆15100台，查处超限超载车辆2台，卸载超限超载货物20吨。2016年，车辆超限超载治理全面迈入常态化、长效化管理轨道，超限检测站点车辆超限超载率稳定控制在0.3%以下。（周　鑫　祝丽玉）

【交通运输及安全生产工作】 强化安全生产责任制的落实，以"春运"和节假日交通运输和安全生产为重点，加大安全隐患排查和整改力度，确保公路建设施工、养护作业安全无事故，旅客运输安全无事故，渡口渡船安全无事故。制订水上应急预案，成立专项行动领导小组和工作专班，与安监、海事等部门对五四树山等5个渡口、7条客渡船进行安全大检查，对于存在安全隐患的渡口、渡船，现场监督要求其立即整改，将安全隐患消灭在萌芽状态。投入400多万元，对衡角公路及旭东村、利民村、灵官庙村、角山等多村道路进行提质改造。投入5万元，修建、增设道路水上交通安全标志牌。投入28万元，对校车行驶线路安装钢护栏、减速带、标志牌。投入20万元，用于广告宣传资料费、渡口签单员工资及日常安全监管经费。通过大力整治，全区道路水上交通安全工作条件得到了进一步改善，无一水上交通安全事故发生。

（周　鑫　祝丽玉）

【校车行驶线路审查】 对全区范围内100多千米的农村公路及20多座学校校车行驶线路等重要通行路段进行安全排查，并在校车通行线路安装学校停靠点安全标志牌85块。（周　鑫　祝丽玉）

【拆渡工作】 大石渡渡口、柴埠门渡口存在安全隐患，按照市政府要求及市海事交通部门督办意见、经区政府常务会议研究，予以撤除，由区发改科技局按程序办理。相关街道、区发改科技局做好当地群众和摆渡当事人的思想工作，取得群众和当事人的理解支持。对摆渡当事人的合理诉求给予支持。区发改科技局与海事部门协商，妥善处理渡船，在合理的范围内给予当事人适当补偿。对摆渡当事人开展人性化关怀和帮扶。年内，成功拆除柴埠门渡口和大石渡渡口。

（周　鑫　祝丽玉）

环 境 保 护

综　　述

2011年，根据衡阳市环境保护管理体制改革要求，石鼓区环境保护局划归衡阳市环境保护局直管，更名为衡阳市环境保护局石鼓分局，加挂衡阳市环境保护局石鼓环境监察大队牌子，均为衡阳市环境保护局派出机构，正科级事业单位，办公地点设在石鼓区湘江北路23号。2016年，局机关内设办公室、监察监测股、污染防治与总量股、环评与生态股、固体废物与辐射管理股、法制宣传股6个部门，设局长1名、副局长3名、纪检组长1名、工会主席1名，在职在编人员27人，退休人员6人。主要职责是：贯彻执行上级有关环境保护的方针政策和法律法规；参与制定环境保护规划并监督实施；负责环境违法行为的查处；受理环境污染投诉并负责纠纷处理；参与环境污染事故和生态破坏事件的调查处理；参与辖区环境污染事件的应急、预警工作；负责水体、大气、土壤、噪声、光、恶臭、机动车等污染防治和监督管理；负责污染源的限期治理工作；会同有关部门监督管理饮用水源地环境保护工作；组织指导城镇和农村的环境综合整治工作；参与指导和推动辖区循环经济与环保产业发展；负责组织实施主要污染物排放总量控制，落实污染物减排目标和任务；参与城市环境综合整治的定量考核工作；负责固体废物的监督管理；负责危险废物、医疗废物和有毒化学品的污染防治和监督管理；参与核事故应急管理工作以及核安全和辐射安全的监督管理；组织实施国家核与辐射安全政策、规划、标准；参与放射性同位素、射线装置的生产、销售、使用的监督管理；参与放射性物质的监督管理；参与核材料的管制和民用核安全设备的设计、制造、安装和无损检验活动的监督管理；根据授权，负责排污许可证、排污申报登记、排污收费、环境影响评价、“三同时”等制度的实施；监督对生态环境有影响的自然资源开发利用活动、重要生态环境建设和生态破坏恢复等工作；监督指导农村生态环境保护；监督生物技术环境安全，组织协调生物多样性保护；负责环境保护科技、环境保护产业、环境保护统计、环境信息等工作；参与环境监测工作；组织、指导和协调环境保护宣传教育工作，推动社会公众和社会组织参与环境保护；承办衡阳市环境保护局和石鼓区人民政府交办的其他事项等工作。2016年，衡阳市环境保护局石鼓分局紧紧围绕全面深化环保体制机制改革大局，以开展“两学一做”学习教育和贯彻新环保法为契机，深入实施污染减排，推进环境监管执法，普及环保宣传教育，加强生态文明建设，提高辖区环境质量，实现了重点工作有突破、整体工作有成效。（许　佳）

【湘江“一号重点工程”整治】 石鼓区湘江“一号重点工程”治理类项目共7个，2016年完成水口山二厂整体淘汰、天雁工业废水治理、绿院农场畜禽养殖污染治理及全区畜禽养殖禁养区和限养区划分等四个项目，完成农村环境综合整治整区推进项目，区政府已向省、市申请验收；完成衡化总厂等老城区产业结构调整项目。积极实施从源头上把好水源保护规划管控及水源保护区域，确保不新增污染源。

【污染防治】 在建设项目管理上，一方面为企业提供信息，当好参谋服好务；另一方面把建设项目审批作为控制新污染源的重点，严格把关。经现场勘察，全年否定不符合国家产业政策和环保要求的项目4个；全年审批新、扩、改建项目24个（其中市局审批14个，区本级审批10个），项目总投资近亿元，全区建设项目环境影响评价制度和“三同时”制度的执行率均达100%。加强农村环境综合整治、城区油烟、噪声污染整治和医疗废弃物管理，将雁栖湖黑臭水体污染治理、北干渠重金属污染治理项目、规模化畜禽养殖污染治理等8个项目向市局和省厅按要求进行了“十三五”污染治理项目申报。加速推进企业废气污染整治及城区禁燃工作，全年关停淘汰锅炉6台；VOCs治理取得成效，对全区汽车4S店治理，确保回收装置正常运转；发挥多功能抑尘车的作用，建筑扬尘和道路扬尘管控成效明显，受到市局表彰。（许 佳）

【主要污染物减排】 2016年国家、省政府给石鼓区下达的四项主要污染物减排任务基本完成，COD削减0.8%、氨氮削减0.5%，二氧化硫、氮氧化物排放总量控制在计划指标内；分局结合“来雁新城”项目建设，推进总量减排及重金属污染治理工作；与区畜牧水产局联合，对辖区65家畜禽养殖业进行排查，并对65家企业污染排放情况建立“一场一策”台账。对湘江、蒸水河500米内规模养猪场55户，有污染水质的企业，通过区政府行文及时进行了规划搬迁、关停和拆除。

（许 佳）

【环境监察】 全年查处环境违法案件5件，其中有湖南天雁公司镀铬车间电镀废水超标排放，7人非法收集、贮存废矿物油案，凌剑电镀厂不正常运行防治污染设施，逃避监管的方式违法排放污染物等3件违法案件，按照程序已移送公安机关依法处理，凌剑被行政拘留10日。8月，分局对湖南天雁公司总排口废水超标排放和市环卫处垃圾运输中心超标排污行为进行了立案查处，有力打击了环境违法行为。（许 佳）

【危废和辐射监管】 督导相关企业建立健全放射源长效管理机制，完善各项规章制度和保护措施，在核技术应用场所悬挂明显的放射性标志和中文警示说明，防止核与辐射污染事故的发生，保障安全；落实放射性同位素转让、备案和放射源送储的监督管理；对辖区内所有辐射单位进行现场检查，督促各单位上报“湖南省核技术利用辐射安全检查专项行动检查表”及“辐射年度评估报告”，将资料分类归档，一厂一册；加强辐射监管人员辐射安全法律法规与专业知识的培训；督促辐射项目建设单位健全辐射安全许可证和换证平台，建立动态化管理模式，完善责任管理体系。加强化学品全过程环境管理，严格实施业内监督，落实主体责任；全面执行危险化学品转移备案、审批制度和危险废物经营许可证制度，及时更新“全国生产化学品环境情况调查系统”，杜绝辖区无证转移、违规处置现象。

（许 佳）

【建设项目环境监管】 为做好全面清理违规建设项目工作，石鼓区以石政办发〔2016〕118号文件制定了工作方案，强化保障措施。全区排查上报违规建设项目数27个，建立项目台账27个。按照“淘汰关停一批，整顿规范一批，完善备案一批”的工作思路，做好项目业主工作，已完成27个，完成率达100%。针对来雁新城规划区的10个搬迁项目，分局作了专题汇报，区政府召开专题会议，决定对该区域内现有环保违规项目进行分类处理，确保各项目圆满完成。（许 佳）

【农村环境综合整治】 全年协调争取角山乡和黄沙湾街道（松木片区）16个村列入全面开展农村环境综合整治整区推进项目，重点推进农村生活垃圾集中收运、生活污水治理、饮用水源保护和畜禽养殖污染治理工作。经全区动员，进行公开招投标、签订施工合同与项目工程监理合同、目标责任书等工作。已完成全部工程量，向省、市申报验收。列入省市考核为民办实事的5个村已全部完成项目的实施，使农村环

境明显改善。（许　佳）

【环保宣传教育】 5月11日，市委、市人大和市政府领导、市水利局、市环保局、市畜牧水产局、石鼓区政府、省市环保志愿者协会等300人在石鼓广场举行“六五”世界环境日宣传月活动启动仪式，常务副市长段志刚和省环保志愿者协会领导发表讲话。6月5日利用板报展览、悬挂横幅、标语，设立咨询宣传台邀请电视、报刊等新闻媒体进行宣传报道。全区摆放宣传板报16块，发放宣传手册1500余份，接受群众环保咨询近8000人；组织境内大专院校、环保志愿者120余人沿湘江风光带清扫垃圾，呼吁保护湘江母亲河。（许　佳）

【争先创优工作】 分局获2016年度区委、区政府绩效考核优秀单位，全面建成小康社会推进工作先进单位，获衡阳市环境保护局执法大练兵先进单位。（许　佳）

财政·税务·金融

财　政

【概况】 石鼓区财政局为区人民政府工作部门，下设农业综合开发办公室、非税征收管理中心、乡镇财政管理中心、财政投资评审中心4个二级机构，以及办公室、行政审批服务股、预算股、国库股、国库集中支付中心等14个内设机构。主要工作职责是：贯彻执行国家财政、税收、国有资本金基础管理和财务会计管理的各项法律法规；根据国家的有关政策法规和要求，拟定和监督执行全区财政预算、地方税收、财务、会计、国有资本金基础管理等方面的规章及补充规定和基本建设财务管理制度。拟定全区财政发展战略和中长期财政规划，制订年度财政预算草案，执行区人大批准的地方预算，监督指导各乡、街道及区直部门预算的执行，审编年度财政决算，对社会财力进行综合平衡，参与研究制定全区综合经济政策，提出运用财税政策调控经济运行和综合平衡社会财力的建议；管理本级行政机关和财政供给经费事业单位银行开户；管理全区行政事业性收费票据和罚没收入票据；管理政府性资金和专项资金。负责行政事业性收费和罚没收入及国有资源（资产）有偿使用收入的征收管理。根据全区国民经济发展计划和市财政局下达的考核指标，结合地方预算安排，确定全区财政税收收入计划，并组织实施、管理和监督。拟定区对乡、街道的财政预算管理体制，合理划分财力；指导和监督乡、街道财政工作，监督预算执行。管理和监督区级公共财政支出；制订需要全区统一规定的支出政策和开支标准；拟定和执行政府采购制度并监督管理政府采购工作；积极稳妥推进政府购买服务工作。办理和监督由区级财政承担的全区经济贸易、农业支出、行政和公共支出、社会保障支出，包括基本建设项目拨款、科技三项费用、支农资金、农业综合开发资金等；统一管理全区基本建设财务。参与全区社会保障制度改革和政策、措施的研究制定；制定全区社会保障资金财务管理制度；管理和监督区级财政社会保障支出；对社会保障基金的使用实施财政监督；管理区级社会保障基金专户；负责区境内融资担保机构的行业管理工作，受区政府委托办理融资业务。管理和指导全区会计工作，保障会计人员依法行使职权，组织和管理会计人员业务培训；查处会计人员违反财经纪律的案件，拟定全区会计工作的各种规章制度；监督执行会计法规制度、《企业会计准则》、政府总预算、行政事业单位以及分行业会计制度；拟定全区性的基本建设财务管理办法。拟定和执行国有资本金基础管理的政策、改革方案、法规制度和管理办法；组织实施国有资本金权属界定、产权登记、产权转让、国有股权管理、清产核资、产权纠纷调处和仲裁工作；制定国有资本金收益分配政策，监缴区管国有资本金收益；负责资产统计、评价和资料的汇总工作。管理政府性债务，执行国家债务管理的方针、政策；拟定政府债务管理的实施办法和规章制度；统一管理政府的国内外债权债务，研究政府债务情况，拟定防范政府债务风险的措施。负责拟定财政投资评审工作相关制度和办法；负责组织财政性投资项目的概（预）算、结算、决算的评审工作；负责财政性投资的市场研究分析、投资风险分析和效益分析工作，为实施财政投资决策提供基础信息服务；实施对财政性基本建设资金使用的监督和管理，参与工程项目的后评价工作。监督检查财政方针政策、法律法规的执行情况，监督区级部门的财务活动，检查反映财政收支管理中的重大问题，对违反财经纪律的事项进行检查和处理。协调相关部门抓好乡、街道的机构改革、教育布局调整、化解乡村债务等配套改革；研究制定农村基层政权运转、义务教育投入的保障机制。制定全区财政系统教育规划，组织指导全区财政干部培训；负责财政宣传和财政信息工作。负责职责范围内对有关行业、领域的安全生产工作实施监督管理。承办区人民政府和市财政局交办的其他事项。2016年，全区一般公共预算总收入完成221294万元，为年度预算的101.65%，较上年增收23534万元，增长11.8%。地方一般预算收入完成36551万元，为年度调整预算的102.27%。区本级一般预算支出完成104995万元，较上年增支19223万元，增长22.41%。区本级政府性基金收入完成1086万元，支出完成974万元，区本级社会保险基金预算收入完成3081万元，支出完成1509万元。　（胡振华）

【财源培植】　一是整合财政资源，继续发挥政府投资的引导作用，通过预算安排300多万元，支持重点项目的基础设施建设，促进地方经济持续发展。二是落实积极的财税政策，全面实施“营改增”，落实各类减税政策，全年减税约5000万元，切实减轻企业负担，释放企业活力。三是加大招商引资支持力度。2016年预算安排资金100万，主动参与“沪洽周”、湘南投洽会、衡州经济论坛等大型招商活动。推动签约重大项目8个，引资80亿元；推动项目履约3个，投资总规模约16.5亿元。积极落实总部经济、楼宇经济相关奖励政策，新引进100余家企业入驻石鼓区商务楼宇。　（胡振华）

【收入征管】　积极面对严峻的收入形势，多措并举，强化收入征管，确保收入任务完成。一是全面推进“营改增”改革。多次召开国税、地税合作联席会议，完成“营改增”改革信息移交、收入调库等工作，创新建立“六联合”（联合办税、联合开展税法宣传、联合培训统筹谋划、联合开展税务检查、联合建设信息交换平台和联合实施税收规范）工作机制，深化国税地税合作。二是加大财税形势分析力度。密切关注收入执行动态变化，特别加大对重点税源户的跟踪，深入分析减收因素，针对性制定应对措施，努力把经济下行以及政策性减收带来的影响降到最小。三是切实加强收入调度。通过日常调度与专项调度相结合的方式加强收入调度，以旬保月，以月保季，以季保年。2016年，区财政总收入月增幅始终保持全市前列，全年增长11.8%，同比增幅位居全市七县五区首位。四是加强非税控管力度。开展非税票据稽查工作，进一步提高票据管理水平，促进财政管理规范化、程序化、法制化。　（胡振华）

【财政支出】　全区用于民生支出7.56亿元，占财政支出的比重达72.02%，同比增长23.13%。一是积极落实惠农政策。全区通过财政惠农“一卡通”平台发放补贴45项，累计发放补贴资金6800万元，惠及补贴对象近13万户次；安排资金670万元，改造乡村旅游环线4.6千米，硬化村道16.1千米，完成村庄绿化16个。预算安排800万元，打造农村房屋“穿衣戴帽”204栋。二是加大社会保障力度。新型农村合作医疗和城镇居民基本医疗保险年人均补助标准从380元提高到420元，基本公共卫生服务经费人均补助标准从40元提高到45元。企业养老保险养老金实现“12连调”，城乡居民养老保险提高至80元/月。安排扶贫资金200万元，争取扶贫小额信贷风险保证金150万元，累计发放兜底资金32万元，确保现有贫困人口全部脱贫。月人均低保救助水平分别提高到城市420元和农村220元。三是强化文教事业保障。全力推进“落实乡村教师支持计划”，确保全区城乡教师统一工资、班主任津贴、住房公积金、各项社会保险费标准。全年发放农村教师乡镇补助153余万元，区财政安排教育基本建设项目资金达到2262万元。积极推进5个化解“大班额”项目建设，开工建设面积共计1.35万平方米。全面开展校舍维修改造，涉及20个学校近30个项目，开工29个，已完工28个。区人均拥有公共文化体育设施面积达到7.17平方米，超出小康考核指标值约3平方米/人。四是切实改善民生福祉。区财政安排2000万元，市财政补助7900万元，全力推进19个社区“两化两体系”建设和社区“三清三建”工作，目前“三清”工作基本完成，成功打造了牛角巷、西湖一村“三清三建”样板社区。购置社区办公用房1741.6平方米，切实改善社区办公环境。提高社区和村级运转经费保障标准，全年安排社区运转经费1191万元，平均达到41万元/年·个。支持合乡并村工作，拨付村级运转经费320万元，较上年增加152万元，村均经费达到20万元/年·个，高于市定标准5万元/年·个。持续加强基层医疗机构医改投入，2016年区级财政投入356万元，相比2015年新增157万元。筹集财政资金100万元，顺利推进城市公立医院综合改革。全年共发放住房补贴资金587万元，完成农村危房改造25户，安置房建设146套。 （胡振华）

【财政管理】 一是部门预算编制实现“四化”。在预算编制过程中，严格按照预算法规定，实现编制程序法制化、资金安排标准化、编制结果精细化、财政信息公开化。2016年被省财政厅评为财政管理绩效综合评价A级单位。二是国库集中支付改革持续深化。进一步完善国库集中支付流程，提高支付效率。实现两个100%全覆盖，即全区所有预算单位全部纳入改革、所有预算单位全部办理公务卡并开通公务卡核算业务。三是国有资产实现集中管理。全面开展行政事业单位国有资产大清查，核实全区资产家底。对经营性国有资产全部由区国有资产管理中心集中管理，确保国有资产保值增值。四是逐步完善会计管理工作。全区行政事业单位开展内部控制基础性评价工作，形成高质量的内控评价报告，提高内部控制水平和效果。五是财政监督力度加大。进一步加强财政监督力度、广度、深度，实现监督单位数量、资金规模双突破，对区本级政府采购、区本级项目招投标、市区级财政专项资金、区行政事业单位公用经费四项工作开展检查。实现全区预算单位、重点项目指挥部财政资金监督全覆盖、无死角监管，营造规范财务开支、严肃财经纪律的良好氛围。 （胡振华）

国家税务

【概况】 区国税局坐落在石鼓区明翰路29号，全局干部职工136人，其中：在职90人，退休46人。内设15个科室，负责征管石鼓区和松木经济开发区范围的个体、私营经济及有限责任公司的增值税、消费税、企业所得税和存款利息个人所得税的税收征收管理工作。所辖纳税户共4612户，其中：个体工商户3467户、企业1145户（一般纳税人企业676户，小规模纳税人企业469户）。主要工作职责是：贯彻执行国家的各项税收法律、行政法规和规章，结合衡阳市石鼓区的实际情况，研究制定具体的工作办法；根据省市国家税务局确定下达的税收计划指标，上报本地区由国家税务局负责征收的各项税收收入计划，并组织实施；主管辖区内按规定由国家税务局负责的各项税收的征收、管理工作；负责局内部行政、干部思想教育工作、岗位专业培训及对纳税义务人的税法宣传等工作；承办省、市国家税务局，衡阳市委、市政府，石鼓区委、区政府交办的其他工作。 （谢涵宇）

【组织税收】 2016年，区局始终坚持依法收税、坚决不收过头税的工作底线，努力突破国家大规模结构性减税、全市经济下行、区域经济转型等不利因素影响，狠抓重点税源和中小税源管理，深挖税收潜力，积极培源增收，圆满实现组织收入提量提质双目标。全年累计入库税款151184万元，相比2015年同期增收

44068万元，增幅41%，收入总量、收入增量均为全市城区第一。（谢涵宇）

【征收管理】 积极推进国税、地税合作，组织召开了四次联席会议，在办税服务、个体定税、风险管理等多方面与地税建立了联合办公工作机制。召开了石鼓区国税、地税联合个体定税（华源市场行业代表）动员大会并进行政策宣讲，成为石鼓区国地税创新共管双定户管理模式、增强税收定额科学性和准确性、减少涉税风险、提升纳税服务满意度和纳税遵从度的新亮点。强化重点税源风险预警与跟踪管理，建立年纳税额50万元以上税源企业台账，并对年纳税额在千万元以上的12家重点税源企业进行精准布控和预测分析，科学调度、平稳入库。全局12家重点税源累计入库11.02亿元，同比增收2.86亿元，增幅35.04%。进一步规范纳税评估流程，集中精力突破选案、分析瓶颈，积极应对省市局下发15批次风险预警任务。2016年，全局共开展评估35户，核查27户，评估入库税款347.31万元，移送稽查3户，稽查入库505.28万元。加强发票使用监控，定期盘点库存发票，检查窗口代开发票及逾期未缴销发票，夯实“以票控税”基础。（谢涵宇）

【营改增】 强化国税、地税工作衔接，贯彻落实全面推开“营改增”（营业税改增值税）税制改革工作部署，2016年新增“营改增”纳税人登记有效的共有1199户，包括一般纳税人219户，小规模纳税人1180户；建筑业96户、房地产业102户、金融业23户和生活服务业978户，相比地税移交的有效登记户651户，增长327户，增长65%。“营改增”四大行业收入13218万元，其中建筑业3532万元，房地产业6553万元，金融业2358万元，生活服务业775万元。（谢涵宇）

【依法治税】 全力落实小微企业所得税优惠政策，269户小微企业享受所得税优惠76.43万元；开展2015年度企业所得税汇算清缴，全年入库企业所得税2.94亿元。落实资源综合利用增值税优惠政策即征即退增值税69户次、退税1709.1万元，生产型出口货物退（免）税资格企业全年免抵税额670.81万元，退税额119.38万元。（谢涵宇）

【纳税服务】 对办税服务厅实施改造，新建国地税联合办税大厅，推行“一人一窗双系统”国地税业务通办模式，实行“进一家门、办两家事”。开展纳税信用等级评定，组织对2015年度纳税信用等级的复评和补评工作，并及时做好对纳税信用评定结果公告。强化纳税人学校培训，按需授课，先后开展了“营改增”、电子税务局、新办户等5期培训班，基本实现了辖区纳税人培训全覆盖。开展“需求大征集 服务大走访”活动，由局领导带队，纳服、征管、税政、税源管理等部门人员随行，走访衡阳建滔化工有限公司、衡阳瑞达电源有限公司、湖南天雁机械有限责任公司、湖南移动衡阳分公司等企业，深入实际听取纳税人意见和建议，把纳税人的真正需求落实到位。推广“互联网+发票有奖”活动，强化活动宣传，进一步提升消费者依法依规索取发票意识。设置纳税人投诉处理专岗，及时回复省局“12366”转办和经市政府“12345”转办的投诉事项，维护纳税人合法权益，各项投诉回复满意率达100%。（谢涵宇）

【队伍建设】 一是严格绩效考核管理。制定绩效管理制度体系，优化考核指标设置，实行先进科室评比，有力促进全局各项工作。二是强化干部教育培训。组织干部职工参与全市“岗位大练兵、业务大比武”活动，采取分组学习、轮流授课、分段测试方式，不断提升干部队伍业务水平和实务操作能力。三是加强国税文化建设。发挥工青妇组织桥梁纽带作用，激发队伍活力，组织参加市局篮球、气排球、羽毛球和区政府组织的各类业余文体活动，开展优秀国税文化作品征集、志愿者交通文明劝导活动、重阳节离退休老干演讲比赛等活动，这些活动的开展，既锻炼了干部职工身体，增强队伍凝聚力，又充分展示单位形象。（谢涵宇）

【作风建设】 区局进一步调整和加强党建工作领导小组，明确党组书记为党建工作第一责任人，党委委员、党支部书记为具体负责人的责任体系，形成主要领导亲自抓，分管领导具体抓，一级抓一级，层层抓落实的党建工作格局。推进“两学一做”及“三员”（共产党员、公务员、税务人员）身份意识教育活动，开展“抄党章、评抄本”、“七一”重温入党誓词等活动，对照优秀党员干部“四讲四有”标准，分支部开展专题讨论会，查问题、找不足、定措施、抓落实。抓实干部作风改进，制定《衡阳市石鼓区国家税务局干部劳动纪律制度》，实行干部去向登记，推动上下班考勤常态化，有效加强干部职工纪律意识。强化干部廉政引导，集中学习省、市局及市委、市政府对违反“八项规定”的通报，并组织预防职务犯罪讲座，强化党员干部廉政警戒意识。区局已连续十六年未发现违法违纪案例。（谢涵宇）

地方税务

【概况】 区地方税务局内设机构9个：办公室、人事教育科、财务管理科、监察内审室、收入规划核算科、征管和科技发展科、税政法规科、信息中心、办税服务中心。另辖行政单位6个：稽查局、税源管理一科、税源管理二科、税务一分局、税务二分局、税务三分局。共有干部职工94人，其中在职77人，退休17人。2016年，分局坚持“带好队、收好税、执好法、服好务”的工作宗旨，锤炼了“追求卓越，拒绝平庸”的团队精神，建立了“政府主导、地税主管、部门协作、社会参与、齐抓共管”的地方税收管理格局，连续获得区委、区政府绩效考核先进单位、全市地税系统绩效考核先进单位称号。（夏丽萍）

【组织收入】 2016年完成收入68249万元。其中“耕契两税”入库8584万元，占总收入比重为13%，比全市平均占比（24%）低11个百分点，比城区局平均占比（23.6%）低10.6个百分点；工商税收入库占总收入比重为87%，在2015年基础上再提高12个百分点，比全市平均占比高11个百分点，比城区局平均占比高10.6个百分点。2016年，省级税收入库7650万元，负增长10.22%，下降幅度为四城区局最小，比平均降幅29.77%低19.55个百分点。2016年，规费收入完成5205万元，总量居全市县（市、区）局第三位，占总收入比重达7.47%，居全市第一。（夏丽萍）

【国地税合作】 区国税、地税召开联席会议6次，积极推进落实国税、地税合作规范。1. 联合制定信用等级评定办法。共同出台信用等级激励惩戒机制，联合开展信用等级评定、公告、表彰和宣传，推进税收信用信息运用，协助优质中小企业纳税信用征信融资。年内，共同对839户纳税户进行信用等级评定。2. 联合建设实体服务平台。年初，开始人员互派；9月，国地税联合大厅装修完毕并投入使用。在全市率先实现“一窗一人单机双系统”办税服务，即在同一台电脑上可以同时打开国、地税金三系统的两个操作界面，点击鼠标可实现国、地税“金税三期”系统互相切换和业务通办。真正做到让纳税人“进一家门、取一个号、办两家事”。3. 联合开展税收宣传。4月，联合区国税局在莲湖广场设立咨询台，宣传“营改增”税收政策，现场为纳税人解疑答惑。活动当天，区国、地税部门累计发放资料500余份，接受咨询150余人次。4. 联合建立国、地税税（费）同步征收机制。税费同步征收是2016年国、地税合作的重头戏。双方对320户营改增个体纳税人进行系统内的定税信息的统一同步；合作同步清缴欠税，在地税发票全部取消的情况下，双方办税大厅要求纳税人应先缴清地税各税种欠税后才能办理各类国税业务。5. 联合纳税评估。协同采取停供发票、税收保全、强制等措施，形成双方执行合力。（夏丽萍）

【信息管税】 用“信息管税”破解当前征管手段缺失的管理瓶颈。借助金三系统，抓住信息比对契机，澄清税源底子。2016年共完成上级推送风险数据1600余条，登记信息修改300余户，经营状态修改100余条，严格清理金三系统中的“僵尸户”353户和垃圾数据769条。通过国税联合户籍管理，为全面掌握纳税人真实情况和开展税收管理打下基础。积极推动信息共享，强化与相关部门数据交换协助，拓展信息的深度和广度。充分利用涉税信息交换和共享机制以及综合治税平台，从更多途径获取涉税信息，全面化解因信息不对称导致漏征漏管的风险。如通过衡阳房地网的房产网签信息，把握房地产开发商销售的第一手资料，确保相关税收不轻易流失。加强第三方信息采集。8月，与衡阳市海事局沟通协商，获取全市经船舶检验合格并取得适航证书的船舶资料2069艘，并就今后涉税信息的推送达成一致。在风险管理上主动作为，实现专人专班管理，分级分类应对，组建风险防控团队，确定两名业务骨干专职负责风险管理工作。按规模、类别、行业、纳税信用等级对区局现有税源进行分类；对上级推送和系统排查发现的低等级风险事项交由办税服务厅进行业务辅导、友情提醒、催报催缴、资料补报；对上级推送和系统排查发现的中等级风险及需要调查核实事项推送到税源管理部门进行调查、核实、约谈，责成纳税人在规定期限内申报补缴税款、加收滞纳金、修正相关涉税信息、作出书面承诺；对上级推送和系统排查发现的高等级风险，及时移送区局稽查局依法进行税收专项稽查，通过稽查震慑和纳税诚信“黑名单”公告等形式提高纳税人的税法遵从度。通过组织全局干部学习《税收执法过错责任追究办法》，组织举办税务行政模拟法庭等活动，树立干部依法行政理念，增强税收风险防控意识。（夏丽萍）

【纳税服务】 完善网上办税功能，积极推广运用多种电子缴税方式，让纳税人足不出户，即可办理大部分涉税事项。2016年4月起，在办税服务厅推行“二维码”一次性告知事项。让纳税人扫二维码即可获知所需办理业务应准备的资料和办税流程。同时在纳税服务厅添置2台自助办税终端，方便纳税人自助办税。全方位开展税法宣传活动，在区局纳税大厅内外，电子显示屏滚动播放“给纳税人的一封信”，并在宣传栏张贴及网上扫码宣传画册，持续开展税收政策的普及宣传。2016年2月22日，契税新政落地以来，通过大力宣传，为纳税人办理减免契税达800余万元。4月22日，成功举办首届“纳税服务日”宣传活动，当天共对376人次进行咨询接待，向前来办税的纳税人发放300余份宣传资料和200份问卷调查礼品。7月，区局组建定向式纳税服务专家团，开展“2016年纳税人需求大走访，服务大走访”活动，为纳税人提供“一对一”上门服务，共走访单位13户。在纳税人开业登记受理、个体户停歇业等日常业务受理时严格按照纳税服务规范2.3版的要求进行操作。积极落实各项服务承诺，针对“营改增”特殊情况，推出通过电话预约办税的“预约服务”，在征收期的中午设置半小时的“不间断服务”，在征期内晚上和星期六、星期日进行“延时服务”。（夏丽萍）

【作风建设】 开展“两学一做”学习教育，创新制订《“两学一做”学习教育竞赛方案》。在竞赛方案中将“学习教育”与税收征管工作结合起来，与“纠四风、治陋习”和“雁过拔毛”式腐败问题专项治理结合起来，实行项目积分制。每季对各支部税收征管情况、廉政情况和开展党建活动情况获得的积分情况进行评比，得分最高支部可以获得“流动红旗”。每季评出一个“流动红旗”支部，年底评出一个“先进支部”和20名优秀党员。加强党风廉政建设。向中层干部发放《廉政履职记录本》，每月对记录情况进行抽查。纪检监察部门强化监督，听到反映及时提醒，发现问题及时处理。一级抓一级，层层传导压力，真正做到党风廉政与业务工作同部署、同考核、同表彰、同追责，确保责任清单落实到位。区局多次安排反腐倡廉专题学习，把法纪要求变成干部自我约束，让勤廉从税成为干部自觉行为。坚持在重大节日重要时段关键节点，给干部发送廉政短信，提前打好“预防针”。注重在全局营造廉政氛围，将“新时期合格党员标准四讲四有”“学党章党规、学系列讲话、做合格党员”“党章党规”等制作成醒目的标语牌装饰在各层楼梯转弯处的墙面上，各层楼道显眼处摆放廉政宣传牌。同时，与石鼓公安分局建立干部出国出境信息、干部涉赌涉毒信息反馈机制。在区局监察室设立了“礼品礼金登记本”。

（夏丽萍）

【绩效管理】 区局领导班子把绩效考核作为推动各项工作落实的重要抓手。一是对照指标抓落实。认真梳理收入任务、税费管理、征管质量考核、作风建设、纪律问责、纳税服务等各方面的工作流程和工作要求，对照市局考核指标，设计区局绩效考核评价指标，并根据工作实际，将各项指标进行分解，分层次管理，促进工作职责落实到科室、岗位、个人，确保高标准、严要求、抓细节，使每项工作都有具体人抓。二是加强督导抓提升。为确保督导到位，绩效办专门配备专职绩效工作人员，并多次召开绩效管理推进会和绩效联络员培训班，提高绩效管理员对绩效工作和绩效考核指标的理解认识。在日常工作中，定期将重点、难点指标以绩效管理工作汇总、月报等形式进行通报和分析，切实加强监控，查找工作中的薄弱环节。并通过下发督办函的方式，促进各科室及时跟进工作，明确改进措施，认真解决问题。三是树立标杆抓激励。把对干部的奖惩和提拔使用与绩效考核联系起来，每个季度严格开展绩效考核打分并公开排名，通过对指标任务和日常工作考评打分拉开了参与考核部门之间的档次，激励先进，激发干部干事创业的活力。2016年，分局为全市唯一一家被市局推荐参加省局绩效管理工作“一市一县推经验”活动的基层单位。

（夏丽萍）

金　　融

【概况】 2016年，石鼓区金融继续保持平稳运行，各金融机构贯彻中央和省金融工作方针政策，全面落实市委、市政府各项决策部署，有效推动经济社会平稳健康有序发展，金融对稳增长的支撑作用得到充分发挥。立体的金融服务体系逐步完善。全区设有网点并开展业务的金融机构共24家，其中银行机构7家（下设一级支行21个）、小额贷款公司3家、民间投融资中介服务机构6家、保险公司6家、证券公司营业部2家，已形成多层次机构并存、功能互补的金融市场体系。存贷款余额、社会融资总量持续增长，至2016年12月末，境内金融机构表内存款309.3亿元，贷款164.2亿元，贷存比53.1%。全年，惩治和处置非法集资工作立案4起，抓获犯罪嫌疑人11人，涉案金额6610万元，涉及受害人943人。（谷琼峰　胡雪峰）

【中国工商银行衡阳分行】 在全市共设立一级支行18个，二级支行30个，其中在石鼓区境内设立一级支行2个，分别是城中支行、城北支行；二级支行4个，分别是瓦子坪支行、附一支行、合江套支行、潇湘支行。2016年，实施有效的稳存增存举措，做好理财产品和重要时点存款的互动工作。确立“抓重大项目“为信贷增长突破口，重点开展对纳入”湖南制造强省90个重点项目、湖南制造强省四大标志性工程以及财政部、省财政厅的211个PPP项目”在石鼓区域重点项目以及民生领域和省、市重点项目进行对接和营销，对市政府重点招商引资华耀城项目投放贷款0.5亿元。落实了“手机银行+工银e支付+融e联”的产品捆绑营销要求，开办电子银行业务。优化网点布局，完成潇湘支行装修改造工作，自助银行布局提速。

（谷琼峰　胡雪峰）

【中国建设银行衡阳分行】 有31个支行、42个营业网点，其中在石鼓区营业网点4个，分别是石鼓支行、解放路支行、五一路支行、潇湘街支行。2016年，各支行坚持“构和谐、谋发展、保平安”的工作思路，有效地推进各项工作。年内各项存款新增、对公存款新增、个人存款新增、各项贷款新增、公司贷款新增、个人贷款新增、中间业务收入、利润、资产质量等9大指标，保持同业四行第一。

（谷琼峰　胡雪峰）

【中国农业银行衡阳分行】　下辖13个支行（含市分行营业部），其中农村支行7个、城区支行6个，营业网点95个；其中位于石鼓区境内的有衡州支行营业部、雁北支行、雁中支行、蒸阳支行、中山路支行、供销分理处、雁北分理处等。2016年，衡阳农行通过构建“大内控”体系，筑牢风险防线，各支行内控评价等级全部达到一类行。全行未发生一起经济案件、责任刑事案件和重大风险事件。全面启动了“农民养老贷”业务。（谷琼峰　胡雪峰）

【中国交通银行衡阳分行】　于2010年12月正式对外营业，有5个部门、6个支行，17个自助网点，其中解放路支行成立于2012年11月，是交通银行在衡阳设立的第二个综合性网点，位于石鼓区解放路74号，同时在石鼓区境内还设立了5家自助银行网点。2016年，实施便民工程，支持衡阳市两家大型三甲医院成功上线“诊疗卡”项目，有效释放医疗资源。通过二手房交易资金监管系统有效规范二手房交易，确保交易双方资金安全，为购房者提供按揭服务，解决其资金需求。在向国家工商总局注册“雁城通”专利商标后，上线运行燃气公众智能缴费系统，市民在家门口即可实现燃气缴费。以“雁城通”卡为载体，搭建水电、通信、有线电视等的一站式智能金融服务，成为衡阳市系统上线最多的银行。在开展营运销售过程中，不断强化合规意识，全年全行内控管理由B上升为B+。

（谷琼峰　胡雪峰）

【衡阳农商银行】　2016年8月26日，衡阳农村商业银行股份有限公司（以下简称“衡阳农商银行”）授牌开业暨市政府与省农村信用社联合社（以下简称“省联社”）签约仪式举行。衡阳农商银行是经中国银监会批准成立，在原石鼓联社、蒸湘联社、雁峰联社、珠晖联社的基础上，以新设合并方式发起设立的市级地方性股份制农村商业银行，银行网点覆盖市城区各乡街和主要街道。内设19个职能部门，下设13家一级支行（石鼓支行、来雁支行、松木支行、华耀支行、蒸湘支行、华新支行、雁峰支行、白沙支行、科学城支行、珠晖支行、高铁支行、东阳支行、滨江支行）、2家直属支行（雨母山支行和呆鹰岭支行）和55家二级支行，在职员工776人。2016年，以扶贫小额信贷为轴，以驻村帮扶脱贫为点，以驻村信贷员、金融扶贫服务站、金融便民利民服务点“三位一体”建设为线，以产业项目带动为面，通过项目支撑、创新方式、龙头带动等，践行金融企业社会责任，提高农户贷款获得率，实现惠普金融落地生根。有金融便民服务点665个，基本实现主要乡村全覆盖。存款总量稳居全市金融机构第一位。网上银行、手机银行、电话银行等电子银行业务加快发展，福祥惠民卡、福民卡、便民卡、微信支付等业务深入民心。中间业务加速推进，加强与医院、电力、学校业务合作，扩大代收代付代理业务，全市中间业务收入达到5783万元。（谷琼峰　胡雪峰）

【中国光大银行股份有限公司衡阳分行】　中国光大银行股份有限公司衡阳分行（以下简称光大银行衡阳分行）于2012年11月成立，之后陆续在衡阳设立了3个营业网点、2个社区银行，其中位于石鼓区的网点1个，即光大银行石鼓支行。2016年光大银行衡阳分行不断转变观念、调整思路、明确目标，坚持以发展为第一要务，以做大规模为任务，以推进大资产项目为突破口，抢抓市场机遇，各项业务实现平稳、良性发展，资产规模取得突破性增长，超额完成长沙分行下达的任务，在当地5+1同业排名，一般性存款规模实现“保二争一”，增量、增幅排名第一；大资产业务和贷款增量排名第一。

（谷琼峰　胡雪峰）

【华融湘江银行】　在衡阳有29个营业网点，位于石鼓区有潇湘支行、衡州支行、船山支行、华源支行、金桥支行。2016年，衡阳分行克服宏观经济持续下行、企业经营普遍困难、外部环境复杂多变等诸多困难与挑战，业务经营稳步发展，风险管控有力有效，内部管理不断夯实，被评为市政府目标管理考核优秀单位；市人行综合评价为A类银行，并排名全市同业首位。

（谷琼峰　胡雪峰）

【万联证券有限责任公司衡阳营业部】 2016年，营业部实现考核利润2265.27万元，市场占有率为0.215‰。新增有效账户3568户，新增资产值26277.05万元，衍生品指标完成率68.85%，客户覆盖率2.28%，资产覆盖率2.36%，托管规模820万元，签约金额100万元，储备项目2个。综合完成率60.40%。

（谷琼峰　胡雪峰）

【方正证券股份有限公司衡阳营业部】 衡阳船山大道中心营业部2016年期末资金账户户数达到119771户，托管市值44.45亿，股票基金交易量885.97亿；融资融券交易总额53.34亿，信用账户有效户1733户；期货IB业务客户期末数943户，成交金额251.53亿元；广义代买收市场占比0.882‰，2016年实现利润6151万元。（谷琼峰　胡雪峰）

科技·教育·文化·体育

科　技

【科技创新】　全区高新技术企业有12家，占规模企业15.7%。大力指导企业进行高新技术产业企业申报，抓紧衔接将中国电信衡阳分公司和中国移动衡阳分公司纳入全区高新技术产业范围内，由于两个公司的产值较大，可大幅度提升石鼓区高新技术产业增加值，预计可为全区（含松木经开区）高新技术产业增加值占GDP比重提升5个百分点左右。同时，以科技项目为载体，以"转方式、调结构"提供科技支撑，始终将服务好企业作为工作重点，认真研究国家、省市项目的投资方向及领域，并了解相关政策和信息，指导企业按政策要求进行项目申报，为企业发展争取资金。湖南天雁机械有限责任公司、香樟园等多个企业完成市科技计划项目工作申报。

（祝丽玉）

教　育

【概况】　2016年，区委、区政府坚持"科教兴区、文体旺区、人才强区"战略，把"教育兴区、教育强区"作为全区经济社会发展重要内容之一，教育事业健康协调发展，获衡阳市中小学德育工作先进县市区、湖南省社区教育示范区、湖南省现代教育技术实验区、湖南省学前教育典型县市区、湖南省第三轮教育两项督导评估考核优秀单位、湖南省教育强区、全国义务教育发展基本均衡县（市、区）、第十九届全国青少年五好小公民"老师您好　我的好老师"主题教育活动"先进单位"等荣誉称号。全区共有义务教育阶段中小学（不含市属中学）35所，在校中小学生17772人，在职教师917人。其中，区属初中3所，26个教学班，在校学生1266人；城区小学11所，192个教学班，在校学生9529人；农村小学16所，102个教学班，在校学生3085人；民办小学5所，有102个教学班，在校学生3892人，在职教师165人。适龄儿童入学率达100%，小学巩固率达100%，小学年辍学率为零；初中年辍学率控制在0.3%以内。有幼儿园44所，专任教师479人，在园幼儿7037人，学前三年毛入园率98%。　（黎笃会）

【教育教学】　开展教学常规检查并召开检查工作通报会，督促学校抓实抓好常规工作各环节，促进教育教学质量稳步提升。举行优秀教师教案、学生作业、班务日志、班主任手册展览活动。组织优质学校与相对薄弱学校开展"结对帮扶"工作。科技创新比赛获省级奖励共14个。养成教育每月一活动主题，各校围绕活动主题开展活动；积极开展三好学生、优秀学生干部、美德少年等评比活动，为中小学生树立身边榜样。开展各种形式的安全教育活动，提高广大师生的安全意识。

（黎笃会）

【师资建设】　推进名师工程建设，廖卫华、肖光明通过专家审核和市人社局的考察，成为首批享受市政府特殊津贴的教育工作者；开展第二届区级学科带头人评选，从7所学校的14名申报教师中评选出了6位学科带头人。完成教师招聘工作，面向社会公开招聘中小学、幼儿园教师44名，秋季开学全部到岗。开展师资培训工作，组织教师开展各级各类培训：全区中小学教师参加国家级、省级培训730人次，市级培训257人次，区级培训1236人次，参培率、送培率、参训率、合格率均达100%。做好“三区”支教工作，共安排9名教师到祁东支教。（黎笃会）

【招生管理】 贯彻落实《中华人民共和国义务教育法》，根据衡阳市教育局文件精神，制定《石鼓区中小学实行划片招生控制择校的规定》。执行划片招生、就近入学原则。实行乡镇、村、组三级联动责任制，加大“控辍保学”力度。严禁各学校跨区域招生，严格控制班额，依法保障外来务工人员随迁子女和特殊群体少年儿童接受义务教育权利。落实阳光编班制度，严禁各校组织招生考试，新生编班实行随机抽签制度。规范学籍管理，学校违规招收的学生，区教文体局一律不予注册，由此造成的后果由学校负责。落实阳光招生制度，加大宣传工作力度，使招生政策家喻户晓，实行招生工作责任追究制。（黎笃会）

【课题研究】 坚持以课题带教研，以教研促教改的思想，教育科研走进课堂、亲近师生、关注学生，让教育科研源于教学，服务于教学。确立5个重点研究课题作为龙头课题，人民路小学的《小学书法教育实施与推广研究》、五家巷小学《信息环境下“家校互动”机制创新》、下横街小学《雁城文化进校园、传承优秀传统文化的实效研究》、松木中心校《生态文明课堂构建研究与实践》相继列为省规划课题。全区共有省级课题16项，市级课题6项，其中2项被列为湖南省教育科学规划课题的资助课题。在衡阳市第九届基础教育优秀教研教改成果评奖活动中，石鼓区有两项课题获市一等奖、5项课题获市二等奖，获衡阳市“十二五”教育科研“先进单位”称号。在湖南省教育学会“十二五”教育科研课题优秀成果奖评比活动中，教研室课题组推荐的9个优秀课题全部获奖。石鼓区教育学会获得省“十二五”教育科研先进单位。（黎笃会）

【基层党建】 局党委班子成员和基层党组织负责人签订党建责任承诺书，对党支部按期换届情况、党员组织关系集中排查和党费收缴专项工作开展全面检查，开展基层党组织书记培训。按组织程序发展新党员，制定完善“三会一课”等制度，执行党内民主生活会制度。开展专题学习讨论、书记讲党课、知识竞赛、主题征文、观看廉政警示教育片等学习教育活动。抓好换届工作，按照程序，依法依规选举党代表、人大代表。组织党员干部到建设村、牛角巷社区开展志愿服务，积极参与村、社区美化环境、综治民调、文明创建工作，为驻点村筹措资金解决办公设备和图书更新问题，在建设村开设留守儿童关爱课堂，对驻点单位的困难党员和群众进行走访慰问。（黎笃会）

【教育工会】 出资近12万元为全区在职和退休职工1328人安排体检；为32个特困教师发放补助金3万余元；春节期间走访慰问困难教师及老党员20余人，发放慰问金2万余元；对全区70岁及以上退休老教职员工大寿和伤病住院教职工进行慰问，慰问人数达50余人，发放慰问金4万余元；组织开展爱心募捐活动2次，筹集爱心捐款近7万元。组织开展中秋佳节和重阳节退休教职工及各校退教协理事座谈会和游园活动；组织全区退休教职工参加区老干局组织的跳子棋比赛，组队参加全市教育系统羽毛球团体赛，获第二名。（黎笃会）

【化解大班额项目】 五个化解“大班额”建设项目，分别是改造重建五一路小学教学楼，新建角山前进小学综合楼、松木明德学校小学部教学楼、华耀城一小和虎形山小学。开工建设面积共计13500平方米，累计投入3042万元（其中2016年投入1679万元）。具体情况：五一路小学教学楼扩建工程已完成，2016年秋季开学已投入使用；角山前进小学一期综合楼已完工，正着手启动第二期工程建设；松木明德学校小学部1、10号楼已完成主体建设，正在着手启动二期工程建设；华耀城一小已于10月17日正式开工，正在进行主体建设；虎形山小学已经完成征地工作。

（黎笃会）

【教研教改】 以常规教研为基础，以骨干教师、名师培养为主线，坚持“月月开展教研活动，人人参与课题研究”的原则，全年组织教师参加各类教研教改竞赛活动达30余次，全区教师在各级各类竞赛评比活动中，获国家级荣誉28人次，省级荣誉137人次，市级荣誉228人次。9所学校的研究课题均获得省级教育科研优秀成果奖。1所学校获湖南省小学数学课例点评与分析活动的优秀组织奖。石鼓区教育文化体育局获得全国小学生英语竞赛优秀组织奖和湖南省教育学会“十二五”教育科研课题管理先进单位称号。 （黎笃会）

【教育督导】 角山乡的旭东小学和云山小学共投入资金190万元改修教学楼，新建厕所，新增校园绿化，购置教室和教学设备等，同时加强教师培训，狠抓教育教学和德育管理，成立体育、舞蹈、书法、音乐、科技等课外兴趣活动小组，通过合格学校评估验收。开展督学责任区工作，5月24日至6月8日，开展以中小学校办学水平督导评估为主要内容的专项督查，采取看、听、查、访等方式对8所学校逐条逐项检查，听课40节，查阅教案65本，翻看作业本2000余本，走访调查教师、学生和家长共计400余人。8月，组织各督学进行假期违规补课专项督查；11月，开展石鼓区中小学教学常规和德育常规专项督导评估。选送人员参加湖南省教育督导与评价协会组织开展的督学能力提升培训；开展全区教育督导与评价优秀论文评选活动；向市级、省级上报教育督导信息15篇；在湖南省第三轮教育两项督导评估考核中，获县级人民政府教育工作督导评估优秀等级。

（黎笃会）

【教育经费投入】 全年共投入17053万元，财政用于拨付在职教师工资和补贴总额为6086万元，拨付离退休费和生活补贴总额为3009万元；落实新机制资金1449万元，其中中央758万元、省级357万元、市级204万元、区级130万元；下拨义务教育贫困寄宿生生活费18.25万元，下拨学前教育贫困幼儿资助金46万元。 （黎笃会）

【教育资助】 开展免费教科书发放工作，全区共发放免费教科书30468人次，金额201.5126万元。足额发放学前教育入园补助金，共资助幼儿园的1136名贫困孩子，发放资助金额56.8万元。补助农村义务教育贫困寄宿生生活费，共发放贫困生寄宿生助学资金17.5万元，资助贫困寄宿生280人。落实中职教育资助，全区享受国家免学费人数1355人，发放免学费资金162.6万元；享受国家助学金人数439人，发放国家助学金43.9万元。核查、办理生源地助学贷款工作，为区内37名家庭经济贫困学生办理了助学贷款，共计贷款31.34万元。开展社会资助，上半年教育系统教师助残捐款43700元，下半年“慈善一日捐”捐款48700元；资助角山乡莲花小学学生朱丹24284.5元（白血病患者）。

（黎笃会）

【民办教育】 召开石鼓区2016年民办教育、学前教育工作暨民办教育协会第三届换届会议，会上表决通过《石鼓区民办教育协会第三届组织机构成员名单》《石鼓区民办教育协会第三届会员单位名单》及《石鼓区民办教育协会会费收取和管理办法》。10月底至11月中旬，基民教股、计财股、人事师训股、综治办、民协等相关人员对全区各民办教育机构进行办学情况和质量检查评价，认定优秀校（园）17所。

（黎笃会）

【社区教育】 定期举办心理讲座，拓展活动形式，定期举办档案、保密、信息写作、征兵知识、公务礼仪培训讲座，以及计生宣传文艺汇演、趣味运动会、国学进校园、文明创建宣讲、汇演等系列活动，居民对社区教育的知晓度、认同度80%以上，满意率70%以上。石鼓区连续两年推进示范社区和达标社区建设，全区29个社区学习中心除3个建设中的社区外，其他26个社区学习中心均建成投入使用，面积均逾

600平方米，设施齐全。
（黎笃会）

【审计工作】 开展校安工程维修基建项目审计、法人代表离任经济责任审计、收支审计等43个项目的审计工作，审计资金总额为7906万元，其中基建维修审计38个，审计资金1170.6万元。举办审计人员培训班1期，培训审计人员70人。 （黎笃会）

【素质教育】 开展德育活动：养成教育每月一活动主题，开展“我们的节日”系列教育、中华经典诵读、首届中小学辩论赛、禁毒教育等系列活动。开展全区优秀作业、教案、班务日志展览。3月，在人民路小学举行优秀教师教案、学生作业、班务日志、班主任手册展览活动。开展科技活动：在第37届湖南省青少年科技创新大赛中，获一等奖1个、二等奖7个，有三位老师获省级青少年科技创新大赛优秀指导教师奖。选送四十余件中小学生作品参加市第31届衡阳市青少年科技大赛，获一等奖14件，获二等奖17件。 （黎笃会）

【文明创建】 选派并培训4名老师进入全区“相约文明”学习教育活动的讲师团分别到社区和文化及娱乐场所，全年授课28节。加强心理咨询室的建设工作，开展专兼职心理辅导员的专业培训工作。将文明创建工作与日常行为习惯养成教育有机融合，切实加强未成年人思想道德建设。组织开展“相约文明”主题征文、演讲比赛、诗歌朗诵、绘画作品展等活动达76场（次），青少年参与率达100%。局机关工作人员、学校教师、中小学生多次参与“文明交通劝导”“洁城环保”“栽花种草义务劳动”等志愿服务活动。 （黎笃会）

【现代教育技术】 对人民路小学、教育局机关城域网机房的线路进行改造，完成松木明德小学弱电线路的铺设，都司街小学的户外防水屏和团结小学、五一路小学、前进小学等学校的监控、音响、班班通、计算机室等的建设工作，并对教师开展设施设备使用培训。建成人民路小学录播教室，开展全区学校电脑教师的录播技术培训，并在建成的录播教室基础上建设石鼓区视频资源平台，全区的视频资源都可以上传至平台，实现全区教育资源共建共享。 （黎笃会）

【校舍维修改造】 根据3月25日政府常务会议通过的《2016年石鼓区中小学维修改造计划》，把好程序关、质量关、安全关、进度关，对20所学校30个项目进行维修改造，截止2016年底，已完工28个项目，投资额度达1259万元。 （黎笃会）

【校园周边环境及安全】 发放《致学生家长的一封信》60000余份，就创建平安和谐校园环境向广大家长提出具体要求；9月和11月，开展两次学校及周边环境集中整治活动。委托湖南战友保安公司聘任专职保安39名，为区内每所公办学校筑好校园安全防护墙。安装防护栏、防盗门、照明设施等，加固加高校园围墙，为保安人员配备必要的执勤、防护器械。全区校园实行全天候监控。同时，安排专人管理，加强对监控系统的管理与维护。投入10万余元为全区30所中小学安装“校园一键报警”系统设备；强化对全区校（园）车的安全监管，加强校车安全管理培训，在角山乡及松木片区安装校车停靠站牌80余块。 （黎笃会）

文　化

【概况】 全区有公共文化面积73.52万平方米，人均公共文化设施面积达3.07平方米，乡、街道文化站7个，社区综合文化服务中心29个，区图书馆1家，乡街农家书屋25个，全区群众文艺团体52个，直接参与人数达5000余人，获得湖南省“红旗颂”庆祝建党95周年合唱比赛金奖、“欢乐潇湘”群众文艺汇演二等奖等。 （黎笃会）

【群众文化】 开展“送科技、送文化、送卫生”暨“党的十八届五中全会精神进基层”“三下乡”送春联活动；组织开展“我们的中国梦”春节文艺汇演；举行“雅韵石鼓”石鼓区机关干部迎新春书画摄影展；举办“欢乐潇湘之歌颂祖国·唱响石鼓”机关合唱比赛；端午期间以《屈原与端午文化》为题，邀请国学大师王立群在衡阳市广电中心演播厅开讲“船山故里·国学飘香—石鼓书院大讲坛·国学讲座”；在“六一”期间举办“小手牵大手·文明在我心”文艺晚会；“七一”期间组织代表队参加衡阳市纪念中国共产党成立95周年“红旗颂”大型群众合唱比赛，获得市一等奖；选送参加湖南省庆祝中国共产党成立95周年“红旗颂”大型群众合唱比赛决赛，再次夺得金奖；组织开展石鼓区“欢乐潇湘·幸福石鼓”群众文化活动，以乡、街道（片区）为单位进行初赛，区为单位开展复赛，选送优秀节目参加市决赛。舞蹈《醉红》参加在全市“欢乐潇湘 幸福衡阳”比赛获湖南省群众文艺汇演三等奖；组织参加“幸福衡阳”喜迎市第十一次党代会群众文艺汇演；“广场旬旬演 社区周周乐”活动正常开展，全年共完成“广场旬旬演”4场、“社区周周乐”60余场，开展美术、书法创作交流活动5场。

（黎笃会）

【文艺创作】 创作舞蹈《醉红》在“欢乐潇湘”湖南省群众文艺汇演中获三等奖；版画作品《母亲与百合》在衡阳市第四届女子书画作品展中获优秀奖；版画作品《树之殇》在2016年衡阳市反邪教书画比赛中获二等奖。

（黎笃会）

【“非遗”工作】 开展“石鼓书院大讲堂·国学讲座”《屈原与端午文化》主题讲座，请来国学大师王立群，为衡阳市民带来一场中国传统文化的思想盛宴，并将石鼓区非遗项目“君临”粽子传统手工技艺展示与发扬。设立专门的非物质文化遗产保护机构，直接收集整理10项非物质文化遗产项目，均纳入数据库，存储于主服务器。配合衡阳市非物质文化遗产保护工作的开展，石鼓区文化馆按要求制作区非物质文化遗产资源分布地图。全区共有省级非遗项目1个、市级非遗项目3个、区级非遗项目19个，囊括民间文学、传统音乐、传统美术、传统民俗、传统技艺、传统医药五个方面。

（黎笃会）

【文化改革】 文化市场监管服务平台建设完成，对石鼓区文化娱乐经营单位的摸底数据采集和建档工作，利用平台完成全区文化市场单位换证工作，全面使用平台办理业务。

（黎笃会）

【文化市场监管】 每半年组织属地经营单位负责人参加以“安全生产、文明经营、规范管理”为主题的学习活动，开展文化娱乐市场工作专项巡查和整顿，各经营单位做到自查自纠，区政府督查紧随其后，形成常态化。

（黎笃会）

【小升规工作】 设置新增文化企业表彰奖励措施，已确认为新增文化企业单位的有32家，发放奖补经费64000元。完成“文化产业占GDP比重”小康指标目标值6.5%。

（黎笃会）

【图书管理】 馆藏量26000册（件），其中纸质文献16000册，电子图书9500册，电子期刊500册。设立有图书借阅室、采编室、电子阅览座席60个，计算机数量30台，宽带接入100M，选用Interlib区域图书馆集群自动化管理系统。图书馆所有馆室全部向公众免费开放。

（黎笃会）

【农家书屋】 按时对基层农家书屋进行图书补充更新，制订2017年的图书补充实施计划，定期开展以“农家书屋服务村民”为核心的系列读书活动，组织农家书屋管理员队伍培训学习，年底考核并评出优秀管理员予以表彰。“我的书屋我的梦”乡村青少年读书征文活动中有43名学生在省、市获奖，其中松木中学的何锦涛获衡阳市唯一一个国家级优胜奖，图书馆获湖南省“阅读活动奖”。

（黎笃会）

【校园文化】 立足于打造特色校园文化，全面提升教育水平，大力挖掘和建设特色学校。鼓励区内学校结合办学条件、办学理念和学校历史传统等进行校园文化建设，形成“一校一品”“一校一特”的良好局面。把中小学校园文化建设作为提升办学品质的一项重点工作来抓，出台加强中小学校校园文化建设的相关文件，区内涌现一批办学特色鲜明、校园文化浓厚的学校。人民路小学、都司街小学、五一路小学获评“书香校园”称号。（黎笃会）

【文物保护】 湘军水师造船厂遗址等五处文保单位被公布为衡阳市第五批市级文物保护单位。不定期组织对文保单位安全抽查，确保文保单位安全。各文保点均配备义务文保员，签订责任状，加强日常巡查。“一桥一庙”的修缮工作已经启动，计划2017年全面竣工。（黎笃会）

体　育

【概况】 全区有公共体育设施面积98.10万平方米，人均面积4.1平方米。已有各种体育场地1000余个、各类室外健身器材600多件，全民健身广场32000平方米；全区健身辅导站45个，健身辅导员600多人，参加健身活动人数达10多万人。区教文体局连续六年被评为全国群众体育工作先进单位，连续九年被评为湖南省“全民健身日”活动先进单位；2016年，被评为衡阳市“体育产业专项调查工作先进单位”、石鼓区“三湘农民健康行先进单位”。年内组织开展大型群众体育活动有市民徒步大会、市排球赛、市游泳大赛、全区趣味运动会。组织夏、冬季中小学田径运动会，举办中小学羽毛球赛、体育舞蹈、校园啦啦操比赛、校园足球联赛、小学生围棋赛等赛事。开展学生体质健康数据测试和上报工作，上报率100%。组织参加衡阳市环城赛跑获团体总分第二名，参加市中小学田径运动会获团体总分第一名，参加衡阳市校园足球比赛获小学男子组第一名、女子组第四名，成章石鼓校区代表石鼓区参加市中小学生排球赛获小学组第二名。全面推行足球进校园活动，全区有雁栖湖小学、旭升小学、角山明德小学、演武坪小学、松木灵官庙小学五所国家级校园足球特色学校，雁栖湖小学足球队代表湖南省参加国家大众青少年足球夏令营活动，获男子组冠军，代表衡阳市参加“我爱足球”中国民间足球争霸湖南赛区比赛，获冠军。里约奥运会上，曾于石鼓区荷池路小学毕业的运动员董斌获得三级跳远铜牌。

（黎笃会）

社会事业

医疗卫生、人口与计划生育

【概况】 2015年10月30日，石鼓区卫生和计划生育局由区卫生局和区人口和计划生育局合并组建。主要职责是：贯彻落实国家、省、市有关卫生和计划生育方面的方针政策和法律法规；拟订全区卫生和计划生育、中医药事业发展的措施；指导全区卫生和计划生育工作，完善综合监督执法体系，规范执法行为，监督检查法律法规和政策措施的落实，组织查处重大违法行为；负责拟订计划生育目标管理的具体方案，组织计划生育工作考评，监督；落实计划生育一票否决制；负责协调推进全区医药卫生体制改革和医疗保障，统筹规划全区卫生和计划生育服务资源配置，指导区域卫生和计划生育规划编制和实施；负责全区疾病预防控制规划、免疫规划、严重危害人民健康的公共卫生问题的干预措施并组织落实，制定全区卫生应急和紧急医学救援预案、突发公共卫生事件监测和风险评估计划，组织和指导全区突发公共卫生事件预防控制和各类突发公共事件的医疗卫生救援，收集上报法定传染病疫情信息、突发公共卫生事件应急处置信息；组织开展食品安全风险监测、评估，负责食源性疾病及食品安全事故有关的流行病学调查；组织实施毕业后医学教育和继续医学教育；贯彻执行中央、省、市、区保健政策，负责全区保健工作的管理，承担全区重要会议和重大活动的医疗卫生保障工作；承办区人民政府交办的其他事项。区卫生和计划生育局设11个内设机构：办公室、人事和法规科教股、规划计财和信息股、行政审批服务股、计划生育指导股、流动人口计划生育管理服务股、计划生育家庭发展股、疾病控制与卫生计生综合监督股、医政和中医股、基层卫生妇幼保健和科学技术服务股、爱国卫生运动委员会办公室。

（董友军）

【计划生育】 根据计划生育统计口径，2015年10月1日至2016年9月30日，全区常住人口22.27万人，流动人口58519人，其中流入人口42033人，流出人口16486人。全年出生2576人，符合政策生育率97.36%；人口出生率11.49‰；人口自然增长率6.97‰；出生人口性别比107.24∶100。全年受理申办一孩生育服务证1013个、二孩生育服务证1089个、再生育证66个。全区农村部分计划生育家庭奖励对象452人、计划生育特别扶助对象377人（其中失独家庭204人，伤残家庭169人、手术并发症4人）全部纳入规范化管理，发放奖扶资金43.39万元，特扶资金205.89万元，独生子女保健费发放对象1322人，发放金额31.73万元。石鼓区被湖南省、衡阳市评为2016年人口计生工作优秀单位。合江街道被湖南省评为2016年计划生育“依法办事示范窗口单位”。人民街道和青山街道被衡阳市评为2016年流动人口基本公共卫生计生服务均等化示范街道。

（董友军）

【卫生服务】 全年累计建立居民健康档案18.9万份，电子建档率90.15%；全年乙类传染病报告13种445例，发病率193.47/10万，无甲类传染病报告，丙类传染病报告5种826例，新增报告AIDS 15例，HIV 21例，梅毒报告177例；全年扫码接种疫苗48881人次，一类疫苗接种率达95%以上，其中流动儿童接种3553人次，接种率85%以上，0~6岁儿童免疫接种与建卡、建证、卡证符合率100%；全年免费婚前检查2702人，免费婚检率91%，孕产妇筛查率92.08%，高风险干预率88.78%，高危孕产妇结局随访率100%；孕前优生健康检查目标人群覆盖率100%；孕产妇系统管理率95.2%，孕产妇死亡率0，5岁以下儿童死亡率5.06‰，7岁以下儿童系统管理率93.41%；全年实施重性精神疾病患者救治救助31人。（董友军）

【医药卫生体制综合改革】 全面启动区属公立医院综合改革，取消区级公立医院药品加成。10月1日起全部实行药品零差率销售。有效落实财政补助，全年补助132.78万元。区公立医疗机构、基层医疗卫生机构药品全部实行集中网上采购。角山乡中心卫生院成功创建国家级“群众满意卫生院”。（董友军）

【医政】 加强医疗质量安全监管，进一步规范基层医疗卫生单位临床医疗技术管理。每季度邀请行业专家对全区医疗机构医护人员进行基层常见病、多发病的知识补充与临床执业技能培训。严格医疗机构校验。对医疗质量和医疗安全、诊疗活动开展情况及经营情况进行全面的清查。处罚整改医疗卫生机构21家，注销不合格医疗卫生机构14家。积极推行医疗责任保险，落实医疗纠纷人民调解制，较好地化解医患矛盾，维护全区社会稳定。完善了区中医正骨医院“三防四室”（三防：人防、物防、技防，四室：调解室、投诉室、监控室、警务室）的建设。（董友军）

【中医药】 进一步稳固基层中医药工作先进单位创建成果，积极指导基层医疗卫生机构运用中医药10项适宜技术，为广大基层居民提供简便的中医药服务，并申请省级村卫生室中医建设资金，为基层村卫生室添置了基本中医设施设备。（董友军）

【行政审批】 全年校验医疗机构168家，注销不合理医疗机构14家，新增医疗卫生机构3家，变更医疗卫生机构12家；办理医师首次注册26人，其中执业医师20人，助理执业医师6人；办理首次护士注册70人，变更注册5人。（董友军）

【爱国卫生】 全区病媒生物防治及灭蚊灭蝇C级达标相关工作全面完成，全年投入102.8万元。积极开展创建国家卫生城市工作。农村改厕率达到94%，全区新创省级卫生村4个，进一步完善全民卫生日活动制度。健康教育、城市卫生检查、除害防病等工作取得较好成效。石鼓区的灭蚊灭蝇工作在全市四个中心城区考核中排名第一。（董友军）

【计划生育协会】 区人口和计划生育协会属参照公务员管理的群众团体，内设办公室和业务指导股。主要职责：协助区委、区政府贯彻落实国家有关计划生育法律、法规和政策；开展计划生育宣传，普及育龄妇女生殖保健、计划生育科学知识，倡导文明、健康的婚育观念，提高群众实行计划生育的能力和水平；拓展服务领域，推进生育关怀行动，为广大育龄群众和计划生育家庭谋福祉；推进计划生育基层群众自治，教育、引导广大群众自觉实行计划生育，反映群众在生殖健康、计划生育等方面的诉求，依法维护群众的合法权益。2016年，为引导广大群众在计划生育工作中逐步走上“自我管理、自我教育、自我服务、自我监督”的路子，区计划生育协会积极探索建立广大群众自觉参与和实行计划生育的长效机制，组织广大居民开展计划生育基层群众自治，制定印发群众自治相关制度，进行3次督查，8个乡、街道（片区）评选出计划生育村（居）民自治优秀村（居）13个。结合精准扶贫，开展生育关怀，全年慰问困难群众106户，发放慰问金9.85万元，提供生殖保健服务900人次，向199户两女结扎户发放优待奖励金23.69万元，为340户计划生育特殊家庭购买“家庭意外险”5.1万元，为全区居民群众购买计划生育系列保险25万元。采取分散与集中相结合的方式，大力开展“5·29”会员日和“7·11”世界人口日宣传服务活动。5月27日，在松木片区胜利广场开展“生育关怀 真情服务”大型宣传服务活动，设立4个健康义诊台，2个计划生育政策宣讲台，悬挂宣传横幅12条，派发宣传折页300份，发放药具500盒，为80户计生家庭发放“家庭意外险”，表彰先进协会工作者9名、优秀协会会员9名。7月11日，8个乡、街道（片区）分别开展了“7·11”世界人口日宣传活动，向广大居民群众发放避孕药具、宣传计生法律法规、倡导新的婚育观念，全区发放各类宣传资料和药具5000份。注重开展经常性宣传，全年组织表演文艺节目154个，开展宣传咨询服务29场次，张贴宣传图画200张，制作宣传板报70块，发放宣传单6000份，避孕药具27000份，咨询服务7200人次，义诊6300人次，在市级媒体发表宣传稿件35篇，省级以上媒体发稿10篇。制订加快建立流动人口计划生育协会组织的工作方案，建立健全18个大型商场、农贸市场流动人口计划生育协会组织，在广东省东莞市成立流出人口计划生育协会1个。正式启动基层计划生育协会参与承担基本公共卫生服务管理工作，全年参与国家规定的12个基本公共卫生服务项目，均取得好的效果。

（杨美珊）

【红十字会救助】 石鼓区红十字会是从事人道主义工作的社会救助团体，正科级单位。主要任务是发展组织队伍，开展备灾救灾，社会救助，举办应急救护培训，开展社区红十字服务活动，组织红十字青少年活动，组织无偿献血、艾滋病和造血干细胞捐献志愿者招募及遗体、器官捐献、宣传和对外交往等项工作。制定石鼓区红十字会灾害应急配套预案，开展全区卫生系统第二届应急救护技能比武。规范应急救护培训，提高群众自救互救能力。全年开展对学生、社区居民、医务人员的救护培训3场次，群众性普及培训400人次。上报天使阳光基金资助申请1例，分季度做好大病医疗救助资金申报和审核工作。慰问困难群众18户，发放慰问金0.72万元。大力宣传“人道、博爱、奉献”的红十字精神，“红十字博爱周”期间组织基层卫生医疗单位开展义诊活动，接收市民健康疾病咨询，免费为市民测量血压、测血糖、检查心脏等。发放宣传资料5000余份，使广大群众认识、理解和支持红十字，扩大红十字会的影响。 （夏子棋）

民政事业

【概况】 2016年，全区深入贯彻落实中共十八届六中全会和习近平总书记系列重要讲话精神，紧紧围绕区委、区政府中心工作和民政重点工作，突出改革创新，狠抓工作落实，完成了年度各项目标任务，区民政局被评为2016年度全市县（市）区、园区民政重点工作综合评估先进单位、2016年度省市慈善工作先进单位。民政工作在全市2016年重点民生实事考核中获城区第一，2016年小康指标民政考核全市城区第一。石鼓区代表全市接受省里迎接五化民政工作检查。 （尹文浙）

【社会救助体系】 全区初步构建了涵盖最低生活保障、特困人员供养、受灾救助、医疗救助、教育救助、住房救助、就业救助、临时救助等8项社会救助制度和社会力量参与的“8+1”新型社会救助体系，实施民政精准扶贫战略，兜底保障基本民生。1. 城乡低保。2016年1月全区城乡低保分别提高到420元/月、220元/月，救助提标使全区近1.2万困难群众受益。全区城市低保累计保障71612户、126421人，发放低保金3989.76万元；农村低保累计保障10426户、20547人，发放低保金392.29万元（其中保障农村兜底脱贫对象88户、199人、累计发放兜底资金35.67万元）。2. 特困供养。着力加强对农村特困供养人员的帮扶力度，在加强对敬老院管理的同时，及时发放农村特困人员生活费，累计发放农村特困供养资金42万元。3. 城乡医疗救助。城乡医疗累救助资金641.22万元，临时救助金248.55万元，2月3日省委书记徐守盛慰问潇湘街道演武坪社区居民吕春红家庭。有效保障困难群众的基本生活。4. 救灾救济。全区共下拨救灾资金74.09万元，救助灾民和生活困难群众894户、2693人，发放棉被220床、棉大衣12件、大米6000公斤、食用油43桶（10升/桶）。“5·12”防灾减灾日在都司街小学开展应急演练，发放宣传资料2000多份、宣传扑克牌200副、宣传手袋80个，宣传板报2块，确保防灾减灾意识深入人心。新建城市避难场所两处，创建综合减灾示范社区2个（人民路社区和五里牌社区）。（尹文浙）

【优待抚恤】 全年发放优抚对象各类抚恤金及义务兵家庭优待金825.63万元，优抚对象报销医疗费用39.06万元，4月28日开始对领取抚恤补助金的优抚对象进行身份核查，已于10月底前完成。（尹文浙）

【退役安置】 2016年，接收退役士兵99人，其中自主就业退役士兵88人，发放自主就业一次性补助金52.6万元。安置符合政府四类指令性安排对象5人。办理符合安置条件的退役军人自谋职业8人，发放自谋职业一次性补偿金16万元。对全区40岁以下的退役士兵进行摸底排查并上报416名。（尹文浙）

【双拥工作】 春节、“八一”期间走访驻区部队7个，慰问优抚对象659人，送发慰问金41.94万元。在驻区部队比较集中的五一北路两侧制作10块高规格宣传牌，打造“军民共建文明路，国防教育一条街”，营造爱国拥军良好氛围。（尹文浙）

【社会福利及老龄事业】 规范基本养老服务补贴。全区办理老年证2497个，发放90岁以上高龄老人补贴287人、26.03万元，发放基本养老服务补贴780人次11.7万元，全区基本养老服务补贴覆盖率达100%。推进老年人意外伤害保险工作。出台《石鼓区意外伤害保险推动方案》，政府出资为两家公办养老机构购买养老机构责任险90张床位共计40140元，为1457名老年人购买意外伤害保险共计43710元，8个乡街和教育局积极推动老年人意外伤害保险工作，缴纳保费56760元。大力发展养老事业。在社区打造民间力量参与新型养老模式，石鼓社区与万众和社区养老服务有限公司签订合作协议，已投入使用。在全市城区中率先制定印发《石鼓区加快发展养老服务业的实施方案》，为全区养老事业发展提供规划蓝图。重点保障儿童权益。全区有40名孤儿，共发放孤儿保障金177180元，实现了“孤有所济”。全区有农村留守儿童176名，由村组干部对留守儿童实行结对帮扶，建立定期走访、信息反馈制度。区民政局与区教文体局、区公安分局联合对留守儿童进行再次摸底，建立信息平台，实行动态管理。开展残疾人两补核对及发放工作。6月起，民政局对困难残疾人生活补贴和重度残疾人护理补贴进行核对，累计保障6576人次，发放两项补贴217.58万元。（尹文浙）

【基层政权和社区建设】 打造综合性社区服务平台。全区共29个社区居委会，自2015年开展社区两化两体系建设工作以来，按照每个社区不低于600平方米的标准进行两化两体系建设，已完成22个社区办公服务用房标准化建设，其中2016年完成社区办公服务用房标准化建设并通过市级验收的社区有13个（杨家坪社区、司前社区、人民路社区、江雁社区、演武平社区、青山街社区、船山路社区、西湖二村社区、桑园社区、蒸水社区、来雁塔社区、合江套社区、五里牌社区）。社区办公服务用房在规划建设上考虑居民需求，按照办公空间最小化、居民服务和活动空间最大化的原则，严格落实社区服务场所标准化要求，做到社区标识、外墙装饰、机构门牌、服务窗口、宣传栏目“五统一”，配置“一厅十室”。在《石鼓江山报》开辟了社区风采专栏，宣传社区特色工作，推进“一社一品”，提高社区服务能力。做好社区专职工作者管理工作。出台《石鼓区社区专职工作者管理实施细则》，对社区专职工作者信息资料进行初审，经组织部审核认定，交区编办备案。统一建立了社区专职工作者工资卡，完成了社区专职工作者档案收集工作。村（居）财务清查审计工作顺利开展。出台《石鼓区开展村居财务清查和村居组织成员任期经济责任审计工作方案》，区委常委、副区长曾梦龙召集了相关部门以及各乡、街道分管领导和财政所负责人进行村居财务清查、村居组织成员任期经济责任审计培训会，联合区财政、审计、农林对村居财务清查审计工作进行专项督查，并制定格式统一的审计报告，为2017年村居换届打下基础。社区文明创建稳步推进。加强对社区的指导督查，指导和督促社区严格执行“四会四议”（居民议事会提议、居民代表大会决议、居民理事会践议、居民监事会督议）制度，全面推行“四会四议”工作法。在社区成立议事会、居民代表会、理事会和社区监事会，按照议事会提议、居民代表会决议、理事会践议、监事会督议的工作程序来决策、实施社区重大事务和与居民群众切身利益相关的事项；按文件规定明确社区惠民资金使用范围，加强资金使用监管，做到专款专用；指导社区利用市民学校、道德讲堂等平台加强对居民的宣传教育，指导社区开展志愿服务，实现政策宣传、治安巡逻、扶贫帮困等志愿服务全覆盖；联合区纪委指导西湖二村社区、石鼓社区、演武坪社区及雁栖湖社区开展廉政文化进社区，打造出富有石鼓特色的亮点及典型，总结创建经验，以点带面，逐步在全区范围推广。（尹文浙）

【慈善爱心工作】 多种方式进行《中华人民共和国慈善法》宣传，积极开展“慈善一日捐”活动，共募集爱心捐赠款10余万元，所有捐款均将在石鼓区党政门户网上进行公布，确保专款专用、公开透明。在全区相继推出“迎新春　送温暖”春节慰问活动，慰问特困家庭20户，送去慰问金2万元；“爱心石鼓　情暖万家”帮困活动，帮助贫困户100户，发放大米（2袋）和食用油（1桶）；“一张纸　一件衣物回收”捐赠活动，收到捐赠衣物10万余件；“关爱劳模”慰问活动、各类“慈善爱心超市”帮困活动，庆“六一”暨“大手牵小手，慈善暖童心——关爱孤残、贫困、留守儿童”活动、“精准扶贫　石鼓慈善在行动”助学活动等慈善项目，慈善公信力进一步提升。

（尹文浙）

【民政公共服务】 1. 殡葬改革工作。开展了为期一周的“文明祭扫、生态安葬”殡改集中宣传活动和“纪念老一辈无产阶级革命家倡导火化60周年”百姓群众万人殡改签名活动，共发放宣传资料5000余份，回复群众咨询近万人次。2016年，共为46名困难群众办理了丧葬补助，发放补助金63940元。上街巡查56次，未出现违规搭建灵堂现象，全区城区火化率达100%。市级媒体报道13篇。2. 流浪乞讨人员救助工作。为各乡、街民政办统一购置摄像头和指纹仪，建立和安装流浪乞讨人员救助管理信息平台，有效防止了一些打着流浪乞讨、生活无着人员的旗号进行骗讨和跑站现象。接待求助人员340人次、受助人员265人，开展清查行动3次，主动上街救助3次，投入救助资金6.1万余元，发放救助物品180余件。3. 计生综治工作。对全区纳入城乡最低生活保障的15户计生失独家庭发放了救助金4500元。4. 抓好地名普查工作。成立地名普查工作机构，地名普查相关设置到位，搜集地名普查目录，外业工作完成。组织全区相关单位、各乡街地名普查员培训，进一步完善地名普查各类信息。5. 婚姻登记工作。全年办理结婚登记1421对，离婚登记589对，补发婚姻证件381对，登记合格率100%。6. 合村工作。全区合村工作于2015年10月启动，2016年3月份，全区将原30个村合并为19个村，减少11个，减少率为36.7%，完成了上级预定的合村工作任务。7. 民间组织蓬勃发展。完成区本级社会团体、民办非企业单位2015年度年检；行业协会商会与行政机关脱钩试点工作已通过市行业协会商会与行政机关脱钩联合工作组的验收；出台《社会组织孵化基地工作方案》，印发《关于向各社区征选区社会组织孵化基地建设场地的通知》，区社会组织孵化基地建设场地确定为人民街道人民路社区原办公场所，于12月正式揭牌运行。（尹文浙）

【残疾人事业】 石鼓区残疾人联合会是区委、区政府发展和管理残疾人事业的综合工作机构。主要职责是：维护残疾人合法权益，听取残疾人意见，反映残疾人需求，为残疾人服务；团结教育残疾人，遵守法律，履行义务，发扬乐观进取精神，自尊、自信、自强、自立，为社会主义建设贡献力量；弘扬人道主义精神，宣传残疾人事业，沟通政府、社会与残疾人之间的联系，动员社会理解、尊重、关心、帮助残疾人；完成区委、区政府和市残联交办的其他事项。2016年，区残联以习近平总书记关于推进作风建设的“三严三实”为标准，充分发挥和认真履行“代表、服务、管理”职能，带着感情，贴近基层，带着责任，贴近实际，带着办法，贴近问题，为残疾人群众排忧解难。广大残疾人朋友自强不息，奋力拼搏，在文艺宣传、创业创新、脱贫攻坚等方面取得了一定成绩，赢得了社会赞誉，全区残疾人事业保持了良好的发展势头，各项工作取得了新的成绩。全区开展了为期3个月的残疾人基本服务状况和需求专项调查，对全区办证的4487名残疾人开展入户调查，全面掌握了全区残疾人有关情况。全区8个乡街成立残联，所有的村（社区）全部建立了残协。注册助残志愿者103名，开展志愿服务活动20人次。完成“贫困残疾儿童抢救性康复”项目46名，超出市下达任务16名；完成“贫困残疾人家庭无障碍改造”11户；免费为残疾人进行初次鉴定和重度残疾人上门鉴定服务，其鉴定费用原来由残疾人承担改为区残联承担，为残疾人减负2万余元，为45名瘫痪重度残疾人和有暴力倾向的精神残疾人上门鉴定。为1630名残疾人发放护理补贴和生活补贴217万余元；1749名残疾人进入最低生活保障，救济生活困难残疾人203名，发放慰问资金9万余元；协助住建部门优先为172名残疾人纳入公租房分配；实现残疾人医疗保险全覆盖，全区投入资金8万余元，为4154名0~70岁残疾人购买每人20元的意外伤害保险。开展康复服务：全年投入康复经费80余万元，为120名残疾人进行康复服务，其中肢体残疾人装配假肢8例，白内障复明22例，成人助听器4例，脑瘫儿童16例，自闭症儿童13例，智障儿童17例，聋儿训练2例，救助精神残疾人12例。强化托养服务：规范和依托慧家残疾人托养中心为300名残疾人实施居家托养服务，投入托养经费45万余元；建立石鼓区向阳社会服务工作站，采取心里疏导、康复训练、工疗娱疗等方式解决残疾人家庭后顾之忧。强化教育服务：为25名残疾人大学生和残疾人家庭子女大学生发放助学资金6万余元。强化文体服务：石鼓区聆音言语康复学校在省第四届聋儿康复大赛中荣获优秀奖；选拔8名残疾运动员进入省、市运动员预备库，为省九届残疾人运动会做好充分准备。强化信访服务：建立健全接访制度，及时处置信访案件，积极帮助和引导残疾人依法维权。“育才工程”：积极参加省、市残联举办的各种培训班，有效提升残疾人工作者综合素质。“示范工程”：在角山乡香樟苑建立“石鼓区残疾人扶贫示范基地”，与30名残疾人签订了帮扶协议，安排9名残疾人优先就业，对无工作能力的重度残疾人进行资金帮扶解困；在人民街道向阳社区成立集康复、日间照料、维权、工疗为一体的残疾人综合服务中心。“培训工程”：全区有120人次参加市、区两级残联举办的各类培训班。“就业工程”：组织70名残疾人参加衡阳市举办的残疾人就业招聘会，现场签约或签订意向书30人，全年为15名残疾人实现就业。“创业工程”：为香樟苑扶持小额贴息贷款120万元，贴息资金8.4万元，富林宾馆扶持小额贴息贷款50万元，贴息3.5万元，为企业发展解决资金瓶颈问题；投入创业扶持资金15万余元，扶持12名残疾人创业，带动创业就业残疾人100多人。“增收工程”：实施“连千村帮万户”扶贫工程，帮扶角山乡和平村10户残疾人家庭脱贫致富，投入帮扶资金近3万元。 （杨玉兰）

人力资源和社会保障

【概况】 石鼓区人力资源和社会保障局原名石鼓区人事劳动和社

会保障局，2011年石鼓区政府机构改革后更为现名，为区人民政府序列部门，正科级建制。内设办公室、工资福利股、基金监督股、政策法规与争议仲裁股、公务员办公室、人事管理股、网络信息中心、行政审批服务股等股室，下设劳动就业服务中心、社会保险管理中心、医疗保险基金管理中心、劳动保障监察大队、人力资源服务中心和城乡居民养老保险管理服务中心六个二级机构。主要是贯彻执行国家、省、市有关人力资源和社会保障方面的方针政策和法律法规，对全区人力资源和社会保障工作进行综合管理、监督指导、协调服务。负责促进就业工作，完善公共就业服务体系；加强对人力资源服务业的指导和管理，促进人力资源服务业的健康可持续发展。负责组织实施养老、医疗、生育、失业保险政策。负责机关干部录用、培训、审批、考核、流动调配手续办理、工资福利待遇审核工作。负责专业技术职务的资格评审上报、聘任管理工作。组织落实部分军转干部解困的政策和自主择业军队转业干部管理服务工作。负责“三支一扶”大学生岗位安置、考核、服务、管理等事项。承办大中专毕业生档案托管、人事代理、社区人员与改制企业人员档案管理工作。负责组织实施全区劳动保障监察工作，协调劳动关系，维护劳动者合法权益；负责人事、劳动争议调解仲裁工作。承办区委、区政府交办的其他事项。（罗婧青）

【就业创业】 全区就业形势保持稳定。2016年，新增城镇就业工作在全市城区排名第一。新增城镇就业4561人，完成率123.3%；其中失业人员再就业2977人，完成率119.1%（含就业困难对象再就业865人，完成率123.6%）；城镇“零就业家庭”100%动态清零，动态清零295户。新增农村劳动力转移就业1728人，完成率115.2%。城镇登记失业率3.7%，控制在目标任务4.5%以内，较去年同期下降0.22个百分点。创业群体竞相涌现。积极推行“创业培训+创业指导+小额担保贷款+创业园区孵化+跟踪服务”的促进创业工作模式，形成良好局面，新增创业主体数1163户，完成率102.7%；带动城乡就业人数2353人，完成率138.4%。发放创业扶持小额担保贷款630万元，完成率126%。打造双创带动就业示范街道社区，获评全省创新创业带动就业示范街道、示范社区称号2个，获评市级双创示范街道、双创成效显著社区、双创优质初创企业、双创成效显著个体工商户、自主创业大学生典型共23个，获评数全市城区第一，充分发挥创业典型示范带动作用。

（罗婧青）

【社会保险】 扩面征缴成效显著。全区四类社会保险（除工伤保险）参保人数达40万余人次，医保覆盖率达100.2%，城区排名第一。各项社会保险基金征缴及参保人数任务均提前超额完成。发放待遇及时高效。为1.2万余名养老保险离退休人员发放养老金1.2亿余元，企业养老保险养老金实现“12连调”，城乡居民养老保险提高至80元/月。2016年，被征地农民参保缴费660人，参保财政补贴1684.96万元。为574名城乡居民养老保险参保人员，补偿2015年城乡居民大病保险326.63万元。2016年，城乡居民大病保险补偿418人，补偿220.31万元。制度改革稳步推进。加快推进社会保障体系建设，建立更公平、可持续的社会保险体系。持续推进机关事业单位养老保险改革，确保合理衔接过渡，保障待遇水平；完善被征地农民社会保障政策，持续实行全区统一的城乡居民基本养老保险制度。完成城乡居民医疗保险制度整合，实行全区统一的城乡居民医疗保险制度，实现区、乡（街道）、村（社区）三级联网，为全市首例。实行省内异地就医信息共享和费用及时结算，省内异地就医补偿351.74万元。

（罗婧青）

【劳动关系】 维权维稳有实效。接受日常投诉121件，立案97件，结案87件，法定期限内结案率100%，合计维权金额达323.5万元。高效受理市政府“12345”服务热线、区党政门户网等渠道诉求件，办理时限内结案率100%，其中联合住建、公安等部门处理建筑业农民工欠薪集体投诉重大案件11起，为农民工追讨工资678万元。持续推进劳动关系三方四家工资集体协商，已建工会组织的企业工资集体协商建制率达93%，完成率103%。

（罗婧青）

【人事人才】 广纳人才充实干部队伍。配合市人社局招录公务员11名，联合区教育局招聘教师45名。新招募3名大学生到基层单位的支农、支教岗位，妥善安置1名服务期满且年度考核合格的“三支一扶”大学生。建立高级人才信息库，已收集包括国省高层次人才、留学回衡人员在内的九类高层次人才90人的基本信息。妥善安置军转干部。累计安置287名部分军退人员到公益性岗位工作，妥善安置1名随军家属；组织军转干部座谈2次，送去节日慰问金23.46万元。深化人事工资制度改革。深化机关事业单位工资和津贴补贴制度改革，调整机关事业单位工作人员基本工资，增加离退休人员退休费。实行县以下机关公务员职务与职级并行和乡镇事业单位人员工作补贴制度，并实现了常态化。

（罗婧青）

精准扶贫

【概况】 对贫困人员建档立卡。已查明贫困户1488户、3781人。在2016年现行标准下，帮助贫困人口全部实现脱贫，角山乡两个贫困村全部摘帽。为115户贫困户发放扶贫小额信贷420万元。区财政共安排扶贫专项资金200万元，用于小额信贷风险补偿和精准扶贫引导基金。完成贫困户危房改造4户，提升贫困人口居住环境水平。落实低保兜底扶贫，联合民政部门准确设定社会保障兜底对象的认定标准和认定程序，已精准认定兜底户88户、199人。落实“雨露计划”，对特困家庭奖补学生18人，帮助贫困家庭人员转移就业85人。

（李昕霞）

民族宗教

【民族工作】 全区有少数民族1200多人。2016年为11名少数民族群众办理民族成份更改、中考高考考生加分审核手续，满意率达100%。将回族居民马雪霞纳入临时救助对象，并进行餐饮培训，帮助她开饭馆，增加收入，参加社区组织的各种活动，回报社会。春节前夕，演武坪社区从区宣传部争取资金2000元，慰问3户困难家庭。4月，演武坪社区举办“文明家庭”颁奖典礼，经过两个月的海报宣传和入户宣传，推选出9个家庭，其中社区少数民族杨昌旭家庭被评为“文明家庭”。开展民族活动。10月9日，潇湘街道演武坪社区组织白莲花艺术团举办了以“九九重阳节 浓浓敬老情”为主题的文艺汇演。文艺汇演在演唱《衡阳，我美丽的家园》中拉开帷幕。此次周周乐活动共22个文艺节目，全程采用民族乐器现场伴奏的方式，有独唱《八百里洞庭我的家》《谁不说俺家乡好》、歌伴舞《请你吃块哈密瓜》、舞蹈《格桑花》等精彩节目。2016年，石鼓区潇湘街道演武坪社区被评为衡阳市唯一一个“全省民族团结进步创建活动示范单位”。

（戴　娜）

【宗教工作】 境内有佛教、天主教、基督教三大宗教团体。佛教活动场地6处，分别为角山乡三星村盘古庙和三官殿、松木乡松梅村护国寺和友谊村上白竹庙、合江街道五一村六组梅田古庙、角山乡茅茶亭村关帝庙。基督教活动场所3处，即钱局巷人民聚会点、建设新村五一聚会点、江雁合江聚会点。天主教活动场所1处，即位于衡阳市石鼓区草后街181号的天主教堂，占地面积2861平方米，是湘南天主教中心，已有300多年历史，担负培养湖南、湖北教职人员的职责。3月，在各基督教会聚会点进行调研分析，规模较大的是位于钱局巷人民聚会点，建筑面积158平方米，可容纳60人左右，活动时间为每周星期二和星期四。5月11日，对全区宗教活动场所开展安全挂牌，切实加强全区各宗教活动场所安全防范意识。6月14日上午，组织各宗教团体在草后街天主教举行“消防安全知识培训讲座”，邀请省消防教官进行消防安全知识培训，不断增强人们消防安全意识，加强消防安全管理。6月16日，在莲湖广场举行“安全生产月”宣传咨询日活动，强化安全发展观念，提升全民安全素质。10月9日重阳节当天，天主教衡阳“仁爱之家”老年公寓里人声鼎沸，笑语盈盈，以“我们的节日”为主题的文艺演出在这里举行，活动由石鼓区五一街道畔湖路社区主办，天主教衡阳“仁爱之家”老年公寓承办。天主教衡阳“仁爱之家”负责人曾令超神父在随后的致词中，对社会各界对于“仁爱之家”老年公寓的关心和支持表示感谢，他说：尊老敬老是中华民族的传统美德，也是天主教所倡导的人伦精神。中华民族传统美德和天主教精神的完美契合，说明信仰不分国籍，不分民族，天主是万民的上主。曾神父致词以后，由老、中、青各届人士组成的数支演出队表演了舞蹈、歌曲等文艺节目，社区主任和“中国好声音”的优胜者共同表演了花鼓戏名篇《刘海砍樵》。在互动环节，一位前来探望老人的家属应邀登台，演唱了歌曲。演出在合唱《明天会更好》的歌声中结束。120余位各界人士和老人家属欣赏了演出。衡阳电视台记者采访了演出，并就“仁爱之家”的建设和发展等问题采访了曾令超神父。10月19日，对全区宗教活动场所文明寺观教堂创建进行指导，推动各宗教活动场所达到绿色环保、管理规范、文明和谐的目的。10月25日，石鼓区“五教同行　慈爱学子”金秋助学资金发放仪式在潇湘街道演武坪社区会议室举行，为全区9名符合资格学子颁发助学金2万元。此次活动是由市旅游外侨民宗局发起，全市民族宗教团体、宗教活动场所共同参与的一项公益慈善活动。通过该活动进一步弘扬了宗教界扶贫帮困、助人济世的优良传统，帮助家庭贫困的学子实现求学的梦想。（戴　娜）

乡·街道

角山乡

【概况】 角山乡位于衡阳市城区西北部，因地处角山坪得名。东与黄沙湾街道松木片区接壤，南与蒸湘区长湖乡交界，西与衡阳县板市乡为邻，北连衡阳县潮江乡，辖区东西最大距离约6千米，南北最大距离约12千米，总面积34.38平方千米。乡人民政府驻三星村。辖三星、旭东、前进、和平、利民、角山6个行政村，杨岭1个社区，136个村（居）民小组，总人口2.1万，其中农业人口1.97万。随着城市北拓，角山乡区位优势日益凸显。角山乡紧扣“南工北旅”“融入中心城区，建设幸福角山”“发展生态乡镇、旅游乡镇、文明乡镇”的发展目标和工作重心，着力打造全市近郊旅游新高地。以衡邵高速南北为界，南边为城市拓展区，以崇盛国际、华耀城和影视剧艺术中心为核心大力打造现代商贸服务和物流服务中心；北面为现代生态无公害农业圈，大力发展都市农业，打造乡村旅游项目，角山玫瑰园，香樟苑项目等特色旅游规划已基本成型。（凌康棋）

【经济】 面对复杂和持续的经济下行压力，角山乡主动适应新常态，创新发展模式，促进经济发展稳中有进。2016年，实现工农业总产值2.03亿元，较2015年增加1000余万元，其中工业总产值1.04亿元，农业总产值0.99亿元；财政收入1861万元，较2014年增加500余万元；农民人均纯收入18546元，较2015年增加1000余元。2016年，农业耕地面积共1299.7公顷，与2015年基本持平，其中水田面积1065.7公顷，旱土234公顷，粮食总产量12732.4吨，较2015年增加421吨。2016年，退耕还林成果进一步巩固，造林面积500余亩，通道绿化造林140千米，联村绿化造林400亩，村民房前屋后、庭院绿化造林约8万株。

（凌康棋）

【重点工程与项目建设】 2016年，角山乡项目建设快速推进，进驻辖区的省市重点项目10余个，征地5300亩，拆迁房屋面积50万平方米，快速推进了石鼓区“一轴两翼”发展战略的实施。成功引进晶珠崇盛国际、气象预警中心、华耀城、影视艺术中心等4个商业项目，预计总投资达200亿元。

（凌康棋）

【道路交通设施】 境内有蔡伦大道、长丰大道、内环西路、望城路、凤凰路、惜香路及华耀城纵一和纵二等城市交通路网，衡邵高速由东向西穿境而过，辖区内交通基础设施不断改善。各村筹资797万余元，修建村组道15.8千米，其中三星、角山、前进等三个村基本完成村组户贯通。对3.8千米乡道和4.5千米村组级公路进行亮化，共安装电能路灯40盏，太阳能路灯70盏。完成衡角公路4.3千米的油化路面工程，为群众出行提供了更多便利。投入110多万元，在辖区农村公路临水陡坡高岸路段修建3816米钢制防护栏板、22条减速带，添加631根示警桩，为行驶安全提供有力保障，群众出行条件日趋改善，农村公路养护管理连续5年在全市名列前茅。

（凌康棋）

【生态文明建设】 2016年，引资1100万元，对杉旭河三星段、旭东香樟苑段进行小河治理改造。争取资金420万元，完成小二型银杯水库、小云山栏冲水库危堤加固及下游4.2千米灌溉水渠清理和修整，硬化塘坝73处，新开山平塘20口。争取资金105万元，对五星片区进行土地平整，使抗洪减灾能力进一步增强，农业生产能力得到提升。投入600万元，完成集中供水5300余人，分散供水14100人，安全饮水率达98%以上。2016年，角山乡按照“生产发展、生活宽裕、乡风文明、村容整洁、管理民主”新农村建设方针，推进美丽乡村建设。全面开展环境卫生整治，投入110万元新建垃圾压缩站，购置移动垃圾斗177个、垃圾运输车4台和保洁斗车55辆，聘用保洁人员40余人，为城乡同治办公室配置巡逻专车，实行划片包干、以岗定责、统分结合、全民参与、集中管理，解决辖区内卫生日常保洁和垃圾及时清运的问题。成功引进乡村两级主干道市场管理运作模式。禁止化肥养鱼，建沼气池100个，实施养殖场粪便无公害化处理，被评为全市2016年度环卫先进乡镇。大力改善生态环境。对往年因火灾损毁林地共补植800余亩；村民房前屋后种树5万余株；联村建绿项目，乡村道路绿化约140千米，庭院绿化190亩，村部绿化40亩，山地绿化600亩。及时发现和治理松材线虫病，形成乡、村、组、中心户四级管理网络，严厉打击整治乱砍滥伐及毁林行为。积极发展乡村旅游。在角山村、三星村及衡角公路、云角公路“两村、两线”大力开展农村环境整治“三清五改”、农村房屋“穿衣戴帽”工作，首期的126栋农村房屋已通过验收，三星村、角山村多次被评为“湖南省美丽示范乡村”，角山乡被评为全市乡村旅游最佳目的地。（凌康棋）

【民生保障】 角山乡全面落实各项惠民政策。和平村、利民村实现“贫困村”摘帽，现行标准下农村建档立卡贫困人口全部实现脱贫。2016年，新农合参合20811人、征缴个人缴费基金236.99万元，参合率达99.1%，全面落实五保对象在区乡级定点医院住院医疗费全免政策；共办理城乡居民养老保险5637人，缴费金额77万余元；全面落实拥军优属各项政策，优抚款和慰问金均由银行足额代发；新增农村劳动力转移就业387人，帮扶失地农民就业266人。深化残联和老龄工作。按时清理和发放生活补贴及护理补贴；帮扶残疾人危房改造15户，无障碍设施改造24户，抢救性康复18人，残疾人自主创业9人；建成“幸福院”4处、基本养老服务点2处，其中角山村列入省级养老示范点。努力完善中心卫生院医疗设备设施，改善住院条件，解决群众就近就医问题。为育龄群众提供生殖健康和优生优育咨询服务，免费提供孕前优生健康检查，组织医院和专家义诊12次，提高育龄群众预防妇科疾病的能力，增强关心自身健康的意识，强化了群众对艾滋病预防认识。免费办理生育证和婚育证明，全面实施二孩政策。（凌康棋）

人民街道

【概况】 因境内人民路贯穿全境而得名。人民街道位于衡阳市城市中心地段，东临湘江与珠晖区隔江相望，南抵解放路与雁峰区接壤，西至环城北路，蒸阳北路与青山街道相连，北以常胜中路、司前街、胜利路与青山街道、潇湘街道毗邻，显凸字形，面积约0.33平方千米。街道机关驻十家村7号，下设党政办、卫计办、民政办、综治办、经济办、社会劳动保障站、安监站、财政所、司法所、城管中队等“5办、2站、2所、1队”。街道共有机关干部职工40名，社区居委会工作人员32名。街道党政领导共8人。辖区有4个社区：人民路社区、湘北社区、向阳社区、蒸阳社区，共有楼栋234栋。2016年，常住人口2.4万人，流动人口0.8万人，辖区驻有市政协、市群众艺术馆、南华附二医院、市十四中、人民路小学等10多家机关、单位。（张露锋）

【党建工作】 街道党工委下辖4个社区党总支、1个机关支部、6个非公党支部、27个网格党支部；共有直管党员376名，其中离退休老党员206名、非公有制单位党组织党员58名、机关支部党员23名、社区党组织党员70名、流动党员19名。此外辖区内有驻街道单位党组织14个、党员133名。街道党工委因人制宜，推动区域“大党建”建设。街道组织各社区党组织搭建服务平台，为847名在职党员参与社区建设创造条件，共设立党建宣传、法律咨询、课堂教育、养生保健、儿童辅导、民事调解、治安巡逻等7类岗位，弥补社区工作的“盲区”和“死角”。在辖区内的醒目位置张贴公示在职党员的信息，制定在职党员活动记录制度和反馈制度，定期反馈在职党员参与活动情况给其单位，为单位党组织和在职党员民主评议、推优评先、干部提拔使用提供依据。2016年，街道党工委结合“两学一做”学习教育，开展“面向党旗的向日葵”主题活动，号召每位在职党员参与到社区各项具体事务中来，在文明创建工作中，在职党员们积极参与入户宣传、交通劝导、铲除“牛皮癣”等各项文明创建重点、难点工作，确保各项难题得到有效化解。

（张露锋）

【社区建设】 街道落实社区“两化两体系”建设，以购买或租赁的方式解决社区办公用房问题，人民路、向阳社区共花费1000余万元购置了两处面积分别为800平方米和600平方米的全新办公用房，湘北社区和蒸阳社区通过租赁解决办公用房问题，办公面积分别为879平方米、1000平方米。

（张露锋）

【综治维稳】 街道党工委、办事处投入30多万元，以加强综治维稳工作（其中，综治网格化建设投入10余万元，信访维稳工作经费投入10万余元，宣传巡逻等方面工作经费10万余元）。重点抓好化解积案工作，有效化解湘北社区进步亚泰格子铺、丁永东上访案等8起信访积案。街道、社区尽最大努力对老上访户给予人文关怀，全力做好工作。加强禁毒工作，建立吸毒人员档案台账，2016年，辖区吸毒人员175人，较2015年减少11人，其中男134人、女41人，患有艾滋病、肺病、肝病等严重病种的24人，外出打工52人，参加社区戒毒、社区康复的38人，劳教强制戒毒3人，刑事逮捕3人，正在监狱服刑4人。

（张露锋）

【安全生产】 街道与各社区、企业签订《2016年度安全生产目标管理责任书》56份，明确各单位法定代表人是安全工作第一责任人，逐级建立“安全自查，隐患自除，责任自负，接受监督”的安全管理机制。组织多次公共场所安全检查，共检查辖区内单位473家，其中生产经营单位52家、宾馆21家、餐饮类64家、副食店48家、牌馆14家、培训学校14家、煤气店3家、香烛店17家、服装店127家、网吧16家、KTV舞厅11家、其他86家，下发整改通知书43份。街道多次开展安全宣传教育工作，组织辖区居民和生产单位职工观看《珍爱生命》《安全生产月安全教育焦点访谈视频》《痛思》等安全生产警示教育片，共制作宣传展板4块、发放宣传材料2000余份，制作标语、横幅100条，邀请专家授课12次，进行消防法规、应急救援、紧急逃生等知识学习培训。5月12日上午，街道在都司街小学组织开展了火灾应急疏散演练，街道机关各部门、人民路社区全体工作人员、都司街小学师生等300余人参加。6月16日，在都司街小学门口和莲湖广场举行2016年“安全生产月”宣传咨询日活动。在现场开展安全生产宣传及安全咨询，解答安全生产热点难点问题，宣传安全生产法律法规和安全常识。12月24日，全市近20万市民在辖区内狂欢，街道所有联点的在职党员干部主动放弃休息，与公安民警一起通宵执勤，为群众保驾护航。12月28日和平北路12号突发火灾，街道邓红卫、龙明良等率先冲入火场进行救火，挽回了人民群众的财产损失。

（张露锋）

【城市管理与建设】 街道共拆除违章建筑4500平方米，拆除雨棚150处，约3000平方米；处理僵尸车15台，整（清）理各种管线158.60千米，其中剪老电话线、网线130千米，更换新落水管8600米；油化路面12700平方米；

清理污水井735个，清理雨水井283个，清理化粪池516个；新建污水井380座，新建雨水井290座，清理明沟与暗沟3680米，浇筑路面10000平方米；墙面刷漆20200平方米；安装路沿石3000米，清理、外运垃圾800立方米；安装楼道路灯2000盏；提质改造休息小亭5个；新增绿地面积2000平方米。（张露锋）

【民生保障】 街道落实《关于进一步完善城乡社会救助体系建设的通知》，发放城镇社会救助政策宣传手册2000余份，清理不符合低保政策人员52户、66人，完成低保提标工作，提标惠及895户、1579人，增加提标金额70570元。至12月底，新增低保对象38户、60人，金额19410元；取消71户、120人，金额30860元；全年发放571.2140万元。落实老年人维权及优待工作，现有享受基本养老服务补贴22人；通过逐一入户核实90周岁以上老人资料，申报享受高龄长寿补贴新增13人，取消8人，实有发放人数44人。2016年春节期间，慰问参战退役军人67人，发放慰问金21500元，发放优抚金10000元；慰问困难群众35户，发放金额15200元。开展慈善救助工作，民政办对27户特困家庭开展调查模底工作，主要是对患者白血病、尿毒症、心脏搭桥和器管移植等重大疾病的家庭进行特困申报；大病住院医疗救助17户、17人，金额49200元。救治救助重性精神疾病患者2名。开展“关爱孤儿送温暖”及“慈善在行动助学”活动，帮扶贫困且品学兼优的中、小学学生11名，资助金额6400元。针对特困家庭开展临时救助41户、41人，金额19400元；开展“精准扶贫，慈善在行动”活动，助困3人，救助金额3000元。在街道机关组织“助残一日捐”，捐款金额2610元，“慈善一日捐”捐款金额2600元。妥善安置旧物回收箱16个。落实老年人维权及优待工作，享受基本养老服务补贴22人。（张露锋）

【计生服务】 街道计生工作突出服务主题，按照《衡阳市计划生育基层基础工作规范》及《衡阳市计划生育基层服务管理操作手册》对阵地建设、台账资料、证件办理、机制建设、工作保障等进行统一规范。上报独生子女父母奖励2785人；新增计划生育家庭特别扶助6人，全年实际发放计划生育家庭特别扶助60人、金额299160元；新增独生子女保健10人，全年实际发放独生子女保健费135人、32400元；2016年，征收社会抚养费98956元。通过“全方位包点，问题追究责任制”完善平台数据，符合政策生育率由94%提高到98%；出生性别比由113降到107；妊娠及时率由71%提高到82%；管理关系移交拒绝率由2.23降到1.59；管理关系移交被拒绝率由4.51上升到7.62（原因是9月给新生入学打印育龄妇女档卡时，社区移交人口进行补档中与对方单位沟通上存在问题）；电话采集率由52%提高到82%。结合社区“文明创建”“公安三实”工作，加强流动人口服务管理，及时准确将流动人口信息录入全员平台，推进流入地与流出地之间的流动人口计划生育双向管理。全年建立流动人口健康档册5112份，覆盖率达90%以上；为流动人口办理生育服务证13人；为流动人口办理相关证明30余例。（张露锋）

【文明创建】 2016年，街道营造良好的创建宣传氛围，组织各社区利用宣传手册、板报等多种方式对文明创建相关内容进行宣传，联合各社区在红旗大剧院、莲湖广场等地开展5次文明创建主题大型文艺汇演，观众累计达到1500人次。全年上报好人线索300条，推荐道德模范6名。5月，街道工作人员参加石鼓区宣传部组织举办的“唱响石鼓”合唱比赛，并取得“优秀组织奖”。7月，辖区文艺队参加石鼓区2016年度“欢乐潇湘·幸福石鼓”大型群众文艺汇演，取得全区第一名。8月，街道工作人员代表参加石鼓区2016年度“趣味运动会”，获得了一等奖。街道原有文化站场所因存在设施老化严重、所在楼层高等突出问题，已不适合新形势文化工作的开展。2016年上半年，人民街道文化站搬迁至蒸阳社区幸福9号，场地和硬件设施得到改善。（张露锋）

青山街道

【概况】 因境内青山街而得名。位于北纬26°53′28″~26°54′11″，东经112°35′28″~112°36′15″。地处石鼓区南部，东从环城北路解放路口起，向北前行到常胜中路折向东蒸阳路口与人民街道相连，西以蒸湘北路与蒸湘区接壤，南以解放路与雁峰区交界，北以明翰路为界与潇湘街道相邻。下辖6个社区（牛角巷社区，西湖新村社区，西湖二村社区，西湖一村社区，青山街社区，船山路社区），辖区内东西最大距离0.825千米，南北最大距离1.2千米，总面积为2.65平方千米。辖区总户数为17206户，总人口49630人。电话区号0734，邮政编码421001，行政区划代码430407002。街道办事处主要职责：宣传、执行党的路线、方针、政策和国家法律、法规、保证区委区政府决议、决定的落实，对居民进行思想政治教育和社会主义法制教育；组织领导街道区域经济工作，制定街道经济发展规划，检查、督促各经济组织开展工作，负责街道财政预算和收支管理，进行财务审计和有关项目统计；制定社会治安综合治理规划并组织实施，加强外来人口管理，开展民事纠纷调解，保护老人、儿童、妇女、残疾人和青少年的合法权益，保障辖区内政治稳定和社会安定；开展群众文化、科普、体育、校外教育及卫生保健工作，建设社会主义精神文明；开展爱国卫生、计划生育、市容卫生、环境保护、绿化美化工作；开展社会救济、社区服务、离退休人员管理、拥军优属、征集兵员以及殡葬管理工作；指导居委会工作，促进居民委员会建设，提高居民委员会自治能力，发挥居委会作用；参与城市建设、危房改造及住宅小区的管理工作；协助有关部门搞好劳动力资源开发、配置、管理、监督及劳动保险的政策贯彻和社会化管理工作；配合有关部门做好防空、防汛、防水、防震、交通管理、抢险救灾工作；向人民政府反映居民群众的意见和要求，办理人民群众来信来访事项，做好为居民群众服务工作；完成区委区政府交办的其他事项。街道办事处原办公地址为船山路55号，2016年12月，位于古汉大道11号的街道新办公用房装修完毕，12月9日，整体搬迁至此，面积共1400平方米。街道下设16个部门，即党政办、民政办、经济办、社保站、财政所、综治办、安监站、卫计办、城管办、文化站、武装部、司法所、纪工委、城管中队、团工委、妇联。（佘红梅）

【经济】 2016年，社会消费品零售额完成56548万元，同比增速33.20%。规上服务业完成69258万元，同比增速29.82%，固定资产投资完成5.25亿，同比增速38%。2016年，辖区内新开工项目10个，新竣工项目12个，累计到位资金54000万元。原城北公安分局引进一家肾病专科医院已投入使用。船山路原生源百货超市、简爱家一、二层整体搬走，全友家居整体进驻，装修3个多月正式营运，投资3000多万元。西湖中央广场奥特莱斯经营广场顺利打包给潮湖商业管理公司，已营业。长河广场引进海悦假日酒店，正在装修中。西湖新村社区常胜中路引进一家鸣意投资信息咨询中心，正在装修中，船山路社区内引进白渔潭33号饮食广场、易道文化中心及万达广告制作公司。正在包装的项目有：长河广场、海悦假日酒店、西湖新村社区养老中心、商业新村22栋、23栋。（佘红梅）

【街道党建】 青山街道党工委下辖6个社区党总支、38个网格党支部、1个机关党支部、3个非公有制经济党支部、直管党员463人。强化责任意识，以上率下抓党建。党工委书记带领班子成员注重自身政治素质和业务素质的提高，率先学习党和国家的有关文件，主动进行学习交流。全年共召开领导班子专题讨论会4次，专题民主生活会2次，领导班子学习会3次，确保班子“合心、合拍、合力”。召开专题研究党建工作会12次，召开全街党建工作专题部署会议6次，做到党建工作与目标同向、与上级要求合拍、严格加强落实。注重党组织后备力量的培养，健全发展党员五项制度，培养入党积极分子

6名，确定发展对象6名。吸收多次向党组织提出入党申请的八十岁老同志宋桂溪为入党积极分子，专门安排街道党工委副书记送课上门，为她解疑答惑。强化基础建设，围绕发展抓党建。以夯实社区基础工作为重点，加强社区办公服务用房建设，优化阵地保障。牛角巷社区、西湖新村社区、船山路社区、西湖二村社区、青山街社区新办公服务用房均已达标，并投入使用。西湖一村社区正进行结构整改，预计在2017年可投入使用。制定了“五个日子”（党费收缴日、集中学习日、志愿服务日、政治生日、组织生活日）“青山街道流动党员管理制度”等16项工作制度，保障了党建工作的规范运行。认真落实党风廉政建设，认真履行党工委主体责任，坚持讲授廉政党课，认真实行“一岗双责”，积极开展“拒收红包礼金”“雁过拔毛式腐败”等专项整治行动。强化工作重点，从严务实抓党建。对基层党建七项工作高度重视，成立了党员组织关系集中排查工作小组等多个工作领导小组，并多次召开专题会议安排部署基层七项重点工作。严格对照《中国共产党党费收缴、使用和管理的规定》《党员组织关系集中排查工作细则》等，自上而下对街道460余名党员进行一一核查，逐人对照，严密操作，确保掌握党员真实情况，确保党费应缴尽缴。全年，共补缴党费10640元，无失联党员，无“两代表一委员”和党员违纪违法未给予相应处理的现象。要求各支部根据实际情况及时上报基层党建七项重点工作进度，形成每月一汇报一督查的长效机制。积极创建学习型党组织，创新推出“1+4”（在传统党课基础上，添加特色党课、安全党课、廉政党课、“互联网+”党课四项党课模式）党课新模式。推行“两级议事”制度，设立“党员延时服务岗”，及时解决党员工作生活中遇到的各类问题。将党建工作与社区“一居一品”特色品牌有效结合，打造了“文明家庭、文明楼栋”“社区值班书记”“心愿墙”等特色党建服务载体，拓宽党员服务领域，创新开展“预约办理、及时登门、征询意见”贴心服务，推动党建工作与社会发展互通共荣。充分发挥在职党员的积极作用，借力网格，依靠群众，全力打造牛角巷与西湖一村示范社区建设，自主打造莲湖路6号精品楼栋。创新学习理念，落实“两学一做”。通过“远教+进小区”“互联网+便民服务”和“和美青山”微信公众号等形式开展“两学一做”专题教育，努力做到以上率下，知行合一。鼓励党支部书记、离退休党员联系实际讲党课，鼓励银龄宣讲团成员进社区、进学校讲党课。全年组织党员集中学习13次，各级党组织书记和优秀党员讲党课14场次。创新学习方式，采用“四学”，即认真辅导学、谈心交流学、送课上门学、检查督促学，并利用“和美青山”微信平台开展“我手写我心，手写党章”评选活动。在社区创新开展党建交叉指导，突出问题导向，重点查找“短板”。对照检查细则，当场指出存在问题，提出整改要求，对共性的问题，进行集中讨论，确保各社区党建工作同步提升。

（佘红梅）

【教育、文化、体育】 辖区内有幼儿园6所（教委幼儿园、星元幼儿园、启迪幼儿园、向日葵幼儿园、青少年宫幼儿园、西湖幼儿园），在园幼儿850人，专任教师120人。小学4所（下横街小学、星元小学、西湖小学、成章小学），在校学生3000人，专任教师100人。高中1所（衡阳市二中），在校学生2400人，教师198人。大学1所（衡阳广播电视大学），在职教师86人，在校学生19000多人。专科技术学校1所（衡阳市建设学校），在编教职员工19人，学生491人。境内有区级文化馆1处，街道综合文化站1处，有社区综合文化服务中心6处，文化专业队伍12个，图书室7个，藏书1.5万册。2016年，开展“创建文明城市，争当文明市民”“告别陋习树新风、走向文明见行动”活动；开展社区周周乐活动12场次；开设“相约文明”课堂和道德讲堂；开展文明评选和科技、文化、体育、卫生、法律“五进社区”活动。辖区内有莲湖广场、青少年宫全民健身广场2处，力宝、火烈鸟等盈利性健身场所4处，衡阳市

二中、下横街小学等学校体育场共4个。6个社区均安装了健身器材。境内衡阳市二中为湖南省体育传统学校。（佘红梅）

【文明创建】 广泛宣传动员。按照“因地制宜、多层渗透”的原则，充分利用公益广告牌、LED电子显示屏、宣传橱窗、公示栏、黑板报、小折页、小卡片等各种宣传载体，大力宣传创建文明城市的目的、意义，形成“抬眼可见、举足即观”的创建氛围，提高了市民的知晓率、满意度、参与度。在深入挖掘宣传文明先进典型的同时，加大对不文明行为的劝导、曝光力度，引导广大市民从自身做起、从小事做起，自觉践行文明礼仪。打造特色亮点。各社区、文明单位在完成上级“规定动作”外，还有自己的特色亮点工作。继续按照“一居一品”的理念，找准文明创建的切合点，深度挖掘自己的特色亮点。按照品牌更响、特色更明、成效更好的目标要求，进一步推进社区品牌工作和特色工作，在当前品牌特色全覆盖的基础上，坚持和完善街道文明创建工作。狠抓专项整治。青山街道地处中心城区，测评点多，主要集中在易赖街市场、附一医院、解放路等难点区域，以及学校周边的牌馆和网吧。从7月12日开始，持续三个月对易赖街马路市场进行专项整治。对“门店占道”“摊担外摆”的经营户分发《关于整治易赖街市场周边环境的通知》并要求摊户签名，共发出通知500余份。对易赖街、演武路路边违规经营户口头教育劝阻1000余人次。行动小组利用周末和节假日，对市场及周边路段进行来回巡查，劝导和制止商家占道经营，规范管理临时摊点。清理落地广告牌，成效明显。原本拥堵的道路基本通畅，沿路叫卖的摊担明显减少，门店外摆的现象也得到遏止。城管中队联合派出所对衡阳市二中、外国语学校周边的牌馆、网吧进行整治，给青少年健康成长提供了良好的周边环境。青山街道创建全国文明城市在“常”“长”二字上下功夫，抓好常态管理，建立长效机制。全覆盖推行“门前三包”工作责任制，签订责任承诺书，组建专门监督员队伍，加强日常检查和督促，从严处罚违规行为。切实落实“坐落单位包路段”“交通文明劝导”等活动，实行量化计分、督查考核，将考核结果作为文明单位、年度考核、评优评先的重要依据，真正做到机关先行、全民参与、人人动手。如“三清”工作，街道投入经费303329元对辖区所有楼道的“牛皮癣”开展地毯式清除，对墙面进行粉刷，取得突出成绩，荣获全区先进单位；投入经费298660元对楼道堆物开展清理工作。已清理273栋住房、654个单元楼道，清理堆物886车（拖拉机）；同时，组织专项拆违行动，共拆除违章建筑95户103处，牛角巷社区及西湖一村社区的非砖混结构违建已全部拆除。“三清”工作已成常态化管理机制。

（佘红梅）

【安全生产】 针对辖区电动车店、鲜花店等经营门店众多这一情况，街道以制度建设为保障，把安全生产作为经常性工作来抓，深入开展“三查三清”检查、督查工作，对城区主次干道、非法经营烟花炮竹店、商场等行业和领域为重点，查处安全隐患116处，现场整改23处，责令限期整改93处，整改到位42处。开展2016年“安全生产月”活动，进行消防安全培训演练活动，悬挂安全生产月宣传横幅60余条，展出安全生产展板3块，发放安全生产宣传资料3000多份，印发消防安全知识宣传手册10000余份。（佘红梅）

【人民生活与社会保障】 城镇新增就业人员全年任务900人，年末完成1113人，完成全年任务数的125%以上；新安置失业人员再就业763人，完成全年任务数117%；其中帮助困难人员再就业212人，完成全年任务数120%；城镇登记失业率控制在4.2%以内；完成新增创业主体240个；完成创业带动城乡就业511人，完成全年任务数的150%；扶助大学生创业22人，离校未就业应届高校毕业生就业率100%。城镇居民医保完成6126人，医保工作稳步推进，全街道医疗保险覆盖率已达95%。城乡社会养老保险工作推进有力，2016年年末，缴费金额共计12.45万元，全年任务4万元，完成全年任务的310%；帮助失业人员养老保险退补81人（含区级3人），做到应退尽退，不漏一人；帮助失业人员办理就业与失业登记证95人；完成小额担保贷款110万元，完成全年任务数137.5%；企业退休人员完成建模认证人数6343人。3月15日，在全辖区组织开展低保清查整改活动。对辖区低保户100%上户调查，投诉较多或群众反映强烈的家庭100%入户，低保档案100%查阅。街道低保户956户1613人，每月发放保障金490090元。新增18户22人，发放保障金6180元；取消122户210人，共计65380元。对辖区内的困难无房户进行全面上户清查，享受廉租补贴有436户872人，发放226015元。大病医疗救助8人，发放救助金13370元。临时性救助8户居民，共计3300元。依托居家养老服务平台、社区日间照料中心，不断完善养老服务工作机制，为老人发放高龄补贴，并组织社区卫生服务站开展免费体检。西湖新村和西湖二村社区创建老年人日间照料示范社区。“助残一日捐”共募捐3650元。重度残疾人员生活补贴、重度残疾人护理补贴摸底工作顺利完成，135人享受生活补贴，发放41040元。组织2名残疾人参加市、区的残疾人技能培训学习。帮助西湖二村1名残疾家庭成功申报无障碍改造项目，于10月份改造完工。积极组织街道职工参加湖南省社会工作者资格考试，有21名同志参加，4名同志考取初级资格。（佘红梅）

【人口和计划生育】 开展计生基础规范活动月活动，核实常住人口信息，对其中不属于本地管理的124名常住人口全员信息移交至其他乡街管理，属于本地管理的77名常住人口全员信息移入本地管理；核实流动人口，其中流入人口10102人，流出人口2974人；新增流入人口845人，新增流出人口92人，清理离开辖区的原流入人口460人，完善流出人口地址52人；核实并上报全员信息平台近6年的出生信息128条，出生性别比降至103.31，较“计生年度”上年末下降12.5个百分点；修改更新全员信息平台各项信息2685条。

（佘红梅）

【社区建设】 2月19日开始，全力对牛角巷、西湖一村两个社区进行提质改造，打造示范社区，街道与社区全员无休，连续奋战2个多月，完成了两个社区凸出防盗网、废旧雨棚拆除、木改铝、楼道堆物清理等提质改造工作，极大改善了两个社区的居住环境。牛角巷社区成功打造成了以楹联、浮雕、文化墙等元素为主的“书香社区”。西湖一村社区打造君子路径、竹苑、兰苑，弈棋休闲区等特色亮点区域，彰显特色“和谐社区”。街道自主打造莲湖路6号精品楼栋，为全区实现街道自主提质改造探路。6月1日，市长周海兵带领市领导一行对两个社区提质改造工作进行了验收。在规划社区新办公用房建设时，坚持“实际、实用、实效”原则，突出结合和统筹两个重点，把办公活动场所、文化体育设施、医疗卫生服务、爱心超市等公共服务功能一并规划一并落实，确保建成后的社区办公用房简朴实用、美观大方、功能齐全。2016年年末，社区办公用房总建筑面积5252平方米。其中，西湖一村社区在西湖一村20栋，1290平方米；西湖二村社区在易赖街172号（衡南县物资局院内），803平方米；西湖新村社区在环城北路97号，723平方米；牛角巷社区在解放路66号、中建大厦609平方米；船山路社区在古汉大道11号，1140平方米；青山街社区在青山街8号，687平方米。

（佘红梅）

【基层民主】 1.党代表选举。街道党工委成立了党代表选举工作领导小组，并安排两万元专项保障经费。街道共选出代表候选人初步人选11名，领导干部代表6名（不含3名区委提名代表）、先进模范人物代表3名、专业技术代表2名、其中妇女代表5人。这些代表中有街道领导干部，也有社区网格支部书记，还有优秀的社区居民。2.人大代表选举。街道对辖区内26名区人大代表及坐落单位进行前期逐一走访摸底，并做好情况登记。联组26名区代表中，2012年新当选石鼓区第三届人大代表的11人，连任代表10人，因工作需要中途补选为石鼓区第三届人大代表的5人。因单位搬迁或工作调动的有4人。拟连任石鼓区第四届人大代表的有10人，新增单位14个，已搬迁的单位10个，已关闭或注销的企业6个。3. 政协委员选举。青山街道政协联工委认真按照换届工作要求和政协章程规定，严格按照15条“负面清单”对18名政协候选人初步人选资格逐一逐项审查。在街道卫计办计生初审中，发现1名留任委员候选人和1名新推委员候选人存在违反计划生育行为。经报请街道党工委研究，街道政协联工委对2名提名候选人进行劝退，从严抓好新一届政协委员的推选工作。本届选举推荐人选中，留任10名，差额1名。（佘红梅）

【“平安青山”创建】 3月底，街道党工委、办事处召开辖区各坐落单位、各社区负责人参加的综治创建工作会议，号召大家齐心协力，共同投入到创建“平安青山”的工作中，确保街道平安稳定。不断增强基层社会治安防控能力，积极做好矛盾纠纷排查调处工作。2016年，街道、社区共受理调处各类纠纷140起，其中在南华附一医院调解医患纠纷32起，特别是调解未来城、西湖奥特莱斯业主与开发商的问题，调处成功率为98%，签订协议率100%，办理法律援助案件15件。街道集中抽调辖区各坐落单位的精干力量，成立专业巡逻队，主要负责对所辖背街小巷和辖区内居民住宅区、重点行业、场所、易发案区域的巡逻防控。在计生上户的过程中，捣毁两个传销窝点，解救出一名女大学生。

（佘红梅）

潇湘街道

【概况】 因境内“潇湘街”得名。位于北纬26°54′39″~26°55′58″，东经112°31′57″~112°33′36″。地处湘江与蒸水交汇处西南部。东临湘江与珠晖区隔江相望，西至蒸湘北路、明翰路、蒸阳北路与青山街道相连，南达司前街、中山北路、柴埠门与人民街道接壤，北傍蒸水与五一街道、黄沙湾街道隔河为界。辖区东西最大距离0.92千米，南北最大距离1.1千米，总面积1.1平方千米。办事处驻演武坪44栋，电话区号0734，邮政编码421001，行政区划代码430407003000，距石鼓区人民政府4.1千米。2016年，街道辖6个社区，有居民15649户44346人，流入人口5688人，流出人口2908人，人口出生率为12.18‰。（陈春香）

【经济】 街道完成企业总产值7.15亿元，完成年计划的101.3%。新增商业网点37个。1—12月，完成社会消费品零售总额4.5亿元，同比增长10.8%，增幅为10.52%，骨干企业完成税金为69万，确保商业销售、税金、利润三大指标稳步增长。截止到2016年12月全街纳入联网直报平台的限额以上商贸业企业共计14家，其中批发零售业企业11家，住宿餐饮业企业3家。全街纳入统计平台的投资项目共36个，完成固定资产投资6.2亿，同比增长12.9%。5000万以上城镇固定资产投资项目1个，拟完成投资1.2亿元。完成固定资产1000万元以上的项目12个，完成投资总额15600万元，其中：用于设备购置的6572万元，引进资金4900万元，自有资金4128万元，完成利润497万元，完成税金231万元。（陈春香）

【城市管理】 全年共清理牛皮癣张贴10万余张、堆物604处、垃圾6000余车；拆除违章违法建设46处，面积约2100平方米，拆除违章地锁36起，共96把；在违规占道经营专项整治中，共取缔店外经营11户，暂扣占道经营工具30余件，没收店外广告招牌6个；规范户外广告设置，共查处违章广告牌137余起，拆除面积约627平方米。收缴、拆除破旧广告灯箱站牌280余块，规范店牌店招360余个，拆除各类广告牌170多块，其中中大型户外广告10多块，发放整改通知书5000多份；规范马路市场，整治古汉大道占道经营的宠物市场，引导宠物市场迁往蒸水南堤风光带下，形成规范性经营模式并纳

入常态化管理。 （陈春香）

【文明创建】 以“全民创建手牵手，文明潇湘心连心”为理念，发动各方力量全身心投入创建工作当中。在辖区显眼地方绘制文明创建文化墙300平方米，改造老同兴菜市场为农超合一菜市，改变以前脏、乱、差的农贸市场环境。修建400余平方米湖湘文化小游园，新栽种23株树木，增加供市民娱乐、休闲的设施2套，石椅石凳4套，路边长椅8把。开展相约文明学习活动32余次，分别以“爱国、敬业、诚信、友善”为主题举办道德讲坛，受教育人数达3000多人次。广泛宣传发动群众推荐身边好人好事，筛选3名群众认可、经得起评议的候选人参评衡阳市道德模范。开展“我们的节日”等活动，开展最美家庭评选，不断深化爱国主义教育、孝道教育和礼仪教育，引导人们传承优秀文化和传统美德。街道办事服务大厅实行领导带班制，做到一个窗口受理，一站式服务，建立窗口人员工作规范，统一着装，以微笑服务接待来访群众，加强窗口人员业务培训，提高办事效率与质量，邀请辖区居民代表投票，开展文明窗口服务评比，高效办理“12345”工单，专人跟进加强后续服务。

（陈春香）

【综治维稳与平安创建】 街道与辖区坐落79个单位签订综治目标管理责任状，各社区设调解室，调委会主任由社区党支部书记兼任，调解员由群众从老干部、老党员中推选，全年成功调解多项案件。充分发挥街道、派出所、社区三级巡逻队的积极作用，加大巡逻力度，形成防范网络，进一步推进防控体系建设。以“平安创建”为主题，先后在石鼓广场、西湖公园及大型居民小区内开展“国家宪法日”“禁毒月”等各类法律法规宣传活动，利用会议、板报、社区周周乐、发放宣传资料等多种形式向广大人民群众宣传《信访条例》等与群众生产、生活密切相关的法律法规，增强群众的法制意识，营造良好的社会氛围。2016年，全街道共接待群众来访15例共38人次，已办结13件，办结率为87%，全年共接到区信访局交办件7件，已签订息访息诉协议1件，办结4件，办结率71%。在重点节假日期间，设立“五包一”责任制度，将人员责任细化，努力做好信访稳定工作。2016年，信访办共在网上录入、解决信访问题22件，其中来人来访网上录入15件，省、市、区交办信访问题7件。 （陈春香）

【文化体育】 街道不断强化“文化自信”，加快文体设施建设，完成社区健身设施全覆盖。设立全民健身晨晚锻练点6个，司前社区和石鼓社区新增健身路径2套。先后组织辖区群众积极参与全区组织的“幸福蒸湘、和美雨母”市民徒步大会、象棋比赛及全区“体育达人”、广场舞大赛和全民健身日等活动。不断加强社会体育指导员的培训和管理，积极开展文化团体各类学习、义务演出活动，提高文艺团体的专业水平。年末，街道文化站有文艺团体11个，全年开展“社区周周乐”活动10场，观众4000余人，选送的文艺节目获石鼓区“欢乐潇湘、幸福石鼓”文艺汇演三等奖。

（陈春香）

【卫生和计划生育】 2016年，街道已婚育龄妇女8493人，流入人口5688人，流出人口2908人。期内出生437人，其中男孩229人，女孩208人，出生性别比为110，人口出生率为12.18‰，符合政策生育率为97.58%。全年为居民办理一孩生育证163份、二孩生育证175份，申报录入城镇独生子女父母奖励人员信息3408人，新增独生子女伤残家庭扶助对象11人，为326户纯居民独生子女发放独生子女保健费，为街道办事处工作人员和居民独生子女困难户购买意外伤害保险110份。社区服务中心为辖区的3244人建立健康档案，为辖区居民、育龄妇女提供健康普查，为待孕育龄人群提供免费孕前优生健康检查，开展生育关怀活动，累计慰问困难家庭161户，慰问金、慰问物资合计约35900元。2016年，在全市卫生和计划生育工作年度考核中，潇湘街道被评为全市先进单位。 （陈春香）

【武装工作】 坚持党管武装，街道党工委多次深入研究武装工作，把武装工作纳入街道党工委、街道办事处的年度工作计划统一安排部署。街道设武装部，配备部长1名，武装干事1名。2016年，通过民兵整组，街道民兵总人数共5036人。在兵役登记工作中，全面摸底，严格把关，确定预征对象194人，输送新兵13人，高质量完成征兵工作任务。街道人武部于2016年被区人武部评为先进单位。 （陈春香）

【社会保障】 2016年，辖区内城镇新增就业人员1056人，下岗失业人员再就业685人，就业困难人员再就业220人，零就业家庭动态清零，离校未就业高校毕业生动态就业援助100%。全力推动小额担保贷款工作，帮助5人申请小额担保贷款共计50万元。办理发放“就业失业登记证”178本。开发社区公益性就业岗位132个，其中安置了77名参战和军残等军退失业人员再就业。全年为各类企业推荐就业人员801人，使524人顺利就业。继续加大对就业困难群体的帮扶力度，为78人办理灵活就业人员社保补贴。城镇居民社会养老保险有55人征缴，缴费金额为5.9万元，完成全年任务数147%，得到区社保局的通报表扬。街道登记注册离退休人员6518余人，协助异地认证30余人次，上门为老弱病残人员登记注册56余人次，全力确保注册登记准确率达到100%，城镇居民基本医疗保险参保10906人次。 （陈春香）

【民政优抚】 街道新纳入低保56户、92人，全年有1505户、2586人享受城市低保，发放低保金9744350元。至11月底止，取消72户、202人，对个别家庭因病突发事件造成困难的情况，重点开展临时困难救助，医疗救助等。加大殡葬改革宣传监管力度，辖区居民死亡人员火化率达100%。街道65岁以上的老人5426个，90岁以上高龄老人56人。双拥慰问120人，慰问金40400万元。残疾人919人，全年取消不符合两项补贴（护理补贴、困难生活补贴）54人，为重度残疾人申报残疾人护理补贴共28人，为生活困难残疾人申报困难生活补贴188人，组织“残疾人一日捐”活动共募捐3840元，为3名0~6岁贫困智力残疾儿童实施康复救助。全年发放孤儿生活费33840元。在2016年石鼓区“朝阳助学、播种希望”慈善助学活动中，为两户贫困优秀学生发放了助学金。低收入家庭符合公租房补贴794户、1485人。

（陈春香）

【党建】 辖区内有党员2136人，其中直管党员672人，驻区党员735人，在职党员687人，流动党员42人；共辖7个党总支，（其中6个社区党总支，1个非公经济组织党总支），67个党支部，（其中1个街道机关党支部，3个非公经济组织党支部，41个网格党支部，22个驻区党支部）。街道对网格中的1218名网格党员志愿者挂“共产党员户”牌，公开亮身份，党员志愿者根据自身特长主动到网格认岗领责，分别给予社区居民细致化、个性化、专业化的服务，充分发挥党员志愿者的先锋模范作用。目前党员志愿服务品牌分别有：演武坪社区巾帼志愿服务队、石鼓社区孝心志愿服务队、司前社区彩虹志愿服务队、长青社区老爸老妈志愿服务队、长青社区同伴教育戒毒联盟志愿服务队、桑园社区法制宣传志愿服务队、蒸水社区廉政宣传志愿服务队等。 （陈春香）

五一街道

【概况】 因五一路贯穿全境而得名，位于北纬26°56′01″~26°57′56″，东经112°31′52″~112°33′43″，地处石鼓区东北部，东起湘江，西至雁栖湖，南临蒸水河，北靠合江套，面积4.42平方千米，辖6个社区（建设新村社区、草桥社区、杨家坪社区、来雁塔社区、望城路社区、畔湖路社区）和1个行政村（建设村），常住人口约3.4万，流动人口6642人。街道办事处驻建设新村54栋，电话区号0734，邮政编码421005，行政区划代码430407004，距区政府驻地5.3千米。辖区驻有市田家炳中学、市逸夫中学、市第三人民医院等单位，驻有五一

综合批发市场等企业和2280户个体工商户。（邓小波）

【经济】 街道辖区内企事业单位、个体经营户共计2280家（第三次经普数据），同比增长3%。规模以上工业完成产值6.77亿元，同比增长5.3%，完成税金0.15亿元，同比增长4.8%，限上商贸业完成商品销售额6.5亿元，同比增长19.8%，新增网上直报企业4家，网上直报服务业收入实现1500万元。辖区内五一副食品批发大市场占地面积143亩，拥有门面109间，从业人员3000余人，年营业额7500万元。辖区内共有宾馆2个，休闲娱乐场所13家，建设新村市场、建设村集贸市场共有经营摊位413个。大力推进招商引资，全年引进17家企业，投资规模达5.4亿元，其中13家已经开始营业。

（邓小波）

【重点项目】 街道完成来雁新城一期项目，包括杨家坪码头项目、三医院家属区项目、来雁西路及阀门厂安置地项目，合计完成征地130亩，拆迁938户、101635.6平方米，全部拆迁到位并妥善处理拆迁遗留问题。全年共处理合江新村棚户区改造项目、五一路二期安置项目、湘水左岸项目安置遗留问题107户。已完成约625亩西扩统征土地项目。11月15日正式启动了来雁东路的项目拆迁工作，已签约40户。蒸水北堤风光带项目，已进入摸底评审阶段。（邓小波）

【城市管理】 街道进一步加强创建文明卫生城市工作力度，落实环境长效管理机制，实行责任区管理，责任区范围内的问题，由责任人牵头负责解决。全年街道投入近60万元用于清理“牛皮癣”、违章拆除工作，共拆除广告、横幅80多条，清理牛皮癣小广告40000多张，收缴门店外摆的广告招牌60多块。拆除违章建筑20次1000平方米，清理楼栋525栋1384个单元，5吨级垃圾车清运垃圾486车。加大城建（城管）控违力度，全年无新违建发生。开展专项整治行动30余次，重点对五一路、蒸阳北路、建设新村菜市场周边、逸夫中学门前及水口山二厂马路市场等违章占道摊担、流动摊担进行整治，暂扣违章经营物品150多起。对乱吊乱挂的横幅、广告见到一处，拆除一处。（邓小波）

【环境保护与安全生产】 全年街道组织10次环境保护与安全生产大检查，重点排查整治工程机械、易燃易爆物品、消防安全“三查三清”、农电安全，在环境保护与安全生产“百日大整治”中，共排查企业及公司20家，经营及生产性门店、小作坊159家，对发现的问题的16家企业、公司以及46家门店、小作坊，配合上级执法部门予以整治到位。街道还组织力量对港口、码头、沙场、河道进行了4次大规模清理，对5家建筑施工单位进行专人负责督促，对危房及山体滑坡处安排值守。确保环境保护和安全生产各项工作落到实处。（邓小波）

【人民生活与社会保障】 全年，街道纳入低保1251户，月发放低保金708020元。严格实行低保动态管理，因各种原因取消低保109户（人数258人，金额59880元）。加大失地农民低保保障，全年纳入农村低保20户，保障人口33人，月发放金额4320元。加大重大疾病关怀，为辖区艾滋病13户解决月保障金额420元/人，对艾滋病人的病情进行保密，并免费为其办理医保。“特困人员”11户，月保障金额510元，月发放金额5610元。全年累计安置城镇新增就业人员532人；安置下岗失业人员303人；安置就业困难人员104人；实现零就业家庭就业援助动态清零；新办企业52个，带动就业101人；办理失业证527人。办理下岗职工养老保险补贴109人，办理失地农民城乡居民社保享受待遇58人；安置3名军退人员；办理农村居民社保252人；完成城乡居民社保基金征缴2.5万元；分社区对居住的退休人员进行退休年检，全年完成5200人的网上建模认证工作；居民医保全面改革，新型农村合作医疗保险和城镇居民基本医疗保险合并，实现医保征缴9600人，征缴基金103万元。（邓小波）

【人口和计划生育】 全街常住人口3.4万人，已婚育龄妇女

6325人，已采取各种节育措施5217人，当年出生325人，出生人口性别比为108.33；符合政策生育率97.53‰，全年新婚115对；初婚率3.16‰；街道辖区内正常死亡194人，流入流动人口6642人，已婚育龄妇女2194人。全年开展各类宣传活动15次，发放各类宣传材料5000余份，发放各类避孕药具11480份，接待计生政策和相关知识咨询1300余人次。全年街道投入10万元用于卫计工作的奖励扶助、宣传教育和培训。（邓小波）

【综治维稳与平安创建】 抓好“两会”期间维稳工作，打消王华生等7名涉军人员进京上访的念头。有序开展矛盾纠纷排查工作，共排查矛盾纠纷84起，成功调解纠纷25起，调解率达100%。积极宣传好禁毒工作，开展“社区戒毒中心”系列活动，按规定和要求对社区矫正人员进行规范化管理。坚持每月10日、20日集中对在册矫正对象进行教育，加大管理。街道6名矫正对象无一例人员脱管、漏管和重新犯罪的现象发生，保证上级司法机关所下达矫正任务的落实。（邓小波）

【人民武装】 认真履行武装工作职责，开展国防教育、民兵军事训练、民兵整组、兵役登记等工作，提升辖区国防后备力量建设水平。（邓小波）

【人大和政协工作】 认真办理人大代表议案建议和政协委员提案。定期举办人大代表活动，发挥人大代表接待室、“人大代表信箱”“代表履职档案”作用，激发代表履职活力。开展“居家养老”“进社区、听民意”等政协委员活动，收集群众意见和社情民意31条。（邓小波）

【党建工作】 积极开展“两学一做”学习教育，共开展27次教育活动，参加党员达1988人次。加强作风整顿，对“雁过拔毛”式腐败问题及“纠四风、治陋习”进行专项整治，对全面自查、专项检查中发现和群众反映的突出问题，不分时间界限，及时进行了核查和处理。抓好基层党组织的阵地建设和制度建设，落实社区办公用房，做到党建制度上墙，继续推进党代表工作站建设，定期实行党代表接待党员群众制度。加强非公经济组织的党建和入党积极分子的培养，推选3名民营企业入党积极分子参加了区委组织部组织的培训，以33%的比例向民营企业发展预备党员。抓好企业改制党员接收工作，累计接收界牌瓷厂等4个改制企业党员273名。做好辖区内党员发展，全年共发展党员7名，为党建工作注入了新鲜血液和活力。（邓小波）

【社区建设与文明创建】 积极开展社区“三清三建”工作，全年投入80余万元对辖区内所有社区开展牛皮癣及楼道堆物集中清理整治行动，清除违建2000余平方、“牛皮癣”近10万处、粉刷外墙1200平方米、清理垃圾堆物940吨、下水管道1200米、平整路面2000米、建绿800平方米、建园3处，全面实现了沟通、路平、灯亮。积极推进社区文化建设和“四点半课堂”活动，建设新村社区被评为“全国科普教育示范社区”。社区建设扎实推进，继2015年完成建设新村、杨家坪、望城路三个社区“两化两体系”建设后，2016年又高标准完成了来雁塔社区的“两化两体系”建设。扎实开展文明创建工作，全年出资30余万元，在辖区范围内树立永久性宣传栏65个、粘贴制作宣传海报66幅、悬挂横幅138条、绘制文明创建文化墙500平方米、发放各类宣传资料30000余份。开展17次“我们的节日”主题活动和“万人签名活动”，提高群众文明创建的关注度与参与度。（邓小波）

合江街道

【概况】 合江街道成立于1988年，位于石鼓区中部，东临湘江，西至107国道，北与金源街道接壤，南抵望城路与五一街道相连，湘江、蒸水、耒水三江在此汇合，故有三江汇聚之地之称，合江因此而得名。街道辖区总面积8.5平方千米，总人口27559人，辖2个行政村（江霞村、五一村）和5个社区（江雁社区、合江套社区、柏树嘴社区、五里牌社区、七里井社区），有国有、集体、私营企业及事业单位40个，中学1所，小学2所。街道下设党政办、财政所、重点办、经济办、卫计办、民政办、农办、劳保站、安环站、综治办、司法所、城管中队、控规拆违办。

（刘　芳）

【经济】　全街实现国民生产总值9.218亿元，同比增长10%；规模工业产销值达7.102亿元，同比增长16.05%，超预定目标6.95个百分点；完成全社会固定资产5.834亿元，同比增长11%；实现社会消费品零售总额7.172亿元，同比增长15%；引进内资12个，投资总额达10.87亿元；完成新开工新竣工建设并办理工商税务登记投资2000万元以上的产业项目7家，其中新开工建设并办理工商税务登记投资5000万元以上的产业项目4家；新增规模工业企业2家（含1家文化产业）、新增限额以上服务业1家、新增商贸业4家；新开工项目完成8个，新竣工完成1个。

（刘　芳）

【重点工程与项目建设】　来雁新城项目已实现辖区内集体土地全征；集体土地完成房屋拆迁签约565户、10.4万平方米，国有土地完成房屋拆迁签约39户、1904平方米，全年共拆除476户、8.6万平方米；江霞安置地已完成3栋电梯房和12栋楼梯房封顶，谢家路、后街路A片、源湘路和友爱、五一安置地工程建设进展顺利。石惠家园项目已建保障性住房66栋、3170套，面积约156700平方米；二期安置房项目已完成青苗清点及集体设施的测量工作。二环北路项目已完成隧道口20余亩的交地和施工建设工作，征拆厂房5000余平方米，完成房屋拆除172户、2.4万平方米。北三环项目已完成项目中滨江投部分的124亩征地，征拆房屋232户、3.3万平方米。

（刘　芳）

【人口与计划生育】　街道总人口数为27559人，流出2197人，流入1145人。出生286人，符合政策生育98.60%，人口出生率为10.38‰，为流动人口建立健康档案1123人，建档率达94%，计划生育统计准确率100%，群众满意率98%，综合治理到位率98%。确认农村部分计划生育家庭奖励扶助对象114人，新增加27人、退出1人；计划生育家庭特别扶助对象65人，新增加6人、退出3人；落实城镇独生子女父母奖励4256人，发放奖励扶助金460560元。对65户计划生育特别扶助家庭建立信息档案，建立“双岗联系人制度”，实行第一责任人、第二责任人帮扶制度，为他们送去关心和精神慰藉。2016年，合江街道被评为“湖南省依法办事示范窗口单位”“衡阳市计划生育优秀单位”。

（刘　芳）

【城乡建设】　控违拆违工作取得好成绩，全街共控违拆违30户，拆除违章建筑2420平方米；“三清三建”活动中，街道组织力量对五一路、望城路等主干道进行重点整治，共收缴早餐店桌椅共11套，对路段乱摆摊担共整治40余次；全年共清理5个社区内的牛皮癣310410张，清扫废弃物3800车，清除违章搭建和非法广告30000平方米，沁园小区“三建”工作有序推进。　（刘　芳）

【安全生产】　2016年4月，街道与辖区各村、社区及36家坐落单位签订安全生产、食品安全及消防安全责任状。6月，开展安全生产月宣传及教育活动，发放9600余张宣传资料，张贴宣传标语160余条。对莱德生物停产期间的2个氨气罐、2个黄磷池重大危险源督促搬迁，解除辖区最大的安全隐患。开展安全生产大排查活动，发现安全隐患30余起，整改落实20余起。　（刘　芳）

【人民生活与社会保障】　2016年，街道新增城镇就业360人，完成全年任务数的120%；新增创业主体50个，创业带动城乡就业120人，帮助5名自主创业人员成功办理申请小额担保贷款计50万元。完成城乡居民养老保险缴费62800元，为来雁新城项目被征地农民办理养老保险1857人，为5717名退休人员办理退休认证。为80人开展农村一人一技培训。全街保障城市低保对象1107户

2009人，发放城市低保金779万元，人均月补助318元；保障农村低保对象93户186人，人均月补助186元；发放救灾资金5万元，发放孤儿救助金4.05万元，发放廉租房补贴金80.3万元，发放城乡医疗大病救助资金2万元，办理门诊救助23人。（刘　芳）

【文明创建工作】　街道党工委、办事处把文明创建工作作为街道的重要工作和中心工作来抓，成立了专门的工作队伍，制定严格的工作制度，落实了专项的工作经费，确保文明创建工作高效有序推进。街道新增“衡阳市民文明公约”“节俭传下去　中国万年福”“日子好过　惟有勤劳”“关注一个成长的心灵　播种一个灿烂的明天”“文明交通　文明诚信　文明礼貌　文明用餐　文明旅游　文明观赏　文明用语　文明礼仪”“知法守法你我他　幸福平安千万家”等社会主义核心价值观和中国梦等相关宣传牌1000余幅，大型户外宣传海报1000余平方米，设置文明创建宣传建筑围挡600余米，发放宣传册万余份，悬挂张贴各类宣传横幅、标语500余条；通过开展形式多样的宣传，辖区内居民群众的文明意识得到进一步加强。同时，充分利用社区道德讲堂、市民学校、家长学校开展社会公德、公民道德、职业道德、家庭道德和未成年人思想道德教育活动，提高居民道德品质，并组织志愿者开展义务清洁环境卫生及文明交通劝导活动。10月下旬，街道开展“全民学习周”活动。（刘　芳）

黄沙湾街道

【概况】　辖区东西最大距离2.2千米，南北最大距离2.4千米，总面积约6平方千米。街道办事处驻蒸湘北路222号。2015年11月，根据省民政厅湘民行发〔2015〕29号文件精神，将松木乡、黄沙湾街道成建制合并设立新的黄沙湾街道，并设立松木片区便民服务中心，为黄沙湾街道派驻机构。街道区位优势明显，交通便利，是衡阳市城区北大门。街道常住人口9757人，流动人口7796人，辖团结、进步2个管理处和雁栖湖、辖神渡2个社区居委会。辖区内有市国安局等坐落单位30余个。（说明：不含松木片区便民服务中心情况，下同。）（廖荣斌）

【党建工作】　街道党工委辖7个党支部，有党员357名。街道党工委以中共十八大精神为指导，在基层扎实开展“两学一做”学习教育，坚持每月一调度、每月一督查、每月一通报。党工委每个季度至少组织召开一次会议专题研究党建工作。在村（社区）干部中严格实行“双述双评”制度、村、社区支部书记任期和离任经济责任审计制度，村、社区干部工资严格按照目标管理和绩效考核制度执行。建立党建工作站，成立以党务工作专职副书记为站长、专职组织委员为副站长、组织干事为成员的工作小组，重点对党员组织关系、党费收缴、党员违纪违法未给予相应处理情况、基层换届、非公经济组织等七项重点工作进行全面排查。2名失联党员已取得联系，基层党组织全部按期换届，党费收缴党员自查共补交党费4290元，非公经济组织排查工作全面深入开展，摸排非公企业70家。全年发展党员6名。党员档案进行专项整理。非公有制经济组织志邦物业因为党组织班子配备不齐、书记缺职、长期处于软弱涣散状态，经党工委研究通过整顿方案，建立了由区委常委、区政府党组副书记曾梦龙，街道党工委书记文鸣挂点，党工委副书记廖红波为第一书记的倒排联点领导小组。通过整顿，该支部建立了党员活动室，配备整套远教设备，完成了支部换届，党建工作走入正轨。2016年，街道大力推进社区廉政文化建设，成功打造雁栖湖社区廉政文化示范社区，在社区中制作宣传板50余块、廉政宣传标语80余幅，张贴廉政小标语100余幅，设置社区廉政文化读书阅览室，收集廉政教育书刊50余册，设置廉政文化座谈室，进行廉政教育。各社区充分利用社区市民学校、先锋家园、活动室、阅览室、小区宣传墙等场所，运用社区微信公众号、QQ群等媒体，采用图片、文字等多种表现形式，在小区营造“知廉、崇廉、倡廉”的浓厚氛围。组织文艺骨干，将廉政文化与文明城市创建、公民思想道德建设、精神文明、诚信礼仪等内容相结合，编排以颂廉洁、除陋习、树新风为主题的小品、表演等文艺节目，在小区巡回演出，深受居民喜爱。在“七一”纪念建党95周年系列活动中，举办了“颂廉歌咏比赛”、党章知识问答活动，共200多名党员、群众参与。深入开展廉政文化进家庭活动，印制《家庭助廉倡议书》500余份。同时，设置廉政监督举报箱，公开社区廉政监督电话，依托社区、家庭和群众的力量，提高对领导干部的社会监督力度。抓好巡视问题整改落实。在街道范围，对巡视组反馈发现的问题进行集中通报，不断加强警示教育。反馈的3大类9个方面的问题全部整改到位。按照区委要求，先后组织开展“为官不为”问题专项整治、党员干部和国家公职人员投资入股经商办企业、参与企业集资或收受企业干股专项整治、“纠‘四风’、治陋习”专项整治、“雁过拔毛”式腐败问题专项整治、违规收送红包礼金专项整治及换届风气监督工作。全年街道在工作纪律方面处罚干部31人次。（廖荣斌）

【深化改革】 2016年，街道认真落实《石鼓区委全面深化改革领导小组2016年工作要点》《黄沙湾街道十三五规划》精神，坚持改革创新。2016年财政收支预算实行网上公开，在8月初全部实行公务卡结算。街道已建成市级创业孵化基地2家，即华源装饰材料大市场创业孵化基地和中湘五金机电大市场创业孵化基地。推进“雁归兴衡”创业计划，促进返乡农民工创业，辖区团结管理处五组村民杨志勇放弃在外高薪工作，回乡创业，带动村民致富。辖区内原无一家大型农贸市场。经区、街两级领导积极工作，引进连锁超市性质的农贸市场入驻，雁栖湖社区文鼎苑引进99社区超市，辖神渡社区引进“西国领邦”有机绿色健康蔬菜超市落户华瑞园。拟订本级生态文明建设相关制度和工作措施，重点抓好蒸水河流黄沙湾段生态补偿试点，取缔1家养殖场。全面开展“三清三建”工作，绿化面积大幅提高。认真落实领导干部“五个一”和“三书两报告”制度，“三重一大”工作要求。干部实行竞争上岗、双向选择，对街道内设的站、办、所、室进行合并。打造“一站式便民服务中心”，健全工作制度，规范中心运行，严格绩效考核，严格执行“首问负责制”“限时办结制”“责任追究制”及《街道考勤管理制度》，减少行政审批程序和环节，制作“便民联系卡”，实行正常办公与预约服务、上门服务相结合工作机制。以“一支部一居一站”为架构，打造全市社区“两化两体系”建设示范标杆。实行优惠政策，吸引优秀人才参与街道、村（社区）工作，登记企业高端人才5人、优秀社会工作人才1人。

（廖荣斌）

【经济】 街道引进楼宇经济企业8家，超过3个任务指标。全年新增工业企业25家，9家企业完成“小升规”申报，实现工业总产值1.25亿元，同比增长15%。每月及时完成43家商贸业、工业、服务业等企业各项经济指标联网直报工作。辖区内新增商贸、文化企业49家，规模商贸企业实现收入9599万元，同比增长14%。新增网上直报企业5家，网上直报服务业收入实现337万元，同比增长11%。社会固定资产投资3.35亿元，主要是商贸投资，完成年度的48.5%。辖区内5000万元以上的重点项目有3个，分别是广本4S店搬迁重建项目，拟投资8800万元；国际名品商业中心项目，拟投资1亿元；雁栖湖综合开发项目，拟投资3亿元。

（廖荣斌）

【财政】 街道全年财政收入总计355万元，其中经费拨款285万元、上级专项拨款70万元。全年支出总计355万元，其中基本支出175万元（工资福利支出126万元、一般商品和服务支出15万元、对个人和家庭的补助34万元）、项目支出180万元。全年预算收支平衡。（廖荣斌）

【重点项目】 2016年，街道在重点项目建设中，主攻征地拆迁，征拆人员精诚团结、求真务实、不畏艰难，创新工作方法，做到三个“突出”：即突出“一线工作法”，针对村民对拆迁期望值过高的问题，实行一线办公、一线协调、一线处理，做到小问题，当场处理；重点问题，及时处理；困难问题，上会协调，将问题解决在萌芽状态。突出政策宣传引导，利用锦绣黄沙湾微信公众号、新闻媒体等形式多样的途径，加大政策宣传力度，做到政策家喻户晓。突出依法拆迁，针对漫天要价、无理取闹、阻扰工程正常建设的个别现象，坚持依法依规办事，做好过细工作，确保项目建设顺利推进。街道先后提前完成雁栖湖项目第四期87户、355套安置房分配和蒸水北堤项目桔子山安置小区39户87套安置房分配任务；提前完成广本4S店拆除搬迁和补评工作，扫清了蒸水北堤风光带项目最后障碍，快速推进蒸水北堤风光带项目建设和耀江贯岛公路的施工建设。雅士林新增项目征地90亩正在财政评审中。老107国道完成地质勘探工作。内环北路、蒸阳北路、外环北路、虎形山公园等公共公益项目落户街道，并得到顺利推进。（廖荣斌）

【民生保障】 街道共有城市低保对象55户，保障人口94人，月保障金额30760元，月人均327.23元；1—11月共发放城镇低保金342220元。农村低保对象92户，保障人口175人，月保障金额35130元，月人均200.7元，1—11月发放农村低保金320590元。6月，街道开展低保大清查，共取消城镇低保10户、21人，新增低保对象2户、2人；取消农村低保29户、39人，新增农村低保7户、17人，真正实行动态管理，做到应保尽保、应退尽退。春节期间共走访慰问特困户12户，发放低保慰问金4800元。街道年内农村低保兜底脱贫对象3人、5户，月人均保障金额242元。通过银行帐户发放自然灾害生活补助资金15000元。春节期间，发放冬季救灾大米48袋，棉被16床。大力开展“慈善一日捐”活动，发动机关、社区、村干部捐款3750元。黄沙湾街道有2名孤儿，共发放孤保金9105元。针对低收入群体，发放廉租房补贴22户、38人，共发放补贴金36930元。为62人申报困难残疾人生活补贴，其中新增43人；为48人申报重度残疾人护理补贴；为21个困难残疾人申请机动车燃油费补贴；为团结管理肢体残疾人杨又生、进步管理处肢体残疾人杨波申请无障碍改造；为16个困难残疾人申请了居家托养服务；运用专项彩票公益金专项资金对杨喜杰、胡吟2名自闭症儿童、脑瘫儿童实行康复救助；为听力障碍患者杨良栋等人申请了助听器。2016年，街道坚持每周召开就业援助工作例会，工作人员每周到社区和管理处走访不少于2次，送政策、送服务上门；每季排摸1次失业人员信息，及时掌握变动情况。全年新增城镇就业416人，达标指数130%；新增创业主体100个，带动城乡就业人数231人，达标指数125%，大学生创业11人；零就业家庭、就业困难家庭安置率都达100%；农村人力资源开发三年行动计划进展顺利，年底前完成70人任务；失地农民社保政策宣传到位，320人递交了资料，203人办理了社保。城乡养老保险征缴完成3.2万元，达指标数106%。点对点，面对面为广大村（居）民办理医疗保险共计5647人。2016年，街道重点民生实事工作进展顺利，6项任务指标已全部完成。残疾儿童实施抢救性康复指标4人，完成指标6人，完成指标150%。危房和棚户区改造124户，完成指标100%。新增城镇就业目标任务320人，实际完成416人，完成指标130%。法律援助案件全年5件，完成10件，完成指标200%。重性精神疾病患者救助工程完成2名，完成指标100%。精准扶贫，目标任务61人贫困人口脱贫，完成201人，完成指标330%。新增社会治安视屏监控摄像头10个，完成10个，完成指标100%。（廖荣斌）

【人口与卫计工作】 2016年，街道期末总人口17553人，其中常住人口9757人，流动人口7796人，已婚育龄妇女2379人，年符合政策生育率96.28%。建立计生网格数28个；楼栋数435间；房间数9809间；已绑定人口数20474人；现居绑定人数18903人；从业绑定人数2956人。接收生育服务证资料112例，办结112例；办理一孩生育服务证

45个；二孩生育服务证80个；独生子女证15个，流动人口婚育证明30个。街道享受国家“两扶一奖”36人；领取独生子女保健费149户；落实两女结扎户100元/月奖励直到小孩满18周岁止的奖励待遇34人。设立生育关怀基金，通过以关爱女孩行动为突破口，坚持为计划生育家庭户购买意外伤害保险，全年购买保险1.37万元，被保人114户。2016年春节，发放计生对象困难慰问金2.6万余元，实行手术费、药费全免。做好避孕节育知情选择、分类指导、上门随访三个关键环节。组织参加国家免费孕前优生健康检查，发放药具4912人次，药具应用率、随访率均达100%；利用街道服务室B超查环、查孕6177人次，其中查出患妇科病291人，及时治疗291人。

（廖荣斌）

【文明创建与城市管理】2016年，制订《黄沙湾街道文明创建迎测工作实施方案》和《黄沙湾街道文明创建迎测任务责任清单》，进一步分解细化街道文明创建迎测工作目标任务，主要分为宣传氛围、市民素质教育、突出问题整治三大块的21项具体目标任务，每一项都明确责任单位、责任人、责任领导及工作措施、工作完成时间节点。尤其是在突出问题整治上，每一项问题都明确整改方案、整改措施、整改责任人和整改时限。街道加强文明创建宣传，驻点干部联合各管理处、社区一起查漏补缺，深入到各个网格、村民小组中，逐一上门入户宣传文明创建有关知识和创建标准，张贴文明创建公益宣传广告和挂图，充分调动辖区村（居）民参与热情，营造浓厚创建氛围。2台宣传车在每天早、中、晚各集中1个小时分别出动，进小区入农家巡逻宣传文明创建。制作大型公益栏宣传栏12块，辖区内各单位的围栏、围墙、挡墙在原有的基础上增加设置文化长廊8个。辖区单位和商业门店led电子屏全部插播宣传社会主义核心价值观24字或创建文明城市知识、标准。在街道醒目位置与居民楼栋单元间张贴文明创建宣传标语或文明提示800余幅。充分利用微信、短信平台、QQ群及社区广播等新手段宣传文明创建。开展形式多样的文明创建宣传及志愿服务等各类活动16场次，投入资金60余万元，提升辖区村（居）民对创建工作的支持和满意度。2016年，共查处违法搭建50余户，下达各类通知书100余份，拆除40户，同比去年下降25个百分点。对辖区各路段的乱张贴、乱停放、占道经营和跨门经营、无照经营进行全力整治，共整治100余家、180多次。向辖区内的店面、流动摊贩、其他经营户、进行宣传教育并发放“门前三包责任书”。规范雅士林安置小区市场和进步二组马路市场的经营时间和地点。扎实推进“三清三建”工作，参与“三清三建”综合整治行动20余次，清除堆物53车（小车）、“牛皮癣”800余处、广告横幅230余处，查处32起乱倒垃圾行为，对电信小区实施管线改造，建立电信示范小区，得到小区居民赞扬和上级好评。

（廖荣斌）

【教育、科技、文化、体育】 街道有小学3所、幼儿园5所、综合文化站1个、社区学校2个、社区文化中心2个、农家书屋2个，健身广场8个，教育文化体育网络覆盖全街。2016年，完成各类文体活动40多场次，开展社区教育30余场次，开展公共“电子阅览室”特色学习，经常性地开展市民文明学习活动和道德讲堂讲坛。现有文艺队伍8支，队员300余人；文化教育志愿者100余人；体育指导员30人；培训文化骨干400余人次。为丰富群众活动，实现文化惠民，一年来开展文化教育培训40余次，参加培训人数2000余人次；开展“社区周周乐”群众文化活动8次，参加人数4000余人次。

（廖荣斌）

【安全生产】 2016年，街道深入开展安全生产“大排查、大整治、大管控”三大行动。重点检查了辖区36家企业、建筑工地，全年先后开展了辖区单位隐患自查自改自报、非法行为排查、“打非治违”“监管执法年”“安全生产月”等活动，促进安全生产工作的开展与落实。街道党政领导带队，深入辖区内各单位检查，发现存在安全生产隐患的有443家，大多为消防隐患；存在安全生产非法行为的有64家，其中有12家为非法开挖地下室。通过“百日大整治”专项行动，共整治各类安全生产隐患120余处，其余的责令进行整改。全年组织执法活动104次，出动执法人员364人次，检查生产经营单位667家。开展安全生产宣传咨询、交通安全警示教育、安全应急演练等活动8场次，并充分利用QQ、短信、微信等宣传安全生产知识，发送安全生产短信、微信共计近3000余条，发放宣传资料6000余份。（廖荣斌）

【司法行政】 2016年，街道认真开展普法教育，坚持依法治理，努力做好人民调解、刑释解教人员安置帮教、社区矫正工作和法律服务等工作，充分发挥司法行政的职能作用。全年共排查矛盾纠纷52起，成功调处矛盾纠纷52起。黄沙湾街道司法所在册社区矫正对象3人，累计开展集中学习10次，公益劳动10次，没有不服从日常监管的典型，无重新犯罪现象。对现有的9名刑释解教人员采取逐一签订帮教责任书和“四帮一”措施，努力预防和减少他们重新违法犯罪。全年共完成法律援助案件10件，为当事人挽回经济损失15万余元。接受法律咨询40余人次。（廖荣斌）

【基层民主】 2016年，区人大代表换届，区选举委员会分配给街道选举口代表名额为17名。经过选民协商酝酿、党委推荐提名、组织考察、选民联名，共推荐提名区人大代表候选人28名。截至10月26日（选举日）晚上9：30，街道选举口11个选区顺利选举出区第四届人大代表17名，选出黄沙湾人大联组兼职陪审员1人。区人大会后，街道建立人大代表群众工作站1个，全市首个人大代表工作室1家，并建立人大代表接待工作具体制度。2016年，区政协委员换届，区选举委员会分配给街道选举口政协委员名额17名。经过推荐提名，组织考察，区政协委员选举工作取得成功，全街共选出区第四届政协委员17名。区政协会后，街道建立政协委员活动室，并完善相关制度。2015—2016年提交政协提案28件，其中2件被区政协评为优秀提案。街道还先后组织37人次参与区政协委员调研活动。（廖荣斌）

松木片区便民服务中心

【地理位置】 前身为松木乡人民政府，2015年11月，根据湖南省民政厅湘民行发〔2015〕29号文件精神，将松木乡、黄沙湾街道成建制合并设立新的黄沙湾街道，松木乡改为松木片区便民服务中心，为黄沙湾街道派驻机构。片区地处石鼓区北部，素有“雁城北大门”之称，交通十分便捷。境内107国道纵贯南北，怀邵衡铁路横贯东西，衡大、衡岳、衡邵、衡炎4条高速在此汇集，湘江四季通航，蒸湘北路、蒸阳北路、西外环线、二环路等城市主干道穿境而过。境内坐落单位较多，有湖南环境生物职业技术学院、省交警总队衡阳考场、中油新兴能源产业集团华南总部基地、市人防办等10余家省、市坐落单位。重点项目密集，在建的有来雁新城、怀邵衡铁路、二环路、湘环路与梽木路等20余个重点项目，即将开工建设的重点项目有惜香路、北三环、虎形山小学、横江湿地公园、107国道景观改造，拟建的重点项目有中油LNG储配站等。（李教虎）

【行政区划】 2016年，片区范围有松木管理处、青石管理处、朝阳管理处、松梅管理处、灵官庙村。朝阳管理处辖友爱、莱山塘、丰收、枫木塘、红英、双江、老屋塘、朝阳、大皂、农科、光明、立新、沙皂、榴根塘、利人15个组。松木管理处辖朱瓦屋、周坳、香炉丘、胜利、宋家湾、祠堂、庙山岭、新建、西牛咀、湾塘、王冲、洪塘、杉木塘、抄子塘、黄家垅、吕老屋16个组。松梅管理体处辖向阳、朱堰头、晒谷坪、朱家湾、东风、罗老屋、江老屋、麻雀塘、星子岭、红星、十方塘11个组。青石管理处辖团结、长塘、陈家垅、先锋、建新、净主塘、新塘湾、肖老屋、大花塘、燕子冲、新根塘、朱家塘、青石桥、金星、下乐塘、龙王皂、刘家湾、王高岭、肖前塘、肖家祠、林场21个组。灵官庙村辖仓子、伍家排、陈家州、长岭、张老屋、带子铺、何老屋、灵官庙、陈新屋、三板屋、乌鸦町、山堪、弓背塘13个组。2016年年底，人口1.28万人，面积27.85平方千米。（李教虎）

【内设机构】 2016年，松木片区机构由党政综合办公室、经济发展办公室、食品安全与安全生产监督办公室、农业综合服务站、村镇建设和规划管理服务站、文化综合服务站、民政和社会保障服务站、人口与计划生育办公室及人口与计生服务站、水利管理站、财政所、司法所等站、室、所组成。（李教虎）

【经济】 全片区经济运行稳中有进。实现工业生产总值11.11亿元，基本同去年持平；完成固定资产投资15.69亿元，增长10.4%；商贸企业销售总额完成23.89亿元，增长49%；财政收入1020万元，增长4.5%。

（李教虎）

【项目建设】 坚持以项目建设为抓手，一切围绕项目转，一切围绕项目干，重点项目进展顺利。全年完成征地1900余亩，在建项目红线内集体土地房屋全部拆除完毕。朝阳、青石、建新4个安置点建设正紧张施工。严厉查处破坏经济发展环境和项目建设的行为，加大重点工程建设环境整治力度，惩治强买强卖、强揽工程、强行阻工等不法行为，确保了重点项目的顺利推进。特别是在蒸湘北路置换地、莱山安置房及湘环路三个项目的征地拆迁工作中，片区率先执行市政府关于集体土地上征地拆迁安置的新政策，积极推行货币化安置模式，仅用半个月时间就完成了47户、26栋房屋近13000多平方米的拆迁工作；与此同时，在来雁新城项目建设过程中，仅用23个工作日就完成了友谊坟山600多棺坟墓的迁坟工作，加快了来雁新城项目建设。（李教虎）

【城乡发展】 全片区城乡发展统筹推进。积极推进农村房屋穿衣戴帽工程，高标准完成了青石管理处80栋房屋穿衣戴帽工程试点工作。全面加强控规拆违工作，制定新的《控违拆违建设管理办法》，全年累计制止违法建筑90余栋，拆除违法建筑2800余平方米，控制违法建房9000余平方米，有效遏制了违法建筑的滋生。深入推进农村环境综合整治，定期开展村级交叉检查，检查结果纳入年终绩效考核，促进了各村（管理处）推进工作的积极性。加大强农惠农政策落实力度，播种早稻600亩，中稻2000亩，落实冬种油菜面积1800亩。流转土地1300多亩，有力推进了农业规模发展、集约经营。畜牧、林业、水利等工作同步推进，年内，没有发生一起森林火灾，没有出现一例畜禽感染，没有出现一处汛期险情。（李教虎）

【民本民生】 加大对民生实事的投入力度，在2015年投资200万元为各村（管理处）安装500余盏太阳能路灯的基础上，2016年再投入260万元完成片区内剩余11千米组道的硬化，实现全片区组组通水泥路。高度重视精准扶贫工作，采取“四个一”的措施（帮助一代人受教育、帮助一批人就业创业、用好一批政策、建好一批设施）帮助贫困户脱贫，年内277户、474名贫困人口全部脱贫。加大就业创业工作力度，新增创业主体65户，创业带动就业98人，超额完成全年任务。新增转移就业749人，超额完成年度指标。全面落实低保政策，片区城乡低保共172户、336人，其中农村低保163户、324人，城市低保9户、12人。积极为困难家庭开展大病医疗救助，共为48人发放救助金36772元。狠抓人口和计生服务工作，全片区符合政策生育率达95.38%。深入开展打非治违、安全生产宣传月及大排查大管控大整治专项活动，全片区安全生产形势持续保持稳定。切实加强信访维稳工作，摸排各类矛盾纠纷35件，化解信访积案5起。（李教虎）

【党的建设】 全面落实村（管理处）党支部书记“双述双评”制度，层层传导责任压力。建立农村“135”治理模式，向5个村（管理处）党支部选派了“第一书记”和“五基”建设指导员。制定出台《村（管理处）干部规范化管理办法》，进一步加强对村

（管理处）干部的管理。圆满完成并村工作，配齐配强村临时党支部成员及筹备小组成员。加强党员队伍管理，推行党员示范卡制度，定期开展党员远程教育及冬春训，全面清查片区483名党员的组织关系。积极开展“两学一做”学习教育，召开动员大会，实现“两学一做”学习教育的良好开局。组织开展以“论共产党的信仰”为主题的专题学习讨论、“党章抄写月”等一系列活动，有力推进“两学一做”学习教育。6月25日，组织辖区内的400多名党员召开建党95周年庆祝大会，表彰10名优秀共产党员。大力开展纠四风、除陋习及“雁过拔毛”式问题专项整治，配合区纪委查处一起典型案例，4名村干部受到党纪处分。出台《村组财务工作规范化办法》，加大了对村组财务和账目的管理力度。

（李教虎）

金源街道

【地理位置】 因辖区内金源路而得名。位于北纬26°56′12.82″~27°0′49.55″，东经112°34′47.69″~112°38′47.91″。地处衡阳城区北部，石鼓区东北部。东临湘江与珠晖区茶山坳镇隔江相望，南与合江街道、黄沙湾街道相连，西与松木片区接壤，北与衡阳县集兵镇为邻。街道办事处驻松枫路，电话区号0734，邮政编码421001，行政区域代码430407901，距石鼓区政府约4千米。

（陈传超）

【自然环境】 金源街道地处丘陵地带，由于亚热带风化作用的红土化过程，组成丘陵的物质主要为红色、深红色和残坡堆积的黏土、亚黏土及风化残余石块的河流相沉积物，土质肥沃。地下矿产资源主要以盐卤资源为主。湘江河段径流以上游来水及降雨补给为主，年内分布不均，年际变化大，每年4—6月为洪水期，7—8月及11月至次年2月降雨稀少，出现秋旱和冬枯两个枯水期；历年最高水位60.59米，历年最低水位44.86米，历年最大流量17600立方米/秒。地下水属潜水类型，稳定水位深度1.9~7.9米，pH值在5.3~7.8之间，主要受降水补给。

（陈传超）

【政区沿革】 2010年2月区划调整，将松木乡的新安、金兰、新竹3个建制村和松木、松梅、友谊3个建制村的部分区域析出，由金源街道筹备领导小组统一管理。2011年2月，正式成立金源街道办事处，由石鼓区和松木工业园（2013年1月更名为松木经济开发区）实行双重管理。2015年6月，根据衡民函〔2015〕17号《关于石鼓区调整社区居委会区划设置的复核意见》的文件精神，新增设金源社区居委会。2015年7月16日，根据市委、市政府有关会议精神，将松木乡三里村及梽木5个村民小组调规由金源街道统一管辖，调整后成立三里管理处、红林管理处。

（陈传超）

【行政区划】 2015年底，金源街道辖金源社区、新安管理处、金兰管理处、新竹管理处、鑫源管理处、三里管理处、红林管理处共1个社区、6个管理处、68个管理小组，9个党支部（机关、金源、新安、金兰、新竹、鑫源、三里、红林、市四建筑公司九分公司），总面积23.95平方千米。2016年4月，根据《中共衡阳市委办公室、衡阳市人民政府办公室关于开展乡镇区划调整改革工作的实施意见》《关于印发〈石鼓区乡镇区划调整改革工作实施方案〉的通知》精神，将三里管理处、红林管理处合并为三里管理处。2016年5月，成立新竹、鑫源两个社区筹备委员会。

（陈传超）

【党建工作】 街道党工委辖6个党支部，共有党员359名。2016年，街道党工委以十八大精神为指导，在基层扎实开展“两学一做”学习教育，坚持每月一调度、每月一督查。党工委每个季度至少组织召开一次会议专题研究党建工作。在社区干部中严格实行“双述双评”制度、社区支部书记任期和离任经济责任审计制度，社区干部工资严格按照目标管理和绩效考核制度执行。建立党建工作站，成立以党务工作专职副书记为站长、专职组织委员为联络员、组织干事为成员的工作小组，重点对党员组织关系、党费收缴、党员违纪违法未给予相应处理情况、基层换届、非公经济组织等七项重点工作进行全面排查。党员档案进行专项整理。2016年，街道大力推进文明社区建设，各社区充分利用社区学校、活动室、阅览室、小区宣传墙等场所，运用社区微信公众号、QQ群等媒体，采用图片、漫画、书法、绘画、文字等多种表现形式，在小区营造“说文明话、办文明事、做文明人”的浓厚氛围。同时，设置廉政监督举报箱，公开社区廉政监督电话，依托社区、家庭和群众的力量，加大对领导干部的社会监督力度。（陈传超）

【工业】 辖区内有规模以上工业企业41家，实现总产值71.5亿元，同比增长6.77%；实现销售产值69.8亿元，同比增长7%；实现利润总额1.12亿元，同比增长72.62%，规模工业高新技术产业主营业务收入值39.18亿元，同比增长27.44%。全年规模工业企业产销率为97.6%。（陈传超）

【经济与项目建设】 全年完成固定资产投资49.1亿元，同比增长15.67%。招商引进企业10家，增长12.5%。实现进出口总额6.97亿元，增长2%。（陈传超）

【建筑业】 完成安置房开发投资1.5亿元，增长33.3%。房屋施工面积11万平方米，同比增长37.5%，其中年度新开工面积8万平方米，增长20%；竣工面积11万平方米，增长30%。（陈传超）

【交通运输业】 境内有107国道、衡大高速公路、蒸阳北路贯通，有金源路、松枫路、化工路、上倪路、江霞大道、新安路等主要干道，辖区内公交线路有222、158、138及部分县际客车。东片沿河流域有千吨级码头（松木港区）1个，有小型码头（八达、杨老屋、桐山、文家、梁家码头）5个。2016年，辖区内运输业有物流公司3个，实现总产值2.25亿元，同比增长26.4%。（陈传超）

【财政与金融】 金源街道工作经费由松木经济开发区拨付，街道财政所主要负责拨付经费的资金运转及核算。2016年，街道运转经费40万元。辖区内含农村信用社合作社1个，农业银行自助网点1个。（陈传超）

【科技、教育与文化事业】 2016年，辖区内有幼儿园2所，入园儿童233人，教师19人；小学3所，有学生530人，教师37人；湖南工商职业学院有在校学生10228人，教职工1108人。辖区有文化站1处，总面积1790平方米，其中培训教师面积300平方米，文化信息资源共享服务室面积216平方米，多功能活动厅面积157平方米，室外活动场地面积270平方米。有农家书屋2处，藏书约13400册。2个管理处有综合健身中心，1个管理处有320平方米的老年活动中心和400平方米的室外活动场地。（陈传超）

【卫生医疗事业】 辖区内有各类卫生医疗机构5个，有医疗床位22张，卫生技术人员30人，其中执业医师和执业助理医师12人。人口计划生育率98.55%，免费婚前医学检查率100%，免费孕前优生检测率100%。（陈传超）

【城乡建设】 辖区内城市路网建设进一步加快，金源路完成综合改造；龙祥路、衡大北路、聚园路工程正在大力推进；云升路、花叶路、松梅路、松涛路等路网建成通车。完成松枫广场、公租房绿化配套、金源小学、金源社区管理用房、卫生服务中心建设、棚户区改造二期小区共计10万平方米。新增绿化5万平方米，比上年增长30%。（陈传超）

【环境与安全生产】 辖区内推进环境整治工程2个。开展食品、药品安全检查执法56人次，约谈违规企业6家。全年无发生各类安全生产事故，无直接经济损失。（陈传超）

【人民生活与社会保障】 街道共有农村低保对象78户，保障人口154人，月保障金额27242元，月人均176.89元；1—11月共发放城镇低保金299662元；6月，街道开展低保大清查，共取消低保

21户、38人，新增低保对象11户、27人；真正实行动态管理，做到应保尽保、应退尽退。街道全年农村低保兜底脱贫对象4户、11人，月人均保障金额242元。大力开展“慈善一日捐”活动，发动机关干部捐款3500元。为13人申报困难残疾人生活补贴，为9人申报重度残疾人护理补贴。辖区内参加养老保险496人，同比增长57.9%，参加城乡居民医疗保险7121人，同比增长1.1%。“八一”优抚参战军人38人次，慰问金额11400元。

（陈传超）

【农林水利】 辖区内全年水稻种植面积4341.66亩（单季稻109.61亩，双季稻4232.05亩），增长4.7%。退耕还林583.1亩。辖区内有山峙门水系，有小一、二型水库2座（金兰水库、埝塘水库），建有长5千米、高6~8米防洪堤（经金兰、新安两村），有江霞、资家港排渍站2套排涝设施，在新屋场建有出水口。

（陈传超）

石鼓荣誉

区级所获主要荣誉

1. 全国义务教育发展基本均衡县（市、区）（国务院教育督导委员会）

2. 全省人口和计划生育工作优秀单位（省委办、省政府办）

3. 全省综治工作先进县市区（省委办）

4. 全省党委办公厅（室）工作先进单位（省委办）

5. 湖南省服务业示范集聚区（商贸商务）（省发改委）

6. 湖南省庆祝中国共产党成立95周年“红旗颂”大型群众合唱比赛金奖（省文化厅）

7. 全面建成小康社会推进工作先进单位、全面建成小康达标单位（市委办、市政府办）

8. 全市依法行政优秀单位（市政府办）

9. 全市重点民生实事优秀单位（市重点民生实事考核办）

10. 全市文明城区（市文明委）

各单位所获主要荣誉

1. 区纪委编写的《“富人治村”暴露出几个突出问题》信息被评为湖南省优秀纪检监察信息（省纪委办）

2. 区纪委被评为衡阳市星级文明单位（市文明委）

3. 区纪委监察局获衡阳市“学党章党规、树清廉新风”知识竞赛三等奖（市纪委、市监察局）

4. 区纪委监察局“规定审查程序，提升执纪能力”工作被评定为衡阳市纪检监察特色工作（市纪委）

5. 区委改革办被评为先进单位（市委改革办）

6. 区委机要局被评为全省党政机要密码工作先进单位（省委办）

7. 区档案局被评为档案工作先进集体（市档案局）

8. 区史志办被评为全省党史系统“以史铸魂”平台建设组织工作先进单位（湖南省委党史研究室）、衡阳市地方志资源开发利用先进单位（市地方志编纂委员会）

9. 区委宣传部被评为全市文化科技卫生“三下乡”先进集体（市委宣传部）

10. 区委宣传部被评为文明单位（市文明委）

11. 区委宣传部获纪念中国共产党成立95周年“红旗颂”大型群众合唱比赛一等奖（衡阳市纪念中国共产党成立95周年“红旗颂”大型群众合唱比赛领导小组）

12. 区委统战部　民建石鼓一支部、四支部获2016年度会务工作先进集体荣誉称号（民建市委会）

13. 区委统战部　民建石鼓二支部、三支部获2016年度宣传工作先进集体荣誉称号（民建市委会）

14. 区政法委被评为全省综治工作先进县市区（省委、省政府）、全市综治工作先进单位（市委、市政府）、一星级文明单位（市文明委）

15. 区总工会获衡阳市第三届职工羽毛球赛（乙级组）第二名（市总工会）

16. 区科协被评为全省“全国科普日”优秀组织单位（省科协）

17. 区科协被评为全市“全

国科普日”优秀组织单位（市科协）

18. 区残联被评为全省残疾人教就工作甲等优秀单位（省残联）

19. 区残联获全市“百千万贫困家庭无障碍助残工程项目”一等奖（市残联）

20. 区残联被评为衡阳市残疾人工作目标管理绩效考核优秀单位（市残联）

21. 区残联获衡阳市残联系统无障碍知识竞赛二等奖（市残联）

22. 区司法局被评为人民调解宣传工作先进单位（中华全国人民调解员协会）

23. 区司法局被评为“六五”普法先进集体（市法治办）

24. 区司法局被评为综治综合业务工作、全面小康推进工作先进单位（市司法局）

25. 工商石鼓分局被评为企业登记工作成绩突出窗口单位（国家工商总局）

26. 工商石鼓分局被评为“六五”普法依法治理工作先进集体（市法治办）

27. 工商石鼓分局被评为全市工商系统目标管理绩效考核先进单位（市工商局）

28. 区教文体局被评为第十九届全国青少年五好小公民“老师您好　我的好老师”主题教育活动先进集体（教育部关工委会）

29. 区教文体局被评为教育阳光服务工作先进单位、高等教育自学考试工作先进单位（市教育局）

30. 区教文体局获2016年全省少年儿童“光荣与梦想—纪念建党95周年暨红军长征胜利80周年”系列读书活动“阅读活动奖”（省委宣传部、省文化厅、省教育厅、团省委、省妇联）

31. 区教文体局被评为2016年全省中小学教师普通话水平抽测先进单位（省语言文字工委、省教育厅）

32. 区教文体局欢乐颂艺术团表演的舞蹈《醉红》获“欢乐潇湘”全省群众文艺汇演三等奖（省大赛组委会）

33. 区教育学会被评为湖南省教育学会“十二五”教育科研课题管理先进单位（省教育学会）

34. 区财政局被评为湖南省财政工作先进集体（省人社厅、省财政厅）

35. 区人社局被评为湖南省人力资源诚信服务示范机构（省人社厅、省财政厅）

36. 区安监局被评为全省“安全生产月”活动先进单位（省安委办）

37. 区审计局被评为2016年度工作目标管理考核先进单位（市审计局）

38. 区审计局被评为三星级文明单位（市委、市政府）

39. 区审计局对石鼓区松木乡人民政府朝阳安置小区工程决算审计被评为2016年全市表彰项目（市审计局）

40. 区审计局获省审计成果一项鼓励奖，审计工具一项优秀奖、二项应用奖（省审计厅）；三项分别获市一、二、三等奖（市审计局）

41. 区民政局被评为县（市）区、园区民政重点工作综合评估优秀单位（市民政局）

42. 区商务局被评为全市商务和粮食工作（外贸）先进单位（市商粮局）

43. 区农林局被评为全市农产品质量安全监管工作先进单位（市农委）

44. 区农产品质量检验检测站被评为农产品质量安全检验检测工作先进单位（市农委）

45. 区森林防火指挥部被评为森林防火一类单位（市森林防火指挥部）

46. 区统计局被评为全市统计工作先进单位（市统计局）

47. 区人防办被评为衡阳市全民国防教育先进单位（市国防教育委）

48. 区人防办被评为衡阳市人防工作优秀单位（市人防办）

49. 区人防办被评为衡阳市人民防空先进单位（市国防动员委员会）

50. 区园林局被评为城市管理先进单位（市城管执法局）

51. 区检察院被评为省文明单位（省文明委）、湖南省检察机关检务保障工作先进集体（省检察院）、全省检察机关综合工作先进集体（省检察院）

52. 区检察院技术科获全市检察机关网络信息工作第一名，办理的《戴小春挪用公款案》被评为全省检察技术优秀案件（省检察院）

53. 区检察院预防科获全市检察机关预防工作第一名，办理的《区科级干部职务犯罪预防调查》被省检察院评为优秀预防调查（省检察院）

54. 区检察院民意调查结果获全市检察机关第四名（市政法委）

55. 区检察院执法状况考评获全市检察机关第四名（市检察院）

56. 区检察院获全市女检察官才艺展示大赛组织奖（市检察院）

57. 区检察院控申科获全市检察机关申诉工作第二名（市检察院）

58. 区检察院公诉科获全市检察机关公诉工作第四名（市检察院）

59. 区检察院公诉科获团市委青年文明号荣誉称号（团市委）

60. 区地税局被评为基层单位工会工作先进单位（市地税局）

61. 区国税局被评为二零一六届湖南省文明单位（省文明办）

62. 区国土分局被评为国土资源系统绩效考核先进单位（市国土局）

63. 区国土分局被评为新闻宣传政务信息报送先进单位（市国土局）

64. 区国土分局被评为先进基层党组织（市国土局）

65. 区国土分局被评为国土资源执法监察工作先进单位（市国土局）

66. 区环保分局被评为2016年度执法大练兵先进单位（市环保局）

67. 区城管执法局被评为依法行政先进单位（市城管执法局）

68. 区食药监分局被评为2016年药械化不良反应监测四级网络建设先进单位（市食药监局、市卫计局）

69. 区食药监分局被评为2016年化妆品不良反应专项监测工作先进单位（市食药监局、市卫计局）

70. 人民路小学被评为全国体育工作示范校（教育部）

71. 人民路小学获2016—2017年全国啦啦操（长沙站）第三名（国家体育总局）

72. 演武坪小学获全国青少年足球特色学校（教育部）

73. 都司街小学获“童心构筑梦想·学习创领未来”全国儿童主题教育活动优秀集体奖（全国“双有”主题教育活动组委会）

74. 区政协人口资源和环境法制委、医卫界别《衡阳市餐饮具集中消毒现状的调研报告》获省优秀调研报告（省政协）

75. 区政协提案和委员联络委《关于石鼓区教育托管情况的调研报告》获市政协2016年度优秀调研报告（市政协）

76. 石鼓区欢乐颂艺术团获全省“欢乐潇湘”群众文艺汇演优秀团队（省群众文艺汇演组会办公室）

77. 荣盛生态农业基地获湖南省农村科普示范基地（省科协、省财政厅）

街道、乡（片区）所获主要荣誉

1. 五一街道建设新村社区被评为全国科普示范社区（中国科协、财政部）

2. 青山街道牛角巷社区党支部被评为湖南省先进基层党组织（省委）

3. 青山街道西湖新村社区被评为省级文明社区（省文明委）

4. 青山街道牛角巷社区被评为湖南省巾帼文明岗（省妇联）

5. 黄沙湾街道财政所被评为省级标准化财政所

6. 黄沙湾街道雁栖湖社区被评为湖南省学雷锋志愿服务百强社团（省文明委、省志工委）

7. 合江街道被评为衡阳市2016年安全生产先进单位（市安监局）、衡阳市2016年计划生育优秀单位（市委、市政府）、2016年衡阳市信访工作优胜基层单位（市委、市政府）、衡阳市2016年老科协工作先进集体（市老科协）、衡阳市二星级文明单位（市文明委）

8. 合江街道卫计办被评为湖南省卫生计生依法办事示范窗口（省卫计委）

9. 人民街道被评为衡阳市流动人口基本公共卫生计生服务均等化示范街道（乡镇）（市卫计委）

10. 人民街道人民路社区被评为全省社区党建和社区建设先进单位（省委组织部、省民政厅）、省级文明社区（省文明委）、市级文明社区（市文明委）、市级示范同心社区（市委统战部）、省创新创业带动就业示范社区（省人社厅、省财政厅）、省防灾减灾综合示范社区（国家减灾委员会、民

政部）、全国防灾减灾综合示范社区（市文明创建志愿服务领导小组）

11. 人民街道湘北社区被评为2016年衡阳市十佳服务志愿社区（市文明创建志愿服务领导小组）、人民街道蒸阳社区被评为市级说明社区（市文明委）

12. 潇湘街道被评为衡阳市文明单位（市文明委）

13. 潇湘街道演武坪社区被评为全省民族团结进步创建活动示范单位（省民宗委）

14. 潇湘街道桑园社区获湖南省“福彩杯”慈善征文优秀奖（省民政厅、省慈善总会）人民街道、青山街道被评为衡阳市流动人口基本公共卫生计生服务均等化示范街道（市卫计委）

15. 潇湘街道司前社区、五一街道望城路社区、青山街道牛角巷社区、角山乡角山村、黄沙湾街道辖神渡社区被评为衡阳市创新创业带动就业成效显著社区（村）（市人社局、市财政局）

16. 潇湘街道、青山街道被评定为衡阳市创新创业带动就业成效显著街道（乡镇）（市人社局、市财政局）

17. 角山乡利民村被评为湖南省美丽乡村建设示范乡村（省农委）

18. 角山乡被评为衡阳市乡村旅游最佳目的地（市外侨民宗局）

19. 角山乡角山村、旭东村被列入全国乡村旅游扶贫重点村（国家旅游局）

20. 角山乡三星村被评为湖南省省级文明村（省文明委）

21. 角山乡被评为农村环境综合整治工作先进乡镇（市农村环境综合整治工作领导小组）

22. 金源街道获2016年衡阳市信访工作先进基层单位（市信访局）

23. 潇湘街道演武坪社区科普教育被评为衡阳市社区教育品牌项目（市教育局）

24. 角山乡香樟苑生态农业科普示范基地被选为科普惠农先进单位（市科协）

先进个人主要荣誉

1. 区检察院尹素琪、刘登明办理的《董超等2人羁押必要性审查案》被评为全国羁押必要性审查精品案件（最高检察院）

2. 区检察院邓荣喜获湖南省人民检察院记二等功（省检察院）

3. 区检察院谢衡兰获全省检察机关宣传工作先进个人（省检察院）

4. 区检察院柏文获全省检察机关技术工作先进个人（省检察院）

5. 区检察院唐滨获全省检察机关信息化工作先进个人（省检察院）

6. 区检察院张志颂被评为湖南省人民检察院优秀运动员（省检察院）

7. 区检察院唐亦绘画作品《花开富贵》获全省女检察官才艺展示大赛第二名（省检察院）

8. 区检察院吴红获衡阳市人民检察院记三等功（市检察院）

9. 区检察院陈呈获衡阳市人民检察院记三等功（市检察院）

10. 区检察院唐雪莉获全市检察机关纪检监察工作先进个人（市检察院）

11. 区检察院汤彤慧获全市检察机关办公室工作先进个人（市检察院）

12. 区检察院罗华获衡阳市青年岗位能手称号（市委）

13. 区检察院朱岳衡办理的《范福元受贿案》被评为优秀公诉案件（市检察院）

14. 区检察院罗华、廖宏达出庭公诉的《程俊受贿案》被评为优秀公诉庭（市检察院）

15. 区检察院郭佳摄影作品《湘江・游》获全市女检察官才艺展示大赛优秀奖（市检察院）

16. 区法院谷敏获荣誉天平奖（省高院）

17. 区法院秦林获荣誉天平奖（省高院）

18. 区法院黄山平获荣誉天平奖（省高院）

19. 区法院廖建明获荣誉天平奖（省高院）

20. 区法院罗年福获荣誉天平奖（省高院）

21. 区法院朱先荣获荣誉天平奖（省高院）

22. 区政协王仲晓《做好政协工作要突出四敢四真》获省政协优秀论文（省政协）

23. 区政协王小青被评为市政协门户网站信息采编先进个人

（市政协）

24. 区政协办公室王小青被评为2016年度市政协网站编发先进个人。（市政协）

25. 区委办周朝晖被评为全省党委督促检查工作先进个人（省委办）

26. 区委办刘珺被评为地方志工作先进个人（市地方志办）

27. 区委办邓群芳被评为先进个人（市委改革办）

28. 区委办刘丽娜被评为全省党政系统先进机要工作者（省委办）

29. 区委宣传部屈二民被评为全省基层理论宣讲先进个人（省委宣传部）

30. 区委宣传部谭晓波、王朝顺获第七届衡阳新闻奖二等奖（通讯《一位基层党员的生命“答卷”》）（市委宣传部、市新闻工作者协会）

31. 区委宣传部刘思远、王朝顺获第七届衡阳新闻奖三等奖（消息《“立行立改”让腐败无处藏身》）（市委宣传部、市新闻工作者协会）

32. 区委宣传部王朝顺获第七届衡阳新闻奖二等奖（市委宣传部、市新闻工作者协会）

33. 区委宣传部丁蓉被评为全省“欢乐潇湘”群众文艺汇演组织工作先进个人（省组委会）

34. 区纪委廖艳被评为全市纪检监察信息工作先进个人（市纪委监察局）

35. 区妇联张传翠被评为湖南省妇联系统宣传工作先进个人（省妇联）

36. 区科协周铁军被评为九三学社市委参政议政先进个人（九三学社市委）

37. 区红十字会刘名辉荣被评为九三学社市委社务工作先进个人（九三学社市委）

38. 刘名辉、周铁军《人民政协应突出职能优势为全面建成小康社会做出新的更大的贡献》获2016年度全市统战理论调研优秀成果优秀奖（九三学社市委）

39. 廖春虹、杨衡波、陈伟军被评为反映社情民意优秀个人（民建市委会）

40. 雷晓英、尹文浙被评为宣传工作优秀个人（民建市委会）

41. 区教文体局杨帆芳被评为教育阳光服务工作先进个人（市教育局）

42. 区教文体局云姝被评为湖南省十佳少先队总辅导员（团省委、省教育厅、省少工委）

43. 区教文体局宋中莲被评为湖南省首批教师培训师培养对象（省教育厅）

44. 区教文体局欧阳芳玉被评为湖南省教育基金会先进工作者（省教育基金会）

45. 区法制办孙宁被评为全市依法行政工作先进个人（市政府办）

46. 区司法局邓琳获湖南省司法厅嘉奖（省司法厅）

47. 区司法局邓琳、王志嘉被评为2016年度衡阳市司法行政系统创新争优先进个人（市司法局）

48. 区司法局王志嘉被评为衡阳市司法行政系统优秀共产党员（市司法局）

49. 区司法局李权被评为衡阳市“六五”普法先进个人（市法治办）

50. 区农林局杨嵘被评为全市农产品质量安全监管工作先进个人（市农委）

51. 区农林局唐燕平被评为农产品质量安全检验检测工作先进个人（市农委）

52. 区审计局阳冰获全省计算机审计工作成果优秀奖（省审计厅）、计算机审计工具评审一等奖（市审计局）

53. 区审计局谢佳强、语斯全获省计算机审计工作成果鼓励奖（省审计厅）

54. 区审计局黄曦、谢佳强获全省计算机审计工具评审应用奖（省审计厅）

55. 区审计局黄曦获计算机审计工具评审二等奖（市审计局）

56. 区园林局王建武被评为市管理先进个人（市城管执法局）

57. 区园林局凌受衡被评为园林标兵（市园林局）

58. 区地税局何龙被评为基层单位工会工作先进个人（市地税局）

59. 区地税局唐高兰被评为基层单位工会工作先进个人（市地税局）

60. 区地税局翁族秀被评为基层单位工会工作先进个人（市地税局）

61. 区地税局彭剑被评为基层单位工会工作先进个人（市地税局）

62. 区环保分局胡敏被评为2016年度优秀共产党员（市环保局）

63. 区环保分局张春晖被评为2016年度先进工作者（市环保局）

64. 区环保分局刘亚林被评为2016年度优秀共产党员（市环保局）、2016年度打击环境污染违法犯罪先进个人（省公安厅、省环保厅）、2016年度执法大练兵先进个人（市环保局）

65. 区环保分局许佳被评为2016年度优秀共产党员（市环保局）

66. 区环保分局洪艳被评为2016年度先进工作者（市环保局）

67. 区环保分局伍卍被评为2016年度先进工作者（市环保局）

68. 区环保分局杨军被评为2016年度先进工作者（市环保局）

69. 区环保分局朱立荣被评为2016年度先进工作者（市环保局）

70. 区人防办周建萍被评为衡阳市人民防空先进个人（市国防动员委员会）

71. 区人防办许向前被评为衡阳市人民防空先进个人（市国防动员委员会）

72. 人民街道王志勇被评为全省优秀乡镇（街道）党（工）委书记（省委）、全市优秀宣传思想工作者（市委宣传部）

73. 人民街道张露锋被评为衡阳市乡镇（街道）优秀文化站站长（市文体广新局）

74. 人民街道邓正国被评为2016年度衡阳市信访工作先进工作者（市信访局）

75. 人民街道人民路社区主任王莲花获省民政厅、省慈善总会“慈善杯”优秀征文奖（省民政厅、省慈善总会）

76. 人民街道人民路社区民政专干宋绍萍获市“最美民政人”称号（市民政局）

77. 金源街道廖科任被评为“2016年市重点项目建设先进个人”（市政府）

78. 松木片区杨英秀被评为“身边雷锋·衡阳好人”（市文明委）

79. 青山街道邓文林被评为安全生产工作先进个人（市安委会）

80. 青山街道阳伟荣被评为安全生产工作先进个人（市安委会）

81. 都司街小学陈琼丽获“童心构筑梦想·学习创领未来”全国儿童主题教育活动先进个人奖（全国“双有”主题教育活动组委会）

82. 都司街小学汪文红被评为衡阳市优秀教育工作者（市教育局）

83. 人民路小学张湘钰被评为衡阳市优秀教师（市教育局）

84. 下横街小学谢美婉获“童心构筑梦想·学习创领未来”全国儿童主题教育活动先进个人奖（全国“双有”主题教育活动组委会）

85. 五一路小学何晓燕获“童心构筑梦想·学习创领未来”全国儿童主题教育活动先进个人奖（全国“双有”主题教育活动组委会）

86. 黄沙湾中心校佘细华被评为幼小衔接工作先进个人（省教育学会）

87. 黄沙湾中心校肖启亮被评为幼小衔接工作先进个人（省教育学会）

注：以上为筛选的2016年度获市级以上主要荣誉，排名不分先后。

统 计 资 料

表 1　　2016 年 1—12 月全市及各县市区主要经济指标完成情况

制表单位：衡阳市统计局　　　　计量单位：亿元、%

增速排位	地区生产总值			一般公共预算收入			规模以上工业增加值		固定资产投资			社会消费品零售总额		
	单位	1—12 月	增长	单位	1—12 月	增长	单位	1—12 月	单位	1—12 月	增长	单位	1—12 月	增长
	全市	2853.02	7.9	全市	277.96	6.0	全市	6.9	全市	2282.18	13.8	全市	1127.98	11.8
第一	石鼓区	141.65	9.0	石鼓区	22.13	11.8	衡南县	8.0	石鼓区	141.94	22.5	蒸湘区	107.18	12.1
第二	南岳区	36.21	8.9	衡山县	9.54	10.2	衡阳县	7.4	南岳区	31.77	21.4	石鼓区	109.28	12.0
第三	珠晖区	228.16	8.8	南岳区	6.78	10.1	耒阳市	7.3	衡阳县	259.41	19.7	祁东县	105.73	12.0
第四	蒸湘区	193.94	8.7	祁东县	11.11	10.0	雁峰区	7.2	祁东县	156.15	18.6	耒阳市	127.40	11.9
第五	雁峰区	146.99	8.6	衡阳县	13.93	8.6	常宁市	7.2	衡南县	219.68	18.4	珠晖区	125.22	11.9
第六	祁东县	266.17	8.2	衡东县	13.25	6.5	衡东县	7.1	衡东县	152.01	18.2	衡南县	100.36	11.8
第七	衡山县	149.75	8.1	蒸湘区	21.63	6.3	祁东县	7.1	珠晖区	187.31	17.4	衡阳县	93.73	11.8
第八	衡阳县	317.01	8.0	雁峰区	17.17	6.1	衡山县	6.9	雁峰区	132.53	16.2	南岳区	24.29	11.8
第九	耒阳市	428.60	7.9	珠晖区	15.30	6.1	蒸湘区	6.6	常宁市	179.00	15.9	雁峰区	110.48	11.6
第十	衡东县	261.70	7.9	耒阳市	27.16	6.0	珠晖区	6.5	衡山县	93.70	15.8	衡东县	89.52	11.6
第十一	常宁市	296.67	7.8	衡南县	17.55	6.0	石鼓区	3.7	耒阳市	357.66	7.5	常宁市	89.22	11.5
第十二	衡南县	315.69	7.7	常宁市	16.85	3.2	南岳区	0.1	蒸湘区	185.67	4.1	衡山县	29.63	11.4
—	高新开发区	60.53	8.8	高新开发区	16.95	9.0	高新开发区	5.2	高新开发区	92.10	23.4	高新区	15.94	11.9
—	白沙工业园	51.62	7.9	白沙工业园	29.39	11.9	白沙工业园	9.9	白沙工业园	44.19	-32.8	白沙工业园	—	—
—	松木经开区	15.55	7.1	松木经开区	9.19	14.5	松木经开区	6.9	松木经开区	49.07	22.0	松木经开区	—	—

说明：雁峰区、石鼓区、蒸湘区各项指标值均不含白沙洲工业园、松木经济开发区、高新开发区

表 2　　**2016 年度石鼓区全面建成小康社会统计基础数据表**

程序编码	序号	指标名称	计量单位	石鼓区
xj01	1	人均地区生产总值（2010 年不变价）	元/人	54121
xj01a	2	地区生产总值（2010 年不变价）	万元	1308924
xj01b	3	上年年末常住总人口	万人	24.06
xj01c	4	当年年末常住总人口	万人	24.31
xj01d	5	其中：城镇人口	万人	22.70
xj01e	6	农村人口	万人	1.61
xj02	7	人均财政总收入	元/人	11634
xj02a	8	财政总收入	万元	281360
xj03	9	税收占财政总收入的比重	—	87.45%
xj03a	10	税收收入	万元	246062
xj04	11	经济结构指数	—	0.0%
xj04a	12	二、三产业增加值占 GDP 比重	—	97.1%
xj04aa	13	地区生产总值（现价）	万元	1567387
xj04ab	14	其中：第二产业增加值（现价）	万元	426459
xj04ac	15	其中：第三产业增加值（现价）	万元	1095027
xj04b	16	高新技术产业增加值占 GDP 比重	—	14.79%
xj04ba	17	高新技术产业增加值（现价）	万元	231780
xj04c	18	文化产业增加值占 GDP 比重	—	6.5%
xj04ca	19	文化产业增加值（现价）	万元	101853
xj05	20	贫困发生率	—	0.0%
xj05a	21	年末农村贫困人口	万人	0
xj05b	22	年末乡村人口	万人	4.94
xj06	23	城镇化率	—	93.4%
xj07	24	园区规模工业增加值占规模工业增加值比重	—	72.3%
xj07a	25	园区规模工业增加值（现价）	万元	199370
xj07b	26	规模工业增加值（现价）	万元	275671
xj08	27	金融机构各项贷款增长率	—	122.3%
xj08a	28	金融机构报告期各项贷款总量	万元	1830092
xj08b	29	2012 年金融机构各项贷款总量	万元	886359
xj09	30	规模以上企业农产品加工产值与农业产值比	—	51.7%

续表2

程序编码	序号	指标名称	计量单位	石鼓区
xj09a	31	规模以上企业农产品加工产值	万元	41931
xj09b	32	农业总产值	万元	81151
xj10	33	居民收入水平	元	30017.86972
xj10a	34	城镇居民人均可支配收入	元	30908
xj10b	35	农村居民人均可支配收入	元	17466
xj11	36	人均住房使用面积	平方米	38.7
xj12	37	人均储蓄存款	元	61646
xj12a	38	全金融机构居民储蓄存款总量	万元	1490907
xj13	39	居民文教娱乐服务支出占家庭消费支出比重	—	18.1%
xj13a	40	居民文教娱乐服务支出	元	3976
xj13b	41	家庭消费总支出	元	21953
xj14	42	农村居民安全饮水比率	—	100.0%
xj14a	43	年末农村饮水安全达标人口数	万人	4.48
xj14b	44	年末农村总人口	万人	4.48
xj15	45	行政村客运（公交）班线通达率	—	100.0%
xj15a	46	通客运（公交）班线的行政村个数	个	71
xj15b	47	行政村总个数	个	71
xj16	48	社会保障发展水平	—	0
xj16a	49	基本医疗保险覆盖率	—	100.0%
xj16aa	50	已参加城镇职工基本医疗保险人数	万人	11.79
xj16ab	51	已参加城镇居民基本医疗保险人数	万人	8.65
xj16ac	52	已参加新型农村合作医疗人数	万人	3.92
xj16ad	53	应参加基本医疗保险的人数	万人	24.31
xj16b	54	基本养老服务补贴覆盖率	—	100.0%
xj16ba	55	已发放基本养老服务补贴人数	人	199
xj16bb	56	应发放基本养老服务补贴人口总数	人	199
xj17	57	教育发展水平	—	0
xj17a	58	高中阶段毛入学率	—	91.5%
xj17aa	59	高中阶段在校生人数	人	5217
xj17ab	60	高中阶段学龄（15~17）人口数	人	5700
xj17b	61	平均受教育年限	年	11.8

续表2

程序编码	序号	指标名称	计量单位	石鼓区
xj17ba	62	初中升学率	—	328.1%
xj17bb	63	普通高中招生数	人	1237
xj17bc	64	中职招生数	人	3647
xj17bd	65	其中：招收初中应届毕业生	人	3606
xj17be	66	普通高等学校招生人数	人	0
xj18	67	医疗卫生水平	—	0
xj18a	68	每千人拥有床位数	张	16.77
xj18aa	69	年末医疗卫生机构床位数	张	4077
xj18b	70	5岁以下儿童死亡率	‰	5.1
xj18ba	71	5岁以下儿童死亡数	人	11
xj18bb	72	活产数	人	2172
xj19	73	文化发展水平	平方米	7.49
xj19a	74	公共文化体育设施面积	万平方米	182.0
xj19b	75	公共文化设施面积	万平方米	0.00
xj19c	76	公共体育设施面积	万平方米	0.00
xj20	77	城乡居民依法自治达标率	—	100.0%
xj20a	78	城镇居委会依法自治达标率	—	100.0%
xj20aa	79	城镇居委会依法自治个数	个	30
xj20ab	80	城镇居委会个数	个	30
xj20b	81	农村村委会依法自治达标率	—	100.0%
xj20ba	82	农村村委会依法自治个数	个	19
xj20bb	83	农村村委会个数	个	19
xj21	84	社会安全指数	—	93.7%
xj21a	85	刑事犯罪率	人	4.5483
xj21aa	86	当年刑事犯罪人数（被告人判决生效人数）	人	110
xj21b	87	交通事故死亡率	人	0.1654
xj21ba	88	当年交通事故死亡人数	人	4
xj21c	89	火灾事故死亡率	人	0.0413
xj21ca	90	当年火灾事故死亡人数	人	1
xj21d	91	当年亿元GDP生产安全事故死亡率控制目标值	人	0.10
xj21da	92	亿元GDP生产安全事故死亡率	人	0.0191

续表2

程序编码	序号	指标名称	计量单位	石鼓区
xj21db	93	当年生产安全事故死亡人数	人	3
xj21e	94	群体性食品安全事故年报告发生数	起	0
xj22	95	单位 GDP 能耗（2010 年不变价）	吨标准煤/万元	0. 804
xj22a	96	能源消耗总量	吨标准煤	105. 29
xj23	97	环境质量指数	—	0
xj23a	98	城镇污水处理率	—	92. 8%
xj23aa	99	城镇污水处理量	吨	3072
xj23ab	100	城镇污水排放总量	吨	3310
xj23b	101	空气质量达标率	—	90. 6%
xj23ba	102	所在城市全年空气质量良好以上天数	天	326. 0
xj23bb	103	所在城市（城镇）全年监测总天数	天	360. 0
xj23c	104	地表水质达标率	—	97. 5%
xj23ca	105	辖区内地表水各监测断面每月达到Ⅲ类标准的次数之和	个	39
xj23cb	106	辖区内地表水按月监测断面总次数	个	40
xj23d	107	农村垃圾集中处理率	—	95. 0%
xj23da	108	农村垃圾无害化处理行政村个数	个	0
xj23db	109	行政村总个数	个	71
xj24	110	绿化水平	—	0
xj24a	111	森林资源蓄积量增长率	—	4. 2%
xj24aa	112	本年度活立木总蓄积量	立方米	61670
xj24ab	113	上年度活立木总蓄积量	立方米	59210
xj24b	114	城镇建成区绿化覆盖率	—	40. 7%
xj24ba	115	城镇建成区绿化覆盖面积	公顷	1156. 5
xj24bb	116	城镇建成区面积	平方千米	28. 4
xk23a	117	农村生活污水处理率	—	72. 2%
xk23aa	118	已完成污水处理设施建设的农户数	户	9390. 0
xk23ab	119	农户总数	户	13005. 0

表 3　**2016 年石鼓区 1—2 月主要经济指标完成情况**

序号	指标名称	计量单位	绝对值	增幅（%）	全市增幅（%）	城区排位
一	地区生产总值（GDP）（2015 年 1—12 月）	亿元	127.08	9.5	8.7	2
	其中：第一产业	亿元	4.16	3.7	3.6	4
	第二产业	亿元	26.86	6.8	7.1	2
	第三产业	亿元	96.07	10.7	12.6	4
二	规模工业增加值	亿元	—	5.7	6.3	4
三	一般预算收入	亿元	3.64	41.5	10.0	1
四	固定资产投资额	亿元	15.78	21.2	15.3	2
五	社会消费品零售总额	亿元	16.80	11.4	11.3	2
六	城镇居民人均可支配收入（2015 年 1—12 月）	元	28149	8.7	8.8	3

表 4　**2016 年石鼓区 1—3 月主要经济指标完成情况**

序号	指标名称	计量单位	绝对值	增幅（%）	全市增幅（%）	城区排位
一	地区生产总值（GDP）（1—3 月）	亿元	25.51	9.0	6.5	3
	其中：第一产业	亿元	1.09	2.2	2.3	4
	第二产业	亿元	4.56	-2.4	4.6	4
	第三产业	亿元	19.85	12.5	10.6	1
二	规模工业增加值	亿元	—	6.1	6.5	4
三	一般预算收入	亿元	5.96	22.1	8.3	1
四	固定资产投资额	亿元	30.36	22.2	14.2	1
五	社会消费品零售总额	亿元	24.64	11.6	11.3	1
六	城镇居民人均可支配收入（1—3 月）	元	7630	10.1	9.6	2

表 5　**2016 年石鼓区 1—4 月主要经济指标完成情况**

序号	指标名称	计量单位	绝对值	增幅（%）	全市增幅（%）	城区排位
一	地区生产总值（GDP）（1—3 月）	亿元	25.51	9.0	6.5	3
	其中：第一产业	亿元	1.09	2.2	2.3	4
	第二产业	亿元	4.56	-2.4	4.6	4
	第三产业	亿元	19.85	12.5	10.6	1
二	规模工业增加值	亿元	—	6.7	6.5	3
三	一般预算收入	亿元	8.24	43.5	16.1	1
四	固定资产投资额	亿元	52.92	28.8	14.6	1
五	社会消费品零售总额	亿元	32.36	11.6	11.4	2
六	城镇居民人均可支配收入（1—3 月）	元	7630	10.1	9.6	2

表 6 **2016 年石鼓区 1—5 月主要经济指标完成情况**

序号	指标名称	计量单位	绝对值	增幅（%）	全市增幅（%）	城区排位
一	地区生产总值（GDP）（1—3 月）	亿元	25.51	9.0	6.5	3
	其中：第一产业	亿元	1.09	2.2	2.3	4
	第二产业	亿元	4.56	-2.4	4.6	4
	第三产业	亿元	19.85	12.5	10.6	1
二	规模工业增加值	亿元	—	3.6	6.6	4
三	一般预算收入	亿元	9.80	39.3	13.2	1
四	固定资产投资额	亿元	61.56	26.5	15.5	1
五	社会消费品零售总额	亿元	41.18	11.6	11.5	2
六	城镇居民人均可支配收入（1—3 月）	元	7630	10.1	9.6	2

表 7 **2016 年石鼓区 1—6 月主要经济指标完成情况**

序号	指标名称	计量单位	绝对值	增幅（%）	全市增幅（%）	城区排位
一	地区生产总值（GDP）（1—6 月）	亿元	59.11	9.2	7.5	2
	其中：第一产业	亿元	2.14	2.8	3.1	4
	第二产业	亿元	9.26	4.4	6.3	4
	第三产业	亿元	47.72	10.6	10.4	3
二	规模工业增加值	亿元	—	2.8	6.7	4
三	一般预算收入	亿元	13.42	12.0	2.3	1
四	固定资产投资额	亿元	69.36	23.5	15.1	1
五	社会消费品零售总额	亿元	49.94	11.7	11.5	2
六	城镇居民人均可支配收入（1—6 月）	元	14511	9.8	9.3	3

表 8 **2016 年石鼓区 1—7 月主要经济指标完成情况**

序号	指标名称	计量单位	绝对值	增幅（%）	全市增幅（%）	城区排位
一	地区生产总值（GDP）（1—6 月）	亿元	59.11	9.2	7.5	2
	其中：第一产业	亿元	2.14	2.8	3.1	4
	第二产业	亿元	9.26	4.4	6.3	4
	第三产业	亿元	47.72	10.6	10.4	3
二	规模工业增加值	亿元	—	0.3	6.9	4
三	一般预算收入	亿元	13.68	15.0	9.1	1
四	固定资产投资额	亿元	77.62	19.3	13.3	1
五	社会消费品零售总额	亿元	58.79	11.7	11.6	2
六	城镇居民人均可支配收入（1—6 月）	元	14511	9.8	9.3	3

表 9　　**2016 年石鼓区 1—8 月主要经济指标完成情况**

序号	指标名称	计量单位	绝对值	增幅（%）	全市增幅（%）	城区排位
一	地区生产总值（GDP）（1—6 月）	亿元	59.11	9.2	7.5	2
	其中：第一产业	亿元	2.14	2.8	3.1	4
	第二产业	亿元	9.26	4.4	6.3	4
	第三产业	亿元	47.72	10.6	10.4	3
二	规模工业增加值	亿元	—	-1.8	6.8	4
三	一般预算收入	亿元	14.78	14.0	9.7	1
四	固定资产投资额	亿元	88.40	17.7	12.3	1
五	社会消费品零售总额	亿元	67.94	11.8	11.7	2
六	城镇居民人均可支配收入（1—6 月）	元	14511	9.8	9.3	3

表 10　　**2016 年石鼓区 1—9 月主要经济指标完成情况**

序号	指 标 名 称	计量单位	绝对值	增幅（%）	全市增幅（%）	城区排位
一	地区生产总值（GDP）（1—9 月）	亿元	105.08	8.8	7.5	1
	其中：第一产业	亿元	4.07	3.2	3.2	2
	第二产业	亿元	19.74	-0.8	6.2	4
	第三产业	亿元	81.27	11.9	10.8	2
二	规模工业增加值	亿元	—	-3.3	6.7	4
三	一般预算收入	亿元	17.23	12.0	6.1	1
四	固定资产投资额	亿元	105.80	22.9	13.3	1
五	社会消费品零售总额	亿元	77.15	11.8	11.7	2
六	城镇居民人均可支配收入（1—9 月）	元	21958	10.0	9.0	3

表 11　　**2016 年石鼓区 1—10 月主要经济指标完成情况**

序号	指 标 名 称	计量单位	绝对值	增幅（%）	全市增幅（%）	城区排位
一	地区生产总值（GDP）（1—9 月）	亿元	105.08	8.8	7.5	1
	其中：第一产业	亿元	4.07	3.2	3.2	2
	第二产业	亿元	19.74	-0.8	6.2	4
	第三产业	亿元	81.27	11.9	10.8	2
二	规模工业增加值	亿元	—	-9.2	6.7	4
三	一般预算收入	亿元	18.89	14.4	4.9	1
四	固定资产投资额	亿元	117.21	22.3	13.5	1
五	社会消费品零售总额	亿元	88.30	11.8	11.7	2
六	城镇居民人均可支配收入（1—9 月）	元	21958	10.0	9.0	3

表 12

2016 年石鼓区 1—11 月主要经济指标完成情况

序号	指标名称	计量单位	绝对值	增幅（%）	全市增幅（%）	城区排位
一	地区生产总值（GDP）（1—9 月）	亿元	105.08	8.8	7.5	1
	其中：第一产业	亿元	4.07	3.2	3.2	2
	第二产业	亿元	19.74	-0.8	6.2	4
	第三产业	亿元	81.27	11.9	10.8	2
二	规模工业增加值	亿元	—	0.1	6.8	4
三	一般预算收入	亿元	20.55	15.2	7.0	1
四	固定资产投资额	亿元	131.01	22.9	13.5	1
五	社会消费品零售总额	亿元	98.44	11.8	11.7	2
六	城镇居民人均可支配收入（1—9 月）	元	21958	10.0	9.0	3

表 13

2016 年石鼓区 1—12 月主要经济指标完成情况

序号	指标名称	计量单位	绝对值	增幅（%）	全市增幅（%）	城区排位
一	地区生产总值（GDP）（1—12 月）	亿元	141.65	9.0	7.9	1
	其中：第一产业	亿元	4.59	3.4	3.5	4
	第二产业	亿元	27.48	2.7	6.4	4
	第三产业	亿元	109.58	11.0	11.1	2
二	规模工业增加值	亿元	—	3.7	6.9	4
三	一般预算收入	亿元	22.13	11.8	6.0	1
四	固定资产投资额	亿元	141.94	22.5	13.8	1
五	社会消费品零售总额	亿元	109.28	12.0	11.8	2
六	城镇居民人均可支配收入（1—12 月）	元	30908	9.8	8.8	3

表 14　　**2016 年石鼓区各月固定资产投资完成情况**

单位：万元；个

月份	5000 万以下城镇投资			5000 万以上城镇投资			城镇投资（累计）	房地产投资项目			投资总额（累计）	投资增速（%）
	5000 万以下城镇投资（当月）	5000 万以下城镇投资（累计）	项目个数	5000 万以上城镇投资（当月）	5000 万以上城镇投资（累计）	项目个数		房地产投资（当月）	房地产（累计）	项目个数		
2	83892	83892	196	50421	50421	17	134313	23444	23444	38	157757	21. 20
3	51557	135449	133	74823	125244	20	260693	19503	42947	38	303640	22. 16
4	79972	215421	133	117197	242441	23	457862	28431	71378	39	529240	28. 80
5	69506	149478	140	143473	385914	39	535392	8816	80194	39	615586	26. 46
6	-17298	132180	120	83755	469669	44	601849	11597	91791	39	693640	23. 54
7	-17963	114217	82	90001	559670	46	673887	10536	102327	39	776214	19. 34
8	4669	118886	70	84901	644571	48	763457	18177	120504	40	883961	17. 70
9	24368	143254	81	87297	731868	48	875122	62415	182919	42	1058041	22. 90
10	21253	164507	81	72369	804237	48	968744	20402	203321	42	1172065	22. 31
11	27950	192457	81	90762	894999	51	1087456	19302	222623	42	1310079	22. 90
12	18228	210685	81	81503	976502	51	1187187	9562	232185	42	1419372	22. 46

说明：2016 年度存在基数核减，故 5000 万以下城镇投资项目个数存在异动

表 15　　**2016 年石鼓区规模工业分类型总产值、销售产值汇总表**

	工业总产值（万元）	
	本月	本月累计
	1	2
总计	78589	397554
总计中：轻工业	21457	89309
重工业	57133	308245
集体企业	3201	27643
股份制企业	70960	354014
其他经济类型企业	4428	15898
总计中：国有控股企业	—	200
总计中：大中型企业	8596	74861
总计中：省级及以上产业园区企业	38201	139150
非公有制企业	73578	355091

表 16 **2016 年石鼓区规模工业分大中类行业总产值、销售产值汇总表**

分大中类行业	行业代码	工业总产值（万元）	
		本月	本月累计
甲	乙	1	2
总计	00	78589	397554
农副食品加工业	13	1367	7654
植物油加工	133	1367	7654
食品制造业	14	1157	6911
焙烤食品制造	141	1157	6911
木材加工和木、竹、藤、棕、草制品业	20	1785	10965
木制品制造	203	1785	10965
造纸和纸制品业	22	518	6367
纸制品制造	223	518	6367
印刷和记录媒介复制业	23	1100	9320
印刷	231	1100	9320
化学原料和化学制品制造业	26	5684	21912
基础化学原料制造	261	4428	13914
专用化学产品制造	266	1256	7999
医药制造业	27	5545	19590
卫生材料及医药用品制造	277	5545	19590
非金属矿物制品业	30	4458	21694
石膏、水泥制品及类似制品制造	302	218	2118
砖瓦、石材等建筑材料制造	303	1781	8983
玻璃制造	304	1802	7161
玻璃制品制造	305	657	3232
陶瓷制品制造	307	—	200
金属制品业	33	2802	11463
结构性金属制品制造	331	2802	11463
通用设备制造业	34	6347	33603
物料搬运设备制造	343	4120	13509
泵、阀门、压缩机及类似机械制造	344	1810	14621
通用零部件制造	348	417	5472
专用设备制造业	35	13223	55443
采矿、冶金、建筑专用设备制造	351	892	9129
化工、木材、非金属加工专用设备制造	352	561	7047

续表16

分大中类行业	行业代码	工业总产值（万元）	
		本月	本月累计
医疗仪器设备及器械制造	358	11770	39267
汽车制造业	36	16788	65820
汽车零部件及配件制造	366	16788	65820
铁路、船舶、航空航天和其他运输设备制造业	37	997	6008
铁路运输设备制造	371	997	6008
电气机械和器材制造业	38	5421	39414
电机制造	381	3323	31351
输配电及控制设备制造	382	2098	8063
计算机、通信和其他电子设备制造业	39	1487	6734
通信设备制造	392	1487	6734
仪器仪表制造业	40	3125	14418
光学仪器及眼镜制造	404	3125	14418
燃气生产和供应业	45	6786	60240

文件索引

区委、区委办重要文件索引

【石委】 《关于表彰党建工作先进单位、优秀党务工作者、优秀组织委员及优秀远教站点的通报》(石委4号)

《关于同意成立中共石鼓区委非公有制经济组织综合工作委员会的批复》(石委17号)

《关于同意成立中共石鼓区委社会组织综合工作委员会的批复》(石委18号)

【石发】 《关于表彰2016年度社会治安综合治理工作先进单位和先进个人的决定》(石发2号)

《关于表彰2016年度全面建成小康社会推进工作先进单位和先进个人的决定》(石发5号)

《关于表彰2015年度目标管理绩效考核及争资先进单位的决定》(石发6号)

《关于表彰2015年度机关事业单位受奖人员的决定》(石发8号)

【石办发】 《关于印发〈石鼓区乡镇调整改革合村工作方案〉的通知》(石办发4号)

《关于2015年度党风廉政建设优秀单位的通报》(石办发8号)

《关于印发〈2016年石鼓区重点工程建设项目责任分解表〉的通知》(石办发10号)

《关于表彰2015年度安全生产工作先进单位和先进个人的决定》(石办发11号)

《关于贯彻落实省委第三组反馈意见的整改方案》(石办发12号)

《关于表彰2015年度石鼓区信访工作优胜单位和优秀个人的通报》(石办发13号)

《关于表彰2015年度重点项目建设特别贡献奖单位、先进单位、先进个人的通报》(石办发17号)

《关于印发《2016年〈区委经济工作报告〉责任分解表》和《2016年〈政府工作报告〉责任分解表》的通知》(石办发19号)

《关于印发〈2016年石鼓区创建全国文明城市工作方案〉的通知》(石办发20号)

《关于在全区党员干部中开展"学党章党规、学系列讲话，做合格党员"学习教育实施方案》(石办发26号)

《石鼓区2016年重点民生实事项目实施方案》(石办发30号)

《关于印发〈石鼓区重大环境问题(事件)责任追究办法(试行)〉的通知》(石办发57号)

《关于印发〈石鼓区学习宣传贯彻党的十八届六中全会精神方案〉的通知》(石办发58号)

区人大重要文件索引

【石常发】 《石鼓区人大常委会2016年工作要点》(石常发〔2016〕1号)

《2016年度乡街人大工作目标管理考核办法》(石常发〔2016〕14号)

《衡阳市石鼓区第三届人民代表大会常务委员会关于石鼓区选举委员会组成人员的决定》(石常发〔2016〕24号)

《衡阳市石鼓区第三届人民代表大会常务委员会关于确定角山乡第十五届人民代表大会代表名额的决定》 (石常发〔2016〕25号)

《关于批准石鼓区人民政府将区农村综合公共服务中心建设项目政府购买服务资金列入财政预

算的决议》（石常发〔2016〕31号）

《关于设立石鼓区人民代表大会财政经济委员会的决定》（石常发〔2016〕32号）

《关于设立石鼓区人民代表大会法制委员会的决定》（石常发〔2016〕33号）

《关于设立石鼓区人民代表大会常务委员会预算工作委员会的决定》（石常发〔2016〕34号）

《关于设立石鼓区人民代表大会常务委员会法制工作委员会的决定》（石常发〔2016〕35号）

《关于批准石鼓区人民政府将区虎形山棚户区改造项目（城中村）政府购买服务资金列入财政预算的决议》（石常发〔2016〕36号）

【石选发】　《衡阳市石鼓区选举委员会关于做好区乡两级人大代表换届选举工作方案》（石选发〔2016〕1号）

石鼓区2016年规范性文件目录

序号	文件标题	文号	登记号
1	石鼓区人民政府关于做好第三次全国农业普查的通知	石政发〔2016〕9号	SGDR-2016-00001
2	石鼓区关于加快发展养老服务业实施方案	石政发〔2016〕11号	SGDR-2016-00002
3	石鼓区政府信息依申请公开操作规范	石政发〔2016〕12号	SGDR-2016-00003
4	石鼓区2016年行政执法指导案例（第1期）	石政发〔2016〕13号	SGDR-2016-00004
5	石鼓区重大行政决策合法性审查暂行办法	石政发〔2016〕14号	SGDR-2016-00005
6	石鼓区人民政府合同审查与管理办法	石政发〔2016〕15号	SGDR-2016-00006
7	石鼓区人民政府关于公布规范性文件清理结果的通知	石政发〔2016〕16号	SGDR-2016-00007
8	关于整合石鼓区城乡居民基本医疗保险制度的实施方案	石政发〔2016〕17号	SGDR-2016-00008
9	石鼓区人民政府办公室关于开展实有人口、实有房屋、实有单位信息普查的通告	石政办通〔2016〕8号	SDGR-2016-01002
10	石鼓区环境保护工作责任规定（试行）	石政办发〔2016〕10号	SDGR-2016-01001
11	石鼓区清理整治环保违规建设项目的实施方案	石政办发〔2016〕18号	SDGR-2016-01003
12	石鼓区农村低保兜底脱贫暨农村低保清理工作实施方案（试行）	石政办发〔2016〕19号	SDGR-2016-01004
13	石鼓区乡村教师支持计划（2016—2020年）实施细则	石政办发〔2016〕20号	SDGR-2016-01005
14	石鼓区出生缺陷防治工作实施方案	石政办发〔2016〕25号	SDGR-2016-01006
15	石鼓区进一步加强和规范村级财务管理工作的办法	石政办发〔2016〕32号	SDGR-2016-01007
16	石鼓区互联网金融风险专业整治工作实施方案	石政办发〔2016〕34号	SGDR-2016-01008
17	石鼓区城市公立医院综合改革试点实施方案	石政办发〔2016〕37号	SGDR-2016-01009
18	石鼓区湘江保护治理第二个“三年行动计划”（2016—2018年）实施方案	石政办发〔2016〕39号	SGDR-2016-01010